Die Englische Aktien-Gesellschaft nach neuem Recht

Systematische Darstellung und Gesetz vom 10. Mai 1929

Von

Arthur Curti

Berlin · Verlag von Julius Springer · 1929

ISBN-13:978-3-642-93942-6 e-ISBN-13:978-3-642-94342-3
DOI: 10.1007/978-3-642-94342-3

Vorwort.

Das neue englische Gesetz über die Aktiengesellschaften vom 10. Mai 1929, the Companies Act, 1929, rechtskräftig vom 1. November 1929 an, ist von weitestgehender Bedeutung, da es alle Vorschriften älterer Gesetze, soweit sie noch anwendbar sind, und die Ergebnisse der bisherigen Rechtsprechung auf dem Gebiete des Aktienrechtes, mit einer großen Zahl neuer Vorschriften in grundlegender Kodifikation zusammenfaßt. Bis auf die kleinsten Einzelheiten ist darin alles geordnet, was irgendwie auf die Aktiengesellschaft Bezug hat. Der neue Companies Act wird auch über Großbritannien hinaus für den internationalen Handel von größtem Interesse sein. Der Verfasser hat deshalb das Gesetz in die deutsche Sprache übertragen. Da es sich nur um eine möglichst wörtliche Übersetzung handeln konnte, muß er die Verantwortung für das unklassische Deutsch dem englischen Gesetzgeber überlassen. Die unübersichtliche Systematik, der weitschweifige Stil, die vielen unnötigen Wiederholungen und das periodenreiche Satzgefüge lassen selbst in der englischen Originalsprache auch für gebildete Engländer manches nur schwer verständlich sein.

Zum besseren Verständnis habe ich deshalb dem Gesetze eine kurze systematische Darstellung und ein alphabetisches Sachverzeichnis beigegeben. Ich hoffe dadurch das Studium des neuen englischen Aktienrechtes zu erleichtern.

Von besonderem Werte sind die Formulare von Gründungsurkunden, Statuten usw., die auch der englische Gesetzgeber als Anhang dem Gesetze folgen läßt.

Am Ende meiner Arbeit möchte ich noch meinem Kollegen Dr. Ernst Henrici in Zürich danken, der mich beim Lesen der Korrekturbogen, insbesondere beim nochmaligen Vergleichen der Übertragung mit dem Wortlaut des Originalgesetzes unterstützt hat.

Soweit trotz großer Sorgfalt die Übersetzung unklar erscheint, muß ich den Leser um gütige Nachsicht bitten und ihn auf den englischen Originaltext verweisen[1].

Zürich, den 1. Oktober 1929.

Dr. ARTHUR CURTI,
Rechtsanwalt.

[1] Der Companies Act, 1929, in englischer Sprache ist erhältlich bei den Buchhändlern Sweet and Maxwell, Chancery Lane 2, London.

Inhaltsverzeichnis.

Erstes Buch.

Systematische Darstellung.

Allgemeine Übersicht.

Erster Abschnitt.

Gründung, Kapital und Aktien.

Erstes Kapitel.

Gründungsurkunde und Statuten.

Zweiter Abschnitt.

Organe der Gesellschaft.

Erstes Kapitel.

Die Generalversammlung.

Zweites Kapitel.

Die Verwaltung; die Direktoren.

Drittes Kapitel.

Viertes Kapitel.

Annual Return.

Fünftes Kapitel.

Buchführung und Revision.

(Accounts and Audit.)

Dritter Abschnitt.

Die Private Company.

Vierter Abschnitt.

Die Liquidation der Gesellschaft, Winding-up.

Erstes Kapitel.

Allgemeine Vorschriften.

Zweites Kapitel.

Gerichtliche Liquidation; Winding-up by the Court.

Fünfter Abschnitt.

Ausländische Gesellschaften.

Erstes Kapitel.

Zweites Kapitel.

Zweites Buch.

Das Gesetz.

Wortgetreue Übertragung des Companies Act, 1929, vom 10. Mai 1929, in Kraft seit 1. November 1929.

Gesetz über die Companies von 1929.

Erster Teil.

Inkorporation von Gesellschaften und damit zusammenhängende Vorschriften.

Zweiter Teil.

Aktienkapital und Schuldverschreibungen (Obligationsanleihen).

(Share Capital and Debentures.)

Dritter Teil.

Eintragung von charges (Belastungen, Pfändern, Hypotheken).

Vierter Teil.

Geschäftsführung und Verwaltung.

Fünfter Teil.

Liquidation (Winding-up).

I. Einleitung.

II. Gerichtliche Liquidation (Winding-up by the Court).

Erstes Buch.

Systematische Darstellung.

Allgemeine Übersicht.

I. Der Companies Act von 1929. England hat seit dem 10. Mai 1929 ein neues grundlegendes Gesetz über die Aktiengesellschaft, den Companies Act, 1929, das die Vorschriften aller früheren Gesetze auf dem Gebiete des Aktienrechts, soweit dies dem Gesetzgeber angezeigt erschien, in sich aufgenommen hat. Gestützt auf eine Order in Council vom 5. Juli 1929 tritt das Gesetz mit dem 1. November 1929 in Kraft. Die früheren Gesetze sind — mit wenigen Ausnahmebestimmungen — aufgehoben; dazu gehören insbesondere der Companies (Consolidation) Act von 1908 und der Companies Act von 1928, der eigentlich nur als eine Sammlung der Änderungen und Ergänzungen des früheren Gesetzes über das Aktienrecht zu betrachten ist, welche dann im Gesetz von 1929 in harmonische Verbindung mit den nicht aufgehobenen Teilen des alten Gesetzes gebracht wurden.

Neben den verwendbaren Vorschriften der früheren Gesetze über das Aktienrecht enthält das neue Gesetz auch viele neue Bestimmungen, die insbesondere die Haftung der Organe der Gesellschaft bei der Gründung und während des Geschäftsbetriebes, sowie die Haftung aus der Ausgabe von Aktien und aus der Aufnahme von Anleihen (Schuldverschreibungen) verschärfen.

II. Gesetzesmaterialien. Hauptbestandteil des Company Act, 1929 bilden die übernommenen Vorschriften des Gesetzes von 1908, des Companies (Consolidation) Act, 1908. — Im Jahre 1927 legte die Regierung dem Parlament einen neuen Gesetzesentwurf vor, unter dem Titel „A Bill intituled An Act to amend the Companies Acts, 1908 to 1927, and for purposes connected therewith“, gleichzeitig mit einem begleitenden Bericht über die Beratungen des vom Handelsamt (Board of Trade) eingesetzten vorberatenden Sachverständigenausschusses unter dem Titel „Company Law Amendment Committee (1925—1926) Report“ (London 1926).

Die Bill wurde von einem parlamentarischen Ausschuß, dem Standing Committee B, in einer Reihe von Sitzungen durchberaten. Das Protokoll dieser Verhandlungen ist abgedruckt in 20 Broschüren unter dem Titel „Parlamentary Debates, House of Commons. Standing Committee B. Companies Bill. Official Report.“ Die Verhandlungen fielen in die Zeit vom 6. März bis 7. Juni 1928.

Im House of Commons kam das Gesetz im Juli 1928 zur Beratung. Darüber berichtet der Official Report der Parlamentary Debates, House of Commons vom 25. und 26. Juli 1928 (Vol. 220, Nr. 108, 109 und 110).

Die Frucht dieser gesetzgeberischen Arbeiten war das Gesetz vom 3. August 1928, betitelt: „The Companies Act, 1928“. Die Wirksamkeit dieses Gesetzes wurde aber verschoben, indem nur ein Paragraph (§ 92 betreffend die Beschränkung des Feilbietens von Aktien) sofort in Kraft erklärt wurde. Tatsächlich ist das Gesetz von 1928 überhaupt nicht anwendbar erklärt worden, indem seine sämtlichen Vorschriften von dem an seine Stelle getretenen neuen Gesetz, dem Companies Act, 1929, aufgenommen worden sind. In diesem nun maßgebenden Gesetz wurden sie mit anderen früheren Gesetzen, welche Fragen des Aktienrechtes behandelten, in harmonische organische Verbindung gebracht, so mit den Bestimmungen des Companies Act, 1913, und des Companies (Particulars as to directors) Act, 1917.

Der Companies Act, 1928, hatte nur transitorischen Charakter; das Gesetz von 1929 hat ihn ausdrücklich aufgehoben. Es wäre verfehlt, auf jenes Gesetz vom Jahre 1928 irgendwie zu verweisen, da es, wenn auch materiell übereinstimmend, so doch in der Anordnung und Paragrapheneinteilung vom definitiven Gesetz von 1929 abweicht.

III. Die verschiedenen Arten der Gesellschaften, Partnership und Companies. Das gegenwärtige englische Recht kennt zwei Hauptformen von privaten Personenvereinigungen zur Erreichung irgendeines Zweckes, nämlich die partnership und die company. Die partnership ist oft nur eine lose Personenvereinigung ohne besondere Organisation, und braucht bei unbeschränkter Haftung nicht einmal in ein Register eingetragen zu werden, so daß sie nach außen kaum als eine Personenvereinigung in Erscheinung tritt. Sie begreift in sich sowohl die stille einfache Gesellschaft, das Syndikat, als auch die verschiedenen Formen der offenen Handelsgesellschaft und der Kommanditgesellschaft des kontinentalen Rechtes, darf aber mit keiner dieser ausgeprägten Formen des deutschen und französischen Rechtes verwechselt werden. Zur Verpflichtung einer Person als partner einer anderen Person gegenüber — also zur Begründung der partnership — genügt es, wenn die erste Person von der zweiten Person gegenüber einem dritten Vertragskontrahenten als am Geschäft beteiligt vorgestellt wird, die vorgestellte erste Person dagegen aber keinen Einspruch erhebt.

Seit 1. Januar 1908 kennt England auch eine limited partnership, also eine partnership mit beschränkter Haftung, bei welcher ein Gesellschafter nur bis auf den eingetragenen Betrag haftet. Zu diesem Zweck ist natürlich Eintragung nötig.

Die gesetzlichen Bestimmungen über die partnership sind wiedergegeben im Partnership Act von 1890 und im Limited Partnership Act von 1907. Diese Gesetze zeigen viele Lücken, die erst die, dem Ausländer nur schwer zugängliche, Rechtsprechung ausgefüllt hat.

Eine partnership zu Erwerbszwecken (anders als eine Personenvereinigung für ideale Zwecke, Kunst, Wissenschaft, Gemeinnützigkeit) darf höchstens 20 Mitglieder zählen. Wenn mehr als 20 Personen sich zu Erwerbszwecken vereinigen, muß die Form der company gewählt werden (§ 357 des Company Act, 1929).

Handelt es sich um den Betrieb von Bankgeschäften, so ist die Zahl der Mitglieder einer partnership sogar auf 10 beschränkt (§ 358).

Über die partnership gibt des Verfassers Buch „Englands Privat- und Handelsrecht", Band II, S. 281ff., nähere Auskunft.

Für den Verkehr mit dem Ausland von weit größerer Bedeutung ist die company — in diesem Buche und der hier wiedergegebenen Übersetzung des Gesetzes einfach „Gesellschaft" genannt. Auch die company ist sehr verschieden von dem kontinentalen Recht der Aktiengesellschaft.

IV. Die Companies. England kennt drei Formen der company:

1. Die company mit einem Gesellschaftskapital, das in Aktien zerlegt ist und bei welcher die Haftung der einzelnen Mitglieder bloß auf den Nominalbetrag der Aktie geht; sie wird *company limited by shares* genannt; sie entspricht in ihren Grundlagen der kontinentalen Aktiengesellschaft.

2. Die *company limited by guarantee.* Die Haftung der Gesellschafter geht auf einen in der Gründungsurkunde festgesetzten Höchstbetrag, der mit Eintritt der Liquidation der Gesellschaft bei Vorhandensein von Passiven fällig wird. Daneben kann diese Gesellschaftsart ein Aktienkapital als Betriebskapital haben. In diesem Falle ist jedes Mitglied zur Übernahme von mindestens einer Aktie verpflichtet.

In der Praxis besitzen diese Gesellschaften in der Regel kein Aktienkapital. Es sind meistens Wohltätigkeitsvereine, die durch jährliche Subskriptionen und Donationen unterstützt werden.

Das System der Garantiehaftung wird außer von Vereinen zu idealen Zwecken, wie Sportklubs, Handels- und Gewerbeschutzvereinigungen usw., gerne von Versicherungsgesellschaften auf Gegenseitigkeit gewählt. Die Garantiesumme der einzelnen Mitglieder muß in der Gründungsurkunde bestimmt sein und kann beliebig hoch oder niedrig angesetzt werden, womit die Möglichkeit gegeben ist, möglichst weite, wenn auch kapitalschwache Kreise zur Kreditnutzung heranzuziehen. Der Garantiebetrag, der nicht selten £ 1 beträgt, ist meistens für alle

Mitglieder ohne Rücksicht auf ihre Beteiligung gleich groß. Der Garantiebetrag ist nicht Bestandteil des Gesellschaftskapitals und kann deshalb auf keine Weise verpfändet oder belastet werden. Da das in der Gründungsurkunde festgesetzte Aktienkapital auch für Garantiegesellschaften nur mit gerichtlicher Genehmigung herabgesetzt werden kann, zieht man vor, von einer Zerlegung des Kapitals in Aktien abzusehen. Auch konnte früher, d. h. bis 1908, das Gesellschaftsvermögen in Aktien ohne bestimmten Betrag zerlegt werden. Heute ist diese oft sehr praktische Möglichkeit versagt.

Ein bestimmter zahlenmäßiger Betrag muß wie bei der company limited by shares schon in der Gründungsurkunde festgesetzt sein. Verabredungen, wonach Nichtmitglieder, also Nichtgaranten, an der Verteilung von Gewinn teilnehmen sollen, sind nichtig.

Wie die unbeschränkt haftende, ist auch die Garantie-Company verhältnismäßig selten. Von 10725 Neugründungen im Vereinigten Königreich im Jahre 1919 beschränkten nur 125, oder 1—$1^1/_2$% ihre Haftung durch Garantie.

3. Unlimited company; Gesellschaft mit unbeschränkter Haftung. Die Mitglieder haften mit ihrem ganzen Vermögen unbeschränkt für alle Schulden der Gesellschaft. Diese Gesellschaftsform ist heute selten.

Im Gegensatz dazu fallen die zwei ersten Formen, bei welchen die Haftung der Mitglieder beschränkt ist, im einen Fall auf die Aktie, im anderen Falle auf eine bestimmte Garantie, unter den Begriff der „Gesellschaften mit beschränkter Haftung"; sie sind limited companies.

Alle diese Formen der company werden durch das neue englische Gesetz, genannt „Companies Act, 1929" in umfassender Weise geordnet. Wo das Gesetz nur von Company (Gesellschaft) spricht, gelten die bezüglichen Rechtsvorschriften für alle diese drei Arten, während bei Vorschriften, die nur für eine besondere Art anwendbar sind, dies ausdrücklich im Gesetz gesagt wird.

Die am Gesellschaftskapital und am Gewinn und Verlust beteiligte Person heißt bei allen Formen stets „member" (Mitglied), zuweilen auch „shareholder" (Aktionär).

4. Unbeschränkte Haftung bei Gesellschaften mit beschränkter Haftung. Das englische Aktienrecht kennt im Gegensatz zu anderen Ländern auch bei Gesellschaften, die mit beschränkter Haftung eingetragen sind, also bei den reinen Aktiengesellschaften und bei den Gesellschaften mit Haftung bis zu einer Garantiesumme, verschiedene Ausnahmevorschriften, nach welchen die Mitglieder trotz der beschränkten Haftung der Gesellschaft persönlich mit ihrem ganzen Vermögen unbeschränkt haften, soweit die Aktiven der Gesellschaft zur Tilgung der Schulden nicht ausreichen. Es sind folgende Fälle:

a) eine Gesellschaft, welche das Bankgeschäft betreibt und Noten ausgibt; es haften die Mitglieder in bezug auf die Noten in derselben Weise, wie wenn die Gesellschaft mit unbeschränkter Haftung eingetragen wäre (§ 360);

b) eine Gesellschaft kann in ihrer Gründungsurkunde bestimmen, daß zwar beschränkte Haftung besteht, so daß die Aktionäre über den Nominalbetrag der Aktie hinaus keinen Beitrag zu leisten haben, daß aber die Direktoren unbeschränkt haften, so daß, wenn im Falle der Liquidation nicht genügend Aktiven der Gesellschaft vorhanden sind, die Direktoren für die Befriedigung der nicht gedeckten Forderungen aus ihrem eigenen Vermögen Beiträge zu leisten haben (§§ 146, 147). Siehe auch unten S. 55.

5. Änderung der Haftung. Gesellschaften mit beschränkter Haftung ist durch das Gesetz die Möglichkeit gegeben, die Gründungsurkunde so zu ändern, daß sie in Zukunft unbeschränkt haften und umgekehrt können unbeschränkt haftende Gesellschaften ihre Haftung durch Änderung der Gründungsurkunde auf das Aktienkapital oder auf ein garantiertes Kapital beschränken, immerhin so, daß dadurch keine vorher entstandenen Ansprüche gegen die Gesellschaft beeinträchtigt werden. Siehe unten S. 13 und § 16.

V. Die Private Company. Eine große Rolle im englischen Wirtschaftsleben spielt die *Private Company.* Sie ist eine besondere Art der Aktiengesellschaft, nicht weil sie sich von anderen Gesellschaften in ihrer inneren Konstitution und in der Geschäftsführung unterscheidet, sondern weil ihr zufolge ihrer Beschränkung auf eine kleinere Zahl von Aktionären und den Verzicht auf öffentliches Anbieten ihrer Aktien, eine große Reihe von Privilegien gewährt sind, welche sie von der Erfüllung verschiedener Formalitäten entbindet.

Nach § 26 liegt eine Private Company dann vor, wenn die Gesellschaft durch ihre Statuten:

a) das Recht der Übertragung ihrer Anteile beschränkt;

b) die Zahl ihrer Mitglieder auf 50 beschränkt; und

c) das Angebot von Gesellschaftsanteilen oder Schuldverschreibungen an das Publikum verbietet.

Siehe näheres über die Private Company weiter unten S. 70.

Im Gegensatz zur Private Company werden die anderen Gesellschaften Public Companies genannt. Die Private Company wird der Public Company allgemein vorgezogen.

Am 31. Dezember 1924 gab es in England und Schottland zusammen an eigentlichen Aktiengesellschaften insgesamt 90918. Davon waren 9109 Public Companies und 81809 Private Companies.

VI. Gesellschaften mit Prospekt und ohne Prospekt. Da die Private Company gegründet wird ohne öffentliches Angebot ihrer Aktien, so hat sie auch nicht nötig, einen Prospekt auszugeben und soweit das Gesetz Bestimmungen über Form und Inhalt eines Prospektes aufstellt, kommen sie für die Private Company nicht in Frage. Wohl aber ist für die übrigen Gesellschaften, also die Public Companies, gesetzlich vorgeschrieben, daß sie dem Registerführer eine besondere genaue Aufstellung über die Vorgänge bei der Gründung, die Zwecke der Gesellschaft, die Zusammensetzung des Grundkapitals, die Aktien, die Geschäftsleitung usw. übergeben. Bieten diese Gesellschaften die Aktien gleich bei der Gründung dem Publikum an, so hat diese Aufstellung die Form eines Prospektes. Wenn aber die Public Companies die Gründung mit Verzicht auf eine öffentliche Aktienzeichnung vornehmen, so ist an Stelle des Prospektes das sog. „statement in lieu of prospectus" dem Registerführer einzugeben, also „eine Aufstellung an Stelle des Prospektes". Der Inhalt deckt sich fast vollständig mit dem gesetzlich vorgeschriebenen Inhalt eines Prospektes.

Danach kann man unterscheiden zwischen Prospekt-Gesellschaften — prospectus companies — und prospektlosen Gesellschaften — non prospectus companies. Bei letzteren können die Aktien nach der Gründung ohne Prospekt an das Publikum abgesetzt werden. Doch muß vorher das statement in lieu of prospectus dem Registerführer übergeben sein (§ 14).

Die Praxis zieht die prospektlose Gründung vor. So haben von den in dem Jahre 1919 gegründeten 848 Public companies nur 296 einen Prospekt ausgegeben.

Der Prospekt muß am Tage seiner Publikation oder schon vorher dem Registerführer eingegeben werden (§ 34 [2]). Jeder ausgegebene Prospekt muß auf der Vorderseite die Bemerkung enthalten, daß er dem Registerführer eingereicht wurde (§ 34 [5]).

Der Prospekt muß die Angaben enthalten, wie sie in Teil I des vierten Anhanges (Fourth Schedule) des Gesetzes wiedergegeben sind (§ 35). Bei späteren Prospektausgaben ist auch ein Revisorenbericht beizugeben, wie er in Teil II des vierten Anhanges vorgeschrieben ist.

Ein besonderer statement in lieu of prospectus muß übrigens auch dann eingereicht werden, wenn die Gesellschaft zwar einen Prospekt mit Einladung zur Zeichnung der Aktien ausgegeben hat, es aber unterließ, die Aktien den Zeichnern zuzuteilen (§ 40).

VII. Wesentliche Unterschiede des englischen vom ausländischen Recht. Es sind insbesondere folgende Unterschiede zu konstatieren:

1. England unterscheidet zwischen dem *tatsächlich ausgegebenen Aktienkapital* und dem *autorisierten Aktienkapital.*

Auf dem Kontinent muß das ganze Aktienkapital gezeichnet sein, bevor die Gesellschaft Rechtspersönlichkeit erlangt. Sie kann vorher auch nicht mit den Geschäften beginnen. Nach englischem Recht genügt dagegen ein in der Gründungsurkunde genanntes Kapitalminimum, das von den Gründern gezeichnet ist und nach dessen Einzahlung die Gesellschaft eingetragen werden und der Geschäftsbetrieb seinen Anfang nehmen kann. Erst nachher nimmt die Gesellschaft weitere Zeichnungen und Einzahlungen von Aktienkapital entgegen, allerdings nicht über das bestimmte Maximum hinaus. Darin besteht der Unterschied zwischen dem tatsächlich ausgegebenen und dem autorisierten Kapital.

Die Möglichkeit, die Gründung der Gesellschaft schon bei einem kleineren Kapital vorzunehmen und mit den Geschäften zu beginnen, während gleichzeitig schon in der Gründungsurkunde für die spätere Ausgabe weiterer Aktien gesorgt ist, ohne daß eine Änderung der Gründungsurkunde und der Statuten nötig ist, ist ohne Zweifel ein Vorteil des englischen Rechtes gegenüber dem kontinentalen.

Die Zahlung kann bar oder in *Sacheinlagen* erfolgen. Andere als Bareinzahlungen müssen indessen durch einen von den Gründern verfaßten Prospekt öffentlich bekanntgemacht werden mit Angabe des hierfür angesetzten Wertes. Das ist z. B. der Fall, wenn eine neue Aktiengesellschaft die Kundschaft eines anderen Unternehmens übernimmt und hierfür, für den sog. „goodwill", mit Aktien bezahlt.

Über die besondere Bedeutung des dem englischen Recht charakteristischen Prospektes ist auf später zu verweisen.

Hat eine Gesellschaft vorübergehend Geld nötig, so kann sie es, ohne Schulden eingehen zu müssen, auch durch die Ausgabe von rückkaufbaren Vorzugsaktien — redeemable preference shares — beschaffen, wobei die Emissionsbedingungen festsetzen, ob, wann und unter welchen Bedingungen diese Aktien von der Gesellschaft zurückgekauft werden.

Ein Jahr nach Geschäftsbeginn können Aktien unter dem Nennwert ausgegeben werden, § 47.

2. Die Beitragspflichtigen, contributories. Über die eigenartige Beitragspflicht der Mitglieder als contributories (siehe unten S. 73), über die unbeschränkte Haftung einzelner Personen bei Gesellschaften mit beschränkter Haftung (siehe unten S. 55) in bezug auf die Mitglieder einer Bankgesellschaft, soweit sie Noten ausgibt, siehe oben S. 5.

3. Die Direktoren, „directors". Die englische Aktiengesellschaft kennt keinen Aufsichtsrat oder Verwaltungsrat als Zwischenorgan zwischen der Generalversammlung und den eigentlichen Geschäftsleitern, sondern als einziges Verwaltungsorgan neben der Generalversammlung nur die Direktoren, directors genannt, welche die innere Geschäftsleitung und die Vertretung nach außen besorgen.

Das neue Gesetz schreibt wenigstens zwei Direktoren vor. Doch kann auch eine größere Zahl von Direktoren gewählt werden, die dann zusammen den board of directors bilden und von welchen einige geschäftsleitende Direktoren, managing directors, sind, welche sich ausschließlich der Gesellschaft widmen, während die anderen kein Vertretungsrecht besitzen und nur solche Funktionen ausüben wie sie gewöhnlichen Mitgliedern eines kontinentalen Verwaltungs- und Aufsichtsrates zustehen. Die Haftung der Direktoren ist nach dem neuen Gesetz sehr weitgehend. Es ist möglich, durch die Gründungsurkunde die Haftung der Direktoren in solcher Weise unbeschränkt zu gestalten, daß sie im Falle einer Liquidation der Gesellschaft persönlich haften, selbst über das Aktienkapital hinaus. Siehe darüber unten S. 55.

4. Liquidation; kein Konkurs. Die Auflösung der Gesellschaft geschieht nie durch Konkurs, sondern durch ein besonderes Liquidationsverfahren, winding up genannt. Es kann eine freiwillige Liquidation sein, wobei wieder unterschieden wird zwischen einer solchen nach vorausgehender Solvenzerklärung und einer solchen ohne derartige Erklärung, oder sie ist eine gerichtliche Liquidation oder eine Liquidation unter Aufsicht des Gerichtes. Das Liquidationsverfahren ist für alle Fälle außerordentlich eingehend geordnet.

VIII. Literatur. Zurzeit (September 1929) sind neue Auflagen der maßgebenden englischen Handbücher über das neue Aktienrecht im Erscheinen begriffen. Neue Auflagen werden dann von besonderem Interesse sein, wenn sie die neue Rechtsprechung wiedergeben, die für das englische Recht von besonderer Bedeutung ist, da sie Lücken des Gesetzes ausfüllt und das Gesetz selbst authentisch interpretiert.

Für die Praxis zu empfehlen sind insbesondere GORE BROWNE, *Handbook on Joint Stock Companies* (letzte Auflage gestützt auf das alte Gesetz, 36. Ed. 1925), ferner PALMER's *Company Law* (neueste Auflage mit Darstellung des neuen Aktienrechtes, 13. Ed., London 1929). — SMITH's *Company Law*, 14. Ed. 1929. — Eine kleine übersichtliche Darstellung gibt TOPHAM *Principles of Company Law*, 7. Ed., 1929. — Über die Aufgabe der für das englische Recht besonders charakteristischen Revisoren [auditors] orientiert gut das kleine Buch von DE PAULA *The Principles of Auditing*, 4. Ed., 1929. —

Über die Gesetzesmaterialien siehe oben unter II.

Für das verwandte *amerikanische Aktienrecht* ist empfehlenswert „CONYNGTON, TH.: Corporated Organization and Management, New York, The Ronald Press Company".

Das englische Gesetz, the Companies Act, 1929, sowie alle Gesetzesmaterialien in englischer Sprache, und weitere Literatur sind erhältlich bei der Buchhandlung Sweet & Maxwell Ltd.; London W. 2, 2 Chancery Lane.

Erster Abschnitt.

Gründung, Kapital und Aktien.

Erstes Kapitel.

Gründungsurkunde und Statuten.

(Memorandum and Articles.)

I. Die Gründungsurkunde (memorandum of association [§§ 1—5]). Die englische Aktiengesellschaft (joint-stock company)[1] wird so gegründet, daß die Gründer eine Gründungsurkunde, memorandum, unterzeichnen, welche die für die Organisation wesentlichen Bestimmungen (Name, Sitz, Zweck des Unternehmens, Haftbarkeit und Zahl der Aktien) enthält. Diese Gründungsurkunde, memorandum of association genannt, muß der Registerbehörde zur Eintragung eingereicht werden. Es genügt, daß die Gründer je eine Aktie zeichnen.

Bei der Public Company müssen wenigstens sieben Personen zeichnen, während bei der Private Company zwei Aktionäre genügen. In der Praxis zeichnen die eigentlichen Gründer das memorandum regelmäßig nicht persönlich, sondern lassen diese Gründungsurkunde von sieben (bzw. zwei) Angestellten (clercs) als Gründer unterschreiben, von welchen ein jeder bloß eine Aktie zeichnen muß.

Mit der Eintragung tritt die Aktiengesellschaft ins Leben; sie ist incorporated und hat Rechtspersönlichkeit erlangt. Es ist nicht nötig, daß das ganze Aktienkapital vor der Gründung gezeichnet und ganz einbezahlt ist. Die nicht von den Gründern übernommenen Aktien können auch noch nach Gründung der Gesellschaft von dieser, gestützt auf einen Prospekt, zur Zeichnung und Einzahlung angeboten werden.

---

[1] Der Name „joint-stock company“ erklärt sich aus der Entwicklungsgeschichte der Aktiengesellschaft. Bevor man die heutige Form der Aktiengesellschaft mit einem Grundkapital, das in Aktien zerlegt ist, kannte, legten Interessenten an einem gemeinsamen Unternehmen ihre Vermögensbeiträge, stocks genannt, zusammen. Diese blieben rechtlich getrennt, aber unter gemeinsamer Verwaltung. Daraus entstand das verbundene Vermögen, der joint stock. Mit der weiteren Entwicklung hört auch diese rechtliche Trennung auf. Für die neue Form der Aktiengesellschaft wurde der Name joint stock companies beibehalten (vgl. § 322).

Es findet darüber ein eigentlicher Kaufabschluß mit der Aktiengesellschaft statt, für welchen die rechtlichen Regeln über Offerte und Annahme maßgebend sind. Dabei ist die Haftbarkeit der Personen, welche die Aktien zur Zeichnung anbieten, eine erhöhte, indem sie für die Angaben der Offerte haften. Die Zeichner sind berechtigt, diesen Vertrag bei wesentlich falschen Angaben anzufechten.

Danach ist zu unterscheiden zwischen dem tatsächlich ausgegebenen Kapital und dem autorisierten Kapital.

Zum Schutze der so erworbenen Aktien ist vorgeschrieben, daß die Gesellschaft im Verlaufe des zweiten oder dritten Monats — nicht vorher und nicht später — eine erste Generalversammlung, statutory meeting, abhält (§ 113, siehe unten S. 47), an welcher den Aktionären Gelegenheit geboten wird, die Verhältnisse der Gesellschaft und die Gründung genau zu prüfen.

1. Inhalt (Übersicht). Die Gesellschaft wird rechtsfähig mit der Eintragung der Gründungsurkunde (memorandum of association). Die Personen, welche eine Gesellschaft gründen — bei der Public company wenigstens sieben, bei der Private Company zwei — müssen die Gründungsurkunde mit folgenden Angaben unterschreiben:

a) den Namen der Gesellschaft und, wenn es sich um eine Gesellschaft mit beschränkter Haftung handelt, mit dem Worte „limited" am Schlusse;

b) den eingetragenen Geschäftssitz der Gesellschaft, mit Angabe, ob er in England oder Schottland gelegen ist;

c) die Zwecke der Gesellschaft;

d) die Höhe des Aktienkapitals und der einzelnen Aktien;

e) die Art der Haftbarkeit, wenn sie beschränkt ist, d. h. bei der company limited by guarantee Haftung bis auf den Garantiebetrag und bei der company limited by shares Haftung bis auf den Nominalbetrag der Aktien.

2. Der Name (§§ 17—19). Eine Gesellschaft kann jeden Namen wählen, jedoch mit folgenden Beschränkungen (§ 17):

a) er darf nicht demjenigen einer schon eingetragenen Firma gleichlauten oder so sein, daß er zu Täuschungen mit einer anderen Gesellschaft führen kann, ausgenommen den Fall, daß die schon bestehende Gesellschaft im Begriffe ist, aufgelöst zu werden oder ihre Zustimmung gibt. Ausdrücklich verboten ist sodann der Gebrauch folgender Worte:

b) „Chamber of Commerce", es sei denn, daß es sich um eine Gesellschaft handle, die vom Handelsamt die Bewilligung erhielt, das Wort „limited" wegzulassen;

c) die Worte „Building Society" (Baugesellschaft);

d) die Worte „Royal" oder „Imperial" oder Worte, die nach der Ansicht des Registerführers vermuten lassen, die Gesellschaft stehe unter dem Patronat des Königs oder eines Mitgliedes der königlichen Familie;

e) die Worte „Municipal“ oder „Chartered“ oder ähnliche Worte, die zur Täuschung führen können, die Gesellschaft habe besondere Beziehungen zu irgendeiner Gemeindebehörde oder zu einer Personenvereinigung, die gestützt auf Royal Charter (königliche Verleihungsurkunde) Korporationsrechte erlangte;

f) das Wort „Co-operative“ (Genossenschaft). Durch das Verbot der Aufnahme dieses Wortes soll verhindert werden, daß sich eine „company“ den Anschein gibt, eine Co-operative Society zu sein, die den Vorschriften des Industrial and Provident Societies Act von 1893 untersteht, welches Gesetz vor allem im Interesse kleiner Leute schärfere Schutzvorschriften enthält als der Companies Act. So ist z. B. der Anteil eines Mitgliedes gesetzlich auf höchstens £ 200 beschränkt und das Gesellschaftsvermögen wird regelmäßig von einem Treuhänder verwaltet.

g) Dem Namen der Gesellschaft mit beschränkter Haftung ist stets das Wort „limited“ anzufügen (§ 2). Eine Ausnahme (§ 18) wird nur für Vereinigungen zu idealen Zwecken, zur Förderung von Kunst, Wissenschaft, Handel und Wohltätigkeit gestattet. Bei diesen Gesellschaften darf ein eventueller Gewinn den Mitgliedern nicht als Dividende ausgerichtet, sondern muß im Interesse des Gesellschaftszweckes verwendet werden. Ein Gesuch um Erlaß der Führung des Wortes „limited“ im Namen der Gesellschaft ist an das Handelsamt (Board of Trade) zu richten (§ 18).

Das Handelsamt kann eine Änderung des Namens gestatten.

3. Der eingetragene Sitz der Gesellschaft (the registered office). Es genügt die Angabe des Landesteils (England, Schottland), wo er gelegen ist. Vgl. über den Geschäftssitz auch Curti, Englands Privat- und Handelsrecht, Bd. II, S. 269.

4. Die Zwecke der Gesellschaft (the objects for which the company is established) (§ 2 [c]). Die Gesellschaft darf keine anderen Geschäfte betreiben als die im Memorandum angegebenen. Doch ist es möglich, die Gründungsurkunde zur Änderung des Zweckes zu ändern. Siehe darüber unter Ziff. 11 unten.

Fällt der Hauptzweck der Gesellschaft dahin, so muß sie liquidiert werden.

5. Die Haftbarkeit der Aktionäre (§ 2). Das Memorandum muß angeben, ob die Haftbarkeit der Aktionäre beschränkt ist, also „limited“, und zwar, ob die Beschränkung auf einen Aktienteil oder auf eine gegebene Garantie geht. Wird im Memorandum nur erwähnt, daß die Haftbarkeit beschränkt ist, so wird darunter Beschränkung auf den auf der Aktie angegebenen Nominalbetrag verstanden („limited by shares“).

6. *Das Aktienkapital* (the Share Capital of the Company). Das Memorandum muß auch das Gesellschaftskapital, sowie die Zahl und die Höhe der einzelnen Aktien angeben. Das englische Recht kennt keine Beschränkung der Höhe der Aktien. In den meisten Fällen ist der Nominalbetrag £ 1.

7. *Formvorschriften.* Die Gründungsurkunde ist von mindestens sieben Personen unter Beglaubigung eines Zeugen zu unterzeichnen. Sie wird als Urkunde unter Siegel errichtet. Jeder Unterzeichner (Gründer, „promoter") hat die Anzahl seiner gezeichneten Aktien neben seinen Namen zu setzen. Er ist zur Zeichnung mindestens einer Aktie verpflichtet. Stellvertretung zur Zeichnung des Memorandums durch einen genügend bevollmächtigten Vertreter ist gestattet.

Die Gründer müssen mit dem Memorandum eine „Statutory Declaration", eine Art eidesstattlicher Versicherung (§ 152) eingeben. Dies ist eine schriftliche Erklärung in vorgeschriebener Form eines in den Statuten bezeichneten Gesellschaftssekretärs, Direktors oder in England eines „solicitor" des High Court, in Schottland des entsprechenden Beamten (enrolled law agent), die bezeugt, daß alle gesetzlichen Vorschriften bei der Errichtung der Gesellschaft beachtet wurden.

Association Clause wird die am Schlusse des Memorandums niedergeschriebene Erklärung der Gründer genannt, die dahin lautet, daß sie die Gesellschaft zu gründen beabsichtigen und sich verpflichten, die angegebene Zahl von Aktien zu übernehmen. Sie lautet:

„We (Namen der Gründer) are desirous of being formed into a company (Gesellschaftsfirma) and agree to take the number of shares opposite our names."

Darauf folgen die Namen und Adressen der sieben Zeichner und daneben die Zahl der Aktien, welche ein jeder von ihnen übernimmt.

Das Gesetz selbst gibt in einem Anhang (erster Anhang, First Schedule) Musterformulare für die Gründungsurkunde der verschiedenen Formen der company. Siehe insbesondere Tafel B unten (§ 11).

Das Memorandum wird gleichzeitig mit Zahlung einer Gebühr dem Registerführer für Gesellschaften eingegeben, der für England und Wales seinen Sitz in London (im Somerset House), für Schottland in Edinburgh, hat.

8. *Erwerb der Rechtsfähigkeit; Inkorporation.* Wenn das Memorandum in Ordnung ist, so trägt der Registerführer die company ein und stellt darüber ein „Certificate of Incorporation" aus, das schlüssigen Beweis dafür bildet, daß die gesetzlichen Vorschriften erfüllt sind und die Gesellschaft als company gegründet, also eine incorparated company ist.

Dadurch ist die Gesellschaft eine juristische Person, eine corporation, geworden, hat also Rechtsfähigkeit erlangt.

Ausnahmsweise kann eine Gesellschaft auch ohne solche Gründungsurkunde durch einen Akt der Regierung, inkorporiert werden, durch letters patent, eine königliche Verleihungsurkunde. Meistens wird auch eine ausländische Gesellschaft nicht in der vom englischen Gesetz vorgeschriebenen Form, sondern auf andere, nach dem ausländischen Recht zugelassene Weise gegründet und wird danach auch ohne Beachtung der englischen Gründungsform in England rechts- und geschäftsfähig sein. Siehe über die ausländischen Gesellschaften unten S. 97.

9. Geschäftsbeginn. Ist die Gesellschaft eine „Private Company", so kann sie sofort, nachdem sie eingetragen ist, und das Certificate of Incorporation erhalten hat, mit den Geschäften beginnen (§ 94 [7]). Handelt es sich aber um eine Public Company, so müssen noch andere Förmlichkeiten erfüllt werden, bevor sie das „trading certificate" erhält (siehe darüber § 94 S. 139).

10. Die Pflichten der Unterzeichner der Gründungsurkunde: Sie haben

a) den Preis für ihre Aktien zu bezahlen;

b) die Statuten zu unterzeichnen, wenn solche verfaßt werden (siehe unten S. 15).

Solche Statuten sind nötig für Gesellschaften mit unbeschränkter Haftung oder bei Haftung auf Garantie, nicht aber bei der gewöhnlichen Aktiengesellschaft (§ 6); siehe unten S. 15;

c) die ersten Direktoren zu bezeichnen;

d) selbst als Direktoren zu handeln, sofern keine anderen Personen zu diesem Amt ernannt sind.

11. Bedeutung und Änderung der Gründungsurkunde. Das Memorandum ist die Verfassung und das Fundament der Gesellschaft. In dieser Form erscheint sie der Außenwelt. Eine Abänderung der Memorandumsbestimmungen ist sehr erschwert und wird nur in den vom Gesetz ausdrücklich vorgesehenen Fällen unter weitgehender Berücksichtigung der Interessen der Gesellschaftsgläubiger und der Mitglieder der Gesellschaft zugelassen.

Die Gesellschaft kann das Memorandum jederzeit durch einen vom Gericht zu genehmigenden Sonderbeschluß für folgende Zwecke ändern (§ 5):

a) um ihr Geschäft wirtschaftlicher oder wirksamer zu betreiben;

b) um ihren Hauptzweck durch neue oder verbesserte Mittel zu erreichen;

c) um den örtlichen Wirkungskreis ihrer Unternehmungen zu vergrößern oder zu verändern;

d) um ein Geschäft oder Geschäfte zu betreiben, welche nach den Umständen des besonderen Falles zweckdienlich oder vorteilhaft mit dem Geschäft der Gesellschaft vereinigt werden können;

e) um irgendwelche in der Gründungsurkunde genannten Zwecke zu beschränken oder aufzugeben;

f) um das Unternehmen der Gesellschaft ganz oder teilweise zu verkaufen oder anderweitig darüber zu verfügen;

g) um sich mit einer anderen Gesellschaft oder Personenvereinigung zu verschmelzen.

Solche Änderungen der Gründungsurkunde dürfen die Rechte von bisherigen Mitgliedern der Gesellschaft und Inhabern von Schuldverschreibungen nicht in unbilliger Weise beeinträchtigen. Deshalb muß von der beabsichtigten Änderung jedem dieser Interessenten Kenntnis gegeben werden, damit er vor dem Gericht seinen Widerspruch erheben kann. Das Gericht wird darauf die erforderlichen Anordnungen treffen, um die widersprechenden Interessenten zu befriedigen, sei es, daß sie ausbezahlt werden, daß ihre Ansprüche sichergestellt werden oder daß sie sich sonstwie zufrieden geben, so wie es das Gericht für richtig hält (§ 5 [3, 4, 5]).

Der Registerführer hat die Änderung gestützt auf eine amtliche Abschrift der gerichtlichen Verfügung einzutragen (§ 5 [6]).

Der Paragraph 22 verbietet ausdrücklich jede Änderung der Gründungsurkunde oder der Statuten, die ein Mitglied der Gesellschaft verpflichten würde, mehr Aktien zu übernehmen, als die Zahl, welche es am Tage besaß, da die Änderung beschlossen wurde, oder sonst seine Beitragspflicht am Aktienkapital zu erhöhen. Wenn indessen alle Mitglieder schriftlich zustimmen, oder erklären, sich durch eine solche Änderung binden zu lassen, so ist auch eine solche Änderung möglich.

12. Dagegen besteht nach Paragraph 61 die Möglichkeit der *Änderung der Rechte einer besonderen Klasse von Aktionären* — sofern solche verschiedene Klassen bestehen —, auch wenn nicht alle Angehörigen dieser Klasse zustimmen. Es ist aber nötig, daß in der Gründungsurkunde oder in den Statuten die Möglichkeit einer solchen Änderung vorbehältlich der Zustimmung einer bestimmten Verhältniszahl vorgesehen ist. Erfolgt gestützt auf eine solche Bestimmung die Zustimmung der vorgeschriebenen Zahl von Aktionären, so steht den Aktionären, welche nicht zugestimmt haben, wenn sie wenigstens 15% der ausgegebenen Aktien dieser Klasse besitzen, innerhalb einer Frist von 7 Tagen nach dem betreffenden Beschluß oder der Zustimmung, das Recht zu, mit dem Begehren an das Gericht zu gelangen, die Änderung zu verbieten. Sobald ein solches Begehren gestellt ist, ist die beschlossene Änderung vorläufig nicht wirksam. Das Gericht wird darauf nach genauer Prüfung aller in Betracht kommenden Umstände, wenn nötig mit Einvernahme von Zeugen, eine Entscheidung treffen, die für alle Mitglieder dieser Aktienklasse und für die ganze Gesellschaft verbindlich ist, sei es, daß das Begehren abgewiesen und der Beschluß der übrigen Aktionäre genehmigt wird, oder daß er eine Modifikation durch das Gericht erfährt. Die Gerichtsverfügung, welche die Abänderung anordnet, muß beim Registerführer zur Eintragung angemeldet werden.

II. Die Statuten (articles of association) (§§ 6—10). *1. Zweck und Inhalt.* Regelmäßig werden gleichzeitig mit der Gründungsurkunde auch besondere Statuten, die Articles of Association, verfaßt und der Registerbehörde eingegeben. Sie bestimmen die innere Organisation und Verwaltung, während das Memorandum in erster Linie die Beziehungen der Gesellschaft nach außen ordnet.

Handelt es sich um eine Gesellschaft, bei welcher die Haftbarkeit der Mitglieder auf den Betrag ihrer Aktien beschränkt ist, so sind besondere Statuten nicht nötig. Dagegen sind sie obligatorisch vorgeschrieben für die seltenen Aktiengesellschaften, welche keine Beschränkung der Haftung ihrer Mitglieder haben, also für die unlimited companies, und für die Gesellschaften, bei denen die Haftbarkeit auf eine bestimmte Summe beschränkt ist, bei den companies limited by guarantee (§ 6).

Das Gesetz selbst enthält in Tafel A des Anhanges I (Schedule I) ein Musterformular für Statuten.

Dieses gibt Vorschriften über die Aktien, das Aktienzertifikat, das Retentionsrecht an Aktien, die Übertragung, die Aufforderung zu Einzahlung von noch nicht bezahlten Aktienbeträgen (calls), über den Verfall von Aktien, über die Umwandlung von Aktien in Stockvermögen, über allfällige Kapitalsänderungen, über die Generalversammlung, die Art der Einberufung, das Stimmrecht, Rechte und Pflichten der Direktoren, über das Gesellschaftssiegel, über die Buchführung, die Dividenden und Reserven.

Wer sich über die Verhältnisse einer englischen Aktiengesellschaft genau orientieren will, muß stets Gründungsurkunde und Statuten einsehen. Oft stehen Bestimmungen, die eigentlich in die Statuten gehören, in der Gründungsurkunde.

Sind Statuten obligatorisch vorgeschrieben, und hat die Gesellschaft selbst keine Statuten verfaßt, oder soweit in Statuten der Gesellschaft Lücken vorhanden sind, gelten die Bestimmungen des Statuten-Musterformulars von Tafel A des ersten Anhanges (§ 8 [2]).

2. Formvorschriften und Eintragung. Dieselben Personen, welche ihre Unterschrift auf das Memorandum setzten, müssen auch die Statuten in Gegenwart eines Zeugen unterschreiben. Die Statuten müssen in deed-Form, also mit Siegel, errichtet und gedruckt werden. Sie müssen beim Registerführer für Gesellschaften eingetragen werden (§ 12).

Der Registerführer verweigert die Eintragung der Statuten, wenn sie nicht dem Gesetze entsprechen, insbesondere wenn sie so lauten, daß sie im Widerspruch zum Inhalt der Gründungsurkunde stehen, wenn z. B. bei einer Private Company die gesetzlich zulässige Zahl von 50 Mitgliedern überschritten würde.

3. Änderung der Statuten. Eine Gesellschaft kann die Statuten durch Sonderbeschluß (special resolution) der Generalversammlung ändern (§ 10).

Eine Änderung darf aber nicht über den durch das Memorandum gesteckten Rahmen hinausgehen oder in unbilliger Weise die Rechte der Minderheit verletzen.

Die Statuten behalten immer das Memorandum vor, so daß das Recht der Gesellschaft, sie zu ändern, keineswegs auch ein Recht auf Änderung des Memorandums gibt. Der Auslegung kann indessen der Richter Memorandum und Statuten zugrunde legen.

III. Gründungsurkunde und Statuten, gemeinsame Bestimmungen. *1. Einsichtnahme und Abschriften.* Jedes Mitglied ist berechtigt, von Gründungsurkunde und Statuten gegen eine Gebühr von höchstens 1 s eine Abschrift zu verlangen (§ 23). Gleiches Recht besteht auch in bezug auf ein jedes Gesetz, das die Bestimmungen dieser Urkunden ändert.

2. Wirkung nach außen. Dritte Personen, welche bereit sind, die Gebühr zu bezahlen, können eine Abschrift der Gründungsurkunde und der Statuten vom Registrar of Companies bekommen.

Wer mit der Gesellschaft in Verkehr tritt, wird so beurteilt, als ob er Kenntnis von dem Inhalte der Eintragungen habe. Doch sind solche Personen nur verpflichtet, darauf zu achten, daß im geschäftlichen Verkehr mit der Gesellschaft das Memorandum und die Statuten nicht verletzt werden. Sie müssen keineswegs nachforschen „whether all the necessary steps have been taken by the company itself to make proceedings regular" (Royal British Bank, v. Turquand [1856]).

Überschreitet ein Organ der Gesellschaft seine Befugnisse, die ihm auf Grund der Gesellschaftsstatuten zustehen, so kann die Generalversammlung solche Handlungen nachträglich durch Sonderbeschluß genehmigen. Eine Handlung dagegen, die durch die Bestimmungen des Memorandums nicht gedeckt ist, wie der Abschluß eines Vertrages außerhalb des Gesellschaftszweckes, kann nicht genehmigt werden. Sie ist nichtig, ultra vires.

Zweites Kapitel.

Prospekt, Aktienangebot, Zeichnung, Zuteilung.

I. Prospekt. *1. Zeichnung auf Grund eines Prospektes* (prospectus). Eine englische Aktiengesellschaft kann so gegründet werden, daß die Gründer selbst alle Aktien zeichnen und übernehmen. Dann erlangt die Gesellschaft mit der Eintragung des Memorandums und der Statuten gleichzeitig das Recht der Persönlichkeit und das Recht, mit den Geschäften zu beginnen. Sie hat lediglich der Registerbehörde eine Aufstellung einzugeben, aus welcher hervorgeht, daß sämtliche Aktien gezeichnet sind. Es ist nicht nötig, daß noch ein besonderer Prospekt ausgegeben wird. Die erwähnte Aufstellung heißt deshalb statement in lieu of prospectus. Siehe darüber Näheres unten, Ziffer V. Ein Musterformular eines statement in lieu of prospectus gibt der fünfte Anhang (Fifth Schedule) des Gesetzes.

Bei dieser nichtöffentlichen Gründung fallen der Erwerb der Rechtsfähigkeit und der Fähigkeit, Handel zu treiben, in einen Akt zusammen.

Werden aber noch nicht gezeichnete Aktien, nachdem die Gesellschaft ins Leben gerufen ist, öffentlich zum Kauf angeboten, so ist die Gesellschaft verpflichtet, in einem prospectus ganz genau Aufschluß über den Zweck, die Organisation, die Gründer, Direktoren, Sacheinlagen, Gründungskosten usw., sowie den Inhalt des Memorandums zu geben. Ein Musterformular eines Prospektes gibt der vierte Anhang (Fourth Schedule) des Gesetzes.

In den Statuten und im prospectus muß genau angegeben werden, welches das Minimum der gezeichneten Aktien und der Einzahlungen darauf sein muß und welches die Einzahlungen der Direktoren (directors) sein müssen, damit die Verwaltung mit Zuteilung der Aktien (allotment) beginnen kann.

Erst wenn die drei erwähnten Bedingungen erfüllt sind, darf die Gesellschaft mit ihren Geschäften beginnen. Es ist dazu eine besondere Erlaubnis des Registerbeamten nötig, welche er erst erteilt, nachdem ihm der Sekretär oder ein Direktor durch besonders vorgeschriebene schriftliche Erklärung (statutory declaration) den Beweis geliefert hat, daß das Minimum der Aktien gezeichnet ist und die Direktoren ihre Einzahlungen gemacht haben (§ 94 [1]).

Die Paragraphen 39—42 behandeln die *Zuteilung* (Allotment).

2. Bedeutung des Prospektes. Der Prospekt des englischen Rechtes ist von ganz besonderer Bedeutung und auch weit notwendiger als ein Prospekt bei der Gründung kontinentaler Aktiengesellschaften.

Da die meisten Aktionäre bei der Gründung nichts zu sagen haben, sind die Vorschriften über die Ausgabe eines Prospektes sehr scharf. Der Aktionär muß wissen, woran er ist; er muß genau orientiert sein; er soll in der Lage sein, die Sicherheiten seiner Einlage vor der Zeichnung der Aktien eingehend zu prüfen.

Wohl hat er bei public companies — nicht aber bei private companies — das Recht zu verlangen, daß im zweiten oder dritten Monat — nicht früher und nicht später — nach Eintritt der Rechtsfähigkeit die erste Generalversammlung, das statutory meeting, einberufen werde (§ 113).

Diese Versammlung hat aber rein deklaratorische Bedeutung (siehe unten S. 47).

Der Einladung muß ein Bericht der Direktoren (der statutory report) über die finanzielle Lage des Unternehmens und die bisherige Tätigkeit der Direktoren beigelegt werden, der ebenfalls dem Registerführer zur Eintragung zuzustellen ist.

3. Inhalt des Prospektes. Der Prospekt muß die vom Gesetz verlangten Angaben enthalten. Siehe §§ 34—38. Das Gesetz selbst verweist in § 35 in bezug auf die erforderlichen Angaben auf die in Anhang IV (Fourth Schedule) aufgestellte Liste. Es sei hier ebenfalls darauf verwiesen. Siehe unten S. 281 ff., sowie S. 112 ff.

4. Formvorschriften. Der Prospekt muß datiert sein und eine Abschrift davon, von jedem Direktor oder von der als zukünftiger Direktor bezeichneten Person oder ihres hierzu schriftlich bevollmächtigten Vertreters unterzeichnet, dem Registerführer spätestens am Tage seiner Publikation eingegeben werden. Eine bezügliche Notiz auf der Vorderseite eines jeden ausgegebenen Prospektes hat die erfolgte Eingabe zu bestätigen (§ 34).

5. Ausländische Gesellschaften, welche Aktien und Schuldverschreibungen in Großbritannien anbieten. Siehe über die Formvorschriften und den Inhalt des Prospektes unten S. 97—99.

6. Haftung aus Prospekt. Über die Haftung für die Angaben im Prospekt enthält § 37 eingehende Vorschriften.

Danach sind für die Angaben eines Prospektes, sei es ein Prospekt, der zur Zeichnung von Aktien oder zur Zeichnung von Schuldverschreibungen einlädt, alle Personen haftbar, die zur Zeit der Ausgabe Direktoren waren, oder welche einwilligten, im Prospekt als Direktoren genannt zu werden, die promoters, und alle Personen, welche die Ausgabe des Prospektes veranlaßt haben. Dabei wird als promoter eine Person bezeichnet, die an der Vorbereitung des Prospektes oder desjenigen Teiles teilnahm, der die unwahre Angabe enthält, ohne daß darunter jemand zu verstehen ist, der bloß in seiner Berufseigenschaft mitwirkte (wie z. B. Angestellte, Schätzer, Buchhalter usw.).

Erleidet jemand, der im Vertrauen auf den Prospekt Aktien oder Schuldverschreibungen zeichnete, aus der unrichtigen oder unwahren Angabe im Prospekt, in der Gründungsurkunde oder in irgendeinem dazugehörenden Berichte einen Schaden, so sind die obengenannten Personen für jeden Verlust oder Schaden haftbar und können einzeln für den ganzen Schaden eingeklagt werden, allerdings mit Regreßrecht auf die anderen Mitverantwortlichen.

Gegen eine solche Klage können folgende Einreden mit Erfolg erhoben werden: dem Beklagten steht der Nachweis zu, daß er seine Einwilligung, Direktor zu werden, vor Ausgabe des Prospektes zurückzog, oder daß der Prospekt ohne seine Zustimmung ausgegeben wurde und daß er nach erlangter Kenntnis der Ausgabe sofort eine angemessene öffentliche Erklärung erließ, aus der sich ergab, daß der Prospekt ohne sein Wissen und ohne seinen Willen ausgegeben wurde, oder daß er noch vor der erfolgten Zuteilung seine Zustimmung in öffentlicher begründeter Erklärung zurückzog, sobald er Kenntnis von der unwahren Angabe erhielt.

Auch wird die Einrede zugelassen, daß der Beklagte im guten Glauben die Angabe bis zur Zuteilung für richtig hielt, weil er sich auf eine öffentliche amtliche Urkunde oder auf das Gutachten eines Sachverständigen (insbesondere eines Schätzers) stützte.

Die Einrede wird aber abgewiesen und der Beklagte zu Schadenersatz verurteilt, wenn das Gericht der Ansicht ist, der Beklagte habe keinen genügenden Grund zur Annahme gehabt, daß die für jene Darstellung in Betracht kommende Person wirklich Sachverständiger sei.

Wird im Prospekt jemand als Direktor oder vorgeschlagener Direktor der Gesellschaft erwähnt, obwohl diese Person nicht zugestimmt hat oder ihre Zustimmung vor Ausgabe des Prospektes zurückzog, und auch nicht die Ausgabe veranlaßt, noch ihr zugestimmt hat, so sind die Direktoren und andere Personen, mit deren Wissen und Willen der Prospekt ausgegeben wurde, verpflichtet, der zu Unrecht im Prospekt als Direktor genannten Person jeden Schaden zu ersetzen.

Es haften nicht nur die Gründer (promoters), sondern jede Person, die im Prospekt als Direktor bezeichnet wird, und wer überhaupt die Ermächtigung zur Ausgabe des Prospektes gegeben hat. Unwahre Angaben haben aber nicht nur die Pflicht zur Zahlung von Schadenersatz, sondern auch Bestrafung zur Folge.

Diese scharfe Haftung bestand nach dem früheren Gesetz nur für direkte Einladungen zur Zeichnung durch die emittierende Gesellschaft, und sie konnte so umgangen werden, daß die Gesellschaft ihre Aktien oder Obligationen an ein Bankhaus verkaufte, das an der Gesellschaft nicht näher interessiert und deshalb berechtigt war, seinerseits die Einladung an das Publikum zur Zeichnung ohne Prospekt durch eine einfache Verkaufsofferte ergehen zu lassen. Um dies zu verunmöglichen, schreibt der Companies Act von 1929 in § 38 vor, daß die strengen Prospektbedingungen nunmehr auch für Offerten von Drittpersonen zum Verkaufe von Aktien oder Obligationen an das Publikum Geltung haben, so daß die Prospektbedingungen nicht mehr so umgangen werden können, daß die Wertpapiere zuerst an Dritte (z. B. an Emissionshäuser) zum späteren Verkauf an das Publikum gegeben werden.

Ein Angebot des Verkaufs der Wertpapiere an das Publikum liegt auch noch vor (vorbehältlich des Gegenbeweises), wenn das Angebot innerhalb 6 Monaten nach Zuteilung oder der vertraglichen Verpflichtung zur Zuteilung erfolgt; ebenso wird als solches Angebot eine Offerte behandelt, die erfolgte zu einer Zeit, da die Gesellschaft von der geschuldeten Gegenleistung noch keinen Teil erhalten hatte (§ 38 [2]).

Die Haftung der Personen, welche ein solches Angebot machen, soll gleich sein wie die Haftung der in einem Prospekt als Direktoren der Gesellschaft genannten Personen (§ 38 [2]).

Auch wenn ein schriftliches Angebot an das Publikum nicht die eigentliche Form eines Prospektes enthält, ist es doch in bezug auf die Haftung dem Prospekte gleichgestellt.

Dieselben Vorschriften gelten für Zeichnungs- und Verkaufsangebote von Aktien ausländischer Gesellschaften (97 ff.). Über die weiteren Vorschriften in bezug auf solche Gesellschaften vergleiche § 354 und unten S. 97 ff.

II. Verbot des Hausierens. Zum Schutze des kaufenden Publikums enthält das neue Gesetz in § 356 auch ein Verbot des Hausierhandels, welches vorerst in § 32 des Companies Act von 1928 aufgenommen und schon im Jahre 1928 in Kraft erklärt worden ist. Danach ist jedermann verboten, von Haus zu Haus zu gehen, um Aktien dem Publikum zur Zeichnung oder zum Kaufe anzubieten. Darunter fällt aber nicht ein Bureau für Geschäftszwecke.

III. Schriftliche Angebote von Aktien. Ferner wird verboten, irgendein Angebot von Aktien an irgendeine Person aus dem Publikum zu richten, deren ordentliches Geschäft nicht im Kaufe und Verkaufe von Aktien besteht, wenn das Angebot nicht von einer schriftlichen Darstellung begleitet ist, welche die Angaben enthält, die für einen Prospekt vorgeschrieben sind. Ausgenommen von dieser Vorschrift sind nur:

a) Aktien, die an einer anerkannten Effektenbörse in Großbritannien zugelassen werden und wenn die Offerte dies bemerkt;

b) Aktien, welche die Gesellschaft dem Publikum schon zugeteilt hat oder bezüglich welcher die Gesellschaft sich vertraglich verpflichtet hat, sie zuzuteilen, damit sie dem Publikum angeboten werden;

c) wenn das Angebot ausschließlich an Personen erfolgt, mit welchen die anbietende Person regelmäßig ordentliche Geschäfte abschließt, die sich auf den Kauf und Verkauf von Aktien beziehen.

Die erwähnte schriftliche Darstellung muß in Buchstaben geschrieben sein, welche nicht kleiner und nicht weniger lesbar sind, als irgendwelche andere Buchstaben des Angebotes, und darf keine anderen Angaben enthalten als die folgenden:

a) ob die Person, welche die Offerte macht, als Geschäftsherr oder Vertreter handelt, und wenn dies als Vertreter geschieht, welches der Name des vertretenen Geschäftsherrn und seine Adresse in Großbritannien ist, wo er eingeklagt werden kann;

b) das Datum, an welchem die Inkorporation der Gesellschaft erfolgte, und das Land, wo dies geschah und die Adresse ihres eingetragenen Geschäftssitzes oder Hauptgeschäftsplatzes in Großbritannien;

c) das autorisierte Aktienkapital der Gesellschaft, und den Betrag davon, welcher emittiert wurde, die Aktienklassen, auf welche es verteilt ist, und die Rechte jeder Klasse der Aktionäre in bezug auf das Kapital, die Dividenden, und das Stimmrecht;

d) die Dividenden, die durch die Gesellschaft an jede Klasse der Aktionäre während eines jeden der drei der Offerte unmittelbar vorausgegangenen Geschäftsjahre bezahlt wurden, und wenn für die einzelnen Aktienklassen keine Dividenden bezahlt wurden, eine Feststellung darüber;

e) den Gesamtbetrag der Schuldverschreibungen, welche durch die Gesellschaft ausgegeben wurden und welche am Tage der Feststellung noch ausstehend sind, zusammen mit dem dafür bezahlten Zinsfuß;

f) die Namen und die Adressen der Direktoren;

g) ob die offerierten Aktien voll einbezahlt sind oder nicht, und zu welcher Höhe;

h) ob die Aktien an irgendeiner anerkannten Effektenbörse in Großbritannien oder anderswo zum Handel zugelassen sind oder ob eine Bewilligung zu solcher Zulassung erteilt worden ist, und wenn dies nicht der Fall ist, eine Feststellung darüber, daß sie nicht an der Börse zugelassen wurden und auch keine solche Bewilligung erteilt wurde;

i) wenn sich die Offerte auf irgendwelche Rechte (units) an Aktien bezieht, Angaben der Namen und Adressen der Personen, auf welche die bezüglichen Aktien übertragen sind, das Datum und die Parteien einer Urkunde, in welcher die Bedingungen genannt sind, zu welchen diese Aktien gehalten werden, und eine Adresse in Großbritannien, wo diese Urkunde oder eine Abschrift davon eingesehen werden kann.

Nichtbeachtung dieser Vorschriften hat eine Gefängnisstrafe bis auf 6 Monate, bei Wiederholung bis auf 12 Monate oder eine Buße bis auf £ 500 oder beide Strafen zur Folge.

IV. Spätere Prospekte. Ein Prospekt mit denselben einzelnen Angaben wird auch bei Ausgabe von Obligationsanleihen (debentures) und späteren Aktienemissionen verlangt, also auch für solche Titel, die nicht gleich bei oder nach der Gründung der Gesellschaft ausgegeben wurden.

V. Statement in lieu of prospectus. Eine Gesellschaft, die ein Aktienkapital hat und keinen Prospekt ausgibt, oder welche zwar einen Prospekt ausgegeben hat, es aber unterließ, die dem Publikum zur Zeichnung angebotenen Aktien zuzuteilen, darf keine Aktien oder Schuldverschreibungen zuteilen, bevor sie nicht wenigstens 3 Tage vor der ersten Zuteilung dem Registerführer eine Aufstellung an Stelle eines

Prospektes eingegeben hat, ein sog. statement in lieu of prospectus, dessen Inhalt fast übereinstimmend ist mit dem Prospekt (§ 40).

Die Aufstellung muß dem in Anhang V gegebenen Musterformular entsprechen. Es sei deshalb in bezug auf Inhalt und Form darauf verwiesen.

Wer im Vertrauen auf die Richtigkeit dieses statement Aktien zeichnete, hat bei falschen Angaben das gleiche Recht auf Aufhebung des Aktienkaufes, wie wenn er sich auf einen Prospekt verlassen hätte.

VI. Zuteilung von Aktien (allotment). Es dürfen keine Aktien zugeteilt werden, bevor die Minimalzahl der im Prospekt oder im statement vorgesehenen Aktien gezeichnet ist und der mit dem Begehren auf Zuteilung von Aktien einzuzahlende Betrag bezahlt ist (§ 39 [3]). Der zu zahlende Betrag darf nicht weniger als 5% des Nominalbetrages der Aktien betragen.

Wenn das Minimum innerhalb 40 Tagen nicht gezeichnet ist, müssen alle von den Zeichnern schon einbezahlten Beträge innerhalb 48 Tagen nach der Ausgabe des Prospektes ohne Zinsen zurückbezahlt werden (§ 39 [4]).

Für spätere Aktienzuteilungen gilt dies indessen nicht (§ 39 [6]).

Nach erfolgter Zuteilung ist die Gesellschaft verpflichtet, innerhalb eines Monates dem Registerführer einen Bericht über die Zuteilung einzureichen, mit Angabe der Nummern der ausgegebenen Aktien und der Adressen der Zeichner und des für die zugeteilten Aktien bezahlten oder geschuldeten Betrages. Soweit die Gegenleistung nicht bar erfolgte, muß der Vertrag, aus welchem sich die Art der Gegenleistung ergibt, ebenfalls eingegeben werden (§ 42).

VII. Share-Certificate, Aktien-Zertifikat (§ 67). Die Gesellschaft muß innerhalb von 2 Monaten nach der Zuteilung von Aktien — auch von Schuldverschreibungen — oder innerhalb von 2 Monaten, nachdem eine Übertragung bei der Gesellschaft angemeldet ist, Bescheinigungen darüber ausstellen, die Aktienzertifikate, share-certificates. Dieses Zertifikat setzt den Aktionär oder Schuldverschreibungs-Inhaber in die Lage, sofort prima facie zu beweisen, daß er ein Recht auf die Aktien (auf die Schuldverschreibungen) hat, welche darin erwähnt sind (§ 68). Kommt die Gesellschaft innerhalb einer vom Berechtigten gestellten Frist von 10 Tagen der Verpflichtung zur Aushingabe des Zertifikates nicht nach, so kann eine gerichtliche Verfügung erwirkt werden (§ 67 [3]) (siehe z. B. S. 23 oben).

Über die Share-Certificates siehe auch 1. Anhang, Tafel I, Ziffer 4 und 5 unten.

Durch die *Interimsaktie, Interimsscheine* (interim-shares, scrip-certificates) werden eine Teilzahlung auf den gezeichneten Aktienbetrag und das Mitgliedsrecht schon vor der Ausgabe der Aktien bestätigt.

> Share Certificate.
>
> This is to certify that *Archibald Boyd, of* 491 *Parker Street,* London, is the holder of *One* Ten Pound Share, numbered 1, 234, in *the Victoria and Albert Steamboat Company, Limited,* subject to the provisions of the Memorandum and Articles of Association of the Company, and that upon such share the full amount of Ten pounds has been paid.
>
> Given under the Common Seal of the Company this Twenty-second day of January, 19 . .
>
> Signature:

Nach erfolgter Vollzahlung wird der Interimsschein gegen die definitive Aktie, share, umgetauscht.

VIII. Provisionen (§§ 43—45). Es kommt oft vor, daß eine Gesellschaft mit bestimmten Personen — underwriters genannt — (gewöhnlich mit Banken) einen Vertrag abschließt, wonach sich diese Personen schon vor Ausgabe des Prospektes verpflichten, eine Anzahl von Aktien zu übernehmen unter der Bedingung, daß sie vom Publikum nicht übernommen werden. Man nennt solche Verträge „*underwriting agreements*". Die Underwriters versichern damit die Gesellschaft gegen die Gefahr einer nicht genügenden Zeichnung durch das Publikum. Dafür haben sie Anspruch auf eine Vergütung, die commission (Provision). Das Gesetz schreibt in § 43 genau vor, in welchen Fällen solche Provisionen zulässig sind. Die Provision muß durch die Statuten ausdrücklich erlaubt sein. Sie darf nicht 10% des Emissionspreises oder den Betrag oder Prozentsatz, zu welchem die Statuten ermächtigen, übersteigen. Im Falle öffentlicher Zeichnung ist dafür der im Prospekt angegebene Betrag maßgebend und im Falle, da kein öffentliches Angebot erfolgt, der in der Aufstellung an Stelle des Prospektes genannte Betrag oder in einer anderen Aufstellung, die vom Registerführer vorgeschrieben wird, und wenn weder ein Prospekt noch ein statement in lieu of prospectus ausgegeben ist, der in einem Rundschreiben oder anderen Mitteilung, die zur Zeichnung einladen, genannte Betrag. Auch die Zahl der Aktien, für welche ein Provisionsversprechen gegeben ist, muß entsprechend bekanntgegeben werden.

Erlaubt ist, wie früher, die Zahlung einer üblichen „brokerage", Maklergebühr, an die Börsenagenten (§ 43 [3]).

Die bezahlten Provisionen müssen, solange sie nicht amortisiert sind, in der Bilanz der Gesellschaft erscheinen (§ 44).

IX. Ausgabe von Aktien unter dem Nennwert. Das Gesetz (§ 47) gestattet die Ausgabe von Aktien unter dem Nennwert (shares at a discount) von einer bereits ausgegebenen Aktienklasse, wenn ein bezüglicher von der Generalversammlung gefaßter Beschluß vom Gericht genehmigt wurde. Der Differenzbetrag zwischen Nennwert und Ausgabepreis muß im

Beschluß genannt sein. Ferner ist vorgeschrieben, daß seit dem Geschäftsbeginn der Gesellschaft bereits ein Jahr verstrichen sein muß und daß die unter pari auszugebenden Aktien innerhalb eines Monats nach der gerichtlichen Zustimmung ausgegeben werden müssen oder innerhalb einer vom Gericht erstreckten Frist. Jeder Prospekt und jede Bilanz müssen den Diskonto-Betrag anführen, solange er noch nicht amortisiert ist.

X. Verbot finanzieller Beihilfe beim Ankauf von Aktien (§ 45). Das Gesetz verbietet in § 45 den Gesellschaften ausdrücklich, irgendeiner Person irgendwelche finanzielle Beihilfe zu leisten, um ihr den Ankauf von Aktien ihrer Gesellschaft zu ermöglichen. Verboten sind bezügliche Darlehen, Bürgschaften, oder irgendwelche andere Sicherheitsleistung. Davon ist nur ausgenommen das Ausleihen von Geld, wenn ein solches Geschäft einen Teil des ordentlichen Geschäftsbetriebes der Gesellschaft bildet und wenn das Geld im ordentlichen Verkehr ausgeliehen wird, ferner die Hingabe von Geld für Käufe von volleinbezahlten Aktien durch Treuhänder gestützt auf einen zur Zeit in Kraft stehenden Plan, wenn solche Aktien zugunsten von Angestellten der Gesellschaft, eingeschlossen Direktoren, die eine bezahlte Stellung bei der Gesellschaft haben, sowie Darlehen an Angestellte, welche nicht Direktoren sein dürfen, um ihnen den Ankauf volleinbezahlter Aktien „in beneficial ownership" zu ermöglichen. Der Gesamtbetrag der so gegebenen Darlehen muß in der Bilanz ersichtlich sein.

XI. Übernahme von Verträgen. Wenn eine Aktiengesellschaft die Rechte und Pflichten aus bereits vor ihrer Gründung von den Gründern abgeschlossenen Verträgen übernehmen soll, so muß sie einen ganz neuen Vertrag eingehen, welcher an die Stelle des von den Gründern abgeschlossenen Vertrages tritt (siehe darüber Curti: Englands Privat- und Handelsrecht, Bd II, S. 8). Es ist dies darauf zurückzuführen, daß England den Vertrag zugunsten Dritter nicht kennt.

Drittes Kapitel.

Mitgliedschaft und Aktie.

I. Die Aktie. *1. Der Anteil am Gesellschaftsvermögen* (share). „Mitglied" (member, Aktionär) der Gesellschaft wird jedermann, der die Gründungsurkunde unterschrieben hat, ebenso jede andere Person, die zugestimmt hat, Mitglied zu werden. Diese Personen werden in das Mitgliederregister eingetragen (§ 25).

Der Anteil am Gesellschaftskapital mit den damit verbundenen Pflichten und Rechten (Stimmrecht, das Recht auf Dividendenbezug) heißt share, ist also die Aktie.

Nur wer als Aktionär eingetragen ist, ist vollberechtigtes Mitglied. Die englische Aktie ist deshalb auch kein negoziables Wertpapier.

Die Rechte des Aktionärs, die mit dem Recht an der Aktie verbunden sind, können sehr verschieden sein, je nach den Bestimmungen des Memorandums und der Gesellschaftsstatuten. So kann auch die Aktie von verschiedener Art und verschiedener Höhe des Nominalbetrages sein. Eine gesetzliche Beschränkung besteht nicht.

Eine Gesellschaft kann, wenn die Gründungsurkunde hierzu berechtigt, auch Aktien verschiedener Art ausgeben, so daß sämtliche gleichartigen Anteile eine besondere Mitgliederklasse bilden und jede einzelne Klasse verschiedene Rechte und Pflichten hat, sei es, daß die Aktien einen verschiedenen Nennwert haben, daß sie zu größeren oder kleineren Dividenden, auch zu Vorzugsdividenden, berechtigt sind, daß sie Stimmrecht haben oder nicht usw. Die Angehörigen derselben Klasse dürfen aber nicht verschieden behandelt werden. Unter gewissen Voraussetzungen ist es möglich, die rechtlichen Verhältnisse einer besonderen Klasse zu ändern, wenn eine im Memorandum oder in den Statuten bezeichnete bestimmte Mehrheit der Aktionäre dieser Klasse es beschließt. Der Richter hat indessen das Recht, auf das Begehren nicht zustimmender Mitglieder, die wenigstens 15 % des einbezahlten Kapitals vertreten, die Änderung zu verbieten oder sonst eine Verfügung zu treffen, die ihm angezeigt erscheint (§ 61, siehe auch oben S. 14). Ein Beispiel einer solchen Statutenbestimmung gibt das Statutenformular von Tafel I in Ziffer 3 des 1. Anhanges (First Schedule) des Gesetzes.

2. *Share-warrant.* Von der erwähnten Aktie sind wohl zu unterscheiden das Share-certificate, das Aktienzertifikat — siehe oben S. 22 —, das ein bloßes Zeugnis dafür ist, daß der Inhaber des Scheines ein Anrecht auf die darin erwähnte Aktie hat, und der Share-warrant to bearer (d. i. der auf den Inhaber lautende Aktienschein). Die auf ihm verbrieften Rechte sind durch bloße Übergabe des warrant übertragbar; der Gesellschaft gegenüber gilt der Inhaber aber nicht ohne weiteres als vollberechtigtes Mitglied, als vollberechtigter Aktionär. So ist regelmäßig der Inhaber des Share-warrant an den Versammlungen der Gesellschaft nicht stimmberechtigt, kann aber durch Rückgabe dieses warrant an die Gesellschaft und Eintragung in das Mitgliederregister das Stimmrecht erlangen.

Eine Gesellschaft, deren Haftung auf das Aktienkapital beschränkt ist, kann — muß aber nicht — in bezug auf volleinbezahlte Aktien einen mit ihrem Gesellschaftssiegel versehenen Aktienschein oder Aktienbrief ausgeben, den Share-warrant, und dieser gibt seinem Inhaber das Recht auf die darin angeführte Aktie. Wird aber ein solcher share-warrant ausgegeben, so muß die Gesellschaft den als berechtigten Inhaber im Mitgliederverzeichnis verzeichneten Eigentümer der Aktie streichen, wie wenn er aufgehört hätte, Mitglied zu sein. Dafür ist die Tatsache der Ausgabe des share-warrant einzutragen, und zwar mit dem Datum der Ausgabe und der darin angegebenen Aktie mit Nummer.

Eine Eintragung in das Mitgliederregister kann erst wieder erfolgen, wenn der share-warrant der Gesellschaft zurückgegeben wird.

Der Inhaber des share-warrant kann, wenn die Statuten es so bestimmen, als ein Mitglied im Sinne des Gesetzes behandelt werden, sei es im ganzen Umfange der Rechte eines Mitgliedes oder nur für besondere Zwecke, z. B. bloß zum Dividendenbezug (§ 97).

Dividenden können durch Dividenden-Coupons bezogen werden, die mit dem warrant verbunden sind.

3. *Strafen.* Die Fälschung von share-warrant und Dividendenschein wird mit den höchsten Strafen, bis auf lebenslängliches Zuchthaus, geahndet. Gleicher Strafe kann eine Person verfallen, die sich fälschlich als Mitglied der Gesellschaft ausgibt, indem sie unberechtigterweise über die genannten Wertpapiere verfügt.

II. Erwerb von Aktien. Die Rechte an einer Aktie und die damit verbundene Mitgliedschaft der Gesellschaft kann durch Unterzeichnung der Gründungsurkunde oder durch gesonderte Zeichnung und Zuteilung oder durch Übertragung erworben werden.

a) Erwerb durch Unterzeichnung der Gründungsurkunde. Wurde ein Unterzeichner der Gründungsurkunde durch Betrug zur Zeichnung veranlaßt, so kann er gleichwohl gegenüber der Gesellschaft keine Rechte aus Irrtum oder Betrug geltend machen, weil die Gesellschaft zur Zeit der Unterzeichnung noch gar nicht bestand. Wohl aber stehen ihm alle Rechte gegen einzelne Personen zu, die ihn betrogen haben.

b) Erwerb durch Zeichnung (application) und Zuteilung (allotment) einer Aktie. Zeichnung und Zuteilung behandelt das englische Recht als Offerte und Annahme. Stimmt die Zuteilung mit der Zeichnung nicht überein — z. B. in der Zahl oder dem Betrag der einzelnen Aktien —, so ist der Zeichner nicht mehr an seine Offerte gebunden. Dagegen steht es ihm frei, die Gegenofferte anzunehmen. Die Annahme findet ihren Ausdruck in der Regel in der Bezahlung des sog. „allotment money", das bei der Zuteilung der Aktien auf die Aktienbeträge einzuzahlen ist. Seine Höhe wird in den Gesellschaftsstatuten oder dem Prospekte festgesetzt.

Enthält ein Prospekt absichtlich unwahre Angaben, so ist der Aktionär bei Entdeckung des Betruges zur Anfechtung berechtigt. Ist er bereits als Aktionär in das Mitgliederregister eingetragen, so kann er durch das Gericht Löschung und Rückzahlung der einbezahlten Aktienbeträge verlangen. Um sein Recht nicht zu verwirken, muß er der Gesellschaft sofort nach Entdeckung des Betruges Mitteilung machen,

„he must disclaim the shares promptly", und innerhalb angemessener Frist Klage erheben (action of rescission).

c) Erwerb durch Übertragung, transfer of shares. Jeder Aktionär hat das Recht, die Aktie in der von den Statuten vorgeschriebenen Weise zu übertragen, und zwar selbst dann, wenn sie noch nicht voll einbezahlt ist, vorausgesetzt, daß er sie unbedingt überträgt.

Die Übertragung erfolgt durch eine Übertragungsurkunde und Überschreibung im Mitgliederregister. Erst damit ist die Übertragung vollendet. Bis zu diesem Augenblick hat der Erwerber nur ein Billigkeitsrecht auf Eintragung der Aktie auf seinen Namen.

Ein Beispiel von Statutenbestimmungen über die Übertragung von Aktien gibt der 1. Anhang, Tafel I, Ziffer 17 und 18.

Die Übertragung im Mitgliederregister wird nur vorgenommen, wenn ein proper instrument of transfer vorgelegt wird. Es wird dies in der Regel eine gesiegelte Urkunde, ein deed, sein. Das gilt auch für die Übertragung von Schuldverschreibungen.

Handelt es sich um *Staatsanleihen*, so muß der Abtretende die Übertragung eigenhändig in die besonders dafür geführten Bücher der Bank von England einschreiben. Der Eintrag ist überdies von zwei Zeugen zu beglaubigen. Anleihen von Gesellschaften, die mit besonderer Einwilligung der Krone oder durch Gesetz geschaffen wurden, wie von Eisenbahngesellschaften, können nur durch gesiegelte Urkunde übertragen werden, welche die Gegenleistung nennt. Diese Urkunde ist dem Sekretär der Gesellschaft vorzuweisen, der den entsprechenden Eintrag in das Register vornimmt.

Weigert sich die Gesellschaft, die Übertragung im Mitgliederregister vorzunehmen, so kann sie gerichtlich erzwungen werden, und die Gesellschaft sowie die fehlbaren Beamten der Gesellschaft werden bestraft (§§ 66, 67).

Um die mit Zeit- und Geldopfern, Schreibereien und vielem Ärger (namentlich für den ausländischen Aktionär) verbundenen Übertragungsformalitäten zu umgehen, wird die Aktie oft einfach auf den Namen eines Treuhänders, z. B. einer Bank, eingetragen, welche ihr Treuhänderamt für Rechnung des jeweilig tatsächlich berechtigten Inhabers ausübt und zwar gestützt auf eine vom Berechtigten erteilte Vollmacht.

Von einer Übertragungsurkunde wird nur abgesehen, wenn die Eintragung von Gesetzes wegen erfolgen muß (by operation of law).

Wenn ein Aktionär gestorben ist, so muß die Eintragung auf seine Rechtsnachfolger, als welche zunächst der Testamentsvollstrecker oder der vom Gericht bezeichnete Erbschaftsverwalter gelten, gestützt auf den diesen Personen erteilten gerichtlichen Ausweis, die sog. „probate" oder die „letters of administration" erfolgen (§ 69).

Handelt es sich um im Ausland gestorbene Ausländer, so sind der Testamentsvollstrecker oder (wenn kein Testament vorliegt) die Erben bzw. Vermächtnisnehmer, berechtigt, die Übertragung auf die nach ihrem Recht berechtigten Personen vorzunehmen. Doch wird hierzu ein Zeugnis des für diese „ausländische Erbschaft" zuständigen Gerichtes erforderlich sein. Es ist auch möglich, daß eine eidesstattliche Versicherung (ein affidavit) des Testamentsvollstreckers oder der sonst berechtigten Personen, beglaubigt vom englischen Konsul seines Bezirkes, genügt.

Bricht über einen Aktionär der *Konkurs* aus, so gehen die Aktien auf den Konkursverwalter über.

d) Über den Übergang von Rechten aus der Aktie durch *bloße Übergabe eines share-warrant* siehe oben unter Ziffer I (2).

III. SWOBODAS „Arbitrage", Handbuch des Börsen-, Münz- und Geldwesens gibt folgende eingehende Auskunft über das Verfahren der Übertragung von Aktien und die Kosten einschl. Stempelgebühren.

a) Das Verfahren der Übertragung von Namenpapieren: Wertpapiere, die auf den Namen des bisherigen Besitzers lauten, müssen beim Verkauf in den Büchern der betreffenden Gesellschaft auf den Namen des neuen Erwerbers eingeschrieben (registriert) werden. Die Wertpapiere müssen bei der Ablieferung von einem von dem bisherigen Besitzer unterzeichneten Antrag auf Umschreibung, einem Transfer, begleitet sein. Darauf hat auch der neue Besitzer seinen Namen zu setzen. Beide Unterschriften müssen durch Zeugen beglaubigt sein. Von manchen Gesellschaften wird Beglaubigung durch einen Notar oder durch eine andere, ein öffentliches Siegel führende Person verlangt. Die meisten Gesellschaften begnügen sich jedoch mit der Beglaubigung durch einen Broker oder Bankier. Das Wertpapier, gewöhnlich Zertifikat genannt, ist mit dem Umschreibungsantrag (transfer) der in Frage kommenden Gesellschaft einzureichen, die darüber eine Quittung (company's receipt oder transfer receipt) ausstellt.

Die Ausfertigung des neuen Zertifikats nimmt ungefähr 4—6 Wochen in Anspruch. Hat man registrierte Werte vor Empfang des fertiggestellten Zertifikats verkauft, so kann das company receipt mit dem Transfer geliefert werden.

Oft kommt es vor, daß nicht alle Shares, worüber das Zertifikat lautet, sondern nur ein Teil davon verkauft werden. Die Lieferung dieses Teiles bereitet keine Schwierigkeiten. Der Verkäufer muß in diesem Fall sein Zertifikat mit dem Transfer zur Teilung (splitting) bei der zutreffenden Gesellschaft einreichen, die das Zertifikat behält und den Transfer mit der Bescheinigung, daß das Zertifikat bei ihr eingereicht worden ist („certificate lodged with company's office"), dem Einreicher zurückgibt. Solche Transfers (certified transfers) sind ohne weiteres lieferbar (good delivery). Sie sollten deshalb ebenso wie die Zertifikate als Wertstücke behandelt und durch die Post nur „eingeschrieben" versandt werden.

b) Übertragung von Bezugsrechten (Rights) auf „junge" Aktien:

Wenn von einer Gesellschaft beschlossen worden ist, ihren Aktionären ein Recht zum Bezug von jungen Aktien oder von Aktien eines Unternehmens, an dem die Gesellschaft in der einen oder anderen Weise interessiert ist, anzubieten, so wird jedem eingetragenen Aktionär eine Mitteilung von der Gesellschaft zugesandt. Beigefügt ist ein Antragsformular (letter of application), welches der Aktionär, im Falle er das Bezugsrecht ausüben will, mit einem Scheck über die zu leistende erste Einzahlung (application call) bei der auf dem Formular genannten Zahlstelle innerhalb der angegebenen Frist einzureichen hat. Über die erfolgte Zuteilung erhält der Aktionär einen Zuteilungsschein (letter of allotment). Die Auslieferung des Zertifikats erfolgt gegen Rückgabe des Zuteilungsscheines und der Quittungen über die auf die Shares geleisteten Einzahlungen (calls oder instalments). Da die Anzahl Shares, welche den Aktionären zum Bezug angeboten werden, meistens nach einem bestimmten Verhältnis festgesetzt ist, so geben die Gesellschaften dem der ersten Benachrichtigung beigegebenen Antragsformular oft schon die Fassung, daß es im Falle der Erklärung des Bezuges der Shares und nach Leistung der ersten Einzahlung als letter of allotment anzusehen ist. Eine besondere Benachrichtigung über die Zuteilung erfolgt dann nicht mehr.

Sobald Shares an der Börse exklusive Bezugsrechte (ex rights) gehandelt werden, wird dies durch Anschlag bekanntgemacht. Alle Geschäfte, die vor dem Tage der „Exrights"-Erklärung geschlossen werden, gelten als inklusive Bezugsrechte (cum rights) gehandelt. Da nun einerseits nicht alle Käufer infolge der durch Hin- und Hersendung des Transfers entstehenden Verzögerungen ihre Shares rechtzeitig, d. h. vor Schluß der Transferbücher, auf ihren Namen registrieren lassen können, andererseits aber auch nach Schluß der Bücher in den Shares Umsätze inklusive Bezugsrechte stattfinden, so müssen diese Käufer, falls sie die jungen Shares zu beziehen wünschen, sie von den in den Büchern der Gesellschaft eingetragenen Verkäufern reklamieren oder reklamieren lassen. Dieser Fall ist von den Gesellschaften auch meistens schon vorgesehen, und es sind deshalb den Antragsformularen oft Verzichtleistungsformulare (forms of renunciation) beigegeben, durch die der eingetragene Besitzer das Recht zum Bezuge der jungen Aktie auf den Käufer überträgt, ohne daß für diesen Transferspesen entstehen. Letzterer muß die auf der Form of renunciation enthaltene Annahmeerklärung unterzeichnen. Sind Renunciation forms nicht ausgegeben, so hat der Käufer dem Verkäufer den Betrag der jeweils fälligen Einzahlungen auf die jungen Shares zu zahlen; die Lieferung der Stücke erfolgt alsdann im Special Settlement.

c) Übertragung von Shares, die auf den Namen eines Verstorbenen lauten:

Im Falle des Ablebens des eingetragenen Besitzers von Shares verursacht ihre Umschreibung auf einen oder mehrere Namen ganz außerordentliche Schwierigkeiten und große Kosten (englische und Transvaal-Erbschaftssteuer, Kosten der sog. Letters of Administration, deren Ausfertigung bei den englischen Gerichten durch Vermittlung eines Rechtsanwalts beantragt werden muß, also Rechtsanwaltskosten, ferner Transferkosten usw.). Auch sind auf den Namen von Verstorbenen registrierte Shares vor Beendigung des gerichtlichen Verfahrens, das oft mehrere Monate in Anspruch nimmt, nicht lieferbar.

Der ausländische Käufer von Namensaktien, insbesondere eine Bank, läßt sich zur Vermeidung solcher Schwierigkeiten, Shares nicht auf den eigenen Namen, sondern auf den Namen zweier in England wohnender Vertrauenspersonen — nominees — (Bankiers oder Direktoren einer Bank) — registrieren. Im Falle des Ablebens einer Person kann dann die andere nach Erfüllung von verhältnismäßig einfachen Vorschriften (Beibringung des Totenscheines und einer Identitätserklärung) ohne weiteres über die Shares verfügen. Sind Shares auf in England wohnende nominees eingetragen, so haben diese, wenn sie von dem Ableben des Besitzers Kenntnis erhalten, der englischen Behörde den Steuerbetrag zu zahlen.

d) Kosten der Übertragung (costs of transfer):

Die Umschreibung von registrierten Werten verursacht folgende, stets dem Käufer zur Last fallende Kosten:

α) *Übertragungsstempel* (transfer stamp).

Er wird nach dem auf dem Transfer anzugebenden Kaufpreis (consideration money) berechnet und dem Transfer aufgedruckt.

Es besteht ein gesetzlich bestimmter Tarif für die Stempelgebühr. Sie richtet sich nach der Höhe der übertragenen Werte, z. B. für einen Wert bis zu £ 5 einschließlich beträgt sie 1 s, für einen Wert über £ 300 bis £ 350 aber £ 3 10 s.

Wenn in der Zeit, die zwischen zwei Liquidationen liegt, Aktien mehrere Male ihren Besitzer wechseln, so wird der Stempel des Transferscheins nach dem Kaufpreise berechnet, welchen der letzte Käufer, auf dessen Namen die Übertragung stattfindet, zahlt. Hieraus erklärt sich, daß häufig der Berechnung des Transferstempels ein anderer Kurs zugrunde gelegt ist als der, den der erste Verkäufer erzielt hat.

Bei Übertragungen, denen nicht ein tatsächlicher Kauf oder Verkauf, sondern z. B. ein Beleihungsgeschäft, eine Erbschaft od. dgl. zugrunde liegt, Fälle, in denen ohne Rücksicht auf den wirklichen Wert als Kaufpreis gewöhnlich nur ein Wert von 5 s angenommen wird, ist ein Stempel in dem festen Betrage von 10 s erforderlich.

Englische Gesellschaften können den Transferstempel gegen Zahlung einer an die Steuerbehörde abzuführenden Pauschalsumme ablösen und dann selbst bei Übertragungen vom Käufer eine Gebühr fordern, die aber den Betrag nicht übersteigen darf, welchen im einzelnen Falle der Staat als Abgabe erhoben hätte.

β) *Transfergebühr* (transfer fee):

Für die Registrierung von Transfers erheben die Gesellschaften eine Gebühr (transfer fee), die je nach den Satzungen verschieden ist, z. B. 2 s 6 d per deed (d. h. für einen Transfer, gleichviel wie groß die Anzahl der zu übertragenden Shares ist), oder 2 s 6 d für einen Transfer bis zu 100 Aktien. Das Stock Exchange Yearbook und jedes Minenhandbuch geben bei jeder Gesellschaft an, ob sie die Transfergebühr per deed oder per 100 Shares erhebt.

γ) *Stempel für Zuteilungsschreiben* (allotment letters), Verzichtleistungsschreiben (renunciation forms) und schriftliche Garantieerklärungen (letters for indemnity):

Für Zuteilungsschreiben und Verzichtleistungsschreiben — letztere sind die Erklärungen, durch die auf das Recht zum Bezuge neuer Aktien, Obligationen usw. zugunsten einer anderen Person verzichtet wird —, beträgt die Stempelgebühr, falls der in Betracht kommende Nennwert nicht unter £ 5 ist, 6 d, wenn niedriger 1 d.

Enthält ein und dasselbe Schriftstück das Zuteilungs- und das Verzichtleistungsschreiben, so ist trotzdem die Stempelgebühr für beide zu entrichten.

Der Stempel auf Zuteilungsschreiben muß eingedruckt sein, auf Verzichtleistungsschreiben kann er durch Aufkleben von Stempelmarken entrichtet werden.

Dem Stempel von 6 d unterliegen ferner die sog. letters of indemnity, die erforderlich sind, wenn die Ausstellung von Ersatzstücken an Stelle von verlorengegangenen Zertifikaten, Zuteilungsschreiben usw. verlangt wird. Durch die letters of indemnity (schriftliche Garantieerklärung) wird den Gesellschaften Schadloshaltung für alle Folgen zugesichert, die ihnen durch Aushändigung solcher Ersatzstücke entstehen können.

δ) *Effektenstempel.*

Laut Finanzgesetz (Finance Act) unterliegen alle auf den Inhaber lautenden ausländischen Obligationen dem englischen Effektenstempel von 2%, d. h. 4 s auf je £ 10 des Nennwertes. Ausgenommen sind die

Obligationen der Kolonialregierungen, die nur eine Stempelsteuer von $^1/_4$%, d. h. 5 s auf je £ 100 des Nennwertes, erfordern.

Obligationen von Kolonialgemeinden unterliegen einer Stempelsteuer von 2 s für je £ 10 oder einem Teil davon.

Alle auf einen Namen eingetragenen, mit Blankogiro versehenen Aktienzertifikate (stock- und share-certificates), deren Lieferung im englischen Effektenverkehr ohne einen stempelpflichtigen Übertragungsschein (transfer) zulässig ist, z. B. amerikanische Eisenbahnaktien, Anaconda-Aktien u. a., unterliegen einem Stempel von $^1/_2$%.

Die sog. share warrants to bearer, die auf den Inhaber lautenden Anteilscheine ausländischer Gesellschaften, erfordern den gleichen Stempel wie die Inhaberobligationen: 2%; zu ihnen gehören die Inhaberzertifikate derjenigen südafrikanischen Gesellschaften, die nicht nach englischem Gesetz registriert sind, also die große Mehrzahl der südafrikanischen Minen-, Land- und Finanzgesellschaften.

Für Aktienzertifikate der nach englischem Gesetz registrierten Gesellschaften ist der Stempel von 3% vom Nennwert zu entrichten.

Die Stempelsteuer ist bei der ersten „negotiation", d. h. beim ersten Verkauf, bei erster Verpfändung der Stücke und sonstigen ersten Transaktionen innerhalb Großbritanniens zu entrichten, sofern die Stücke nicht bereits einen englischen Stempel tragen.

Als „negotiation" ist nicht anzusehen die erstmalige Aushändigung oder Ausgabe von Inhaberaktien durch eine ausländische Gesellschaft oder die Einlieferung solcher Aktien an die Gesellschaft zum Zwecke der Umwandlung auf Namensaktien, falls hierdurch keine Änderung in der Person des Besitzers eintritt.

Diejenigen Stücke, die einmal nach den Bestimmungen früherer Gesetze mit dem alten Stempel von $^1/_2$% oder 1% versehen sind, erfordern keinen höheren Stempel, brauchen also nicht nachgestempelt zu werden.

Bei nicht voll einbezahlten Aktien ist für die Stempelberechnung nicht der eingezahlte Betrag, sondern der volle Nennwert der Aktie maßgebend.

IV. Register der Aktionäre (register of members) (§ 95). Jede Aktiengesellschaft ist verpflichtet, an ihrem Geschäftssitz ein Buch zu führen mit dem genauen Verzeichnis der Aktionäre, deren Eintragung vorgeschrieben ist, oder welche sie verlangt haben, um aller Rechte aus der Aktie (also auch des Stimmrechtes) teilhaftig zu werden.

Es muß auch jede Übertragung, sei es unter Lebenden oder im Todesfalle, in diesem Buch vorgemerkt werden, da sonst eine Übertragung nur unvollständig ist. Die eingetragene Person hat vor der nicht eingetragenen den Vorzug. Das Aktienregister hat anzugeben:

Name, Adresse und Beruf des Aktionärs, Zahl und Nummern der Aktien, die jeder Aktionär hat, die Höhe des auf jede Aktie einbezahlten Betrages und das Datum der Eintragung. Vollberechtigter Aktionär wird nur, wer eingetragen ist. Eine Ausnahme besteht für die Unterzeichner des Memorandums, die mit der Unterzeichnung eo ipso Gesellschafter werden.

Über die Streichung eines Mitgliedes bei Ausgabe eines share-warrant siehe oben S. 25 und 26.

Jeder Aktionär hat das Recht, unentgeltlich jederzeit vom Register Einsicht zu nehmen und gegen eine Gebühr Abschriften daraus zu verlangen. Auch Nichtmitglieder haben gegen Zahlung einer Gebühr das Recht zur Einsichtnahme und auf Abschriften (§ 98).

Ist eine Berichtigung des Registers nötig, so kann dies auf Antrag des Interessenten durch das Gericht veranlaßt werden, wie auch das Gericht bei Weigerung der Einsichtnahme und der Besorgung von Abschriften die erforderlichen Verfügungen treffen kann (§ 98, 100).

Für Gesellschaften, welche in den Dominions Geschäfte betreiben, sind Zweigregister, Dominion-Register, vorgesehen (§ 103—107).

In das register of members haben auch Eintragungen über die verschiedenen anderen wichtigen Vorgänge im Geschäftsleben der Gesellschaft in übersichtlicher Weise zu erfolgen, welche zusammengefaßt als *annual return* jedes Jahr dem Registerführer eingegeben werden müssen. Siehe darüber unten S. 60.

V. Index der Mitglieder (§ 96). Jede Gesellschaft, welche mehr als 50 Mitglieder zählt, muß (sofern nicht das register of members an sich die Form eines „index" hat) auch einen Index der Namen der Mitglieder führen, und Änderungen im Bestand der Mitglieder darin eintragen. Der Index ist so zu führen, daß die Eintragungen über den einzelnen Aktionär im Register of Members sofort zu finden sind.

VI. Forfeiture (Verwirkung). (Siehe Ziffer 23—29 des ersten Anhanges, Tafel A, Ziffer 7—17, 23—29.)

Die Statuten geben gewöhnlich den Direktoren das Recht, Aktien verwirkt zu erklären, wenn auf die betreffenden Aktien trotz erfolgter Aufforderung eine geschuldete Einzahlung unterlassen wird. Die Statuten regeln das bezügliche Verfahren, indem sie dem säumigen Mitglied eine Frist ansetzen lassen, innerhalb welcher es zu zahlen hat unter der Androhung, daß seine Rechte an der Aktie verwirkt erklärt werden und die Aktie wieder in die freie Verfügung der Gesellschaft zurückfalle. Die Aktien gehören dann der Gesellschaft und sie kann sie zum bestmöglichen Preise verkaufen. Ist die Aktie verfallen erklärt, so hört die Person, welche aus ihr berechtigt war, auf, Mitglied der Gesellschaft zu sein. Das Gesetz selbst verbietet eine solche Verfallerklärung nicht, läßt sie vielmehr, wie das Musterformular der Statuten in Tafel A des ersten Anhangs (Ziffern 23—29) zeigt, zu.

VII. Arten von Aktien. a) Namenaktien, personal shares (oder registered, inscribed shares). Das englische Recht anerkennt grundsätzlich nur Namenaktien als vollberechtigte Aktien. Das Gesetz verlangt, sofern die Statuten nichts anderes bestimmen, Übertragung durch Urkunde mit Beglaubigung durch einen Zeugen. Auf Grund dieser Urkunde wird der Käufer der Aktien ins Mitgliederbuch eingetragen. Die Gesellschaftsstatuten können die Übertragungsfreiheit beschränken. (Über die Übertragung siehe auch S. 28 oben.)

b) Inhaberaktien (shares payable to bearer; share-warrants to bearer). Ihre Ausgabe ist nur zulässig, wenn sie in den Gesellschaftsstatuten vorgesehen ist und die Aktienbeträge voll einbezahlt sind (§ 70), siehe auch oben S. 25. Alle weiteren Bestimmungen des Gesetzes sind dispositiver Natur. Soweit die Gesellschaftsstatuten nichts anderes bestimmen, geschieht die Übertragung durch bloße Übergabe. Grundsätzlich kommen aber dem Eigentümer von Inhaberaktien nur vermögensrechtliche Mitgliedschaftsrechte zu. Will er die personenrechtlichen Mitgliedschaftsrechte ausüben, so kann er von der Gesellschaft jederzeit Umwandlung der Inhaberaktien in Namenaktien verlangen und als Aktionär ins Aktienbuch eingetragen werden, oder die Inhaberaktien am Sitze der Gesellschaft deponieren. Solange die Aktien bei der Gesellschaft im Depot liegen, hat der Aktionär auch alle persönlichen Mitgliedschaftsrechte.

c) Shares und Stocks. Die Aktie ist unteilbar und nur als Ganzes übertragbar. Die Teilbarkeit kann jedoch auf indirektem Wege erreicht werden. Die Gesellschaftsstatuten können bestimmen, daß wenn die Aktien voll einbezahlt sind — aber nur diese — sie jederzeit in „Stock" umgewandelt werden. Das Stockvermögen kann auch wieder in einzelne Aktien umgewandelt werden. Doch muß von diesen Umwandlungen der Registerbehörde innerhalb eines Monats Kenntnis gegeben werden (§ 51). Bei der Umwandlung von Aktien in Stock erhält der Aktionär an Stelle der einzelnen Aktien eine Urkunde als Ausweis des Betrages seines gesamten Anteils am Grundkapital der Gesellschaft. An Stelle von 10 Aktien zu je 20 £ wird ihm eine Urkunde ausgestellt, worin bezeugt ist, daß er einen Anteil von 200 £ am Gesellschaftskapital besitzt. Der praktische Vorteil der „stocks" besteht darin, daß sie in jeder Höhe übertragbar und auf irgendeinen Bruchteil teilbar sind, während eine Teilung des einzelnen share nicht möglich ist. Die Gesellschaftsstatuten können immerhin die Freiheit der Übertragung in bezug auf die Höhe der einzelnen „stock"-Beträge beschränken, um eine allzu große Zersplitterung zu verhüten. Der Inhaber solcher stocks, der „stockholder", hat nur dann alle Mitgliederrechte, wenn er mit seinem

„stock“ ins Mitgliederregister eingetragen ist. Das Stimmrecht in den Generalversammlungen wird in der Regel so berechnet, daß die Höhe des Betrages einer früheren Aktie eine Stimme gibt. Erreicht der „stock“ eines „stockholder“ diese Höhe nicht, so ist er vom Stimmrecht ausgeschlossen.

Für die Änderung sind die oben gegebenen Vorschriften (S. 13) von § 61 des Gesetzes zu beachten. Siehe auch bezügliche statutarische Bestimmungen über die Umwandlung von Aktien in Stockvermögen den ersten Anhang, Tafel I, Ziffer 30—33.

d) Prioritätsaktien (preference shares) und Gründeraktien (deferred shares) mit besonderen Rechten sind im englischen Recht zulässig. Einziges Erfordernis ist, daß deren rechtliche Grundlage im Memorandum oder in den Gesellschaftsstatuten geschaffen ist. Die Vorzugsrechte können sich auf die Dividenden, das Stimmrecht, die Rückzahlung des Kapitals oder andere Rechte beziehen. Die nähere Ausgestaltung ist den Statuten überlassen. Die Inhaber von preference shares werden durch die Statuten gewöhnlich berechtigt, zum voraus eine bestimmte Dividende zu beziehen, d. h. bevor irgendeine Dividende an die gewöhnlichen Aktionäre ausbezahlt wird. Wenn das Vorzugsrecht nicht nur auf Dividende, sondern auch am Kapital für den Fall der Liquidation bestehen soll, so muß dies in den Statuten besonders gesagt sein.

Vorzugsaktien können „cumulative“ sein, in welchem Fall ein Dividendenausfall eines Jahres in den folgenden Jahren ersetzt wird. Wenn die Aktien „non-cumulative“ sind, so findet eine solche Zuweisung aus dem Gewinne späterer Jahre nicht statt.

§ 46 des Gesetzes läßt auch rückkaufbare Vorzugsaktien zu, redeemable preference shares. Der Gesetzgeber ging dabei von der Ansicht aus, daß eine Aktiengesellschaft das Bedürfnis haben kann, nur für kürzere Zeit Kapital aufzunehmen, ohne aber (wie dies durch Ausgabe von Anleihensobligationen der Fall wäre) die Unternehmung belasten zu müssen. Für diesen Zweck wird die Ausgabe von Vorzugsaktien gestattet, welche nach den in den Statuten genannten Bedingungen von der Gesellschaft wieder zurückgekauft werden können. Das Gesetz selbst gibt darüber folgende zwingende Vorschriften:

a) die Aktien dürfen nur zurückgekauft werden durch Verwendung der Gewinne der Gesellschaft, welche sonst für Dividendenzahlungen bestimmt sind, oder aus dem Erlös einer neuen Aktienemission, die zum Zwecke des Rückkaufs jener Vorzugsaktien erfolgt ist;

b) ein Rückkauf darf nur erfolgen, wenn die Aktien voll einbezahlt sind;

c) sollen die Gewinne der Unternehmung zur Rückzahlung verwendet werden, so muß ein besonderer Reservefonds, „the capital redemption reserve fund“, geschaffen werden;

d) ist den Inhabern von Vorzugsaktien für den Fall des Rückkaufs eine besondere Prämie versprochen, so muß diese auch dann aus den Gewinnen der Gesellschaft bezahlt werden, wenn für den Rückzahlungspreis die Eingänge einer neuen Aktienemission verwendet werden;

e) die Bilanz muß den Betrag des Kapitals der Vorzugsaktien und das Datum des Rückkaufs genau angeben.

Abgesehen von diesen zwingenden Vorschriften kann die Gesellschaft die weiteren Bedingungen für den Rückkauf der Vorzugsaktien in ihren Statuten festlegen.

e) Deferred oder Founders Shares sind Aktien, welche sich die Gründer, promoters, geben lassen und welche zu einer besonderen Dividende berechtigen, wenn die Dividenden auf die gewöhnlichen Aktien einen bestimmten Betrag erreicht haben. Man spricht deshalb von „deferred shares", weil ein Anspruch auf Dividenden hinausgeschoben ist bis zur Zeit, da auf die erwähnten gewöhnlichen Aktien ein bestimmter Dividendenbetrag ausbezahlt wird.

VIII. Die Dividende (dividend). Die Aktie gibt ihrem Inhaber das Recht auf einen verhältnismäßigen Anteil am Gewinn der Gesellschaft während ihres Bestehens und am Kapital im Falle der Auflösung.

Die Art und Weise der Bezahlung der Dividende wird durch die Statuten bestimmt. Solche Statutenbestimmungen sind angeführt im ersten Anhang, Teil I, Ziffer 89—96. Sind bearer bonds (share-warrants) ausgegeben worden, so sind ihnen Dividendencoupons (Dividendenscheine) beigegeben. Wenn sie indessen „redeemable" sind (d. h. der Gesellschaft zurückgegeben werden können), so sind keine weiteren Serien von Dividendencoupons erforderlich. Dem Dividendenschein (auch dividend warrant genannt) ist ein „counterfoil", d. h. ein Kontrollblatt für die Einkommensteuer beigegeben, aus welchem ersichtlich ist, daß ein darauf genannter Betrag als Einkommensteuer schon abgezogen ist. Wer sich bei seiner Steuerbehörde dahin ausweisen muß, daß die Einkommensteuer in bezug auf diese Dividenden schon bezahlt ist, wird von der Bank ein Zeugnis erhalten.

Die Höhe der Dividenden wird regelmäßig von den Direktoren vorgeschlagen und von der Generalversammlung genehmigt. Dividenden dürfen nicht vom Kapital bezahlt werden. Verlust oder Verminderung des Kapitals müssen in die Rechnung eingestellt werden, bevor der Gewinn festgestellt wird und bevor Dividenden ausbezahlt werden. Aktionäre, welche verschiedenen Klassen angehören, können in verschiedener Weise ein Recht auf Dividende haben, so daß die einen Aktionäre dividendenberechtigt sind, bevor an die Inhaber der anderen eine Dividende ausbezahlt werden darf. (Siehe darüber, insbesondere über die Aktien mit Vorzugsdividenden oben.)

IX. Zinsenzahlung aus dem Kapital; payment of interest out of capital (§ 54). Eine Zinszahlung aus dem bereits einbezahlten Kapital ist zulässig, wenn Aktien ausgegeben wurden, um die „expenses of construction etc.", Auslagen zur Herstellung von Werken, Gebäuden oder Anlagen, die auf einen längeren Zeitraum nicht nutzbar gemacht werden können, zu bestreiten, vorausgesetzt daß:

a) eine solche Zahlung nach dem Wortlaut der Statuten oder durch Sonderbeschluß zulässig ist;

b) eine solche Zahlung vom Board of Trade genehmigt wird;

c) die Zahlung nicht über das Halbjahr hinausgeht, das der vollständigen Erstellung der Werke, Gebäude oder Anlagen folgt;

d) der Zinsfuß von 4% oder der durch Order in Council vorgeschriebene Zinsfuß nicht überschritten wird;

e) der bezahlte Zins nicht als eine Reduktion des auf die Aktien einbezahlten Betrages wirkt;

f) die Bücher der Gesellschaft das Kapital bekanntgeben, aus welchem die Zinsen bezahlt wurden.

Viertes Kapitel.

Das Grundkapital.

I. Terminologie. Beim Gesellschaftskapital (capital of the company) unterscheidet man:

a) das „nominal (oder original) capital", das als dauernde Grundlage dienen soll;

b) das „subscribed (oder issued) capital", das von den Aktieninhabern (shareholders, Aktionäre) gezeichnete Kapital;

c) das „paid-up capital", das von den Aktionären einbezahlte Kapital;

d) das „unpaid (oder uncalled) capital", das noch nicht einbezahlte Kapital. „Call" wird die Einforderung (Einberufung) noch nicht einbezahlter Teile des Aktienkapitals genannt.

II. Höhe des Grundkapitals. Die Höhe des Grundkapitals ist im Memorandum festgesetzt (§ 2). Es kann entweder aus der Gesamtsumme der einzelnen Aktienbeträge oder der Summe der „stocks" der einzelnen „stockholders" bestehen (vgl. über „stocks" S. 34). In diesem Falle ist es ein sog. „joint stock capital". Eine dritte Möglichkeit besteht darin, daß nur ein Teil der Aktien, z. B. die voll einbezahlten, in „stock" umgewandelt werden, während die Restquote aus Aktien bestehen bleibt.

III. Einzahlung des Grundkapitals. In bezug auf die Einzahlung des Kapitals sind voneinander zu unterscheiden die Einzahlungen, welche gleich mit der Zeichnung erfolgen müssen — siehe darüber oben S. 22 — und die Einzahlungen des erst später einberufenen Restbetrages.

Für beide Fälle enthalten regelmäßig die Statuten eingehendere Bestimmungen. Siehe darüber erster Anhang, Tafel I, Ziffer 7—16, 23—29.

Solange die Einzahlung nicht erfolgt ist, behält sich die Gesellschaft ein Retentionsrecht an der Aktie vor, sowie das Recht des Verkaufes der Aktie an eine andere Person.

Das Gesetz gibt in § 48 der Gesellschaft das Recht, in ihren Statuten zu bestimmen, daß sie mit den verschiedenen Aktionären verschiedene Vereinbarungen in bezug auf Höhe und Zeit der Einzahlungen treffen kann, und daß auch ein höherer Betrag (bis auf den Rest) eines Aktienanteils einbezahlt werden darf, selbst wenn ein solcher Teil noch nicht zur Zahlung fällig ist. In letzterem Falle dürfen Dividenden im Verhältnis des höher einbezahlten Betrages ausbezahlt werden.

Eine Gesellschaft mit beschränkter Haftung kann durch Sonderbeschluß bestimmen, daß irgendein Teil des Aktienkapitals nur eingefordert werden darf im Falle der Liquidation der Gesellschaft (§ 49).

Über die Pflicht der Aktionäre als Beitragspflichtige (contributories), in den Fällen einer Liquidation Beiträge zu leisten, wenn das Gesellschaftsvermögen zur Zahlung der Schulden sonst nicht ausreicht, siehe unten S. 73.

IV. Erhöhung des Kapitals (§ 52). Das Kapital wird erhöht, wenn das zunächst einbezahlte, ursprüngliche Kapital ausgegeben ist und mehr Gelder nötig werden. Eine Gesellschaft kann stets ihr Kapital erhöhen, wenn durch die Statuten eine Ermächtigung hierzu gegeben ist und die Generalversammlung die Erhöhung beschließt. Wenn das Kapital erhöht wird, so muß das Memorandum entsprechend geändert und der Registerbehörde binnen 15 Tagen nach dem Beschluß der Generalversammlung davon Kenntnis gegeben werden. In der Praxis begnügt man sich damit, das Memorandum bestehen zu lassen. Doch muß eine Abschrift des Erhöhungsbeschlusses gedruckt und jedem Exemplar des Memorandums und der Statuten beigefügt werden.

V. Änderung des Aktienkapitals. Das Gesetz gibt in § 50 Gesellschaften, die ein in Aktien zerlegtes Kapital haben oder deren Haftung auf eine bestimmte Garantiesumme beschränkt ist, das Recht, die Bestimmungen ihrer Gründungsurkunde in bezug auf das Kapital zu ändern, wenn die Statuten eine solche Möglichkeit ausdrücklich zulassen.

Voraussetzung ist, daß die Generalversammlung darüber einen Beschluß faßt.

Eine solche Änderung der Gründungsurkunde kann

a) das Aktienkapital durch Ausgabe neuer Aktien, soweit es angemessen erscheint, erhöhen;

b) das ganze oder einen Teil des Kapitals in Aktien von höherem als dem bisherigen Betrage umwandeln und verteilen;

c) alle oder einen Teil der voll einbezahlten Aktien in Stock umwandeln (konvertieren), und diesen Stock wieder in voll einbezahlte Aktien irgendwelcher Klasse umwandeln;

d) die Aktien oder einige derselben in Aktien von geringerem Betrage, als durch die ursprüngliche Gründungsurkunde festgesetzt ist, teilen; jedoch immer so, daß bei der Unterteilung das Verhältnis zwischen dem auf jede herabgesetzte Aktie bezahlten und dem etwa noch nicht bezahlten Betrage dasselbe sein soll wie bei der früheren Aktie, aus der die Aktie mit herabgesetztem Betrage gebildet ist;

e) Aktien löschen, die zur Zeit des Beschlusses noch nicht übernommen worden sind und bezüglich welcher auch keine solche Pflicht zur Übernahme besteht, und das Grundkapital im Umfang des Betrages der gestrichenen Aktien herabsetzen.

f) Über die Umwandlung von Aktien in „Stock" und von „Stock" in Aktien, siehe oben S. 34.

VI. Reduktion des Grundkapitals (§ 55—60). Die Gesellschaft wird das Grundkapital reduzieren:

a) wenn sie Aktien, welche nicht ausgegeben wurden, löschen will;

b) wenn volleinbezahltes Aktienkapital, das verloren ist, oder welches durch keine genügenden Aktiven vertreten ist, abgeschrieben werden soll;

c) wenn die Gesellschaft Kapital zurückzahlen will, für welches sie keine Verwendung hat, was unter dem Vorbehalt geschehen kann, nötigenfalls das zurückbezahlte Kapital wieder einzufordern.

Die Gesellschaft kann bei solcher Reduktion des Aktienkapitals in der Gründungsurkunde den Betrag des Kapitals und der Aktien herabsetzen.

Es genügt indessen auch ein vom Registerführer aufgenommenes Protokoll über die Herabsetzung (§ 58).

Der Beschluß über die Reduktion des Grundkapitals — a resolution for reducing capital — muß in der Form eines Sonderbeschlusses gefaßt sein und überdies vom Gericht genehmigt werden, sofern die Statuten überhaupt eine solche Reduktion zulassen.

Zur Wahrung der Interessen der Gläubiger muß vor der gerichtlichen Genehmigung eine Liste der Gläubiger und wahrscheinlichen Gläubiger aufgestellt werden, mit Angabe des Betrages und der Natur ihres Anspruches.

Werden durch die Herabsetzung des Kapitals keine Gläubigerrechte beeinträchtigt, so wird die Genehmigung sofort erteilt, sonst aber nur mit Zustimmung sämtlicher Gläubiger. Nur wenn die Gesellschaft die Ansprüche der opponierenden Gläubiger sicherstellt, kann das Gericht trotz Verweigerung der Zustimmung dieser Gläubiger die Reduktion genehmigen (§ 55), und zwar unter solchen Bedingungen, die es für angemessen erachtet.

Das Gericht kann anordnen, daß dem Gesellschaftsnamen während einer bestimmten Zeit die Worte „and reduced“ beigefügt werden. Ferner kann öffentliche Bekanntgabe der Herabsetzung des Aktienkapitals mit Angabe der Gründe zur Aufklärung des Publikums verfügt werden.

Die Genehmigung der Reduktion des Aktienkapitals muß vom Registerführer eingetragen werden. Er wird dies aber erst tun, wenn ihm die gerichtliche Verfügung darüber und ein über den Beschluß aufgenommenes Protokoll vorgelegt worden ist. Mit der Eintragung wird die Herabsetzung rechtswirksam (§ 58).

Trotz der Reduktion des Aktienkapitals bleibt aber die Haftbarkeit der Mitglieder gegenüber solchen Gläubigern bestehen, die das Recht hatten, dem Reduktionsbeschlusse zu widersprechen, vom schwebenden Verfahren aber nichts wußten oder Art und Wirkung eines solchen Verfahrens in bezug auf ihren Anspruch nicht kannten, und nicht in der erwähnten Liste der Gläubiger eingetragen waren. Für den Umfang der Haftung der Mitglieder (Aktionäre) gegenüber solchen Gläubigern bestimmt das Gesetz, daß sie in gleicher Weise haftbar sind, wie wenn die Gesellschaft am Tage der Eintragung der Reduktion in Liquidation getreten wäre. In gleicher Weise besteht eine Haftung der Mitglieder, wenn die Gesellschaft, welche das Kapital reduziert hat, nachträglich noch zur Liquidation kommt (§ 59).

VII. Reserven. Es steht im allgemeinen im freien Ermessen der Gesellschaft, ob sie irgendwelche Reserven anlegen will oder nicht. Eine gesetzliche Verpflichtung besteht nicht. Doch werden regelmäßig die Statuten darüber Bestimmungen enthalten (siehe z. B. die Vorschriften in Ziffer 93 von Tafel A des 1. Anhanges [First Schedule]).

Eine Art Reserve bilden auch die noch nicht eingeforderten Aktienbeträge. Nach § 49 kann die Generalversammlung durch Sonderbeschluß bestimmen, daß das noch nicht auf die Aktien einbezahlte Kapital erst für den Fall der Liquidation der Gesellschaft einberufen werden darf. Über den Reservefonds zum Rückkauf von rückkaufbaren Vorzugsaktien siehe § 46 und oben S. 35.

Fünftes Kapitel.

Obligationenanleihen, Schuldverschreibungen der Company (Debentures).

I. Gesetzesvorschriften. Die Vorschriften über die Schuldverschreibungen einer Gesellschaft sind wie das ganze Aktienrecht im Companies Act, 1929, niedergelegt.

In bezug auf die Form (Ausgabe eines Prospektes, Registrierung, Übertragung usw.) erfahren sie fast die gleiche Behandlung wie die Aktien.

Der materielle Inhalt der Schuldverschreibungen richtet sich nach den Vorschriften der Statuten oder der Beschlüsse der Generalversammlung oder der Direktoren, wenn die Statuten oder ein Beschluß der Generalversammlung dies nicht verbietet.

II. Debentures, Begriff. Die Gesellschaft kann nach den Bestimmungen des Memorandums und der Statuten jederzeit eine Anleihe aufnehmen. Das geschieht durch Ausgabe von Obligationen, debentures. Der Gläubiger, Inhaber der Obligation, heißt debenture-holder.

„Debenture" ist ein Wertpapier, das von der Gesellschaft als Schuldschein für die Einzahlung eines Geldbetrages mit Zinsen ausgegeben wird. Gewöhnlich ist es ein Teil einer Serie; doch kann auch eine einzige Obligation (debenture) ausgegeben werden.

Obligationen (debentures) sind nicht Gesellschaftskapital. Von der Gesellschaft eingelöste Schuldverschreibungen können von ihr wieder verkauft werden (§ 75).

III. Formvorschriften, Prospekt, Erwerb, Übertragung. Schuldverschreibungs-Register. Für die Ausgabe des Prospektes gelten dieselben Bestimmungen wie für die Ausgabe eines Prospektes, welcher zur Zeichnung von Aktien einlädt (§§ 34, 35, siehe oben S. 16ff.).

In bezug auf die Haftung der Ausgeber des Prospektes für Angaben (§ 37) siehe S. 18.

Auch gilt jedes Schriftstück, selbst wenn es nicht die Form eines eigentlichen Prospektes hat, aber zur Zeichnung von Schuldverschreibungen einlädt, als Prospekt (§ 38). Die Übertragung einer Schuldverschreibung im Schuldverschreibungsbuch der Gesellschaft kann nur vorgenommen werden gestützt auf Vorlage einer eigentlichen Übertragungsurkunde, eines transfer, es sei denn, daß die Übertragung von Gesetzes wegen erfolgte, by operation of law (§ 63).

Für den Übergang von Schuldverschreibungen an den Testamentsvollstrecker und den Erbschaftsverwalter, sowie an den Konkursverwalter gelten dieselben Bestimmungen wie für die Übertragung von Aktien (§§ 64ff.), siehe oben S. 27 und 28.

Die Gesellschaft hat binnen zweier Monate nach der Zuteilung von Schuldverschreibungen oder binnen zweier Monate nach dem Zeitpunkt, da solche Schuldverschreibungen zur Eintragung bei der Gesellschaft angemeldet wurden, ein Zertifikat darüber auszustellen (§ 67), das einen prima facie Beweis für das Recht des Inhabers auf die Schuldverschreibung bildet.

Wie für Aktien, so hat jede Gesellschaft auch ein Buch mit allen Eintragungen über die Schuldverschreibungen zu führen, ein register of holders of debentures, das jederzeit den Aktionären und den Schuldverschreibungsgläubigern zur Einsicht offenstehen muß, die ebenfalls Abschriften daraus verlangen können (§ 73).

Der Inhaber von Schuldverschreibungen kann ferner eine Abschrift der Pfandurkunde oder Treuhandurkunde verlangen, durch welche die Schuldverschreibung gesichert ist (§ 73).

IV. Arten. Die debentures können formell und materiell von verschiedener Art sein.

1. Nach der äußeren Form unterscheidet man Inhaber- und Namenobligationen.

a) Inhaberobligationen, debentures to bearer, welchen das Recht der Umwandlung in Namenobligationen gegeben wird, indem der Inhaber das Recht hat, sie in den Büchern der Gesellschaft eintragen und übertragen zu lassen, wie eingetragene Aktien;

b) Namenobligationen, registered debentures. Sie sind in dem besonders hierfür eingerichteten Buche der Gesellschaft eingetragen. Es kann über sie nur durch Übertragung in diesem Buche verfügt werden. Oft lauten ihre Zinsscheine aber auf den Inhaber (interest coupons payable to bearer).

2. Obligationen mit und ohne Pfandsicherung.

a) Gewöhnliche debentures, d. h. Obligationen, für welche eine Sicherheit gegeben ist;

b) Mortgage debentures, welche durch ein Pfand auf bestimmte Aktiven oder durch eine floating charge sichergestellt sind.

Unter floating charge ist das bewegliche Pfand zu verstehen, das zur Sicherung von Anleihen auf das gesamte schuldnerische Unternehmen gelegt und im öffentlichen Register eingetragen wird. Dieses Pfand verhindert zufolge seines vereinbarten „beweglichen" Charakters weder den Verkauf von Gegenständen, die der floating charge unterliegen, noch ihre Belastung mit Spezialpfandrechten, welche der floating charge vorangehen. Es hat die Wirkung, daß im Falle einer Zwangsvollstreckung, aber auch bei Stillstand des Unternehmens, insbesondere durch Liquidation oder Konkurs, die durch floating charge gesicherten Gläubiger ein Recht auf vorzugsweise Befriedigung aus den Aktiven des Unternehmens vor den „general creditors" haben. Für welche Schulden die floating charge errichtet ist und wann sie wirksam werden soll, richtet sich nach der Vereinbarung der Parteien. Ausgenommen sind die gesetzlichen Vorzugsforderungen für Steuern, Lohn, Gehalt und dergleichen, die den Obligationenschulden vorangehen und ohne Rücksicht auf die floating charge aus den Aktiven der Gesellschaft zu befriedigen sind (§ 78).

In der Praxis werden gegen den Umfang der aus der floating charge erwachsenden Rechte erhebliche Bedenken geltend gemacht und das Vorrecht eher als „unfairly prejudicial to trade creditors" bezeichnet.

Insbesondere richtet sich der Widerstand der Praxis gegen die Unterwerfung der künftigen Aktiven des Unternehmens unter die floating charge. Der Darlehensgeber habe auf die vorzugsweise Befriedigung aus diesen zur Zeit der Begründung der Obligationenschuld gar nicht vorhandenen Werte keinen berechtigten Anspruch, weil ihm die zur Zeit der Hingabe des Darlehens vorhandenen Werte als genügende Unterlage für seine Forderung erschienen seien und der Erwerb der zukünftigen Werte des Unternehmens zum Teil gerade den Mitteln der Gläubiger zu verdanken sei, denen der Obligationengläubiger vorgehe. Dies sei um so bedenklicher, als das, was der Gesellschaft gegen Übernahme der Obligationenschuld zugeflossen sei, niemals wertvoller sei als das, was sie als Gegenwert der Warenschuld erhalten habe, während das Umgekehrte oft der Fall sei, so im Falle der Ausgabe von Obligationen unter pari oder ihrer Einlösung über pari.

Diese Einwendung gegen die Belastung „künftiger" Werte dürften zu weit gehen, da die Natur des Pfandes als bewegliche Belastung den Ersatz verkaufter oder mit Spezialpfändern belasteter Aktiven, die zur Zeit der Begründung des Pfandes vorhanden waren, durch neu hinzugekommene Werte bedingt.

Die floating charge ist ungültig, wenn sie nicht früher als 6 Monate vor Beginn der Liquidation der Gesellschaft begründet ist, es sei denn, daß sie zur Sicherung eines baren Darlehens an die Gesellschaft gegeben ist, welches zur Zeit der Verpfändung oder gleich nachher bezahlt wurde, oder daß der Gegenbeweis gelingt, daß die Gesellschaft noch unmittelbar nach der Begründung des Pfandes zahlungsfähig war (§ 266).

c) Debentures und debenture stock. Entsprechend der Unterscheidung von Aktien und Aktien-Stockvermögen können die Schuldverschreibungen einzeln gegeben werden, als bloße debentures, oder als Schuldverschreibungs-Stock, debenture-stock. Bei debenture-stock wird das Anleihen als ein einziges betrachtet, an welchem der einzelne Gläubiger, der stock-holder, einen verhältnismäßigen Anteil hat. Das ganze Anleihen wird dann durch eine Treuhandurkunde sichergestellt. Eine solche Treuhandurkunde (trust-deed oder covering-deed) hat den Vorteil, daß sie eine ausgeschiedene Hypothek gibt, mit welcher ein ausgeschiedener Vermögensteil der Gesellschaft belastet ist, und nicht bloß eine unbestimmte schwebende Belastung (floating charge).

Die Vertreter der Gläubiger sind dann die als Treuhänder (trustees) bezeichneten Personen.

V. Eintragung von Pfandbestellungen, Sicherheiten. Wenn eine Gesellschaft zur Sicherung einer Schuld, die sie eingegangen hat, ein ihr gehörendes Vermögensstück oder auch das ganze Unternehmen belastet, sei es durch ein Pfand irgendwelcher Art, wie z. B. eine Hypothek (mortgage) auf ein Grundstück, so bezeichnet der englische Jurist und das vorliegende Gesetz diese Belastung von Vermögen mit dem Worte „charge" (Mehrzahl charges) (vgl. § 79 [10]).

Solche Sicherheiten werden vor allem zur Sicherung von Schuldverschreibungen gegeben. Solche „charges“ sind aber nur gültig, wenn sie in das speziell für sie eingerichtete charges register, das durch den Registerführer für Gesellschaften geführt wird, eingetragen sind.

Es kommen dabei folgende Pfandbestellungen in Betracht:

a) ein zur Sicherung einer Emission von Schuldverschreibungen gegebenes Pfandrecht;

b) eine Verpfändung des von der Gesellschaft noch nicht eingeforderten Aktienkapitals;

c) eine Sicherungsübereignung durch ein Verkaufspapier (bill of sale), welche, wenn sie von einer einzelnen Person vorgenommen würde, die Eintragung in das Mobiliarpfandregister (registration as a bill of sale) erfordern würde;

d) Verpfändung eines Grundstückes oder eines Rechtes an einem Grundstück;

e) Verpfändung von Buchforderungen;

f) eine floating charge, siehe oben S. 42;

g) eine Verpfändung von Aktienkapital, das eingefordert, aber noch nicht bezahlt ist;

h) die Verpfändung eines Schiffes oder eines Anteils an einem Schiff;

i) eine Verpfändung des good will (des Wertes, der in der Kundschaft steckt), eines Erfindungspatentes oder einer Lizenz aus einem solchen, eines Urheberrechtes oder einer Lizenz daraus.

Das Gesetz schreibt vor, daß solche Pfandbestellung von Gesellschaften, die in England eingetragen sind, mit genauen Angaben und unter Beilegung der Urkunde, durch welche sie kreirt oder bewiesen wird, dem Registerführer für Gesellschaften innerhalb 21 Tagen, nachdem sie kreirt wurde, angemeldet werden muß. Geschieht dies nicht, so ist die Pfandbestellung gegenüber dem Liquidator im Falle der Liquidation der Gesellschaft und gegenüber den Gläubigern ungültig (§ 79 [1]).

Nach § 79 (1) sind dem Registerführer mit der Anmeldung der Pfandbestellung folgende Angaben zu machen:

a) Datum der Pfandbestellung und im Falle eines von der Gesellschaft erworbenen Vermögensstückes, das mit einem Pfand belastet ist, das Datum des Erwerbes des Pfandobjektes;

b) Betrag, für welchen die Sicherheit geleistet wird;

c) kurze Beschreibung des Pfandobjektes:

d) Name der berechtigten Person.

VI. Register über Pfandbestellungen und Belastungen. Der Registerführer für Gesellschaften muß für jede Gesellschaft ein Lastenregister (register of charges) anlegen, in welchem alle die Pfandbestellungen und Belastungen des Gesellschaftsvermögens einzutragen sind, deren Eintragung gesetzlich vorgeschrieben ist (§ 82).

Über erfolgte Eintragungen muß der Registerführer den Interessenten ein certificate of registration, ein Zeugnis über die Eintragung, geben, das vollgültigen Beweis dafür liefert, daß die Eintragung erfolgte und dabei die gesetzlichen Vorschriften beachtet wurden und daß die Gültigkeit der Sicherheit nicht durch irgendwelche Auslassungen oder unrichtigen Angaben beeinträchtigt werden kann (§ 82 [2]).

Eine Abschrift dieses Zertifikates muß auch auf der Rückseite einer jeden pfandversicherten Schuldverschreibung abgedruckt sein (§ 83).

Wird dem Registerführer nachgewiesen, daß eine Schuld, für welche das Pfand bestellt wurde, getilgt ist, so muß er die Löschung dieser Pfandbestellung im Register vormerken (§ 84).

Gläubiger oder Mitglieder der Gesellschaft (Aktionäre) haben das Recht, das Lastenregister und Abschriften der Urkunden, die vom Registerführer aufbewahrt werden müssen, jederzeit zur Geschäftszeit gebührenfrei einzusehen. Auch andere Personen sind zu solcher Einsichtnahme — jedoch gegen Zahlung einer Gebühr von höchstens 1 s. — berechtigt (§ 89).

Zur Führung eines Registers über die Pfandbestellungen und Belastungen ihres Vermögens ist auch die Gesellschaft selbst verpflichtet (§ 88), wie die Gesellschaft am Geschäftssitz Abschriften jeder Urkunde aufzubewahren hat, durch welche das Pfand (die Sicherheit) bestellt wurde. Auch dieses Lastenverzeichnis und diese Urkunden sind den Gläubigern und Aktionären, wie auch weiteren Interessenten zur Einsichtnahme zur Verfügung zu halten (§ 89).

VII. Pfandbestellung zugunsten von Schuldverschreibungsinhabern. Zugunsten der Obligationäre der Gesellschaft stellt das Gesetz folgende besonderen Vorschriften auf:

Wenn eine von der Gesellschaft ausgegebene Serie von Schuldverschreibungen selbst oder in Verbindung mit einer anderen Urkunde irgendeine *Pfandsicherheit* zugunsten von Schuldverschreibungsinhabern gibt, an welcher diese Gläubiger verhältnismäßig berechtigt sind, so muß innerhalb 21 Tagen nach der Errichtung der Pfandbestellungsurkunde oder, wenn keine solche Urkunde existiert, nach Errichtung der Schuldverschreibungen allein, beim Registerführer eine Anmeldung mit folgenden Angaben erfolgen (§ 79 [8]):

a) Angabe des Gesamtbetrages, welcher durch die ganze Serie sichergestellt wird;

b) Angabe der Daten, an welchen die Beschlüsse gefaßt wurden, die zur Ausgabe der erwähnten Serie von Schuldverschreibungen ermächtigen und des Datums der allfälligen Treuhandurkunde (covering-deed oder trust-deed genannt);

c) eine allgemeine Beschreibung des verpfändeten Vermögens; und

d) die Namen der allfälligen Treuhänder für die Schuldverschreibungsinhaber.

Gleichzeitig ist die Urkunde, welche die Pfandbestellung enthält, oder mangels einer solchen ein Exemplar der Schuldverschreibungen dieser Serie einzureichen.

Wenn mehr als eine Emission der Schuldverschreibungen derselben Serie erfolgt, so müssen dem Registerführer zur Eintragung genaue Angaben geschickt werden über das Datum und den Betrag jeder Emission; eine Unterlassung führt aber nicht die Ungültigkeit der ausgegebenen Schuldverschreibungen nach sich.

Wenn von der Gesellschaft Personen, welche Schuldverschreibungen unbedingt oder bedingt (wie z. B. die underwriters), übernehmen, eine Provision oder irgendeine Vergütung bezahlt oder versprochen wird, so muß diese Tatsache ebenfalls zur Eintragung angemeldet werden (§ 79 [9]).

VIII. Geltendmachung der Sicherheit. Schutz des Obligationärs. Der Inhaber einer Schuldverschreibung hat ein Interesse daran, in folgenden Fällen seine Rechte zu wahren:

1. wenn die Kapitalforderung zur Rückzahlung fällig wird;
2. wenn die Gesellschaft mit Zahlung der Zinsen rückständig ist;
3. wenn das Vermögen, das als Pfand gegeben wurde, gefährdet erscheint;
4. wenn die Gesellschaft aufgehört hat, Geschäfte zu betreiben, oder in Liquidation getreten ist.

Die Art und Weise der Wahrung der Interessen des Gläubigers richtet sich in erster Linie nach dem Inhalt der Schuldverschreibung und einer allfälligen Treuhandurkunde. Oft steht ihm danach das Recht zu, selbst einen Sachwalter (receiver) zur Wahrung seiner Interessen zu ernennen, der die Pfandobjekte an sich nimmt und liquidiert, soweit sie nicht den im Gesetz genannten Vorzugsgläubigern in erster Linie zukommen.

Der gefährdete Schuldbriefinhaber kann in allen Fällen auch an das Gericht gelangen, damit es die erforderlichen Verfügungen erläßt. Dieses wird regelmäßig einen Sachwalter (receiver), und zwar meistens den official receiver (den Konkursbeamten) hierzu wählen (§ 307), oder auch einen Geschäftsführer (manager), der je nach der besonderen Art der Schuldverschreibung und der Pfandbestellung engere oder weitergehende Befugnisse, eventuell zur Führung eines ganzen Geschäftes (z. B. bei einer floating charge) hat, das Pfandobjekt veräußern kann und eventuell berechtigt wird, im Interesse des Geschäftes Gelder aufzunehmen.

Der Gläubiger, der selbst einen receiver bestellt, oder eine gerichtliche Verfügung mit Ernennung eines Sachwalters erlangt hat, muß diese Wahl dem Registerführer für Gesellschaften anzeigen, der sie im Lastenregister einträgt (§ 86).

Wenn die Gesellschaft nicht in Liquidation tritt, aber ein receiver für die Obligationen bezeichnet wurde, für welche ein floating charge bestellt ist, so müssen die Vorzugsforderungen sofort bezahlt werden, und zwar vor den Forderungen der Obligationäre. .

Wenn ein receiver oder manager über Aktivvermögen im Verlaufe seiner Tätigkeit als Geschäftsführer verfügt, ohne daß er Vorsorge für Vorzugsforderungen getroffen hat, von denen er Kenntnis hatte, so ist er dem Vorzugsgläubiger für jeden Schaden haftbar.

Wenn die Gesellschaft liquidiert wird und die unbelasteten Aktiven nicht genügen, um die Vorzugsgläubiger zu bezahlen, so müssen deren Forderungen auch aus Vermögensteilen, die zu einer floating charge gehören, befriedigt werden, also auch vor den durch eine floating charge gesicherten Forderungen der Obligationäre.

Zweiter Abschnitt.

Organe der Gesellschaft.

Erstes Kapitel.

Die Generalversammlung.

I. Zweck der Generalversammlungen. *1. Die erste Generalversammlung, statutory meeting* (§ 113). Jede neue Gesellschaft mit beschränkter Haftung ist verpflichtet, die erste Generalversammlung im zweiten oder dritten Monate — nicht früher und nicht später — nach dem Tage abzuhalten, da sie berechtigt wurde, mit ihren Geschäften zu beginnen. Sieben Tage vor dieser Versammlung müssen die Direktoren einen „statutory report", einen Bericht mit folgenden Angaben erstatten:

a) die Zahl der zugeteilten Aktien;

b) den Geldbetrag, der auf solche Aktien einbezahlt wurde;

c) einen Auszug über die auf Kapitalkonto eingegangenen Gelder, sowohl für Aktien als auch für Anleiheobligationen, oder aus anderen Quellen, und über die daraus gemachten Zahlungen;

d) eine Aufstellung oder eine Schätzung der preliminary expenses, der Gründungsspesen;

e) die Namen, Adressen und Berufe der Direktoren, Revisoren, Geschäftsführer und des Sekretärs der Gesellschaft;

f) Einzelheiten über Verträge, die eingegangen werden sollen und deren Genehmigung, eventuell mit Änderungen, der Generalversammlung zusteht.

Die Mitteilungen gemäß a, b und c sind von den Revisoren der Gesellschaft als richtig zu bestätigen.

Der Bericht muß den Aktionären zugestellt und bei der Registerbehörde eingetragen werden. Die Direktoren haben der Generalversammlung auch eine Liste der Aktionäre und der von ihnen übernommenen Aktien vorzulegen; ferner müssen sie in der Generalversammlung alle von Mitgliedern verlangten Auskünfte über die Gründung der Gesellschaft erteilen. Nur über Verhandlungsgegenstände, die vorher entsprechend den Statuten bekanntgegeben waren, dürfen Beschlüsse gefaßt werden.

2. Ordentliche jährliche Generalversammlung, general meeting (§ 112). Jedes Jahr muß wenigstens *eine* Generalversammlung stattfinden, und zwar nicht später als 15 Monate nach der vorausgegangenen Generalversammlung. Wenn dies nicht geschieht, so kann das Gericht auf Verlangen eines jeden Aktionärs anordnen, daß die Generalversammlung sofort einberufen wird, oder sie selbst sofort einberufen.

Die Einladung zur Generalversammlung hat regelmäßig mindestens sieben Tage vor dem Tage der Versammlung zu erfolgen.

3. Außerordentliche Generalversammlung, extraordinary meeting.

Die Direktoren können jederzeit eine außerordentliche Generalversammlung einberufen. Auf das Verlangen von Aktionären, die wenigstens ein Zehntel des ausgegebenen Aktienkapitals vertreten und stimmberechtigt sind, müssen sie aber zu einer außerordentlichen Generalversammlung einladen. In dem betreffenden Begehren sind die Traktanden anzugeben. Wenn die Direktoren innerhalb 21 Tagen die Versammlung nicht einberufen, so steht es den Aktionären zu, die das Begehren gestellt haben, selbst die Versammlung zu veranstalten (§ 114).

4. Allgemeine Vorschriften. Zu jeder Generalversammlung muß jeder Aktionär wenigstens sieben Tage vorher schriftlich eingeladen werden (§ 115). Handelt es sich um einen Sonderbeschluß, so ist eine Frist von 21 Tagen vorgeschrieben (§ 117 [2]).

Die Einladung hat den Ort, den Tag und die Stunde der Versammlung anzugeben und bei Behandlung besonderer Geschäfte die allgemeine Natur dieses Geschäftes. Im übrigen hat die Einladung zu erfolgen, wie es in den Statuten vorgeschrieben ist.

Mit Zustimmung aller Mitglieder kann die Einladung auch in kürzerer Frist ergehen. Siehe Tafel I des 1. Anhanges (Ziffer 42 u. 43), welche Vorschriften überhaupt maßgebend sind. Zufällige Unterlassung einer Einladung oder der Nichteingang einer Einladung zu einer Generalversammlung an einzelne Mitglieder macht das Verfahren an der Versammlung nicht ungültig.

Wenn die Statuten nichts anderes bestimmen, so können auch zwei oder mehr Mitglieder, die wenigstens ein Zehntel des ausgegebenen Aktienkapitals besitzen (im Falle einer Gesellschaft, die kein Aktienkapital hat, 5 % der Anzahl der Mitglieder), direkt eine Generalversammlung einberufen (§ 115 [1c]).

Wenn es aus irgendeinem Grunde nicht angeht, die Generalversammlung in der hier erwähnten Art einzuberufen, so kann das Gericht in einer ihm gut scheinenden Weise die Einberufung vornehmen und für die Verhandlungen die wünschenswerten Bestimmungen treffen (§ 115 [2]).

Damit die Generalversammlung Beschlüsse fassen kann, müssen bei der Private Company wenigstens zwei Mitglieder, bei den Public Companies drei Mitglieder, persönlich anwesend sein. Sie bilden das sog. *Quorum.*

Ein anwesendes Mitglied kann zum Vorsitzenden gewählt werden.

II. Stimmrecht. Bei einer Gesellschaft, die ursprünglich ein Aktienkapital hat, muß jedes Mitglied für jede Aktie oder für £ 10 Stockvermögen das Recht auf eine Stimme haben. In allen anderen Fällen, d. h. wenn ursprünglich kein Aktienkapital besteht, hat jedes Mitglied eine Stimme (§ 115 [1f]).

Die Statuten können eingehendere Vorschriften über das Stimmrecht und die Vertretung von Aktionären aufstellen. Es sei hier auf die Musterstatuten im 1. Anhang des Gesetzes, Tafel A, Ziffer 54—63 verwiesen, wo z. B. bestimmt ist, daß bei offener Abstimmung durch Handaufheben (a show of hands) jedes Mitglied nur eine Stimme hat und wo die Vollmacht für einen Vertreter gegeben wird.

Eine bestimmte Zahl von Mitgliedern kann stets verlangen, daß nicht durch Handaufheben abgestimmt wird, sondern so, daß alle Stimmen, die ein Mitglied vertritt, gezählt werden. Man spricht dann von „poll“ (s. unten).

Eine einzige Person kann beliebig viele Aktien vertreten und für beliebig viele Aktien die Stimme abgeben. Eine Bestimmung, wie sie z. B. das schweizerische Recht (Bundesgesetz über das Obligationenrecht, Art. 640) enthält, wonach der einzelne Aktionär nie mehr als einen vorgeschriebenen Minimalbetrag, z. B. den fünften Teil der sämtlichen in der Generalversammlung vertretenen Stimmen, auf sich vereinigen darf, kennt das englische Recht nicht.

III. Beschlüsse. Das Gesetz unterscheidet dreierlei Beschlußformen:

1. Ordentliche Beschlüsse, ordinary resolutions. Sie werden mit einfacher Mehrheit der an der Generalversammlung vertretenen Aktien gefaßt.

2. Außerordentliche Beschlüsse, extraordinary resolutions. Sie verlangen eine Dreiviertelmehrheit der an der Generalversammlung anwesenden oder vertretenen Aktionäre, nachdem rechtzeitig bekanntgegeben worden ist, daß ein Traktandum einer außerordentlichen Beschlußfassung unterstellt werde. Auf die besondere Form dieser Beschlußfassung kann mit Zustimmung aller Aktionäre verzichtet werden (§ 117 [1]).

3. Sonderbeschlüsse, special resolutions. Damit ein solcher Beschluß möglich ist, bedarf es ebenfalls einer Dreiviertelmehrheit (wie beim außerordentlichen Beschluß). Weiteres Erfordernis ist, daß die Einladung zur Generalversammlung wenigstens 21 Tage zuvor mit der Mitteilung, daß ein solcher Sonderbeschluß vorgeschlagen werde, erfolgt ist. Wenn indessen alle Mitglieder, die berechtigt sind, an einer solchen Versammlung teilzunehmen und zu stimmen, damit einverstanden sind, so kann der Sonderbeschluß auch an einer Versammlung mit kürzerer Einladungsfrist gefaßt werden (§ 117 [2]). Beschlüsse von großer Tragweite, wie über Herabsetzung des Grundkapitals, Änderung des Gesellschaftszweckes oder des Gesellschaftsnamens, über Auflösung der Gesellschaft, Änderung der Gesellschaftsartikel, erfordern die Form des Sonderbeschlusses, der special resolution.

Eine Erklärung des Vorsitzenden, daß ein außerordentlicher oder ein Sonderbeschluß gefaßt wurde, bildet rechtsgültigen Beweis für das richtige Zustandekommen des Beschlusses, es sei denn, daß ein „poll" verlangt wurde, d. h. eine Zählung sämtlicher von jedem Aktionär vertretenen Stimmen. Die Statuten bestimmen regelmäßig, wann eine solche Abstimmung erfolgen soll. Das Gesetz schreibt aber in § 117 (4) vor, daß trotz einer in den Statuten verlangten höheren Zahl fünf Mitglieder ein „poll" verlangen können und daß, wenn die Statuten nichts sagen, hierfür drei Mitglieder genügen und die Abstimmung in „poll"-Form sogar zu erfolgen hat, wenn ein Mitglied allein oder zwei Mitglieder zusammen es verlangen, sofern sie 15 % des einbezahlten Kapitals vertreten.

4. Beschlüsse, denen alle Mitglieder der Gesellschaft zugestimmt haben. Wenn alle Mitglieder einstimmig beschließen, so ist ein solcher Beschluß auch für solche Fragen rechtswirksam, über die sonst nur durch außerordentlichen Beschluß oder Sonderbeschluß abgestimmt werden darf.

5. Beschlüsse der Mitglieder einer besonderen Klasse von Aktionären. Entweder ist für solche Beschlüsse Einstimmigkeit aller Mitglieder der Klasse nötig oder aber eine qualifizierte Mehrheit oder die Beachtung anderer besonderer Vorschriften, damit solche Beschlüsse für alle Mitglieder dieser Klasse rechtlich verbindlich sind, selbst wenn sie nicht zugestimmt haben.

6. Der Beschluß, die Gesellschaft freiwillig zu liquidieren gemäß § 225 (1a). Ein solcher Beschluß muß entweder ein Sonderbeschluß oder ein außerordentlicher Beschluß sein (letzteres, wenn die Gesellschaft mit Rücksicht auf ihre Schulden die Geschäfte nicht mehr fortführen kann). Siehe darüber unten im Kapitel über die freiwillige Liquidation.

7. *Abschriften.* Eine gedruckte Abschrift eines jeden der unter Ziffer 2 bis 6 erwähnten Beschlüsse muß binnen 15 Tagen dem Registerführer eingegeben werden, ist aber auch, solange der Beschluß Geltung hat, jedem Exemplar der Statuten beizuheften, das nach der Beschlußfassung ausgegeben wird (§ 118 [1, 2]).

Sind die Statuten nicht eingetragen, so muß auf Verlangen eine gedruckte Abschrift auch jedem Mitglied der Gesellschaft zugestellt werden (§ 118 [3]).

IV. Protokolle. Das Gesetz schreibt in § 120 vor, daß über die Verhandlungen jeder Generalversammlung und wenn Sitzungen der Direktoren oder Managers zum Zwecke von Beschlußfassungen abgehalten werden, Protokolle geführt werden müssen, die in besondere Protokollbücher einzutragen sind.

Jedes Protokoll, das vom Vorsitzenden dieser Versammlung oder der darauf folgenden unterschrieben ist, bildet Beweis für die Verhandlungen.

Jedes Mitglied der Gesellschaft hat das Recht auf Einsichtnahme der Protokollbücher am Sitze der Gesellschaft und auch auf Abschriften. Bei einer Weigerung wird das Gericht einen Befehl erlassen (§ 121).

Zweites Kapitel.

Die Verwaltung; die Direktoren.

I. Allgemeines. Die englische Aktiengesellschaft kennt keinen Aufsichtsrat oder Verwaltungsrat, sondern als Organe neben der Generalversammlung nur die Revisoren und als Leiter zur Geschäftsführung an der Spitze der Verwaltung und der Vertretung der Gesellschaft nach außen die „directors", Direktoren. Das neue Gesetz schreibt für jede neue Aktiengesellschaft, welche nicht private company ist, wenigstens zwei Direktoren vor (§ 139). Die Direktoren bilden zusammen den „board of directors", an deren Spitze der „chairman" steht. Sie vereinigen in sich die Aufgaben des Aufsichtsrates oder Verwaltungsrates und der leitenden Direktoren der kontinentalen Aktiengesellschaft. Einige oder mehrere Direktoren haben die faktische Leitung der Geschäfte und die Unterschrift für die Gesellschaft — es sind dies die managing directors —, während daneben noch weitere Direktoren ernannt werden können, die aus verschiedenen Gründen als Berater und Mitarbeiter herangezogen werden und entweder regelmäßig oder selten zu meetings der Direktoren in wichtigen Angelegenheiten eingeladen werden, wie etwa Mitglieder eines kontinentalen Verwaltungs- oder Aufsichtsrates.

Als board of directors fassen die Direktoren in Sitzungen, in „the meetings of directors", gemeinsame Beschlüsse.

Wie auf dem Kontinent oft Personen in den Aufsichtsrat gewählt werden, ohne besondere Fähigkeiten zu diesem Amte zu haben, sondern lediglich wegen ihres persönlichen Einflusses, ihrer hohen Stellung oder wegen ihrer Finanzkraft, so geschieht dies auch bei der Wahl von Direktoren englischer Gesellschaften. So kommt es, daß große Unternehmungen eine größere Anzahl von „directors" haben, von welchen nur wenige tatsächlich die Leiter des Unternehmens sind, während die anderen als „Meerschweinchen" oder, wie der Engländer sagt, als „guinea pigs" figurieren, denen es nur darum zu tun ist, sich eine hohe Einnahme zu sichern.

Über diese „guinea pigs" hat sich auch der frühere konservative Premierminister Baldwin abfällig geäußert mit den Worten: „Seit die Privatunternehmungen in der Industrie durch Aktiengesellschaften geführt werden, mästet sich in diesen eine große Zahl von Leuten, die mit dem Management in Verbindung sind, und von Direktoren, die man nur als Parasiten bezeichnen kann" (R. Kircher in der „Frankfurter Zeitung", Jahrg. 1928, 16. Dezember, Nr. 939).

Unter dem Direktor stehen die Angestellten, die „officers of the company". Gewöhnlich steht ihm zur Seite ein Sekretär (secretary). Er führt sämtliche Register, bewahrt das Gesellschaftssiegel, erläßt die Einladungen für die Generalversammlungen, führt die Protokolle (minutes) an den Generalversammlungen und den Sitzungen der Direktoren, fordert die Aktionäre zur Einzahlung der Aktienbeträge auf u. a. m. Kurz, er hat alle jene verwaltungstechnischen Arbeiten zu besorgen, die der Gesellschaft im Interesse der Publizität auferlegt sind.

Die Direktoren werden gewöhnlich auf ein Jahr gewählt. Doch ist auch eine Wahl auf mehrere Jahre oder auf Lebenszeit zulässig, wenn die Statuten es so bestimmen.

II. Qualifikation eines Direktors. Gewöhnlich werden die ersten Direktoren schon im Memorandum bezeichnet. Die so ernannten Personen müssen der Registerbehörde eine Erklärung eingeben, daß sie zu diesem Amte bereit sind und auch die im Memorandum vorgeschriebenen Pflichtaktien, die qualification shares, übernehmen und bezahlen (§ 140). Zweck dieser Pflichtaktien ist „to qualify him for the office". Diese Vorschrift gilt indessen nicht für die private company und für eine Gesellschaft, welche kein in Aktien zerlegtes Kapitel hat.

Die Namen, näheren Bezeichnungen und Adressen der „directors" müssen in jedem Prospekt oder in dem statement in lieu of prospectus bekanntgegeben werden.

Sind die ersten Direktoren in den Statuten nicht bezeichnet, so werden sie durch die Zeichner des Memorandums gewählt.

Später wird ihre Wahl gewöhnlich von der Generalversammlung vorgenommen.

Jeder, der als Direktor gewählt wurde, ist verpflichtet, die durch die Statuten vorgeschriebenen Qualifikationsaktien zu erwerben. Sonst verliert er sein Amt nach zwei Monaten, was auch der Fall ist, wenn er nachträglich keine Qualifikationsaktie mehr hat. Als Ausweis seiner Qualifikation genügt keineswegs der bloße Besitz eines share-warrant. Der Direktor muß vielmehr als Aktionär im Mitgliederregister eingetragen sein (§ 141). Enthalten die Statuten Bestimmungen über die qualification shares, so muß der Betrag im Prospekt angegeben sein, und die Direktoren müssen sie innerhalb zweier Monate nach ihrer Wahl übernehmen. Die Gesellschaft darf mit den Geschäften nicht beginnen, solange nicht jeder Direktor seine qualification shares bezogen und den Betrag hierfür bezahlt hat, den er bei der Zuteilung entrichten muß.

Eine gesetzliche Verpflichtung für qualification shares besteht nicht; in der Praxis schreiben sie aber die Statuten ausnahmslos vor.

Unfähig, das Amt eines Direktors zu bekleiden, ist auch ein Konkursit, solange er nicht gerichtlich von den persönlichen Folgen des Konkurses durch gerichtliche Verfügung befreit ist, d. h. solange er ein „undischarged bankrupt" ist. Davon kann indessen eine Ausnahme gewährt werden durch besondere Bewilligung des Gerichtes, das den Konkurs aussprach, aber nur nachdem dem Konkursverwalter von der Absicht, solchen Dispens zu erteilen, Kenntnis gegeben wurde. Der Konkursverwalter hat die Pflicht, der Verhandlung beizuwohnen und seinen Protest einzulegen, wenn dies im öffentlichen Interesse geboten erscheint (§ 142).

In England ist der Konkursit, bankrupt, in seiner Rechts- und Handlungsfähigkeit beschränkt. Er kann kein öffentliches Amt bekleiden. Er ist verpflichtet, jeden, welcher ihm einen Kredit von wenigstens £ 10 gewährt, genau zu informieren, daß er ein undischarged bankrupt ist. Unterläßt er dies, kann er mit Gefängnis bestraft werden. Der Schuldner hat deshalb ein großes Interesse daran, den Konkurs überhaupt zu vermeiden oder sich nach seinem Ausbruch doch so rasch als möglich rehabilitieren zu lassen. Er kann zu diesem Zweck schon vor Beendigung des Konkursverfahrens, sogar gleich nachdem die receiving order ergangen ist, an das Gericht das Gesuch stellen, es sei zu seinen Gunsten eine order of discharge zu erlassen. Der Richter wird nach freiem Ermessen urteilen und auf die besonderen Umstände des Falles abstellen. Wenn der Schuldner ohne sein persönliches Verschulden in seine schwierige Lage gekommen ist, so wird der Richter eher und rascher dem Begehren auf discharge entsprechen. Er kann daran auch bestimmte Bedingungen knüpfen. Auf jeden Fall wird jedem Gläubiger Gelegenheit geboten, dazu Stellung zu nehmen und, wenn er es wünscht, gegen die Gutheißung des Begehrens zu opponieren.

Nach vollständiger Befriedigung der Gläubiger ist der Schuldner berechtigt, zu verlangen, daß er wieder ganz in seine früheren Rechte eingesetzt wird, es sei denn, es liege betrügerischer Bankrott, fraudulent bankruptcy, vor.

Sollten Personen zu Direktoren der Gesellschaft gewählt sein, deren Ernennung oder Qualifikation sich nachträglich als mangelhaft herausstellt, so sind die von einem solchen Direktor vorgenommenen Handlungen gleichwohl rechtsgültig (§ 143).

III. Publikation der Namen. a) Direktorenregister (§ 144). Jede Gesellschaft muß an ihrem Geschäftssitz ein Direktorenregister (register of directors) führen, das u. a. nähere Auskunft gibt über die Ernennung, den Namen, die berufliche Tätigkeit (wenn der Direktor noch anderwärts einen Beruf ausübt, insbesondere auch das Amt eines Direktors einer anderen Gesellschaft bekleidet), sowie die Nationalität.

Das Register muß täglich wenigstens zwei Stunden für die Einsichtnahme offen stehen, und zwar unentgeltlich für die Mitglieder der Gesellschaft und gegen eine Gebühr von höchstens 1 s für andere Personen.

Die Gesellschaft ist verpflichtet, Inhalt und Änderungen des Direktorenregisters dem Registerführer für Gesellschaften regelmäßig zur Eintragung bekanntzugeben.

b) Name in Geschäftsbriefen, Rundschreiben, Katalogen usw. Der Name der Direktoren muß auch — besonderer Dispens des Handelsamtes vorbehalten — in allen Katalogen, Rundschreiben, Musterkarten und Geschäftsbriefen in lesbaren Buchstaben (mit Erwähnung der Nationalität, wenn ein Direktor nicht britischer Staatsangehöriger ist) bekanntgegeben werden (§ 145).

IV. Die Pflichten und Rechte der Direktoren werden regelmäßig in den Statuten der Gesellschaft genauer bestimmt. Es ist dies insbesondere der Fall in bezug auf den Umfang der Vollmacht, ob sie z. B. einzeln oder nur kollektiv die Gesellschaft verpflichten können, über die Haftbarkeit, über das Recht sie abzuberufen, wenn sie ihre Pflicht nicht erfüllen usw. Vgl. die Musterstatuten im 1. Anhang des Gesetzes, Tafel A, Ziffer 67—88.

Über die Pflicht der Direktoren zur Buchführung, zur Berichterstattung an die Generalversammlung mit Gewinn- und Verlustrechnung und einer Bilanz siehe unten. Die Direktoren haben auch dafür zu sorgen, daß das „annual return" dem Registerführer eingereicht wird (s. unten).

Der Direktor kann im Namen der Gesellschaft alle Handlungen vornehmen, die im Zwecke der Gesellschaft liegen und nicht der Generalversammlung oder anderen Personen übertragen sind. Die Haftung für rechtsgeschäftliche Verpflichtungen und unerlaubte Handlungen richtet sich nach den allgemeinen Grundsätzen der Stellvertretung (vgl. CURTI, Englands Privat- und Handelsrecht, Bd. II, S. 27ff.).

V. Haftbarkeit. Früher war es möglich, daß die Statuten oder besondere Verträge zwischen der Gesellschaft und den Direktoren die Haftung der Direktoren auf absichtliche Verletzung ihrer Pflichten beschränkt haben, oder daß die Direktoren sogar von jeder Haftbarkeit wegen Fahrlässigkeit, irgendwelcher Pflichtverletzung oder Treubruch (breach of trust) entbunden wurden. Das neue Gesetz verbietet nun in § 152 ausdrücklich jede derartige Zusicherung. Dies gilt übrigens auch im Verhältnis der Gesellschaft zu anderen Beamten und zu Revisoren.

Durch die Gründungsurkunde kann bestimmt werden, daß die Haftbarkeit von Direktoren und Geschäftsführern, auch von beschränkt haftenden Gesellschaften (company limited by shares, also der reinen Aktiengesellschaft, und company limited by guarantee) *unbeschränkt* sein soll. Dies hat zur Folge, daß Direktoren und Geschäftsführer im Falle der Liquidation der Gesellschaft mit ihrem ganzen Vermögen zur Deckung der durch die Aktiven nicht gedeckten Schulden herangezogen werden können. Diese Haftung ist deshalb außerordentlich weitgehend. Siehe näheres darüber unten bei der Liquidation.

Wird diese unbeschränkte Haftbarkeit vorgeschlagen, so müssen Direktoren und Geschäftsführer, sowie das Mitglied, das eine Person (die unbeschränkt haften soll) als Direktor oder Geschäftsführer vorschlägt, dem Vorschlag eine Erklärung beifügen, daß die gewählte Person unbeschränkt haften wird, und überdies haben die Gründer, Direktoren, Geschäftsführer und der Sekretär der Gesellschaft dem Gewählten, bevor er das Amt annimmt, in besonderer schriftlicher Mitteilung bekanntzugeben, daß er unbeschränkt haften wird (§ 147).

Gesellschaften, die eine solche unbeschränkte Haftbarkeit der Direktoren oder Geschäftsführer noch nicht kennen, können, wenn dies die Statuten zulassen, durch Sonderbeschluß eine Änderung der Gründungsstatuten beschließen im Sinne der Erweiterung der Haftpflicht auf unbeschränkte Haftung (§ 148). Ein solcher Beschluß hat zur Folge, daß der Direktor so haftet, wie wenn diese Vorschrift schon von Anfang an in der Gründungsurkunde enthalten gewesen wäre (§ 148 [2]).

Handlungen der Direktoren, die außerhalb des Gesellschaftszweckes liegen, sind ultra vires und nichtig. Drittpersonen können sich nicht auf Unkenntnis berufen.

VI. Interessenbeteiligung. Wenn ein Direktor persönlich direkt oder indirekt an einem Vertrage mit der Gesellschaft interessiert ist, oder an einem Vertrage, welchen die Gesellschaft eingehen soll, so ist er verpflichtet, dies an einer Sitzung mit den anderen Direktoren bekanntzugeben (§ 149 [1]), und zwar hat dies an der Sitzung zu geschehen, an welcher der betreffende Vertrag zum ersten Male zur Sprache kommt, oder, wenn zu dieser Zeit das bezügliche Interesse noch nicht bestand, an der ersten Direktorensitzung, die auf den Tag folgt, an welchem das Interesse entstanden ist. Eine solche Mitteilung hat auch zu erfolgen, wenn das Interesse eines Direktors an dem Vertrage erst nach dessen Abschluß eintrat (§ 149 [2]).

Handelt es sich um Verträge mit einer anderen Gesellschaft oder mit einer partnership, an welcher ein Direktor als Aktionär oder Gesellschafter beteiligt ist, so genügt eine allgemeine Mitteilung an die übrigen Direktoren, ohne daß sie im besonderen Vertragsfall zu wiederholen ist (§ 149 [3]).

Natürlich kann eine Gesellschaft durch ihre Statuten oder durch Vertrag einem Direktor überhaupt verbieten, an irgendeinem Vertrage der Gesellschaft mit Dritten persönlich interessiert zu sein (§ 149 [5]).

VII. Die Vergütung der Direktoren für die Ausübung ihres Amtes wird durch den Vertrag und die Statuten bestimmt. Sie kann in festen Beträgen und in Anteilen am Reingewinn bestehen. Zur Wahrung der Interessen der Aktionäre gegen die Höhe von Vergütungen und gegen unberechtigte Bezüge der Direktoren enthält das Gesetz eine Vorschrift (§ 148), welche die Direktoren verpflichtet, auch während des Geschäftsjahres allen Aktionären den Gesamtbetrag ihrer Bezüge bekanntzugeben. Das hat innerhalb eines Monates zu geschehen, nachdem Mitglieder, welche wenigstens einen Viertel der stimmberechtigten Aktien besitzen, dies in schriftlicher Eingabe verlangten. Eine solche Aufstellung der Bezüge muß von den Revisoren beglaubigt oder mit ihrer Ansichtsäußerung versehen sein und hat den Gesamtbetrag bekanntzugeben, welchen die Direktoren in jedem der drei letzten Jahre von der Gesellschaft oder in Verbindung mit der Geschäftsführung erhalten haben, sei es als Direktoren oder sonstwie (sei es Gehalt in fester Summe, an Tantiemen usw. oder seien es anderweitige Zuwendungen) und wenn diese nicht in Geld erfolgten, mit deren Geldwert. In den Gesamtbetrag einzurechnen sind auch Beträge, welche ein Direktor zufolge der Beteiligung der Gesellschaft an einer anderen Gesellschaft von dieser erhalten hat.

Die Bekanntgabe dieser Bezüge der Direktoren kann nur dann verweigert werden, wenn die Generalversammlung der Gesellschaft innerhalb eines Monates nach Eingabe des Begehrens beschließt, es sei dem Begehren keine Folge zu leisten (§ 148 [1 b I]).

VIII. Zahlungen an Direktoren bei Verlust ihres Amtes. Das Gesetz verbietet in § 150, daß im Falle der Übertragung des ganzen Vermögens der Gesellschaft oder eines Teiles davon an andere Interessenten dem Direktor der Gesellschaft, weil er nun sein Amt verloren hat oder zurücktreten mußte, eine Entschädigung ausbezahlt wird, sofern nicht den Mitgliedern der Gesellschaft genaue Angaben über die Höhe dieser

Entschädigung gemacht wurden und die Gesellschaft in einem Beschlusse diese Zahlung gutgeheißen hat. Erfolgt eine solche Zahlung an den Direktor, obwohl die erwähnten Vorschriften außer acht gelassen wurden, so wird die Zahlung an sich nicht ungültig, gilt aber als Zahlung zugunsten der Gesellschaft, so daß der Direktor das Geld nur als Treuhänder für die Gesellschaft in Händen hat (§ 150 [2]).

IX. Angebot auf Aktien. Erfolgt von dritter Seite — wohl meistens im Falle der Übertragung der Unternehmung oder eines Teiles derselben an Dritte — ein für die Gesamtheit der Gläubiger bestimmtes Angebot auf Übernahme der Aktien aller oder einzelner Aktionäre, so ist jeder Direktor ebenfalls verpflichtet, jedem Aktionär das Angebot und die Höhe der angebotenen Zahlung bekanntzugeben (§ 150 [3]).

Wird in Verbindung einer solchen Übertragung von Aktien dem Direktor, der von seinem Amte zurücktritt, für seine Aktien ein höherer Preis geboten oder bezahlt als der Preis, welchen die anderen Aktionäre erhalten, oder dem Direktor eine andere Gegenleistung geboten, so muß der Überpreis, welchen der Direktor erhalten hat, oder der Geldwert der Gegenleistung so beurteilt werden, wie wenn ihm Zahlung gemacht worden wäre als Entschädigung für den Rücktritt von seinem Amte (§ 150 [5]) (vgl. oben Ziffer VIII).

X. Wahl der Direktoren, Dauer und Beendigung des Amtes. Während die ersten Direktoren gewöhnlich schon im Prospekt, im Memorandum und den Statuten bestimmt sind — siehe oben S. 17 —, erfolgt später ihre Wahl oder Wiederwahl in Generalversammlungen. Maßgebend sind die Statuten. Siehe die Musterstatuten im ersten Anhang, Tafel A, Ziffer 72—80.

Ein Direktor verliert ohne weiteres sein Amt, wenn er die Qualifikation hierzu verliert, keine qualification shares besitzt, in Konkurs gerät, oder ein nach Vertrag, Statuten oder allgemeinen Rechtsregeln wichtiger Grund hierzu vorliegt. Beispiele: Wenn er geisteskrank wird, wenn er vom Amte freiwillig zurücktritt usw. (siehe auch die Musterstatuten des ersten Anhanges, Tafel A, Ziffer 72).

Sollte in den Statuten oder in einem Vertrage bestimmt sein, daß ein Direktor oder Geschäftsführer berechtigt ist, sein Amt an eine dritte Person abzutreten, so ist eine solche Vereinbarung ungültig, wenn ihr nicht die Generalversammlung in einem Sonderbeschluß zugestimmt hat (§ 151).

Die Vollmacht der Direktoren endigt mit ihrem Austritt aus ihrer Stellung und mit Beginn der Liquidation der company.

XI. Rechnungsführung. Die Direktoren haben für richtige Rechnungsführung der Gesellschaft zu sorgen. Über Einnahmen und Ausgaben der Gesellschaft sind Bücher zu führen. Jedes Jahr haben die Direktoren der Generalversammlung eine Gewinn- und Verlustrechnung des vergangenen Geschäftsjahres und eine Bilanz vorzulegen. Der Bilanz ist ein erläuternder Bericht über die Geschäftslage und ein Vorschlag über die Verwendung des Reingewinnes beizufügen. Diese Dokumente sind den Aktionären spätestens am achten Tage vor der Generalversammlung zuzustellen.

Drittes Kapitel.

Verträge der Gesellschaft.

1. Allgemeines über die Vertragsform. Im englischen Recht spielt die Form der Verträge eine große Rolle. Vielfach wird zur Gültigkeit oder zur Beweiskraft einer Urkunde, insbesondere eines Vertrages, gefordert, daß er gesiegelt sei. Dieser gesiegelte Vertrag hat den Namen „deed". Das Siegel muß indessen keineswegs von Siegellack oder Wachs sein, es genügt eine Oblate (ein wafer) oder ein einfaches, unscheinbares Papiersiegel in rundlicher Form, das auf die Urkunde geklebt wird. Gegen die in einem deed niedergeschriebenen Behauptungen und Erklärungen über Tatsachen ist keine Einrede zulässig. Die Parteien müssen sie gegen sich gelten lassen, es sei denn, daß Betrug, Zwang oder eine gesetzlich unzulässige Vereinbarung vorliegt.

Während gesiegelte Verträge unanfechtbar sind, auch wenn keine consideration (Gegenleistung) gegeben wurde, ist dies bei formlosen Verträgen nicht der Fall. Das Klagerecht aus einem deed verjährt erst in 20 Jahren, während bei formlosen Verträgen die Verjährung schon nach 6 Jahren eintritt. Siehe darüber eingehender Curti, Englands Privat- und Handelsrecht, Band II, S. 13ff.

Im Zweifelsfall und in wichtigen Fällen wird der gesiegelte Vertrag verlangt werden.

2. Speziell Verträge von Gesellschaften. Das Gesetz stellt in §§ 29—33 besondere Vorschriften auf, und zwar im Sinne einer Erleichterung des Verkehrs.

§ 29 bestimmt:

a) Ein Vertrag, welcher, wenn er zwischen privaten Personen abgeschlossen würde, rechtlich der schriftlichen Form bedarf, und nach englischem Recht gesiegelt sein muß, kann in bezug auf eine Gesellschaft *in schriftlicher Form mit dem gewöhnlichen Siegel* der *Gesellschaft* abgeschlossen werden;

b) ein Vertrag, welcher, wenn er zwischen privaten Personen abgeschlossen würde, *schriftlicher Form* bedarf, und zwar mit der Unterschrift der Parteien, die daraus verpflichtet werden, kann in bezug auf eine Gesellschaft in schriftlicher Form zustande kommen, unterschrieben von irgendeiner Person, die von der Gesellschaft bevollmächtigt ist, sei es ausdrücklich oder gemäß den Umständen;

c) ein Vertrag, der, wenn er zwischen Privatpersonen mündlich abgeschlossen wäre, gültig ist, kann seitens der Gesellschaft durch eine ausdrücklich oder stillschweigend von der Gesellschaft *bevollmächtigte Person* ebenfalls mündlich vereinbart werden.

§ 30. *Wechsel und Eigenwechsel.* Durch einen Wechsel oder einen Eigenwechsel wird eine Gesellschaft verpflichtet, wenn er von einer mit Vollmacht der Gesellschaft handelnden Person im Namen oder für Rechnung der Gesellschaft ausgestellt, angenommen oder indossiert ist, oder wenn er von einer mit Vollmacht der Gesellschaft handelnden Person für die Gesellschaft oder für ihre Rechnung ausgestellt, angenommen oder indossiert ist.

§ 31. *Gesiegelte Urkunden im Ausland errichtet.* 1. Eine Gesellschaft kann in einer schriftlichen, mit dem Geschäftssiegel versehenen Urkunde eine Person entweder allgemein oder in bezug auf irgendeine besondere Angelegenheit bevollmächtigen, als ihr Vertreter für sie irgendwo außerhalb des Vereinigten Königreichs Urkunden auszustellen.

2. Eine Urkunde, die von einem solchenVertreter für die Gesellschaft und mit seinem persönlichen Siegel abgeschlossen wird, bindet die Gesellschaft und hat die gleiche Wirkung, wie wenn sie mit dem Geschäftssiegel errichtet wäre.

§ 32. *Geschäftssiegel für das Ausland.* 1. Eine Gesellschaft, die zur Durchführung ihrer Zwecke Geschäfte im Ausland vornimmt, kann, wenn die Statuten es gestatten, für den Gebrauch im Ausland *ein besonderes Geschäftssiegel* verwenden, das eine Nachbildung, Facsimile, des gewöhnlichen Geschäftssiegels der Gesellschaft ist, aber mit einem Zusatz, der den Namen des Landes, Distrikts oder Platzes, wo es zur Anwendung kommt, bekanntgibt.

2. Eine gesiegelte Urkunde oder eine andere Urkunde mit einem solchen Geschäftssiegel, bindet die Gesellschaft, wie wenn sie mit dem ordentlichen Geschäftssiegel der Gesellschaft versehen wäre.

3. Eine Gesellschaft, die ein besonderes Geschäftssiegel in einem solchen Gebiete, Distrikt oder Platze hat, kann durch ihr ordentliches Geschäftssiegel jede Person, welche für die Gesellschaftszwecke in einem solchen Gebiete tätig ist, ermächtigen, das besondere Siegel jeder Urkunde beizufügen, für welche das Siegel vorgeschrieben ist, oder jeder anderen Urkunde, bei welcher die Gesellschaft in jenem Gebiete Partei ist.

4. Das Vertretungsrecht eines jeden solchen Vertreters dauert, soweit das Verhältnis zwischen der Gesellschaft und anderen Personen in Betracht kommt, welche mit dem Vertreter verkehren, während der Zeit, welche in der Vertretungsvollmacht erwähnt ist, oder mangels einer solchen Erwähnung bis zur Zeit, da der dritten Person, welche mit dem Vertreter verkehrt, Mitteilung des Widerrufs oder der Beendigung der Vertretungsvollmacht gegeben wird.

5. Die Person, welche ein solches besonderes Geschäftssiegel auf eine von ihr geschriebene Urkunde setzt, muß auf der mit dem Siegel versehenen Urkunde Zeit und Ort, wo das Siegel angefügt wurde, bezeugen.

§ 33. *Beglaubigung von Urkunden.* Eine Urkunde oder ein sonstiges Schriftstück, das eine Beglaubigung durch die Gesellschaft erfordert, kann von einem Direktor, einem Sekretär oder einem anderen bevollmächtigten Beamten der Gesellschaft gezeichnet werden und muß nicht mit dem ordentlichen Geschäftssiegel der Gesellschaft versehen sein.

3. *Verträge im Ausland abgeschlossen.* Es ist klar, daß für alle Verträge, die auf dem Gebiete Großbritanniens selbst abgeschlossen werden, die Formvorschriften des englischen Rechtes gelten. Für Verträge, die aber im Ausland (also außerhalb des genannten Gebietes) mit einem englischen Vertragskontrahenten vereinbart werden, müßte nach der dem kontinentalen Juristen geläufigen Formel „locus regit actum" für die äußere Form des Vertrages das Recht maßgebend sein, das am Orte des Vertragsschlusses gilt, so daß also auch in England ein Beklagter, der vor einem dortigen Gerichte eingeklagt wird, nicht die Einrede der mangelnden Form erheben könnte, wenn die Form des Vertrages zwar dem Rechte des Ortes des Vertragsabschlusses, nicht aber den englischen Formvorschriften entspricht.

Da indessen, wie aus den oben gegebenen Gesetzesvorschriften hervorgeht, der englische Gesetzgeber auch für im Ausland abgeschlossene Verträge, an welchen eine Gesellschaft beteiligt ist, die Form genau vorschreibt, so wird man sich nicht auf die Regel „locus regit actum" verlassen können, sondern bei Verträgen mit englischen Gesellschaften, auch wenn sie im Ausland abgeschlossen wurden, die Formvorschriften des englischen Rechtes beachten müssen.

Viertes Kapitel.

Annual Return.

I. Jede Gesellschaft ist verpflichtet, in einem besonderen Teil des Mitgliederbuches ein „annual return" zu führen, d. h. eine genaue Übersicht über alle wichtigen Vorgänge in bezug auf das Aktienkapital, die Mitglieder, Direktoren usw., und zwar wie dies im Musterformular des Anhanges VI dargestellt ist. Eine Abschrift des annual return muß innerhalb 28 Tagen seit der ersten oder einzigen Generalversammlung dem Registerführer für Gesellschaften eingereicht werden, mit der Unterschrift eines Direktors, des Geschäftsführers oder des Sekretärs versehen. Die Gesellschaft hat Einsichtnahme und Abschriften dieses annual return in gleicher Weise zu gewähren, wie dies in bezug auf das Mitgliederregister vorgeschrieben ist (§§ 110, 98).

Dieser Jahresübersicht muß eine Abschrift der letzten Bilanz mit allen hierzu gehörigen Urkunden, vor allem des Revisorenberichtes, beigeschlossen werden, ebenfalls beglaubigt durch die Unterschrift eines Direktors oder des Geschäftsführers oder des Sekretärs. Ist die Bilanz in fremder Sprache verfaßt, so ist eine englische Übersetzung beizugeben. Von der Verpflichtung zur Eingabe der Bilanz sind lediglich die private companies und Versicherungsgesellschaften dispensiert, wenn sie den Vorschriften des Assurance Companies Act, 1919, § 7, Ziffer 4, nachgekommen sind (§ 110[3]).

Für den Inhalt des annual return sind die Vorschriften von §§ 108, 109 und 111 maßgebend, und zwar ist zu unterscheiden zwischen dem annual return der Gesellschaften, deren Kapital in Aktien zerlegt ist und demjenigen der übrigen Gesellschaftsarten.

II. Das Annual Return der Gesellschaften mit in Aktien geteiltem Kapital (§ 108). Es werden folgende Angaben verlangt:

1. Eine Aufstellung der Mitglieder, und zwar:

a) der Mitglieder, die am vierzehnten Tage nach der ersten oder einzigen ordentlichen Generalversammlung Mitglieder waren;

b) der Personen, die seit dem letzten annual return aufgehört haben, Mitglieder zu sein;

c) der Namen, Adressen und Berufe der frühern und gegenwärtigen Mitglieder;

d) der Zahl der von jedem gegenwärtigen Mitglied besessenen Aktien mit Angabe der seit der Eintragung der Gesellschaft oder seit dem letzten Bericht übertragenen Aktien mit dem Datum der Eintragung;

e) bei Umwandlung von Aktien in Stock Angabe des Stockbetrages, welcher an Stelle der einzelnen Aktien eines Mitgliedes getreten ist, mit den obenerwähnten Angaben in bezug auf die Aktien.

2. Adresse des Geschäftssitzes der Gesellschaft.

3. Aufschluß über die Aktien, die gegen Barzahlung ausgegeben wurden und solchen, für welche teilweise oder ganz eine andere Leistung erfolgte.

In bezug auf das Aktienkapital sind folgende einzelne Angaben im annual return aufzuführen:

a) der Betrag des Aktienkapitals der Gesellschaft und die Zahl der Aktien, in welche es eingeteilt ist;

b) die Zahl der Aktien, welche seit Beginn der Gesellschaft bis zum Datum des Berichtes bezogen wurden;

c) der Betrag, welcher auf jede einzelne Aktie einberufen wurde;

d) der Totalbetrag der auf die Einberufung erfolgten Zahlungen;

e) der Totalbetrag der zwar einberufenen, aber ausgebliebenen Zahlungen;

f) die Totalsumme der Beträge, welche als Provision für irgendwelche Aktien oder Schuldverschreibungen bezahlt wurden;

g) genaue Angaben über den bei Ausgabe von Aktien eingeräumten Disconto, oder des von diesem Disconto am Tage des Berichtes noch nicht abgeschriebenen Teils;

h) die Totalsumme der Beträge, welche in bezug auf Schuldverschreibungen seit dem Datum des letzten Berichtes als Discont gewährt wurden;

i) die Gesamtzahl der verwirkten Aktien;

k) der Totalbetrag der Aktien, für welche Aktienscheine (share warrants) am Tage des Berichtes in Umlauf sind;

l) der Totalbetrag der seit dem letzten Bericht ausgegebenen und zur Einziehung eingelieferten Aktien (surrendered shares);

m) die Zahl der in jedem Aktienschein (share warrant) enthaltenen Aktien;

n) alle diejenigen einzelnen Angaben über die Personen, welche zur Zeit des Berichtes Direktoren der Gesellschaft sind, wie dies das Gesetz verlangt in bezug auf die Eintragung der Direktoren in dem Direktorenregister der Gesellschaft;

o) der Gesamtbetrag aller Schulden der Gesellschaft zufolge von Verpfändungen und Belastungen, welche beim Registerführer auf Grund dieses Gesetzes eingetragen werden müssen (oder falls die Gesellschaft in Schottland eingetragen ist, welche, wenn die Gesellschaft in England eingetragen wäre, eingetragen werden müßten) oder welche, falls sie nach dem 1. Juli 1908 kreiert wären, eingetragen werden müßten.

III. Das Annual Return der Gesellschaft, die kein in Aktien zerlegtes Kapital hat, das wenigstens in jedem Kalenderjahr einmal eingereicht werden muß, hat folgenden Inhalt (§ 109):

a) die Adresse des eingetragenen Geschäftssitzes der Gesellschaft;

b) alle diejenigen Angaben über die Personen, die zur Zeit des Berichtes Direktoren der Gesellschaft sind, wie sie für das Direktorenregister einer Gesellschaft vorgeschrieben sind.

Dem annual return ist eine Aufstellung beizugeben mit genauer Angabe des Gesamtbetrages der Schulden (indebtedness) der Gesellschaft mit Bezug auf alle Verpfändungen und Belastungen, wie sie nach dem Companies Act, 1929, beim Registerführer einzutragen sind (oder im Falle einer in Schottland eingetragenen Gesellschaft verlangt würde, wenn sie in England eingetragen wäre) oder deren Eintrag verlangt würde, wenn sie nach dem 1. Juli 1908 entstanden wären.

IV. Das Annual Return der private company. Diese Gesellschaftsart muß ein annual return eingeben, wie es für die Gesellschaften mit einem in Aktien geteilten Kapital vorgeschrieben ist (siehe oben unter II und § 108), hat aber überdies dem Registerführer ein Zeugnis einzuschicken, das die Unterschrift eines Direktors oder des Sekretärs trägt, aus welchem hervorgeht, daß die Gesellschaft seit der Inkorporation oder seit dem letzten annual return mit keiner Einladung zur Zeichnung irgendwelcher Aktien oder Schuldverschreibungen vor das Publikum getreten ist. Steht im annual return, daß die Zahl der Gesellschaftsmitglieder 50 überstiegen hat, so ist ein in gleicher Form abgefaßtes Zeugnis einzugeben, aus welchem hervorgeht, daß die Überzahl nur aus Personen besteht, die als gegenwärtige oder frühere Beamte der Gesellschaft nicht in die Zahl 50 einzurechnen sind (§ 111).

Fünftes Kapitel.

Buchführung und Revision[1].

(Accounts and Audit.)

I. Die Buchführung. Jede Gesellschaft hat ordentliche Bücher zu führen über:

a) alle eingenommenen und ausgegebenen Gelder mit Angabe des jeweiligen Geschäftes;

b) alle Käufe und Verkäufe der Gesellschaft;

c) alle Aktiven und Passiven.

Die Bücher sind am eingetragenen Geschäftssitz der Gesellschaft oder an einem anderen Platze, welcher den Direktoren hierfür geeignet erscheint, zu führen und müssen jederzeit den Direktoren zur Einsicht offen stehen (§ 122).

II. Gewinn- und Verlustrechnung (§ 123 [1]). Die Direktoren sind verpflichtet, innerhalb der ersten 18 Monate seit der Inkorporation der Gesellschaft und später wenigstens einmal in jedem Kalenderjahr der Generalversammlung eine Gewinn- und Verlustrechnung vorzulegen. Die Abrechnung muß auf einen Tag abschließen, der innerhalb der letzten 9 Monate vor der Generalversammlung und bei Gesellschaften, welche Interessen oder einen Geschäftsbetrieb im Ausland haben, innerhalb der letzten 12 Monate liegt.

Das Handelsamt kann diese Frist indessen erstrecken.

III. Bilanz und Geschäftsbericht (§ 122 [2]). Zu gleicher Zeit müssen die Direktoren für die Zeit bis zum Abschluß der Gewinn- und Verlustrechnung der Generalversammlung eine Bilanz und einen Geschäftsbericht vorlegen mit Vorschlägen für die Höhe der zu verteilenden Dividende und der für einen allgemeinen oder besonderen Reservefonds vorgeschriebenen Beträge.

---

[1] Vgl. F. R. de Paula „The Principles of Auditing“, 4. Aufl., London 1928.

A. Inhalt.

Für die Bilanz sind folgende Angaben vorgeschrieben (§ 124):

1. Das zulässige Aktienkapital und bereits ausgegebene Aktien;

2. Aktiven und Passiven, in einer Weise, daß die besonderen Arten, aus denen sich diese Summen zusammensetzen, erkenntlich sind, insbesondere die fixed assets (Liegenschaften, Maschinen, Mobiliar), die floating assets (das Betriebskapital), nähere Angaben über die Bewertung der fixed assets;

3. die Gründungsspesen (preliminary expenses), soweit sie nicht schon abgeschrieben sind;

4. die Auslagen, die in Verbindung stehen mit der Ausgabe von Aktien oder Schuldverschreibungen;

5. der für die Kundschaft (good will), Patente und Handelsmarken einzusetzende Wert, wenn sich dieser aus den Büchern der Gesellschaft oder sonstwie feststellen läßt;

6. bei Schulden, welche durch irgendein Vermögensstück der Gesellschaft sichergestellt sind, ist dies anzugeben;

7. wenn die Gesellschaft (als holding company) bei einer andern Gesellschaft so beteiligt ist, daß sie die Mehrheit des ausgegebenen Aktienkapitals oder die Mehrheit der Stimmen jener andern Gesellschaft besitzt, oder sonstwie berechtigt ist, direkt oder indirekt die Mehrheit der Direktoren jener anderen Gesellschaft zu wählen — das Gesetz nennt diese andere Gesellschaft dann subsidiary company (im Gegensatz zur ersten, welche Holdinggesellschaft ist) —, so müssen in der Bilanz der Holdinggesellschaft die Aktienbeteiligung, Darlehen und andere Ansprüche an die subsidiary company getrennt von allen übrigen Aktiven aufgeführt werden. Ebenso muß es mit Schulden an jene Gesellschaft gehalten werden (§ 125). Überdies ist der Bilanz eine besondere Aufstellung beizugeben (unterschrieben in gleicher Weise und von denselben Personen, wie dies für die Hauptbilanz in § 129 vorgeschrieben ist), aus welcher zu ersehen ist, in welcher Weise Gewinne und Verluste in den Büchern der subsidiary company und der Holdinggesellschaft eingetragen wurden und insbesondere, wie die Verluste der subsidiary company bei Feststellung der Gewinne und Verluste der Holdinggesellschaft gebucht wurden. Handelt es sich um die Beteiligung an mehreren subsidiary companies, so genügt es, die Gesamtbeträge von Gewinnen und Verlusten zu nennen (§ 126, 127).

Wenn die Revisoren der Ansicht sind, daß die Bilanz der subsidiary company nicht in gehöriger Weise errichtet ist oder nicht in gehöriger Weise Auskunft gibt, so sollen die Vorbehalte der Revisoren in der erwähnten Aufstellung bekanntgegeben werden (§ 126 [2]).

8. Die Rechnungen, welche der Generalversammlung vorgelegt werden, müssen auch eingehende Angaben über sämtliche den Direktoren oder anderen Beamten der Gesellschaft ausbezahlten Gelder enthalten, sei es an Honoraren, Tantiemen, Darlehen oder Geldern, welche sie von anderen Personen oder mit Sicherheitsleistung durch die Gesellschaft (z. B. Bürgschaft) erhalten haben. Die Vorschriften darüber gibt § 128, wo auch wichtige Ausnahmen erwähnt sind.

B. Formvorschriften.

Jede Bilanz muß von zwei Direktoren (wenn nur einer vorhanden ist, von diesem einen) unterschrieben sein, und der Bilanz ist der Revisorenbericht anzuheften. Dieser ist der Generalversammlung vorzulegen und muß jedem Mitglied der Gesellschaft zur Einsicht offenstehen (§ 129).

Handelt es sich um eine Gesellschaft, welche das Bankgeschäft betreibt, die nach dem 15. August 1879 eingetragen wurde, so muß die Bilanz vom Sekretär oder Geschäftsführer, und wenn mehr als drei Direktoren der Bank vorstehen, von wenigstens drei Direktoren unterschrieben werden, und wenn nicht mehr als drei Direktoren vorhanden sind, von allen (§ 129 [2]).

Wenn irgendeine Abschrift der Bilanz ausgegeben, in Umlauf gesetzt oder veröffentlicht wird, ohne die gesetzlich vorgeschriebenen Unterschriften oder ohne beigehefteter Abschrift des Revisorenberichtes, so verwirken die Gesellschaft und die fehlbaren Beamten der Gesellschaft eine Buße bis auf £ 50 (§ 129 [3]).

Wenn es sich um eine private company handelt, so muß eine Abschrift der Bilanz zusammen mit dem Revisorenbericht wenigstens 7 Tage vor der Generalversammlung jeder Person zugestellt werden, welche zu einer Einladung an die Generalversammlung berechtigt ist. Überdies kann jedes Mitglied der Gesellschaft, ob es ein solches Recht hat oder nicht, sowie jeder Inhaber einer Schuldverschreibung, verlangen, daß ihm unentgeltlich Abschriften der Bilanz und der dazugehörenden Urkunden zugeschickt werden (§ 130 [1]).

Bei einer private company kann jedes Mitglied verlangen, daß ihm innerhalb 7 Tagen, nachdem es das Begehren gestellt hat, gegen eine Gebühr von höchstens sixpence für je 100 Worte eine Abschrift der Bilanz und des Revisorenberichtes zugestellt wird (§ 130 [2]).

IV. Besondere Vorschriften für Banken, Versicherungsgesellschaften usw. Das Gesetz schreibt in § 131 vor, daß jede Bankgesellschaft mit beschränkter Haftung, jede Versicherungsgesellschaft, oder Gesellschaft, welche neben anderen Geschäften das Versicherungsgeschäft betreibt, jede „deposit, provident or benefit company“ (Spar-, Wirtschafts- und

Unterstützungsgenossenschaft) vor Beginn ihres Geschäftsbetriebes und solange sie Geschäfte betreibt, jährlich am ersten Montag im Februar und August eines jeden Jahres eine Aufstellung nach dem Muster der im Anhang VII des Gesetzes gegebenen Aufstellung machen muß.

Jedes Mitglied und jeder Gläubiger kann gegen Zahlung einer Gebühr von höchstens sixpence eine Abschrift dieser Aufstellung verlangen. Überdies muß sie am eingetragenen Geschäftssitz und in jedem Zweigbureau der Gesellschaft sichtbar ausgelegt werden.

Diese Vorschriften von § 131 gelten indessen nicht für Versicherungsgesellschaften, welche die Buchführung und die Bilanz gestützt auf den Assurance Companies Act von 1909 erstellen (§ 131 [6]).

V. Die Kontrollorgane. Die Kontrolle über die Geschäftsführung und insbesondere die Buchführung haben die eigentlichen Rechnungsrevisoren, die auditors, auszuüben, welche jedes Jahr durch die Generalversammlung gewählt werden. Daneben gibt es aber noch besondere inspectors, welche durch das Handelsamt — Board of Trade — mit der Aufgabe der Prüfung des Geschäftes betraut werden, sei es auf besonderes Verlangen von einzelnen Aktionären, sei es zufolge gesetzlicher Vorschrift. Siehe unter Ziffer IX unten.

VI. Die auditors, Revisoren (§ 132). Sie werden von der ordentlichen Jahresversammlung der Aktionäre je auf ein Jahr gewählt. Wahlvorschläge müssen wenigstens 14 Tage vor der Versammlung den Direktoren eingegeben werden und sind dann mit der Einladung zur Versammlung den Aktionären bekanntzugeben. Unterläßt eine Generalversammlung die Wahl, so kann jeder Aktionär die Bestellung durch den Board of Trade verlangen.

Es besteht keine gesetzliche Vorschrift in bezug auf die Zahl der Revisoren.

Die Aufgabe der „Auditors“, Revisoren, besteht nicht nur darin, die Rechnungen äußerlich zu kontrollieren, vielmehr haben sie auch das Recht der Kritik in bezug auf die materielle Bewertung der einzelnen Konten und in bezug auf die Geschäftsführung. Die Praxis zeigt, daß ihr Recht zur Kritik nicht bloß auf dem Papier steht, sondern daß sie sehr eingehend die Arbeit der Direktoren, die ganze Geschäftsführung prüfen und darüber der Generalversammlung Bericht erstatten, so daß oft gestützt auf ihren Bericht die Direktoren und andere Beamte nicht nur getadelt, sondern auch zu Schadenersatz angehalten und von ihrem Amte abgesetzt werden.

Zur Durchführung ihrer Aufgabe haben die Revisoren das Recht, wie wenn sie Richter wären, die Beamten und Angestellten der Gesellschaft einzuvernehmen und im Falle von Weigerungen, Unterlassungen und pflichtwidrigem Verhalten dieser Beamten Bußen zu verhängen.

Die Stellung der auditors im englischen Wirtschaftsleben ist zufolgedessen nach Tradition und Autorität eine sehr angesehene, absolut selbständige auch gegenüber den mächtigsten Gesellschaften. Es gilt dies insbesondere von den Chartered Accountants, einer privilegierten Klasse von Bücher-Sachverständigen. Eine von ihnen gutgeheißene Geschäfts- und Rechnungsführung gilt allgemein als zuverlässig und gewissenhaft und hilft damit wesentlich den Kredit der englischen Gesellschaft zu heben. Die Richtigkeit einer von einem Chartered Accountant geprüften Bilanz wird im allgemeinen von den Behörden ohne weiteres anerkannt und sie wird insbesondere als zuverlässige Grundlage für die Besteuerung angesehen.

Die Chartered Accountants sind Mitglieder des „Institute of Chartered Accountants in England and Wales", welche Vereinigung im Jahre 1880 auf Grund eines königlichen Charter Korporationsrechte erhielt. Mitglied kann nur werden, wer sich durch strenge Prüfungen im Handels-, Gesellschafts- und Steuerrecht, sowie in der Buch- und Bilanzkunde über seine Befähigung ausgewiesen hat.

Es kann kein Zweifel bestehen, daß die englischen Bücherrevisoren weit gründlicher und gewissenhafter prüfen als diejenigen der kontinentalen Aktiengesellschaften. Dabei ist aber nicht zu übersehen, daß aus verschiedenen Gründen die durch die Prüfung gegebene Sicherheit eine größere sein muß als auf dem Kontinent, vor allem weil das englische Aktiengesetz keine Reserven vorschreibt, noch auch besondere Vorschriften über die Höchstgrenze bei der Bewertung der einzelnen Aktiven kennt. Es bestehen keine gesetzlichen Bestimmungen über die Abschreibungen.

VII. Wahl der Revisoren (§ 132, 133). Die ersten Revisoren nach Gründung der Gesellschaft können mit Amtsdauer bis zur nächsten ordentlichen Generalversammlung von den Direktoren gewählt werden. Die Generalversammlung kann sie in ihrem Amte bestätigen oder andere Personen als Revisoren bezeichnen, die von Mitgliedern der Gesellschaft wenigstens 7 Tage vorher vorgeschlagen sein müssen.

Die Direktoren können auch eine später durch Ausscheiden eines Revisors entstandene Lücke ausfüllen. Tun sie es nicht, so sollen die verbleibenden Revisoren oder der verbleibende Revisor weiterhin ihr Amt ausüben.

Sonst hat die ordentliche Generalversammlung die Revisoren zu ernennen, die ihr Amt bis zur nächsten jährlichen Generalversammlung ausüben.

Unterläßt die Generalversammlung die Wahl, so wird das Handelsamt auf Antrag eines Mitgliedes der Gesellschaft einen Revisor bezeichnen.

Da es regelmäßig im Interesse einer Gesellschaft ist, mit der Person der Revisoren nicht jedes Jahr zu ändern, so bestimmt das Gesetz (in § 132 [3]), daß keine andere Person als der bisherige Revisor gewählt werden kann, wenn nicht ein Mitglied seine Absicht, eine andere Person vorzuschlagen, wenigstens 14 Tage vor der Generalversammlung der Gesellschaft bekanntgegeben hat. Eine Abschrift dieser Mitteilung ist von der Gesellschaft dem Revisor, dessen Amtsdauer abgelaufen ist, zuzustellen und ebenso allen Mitgliedern der Gesellschaft, und zwar wenigstens 7 Tage vor der Generalversammlung.

Wird indessen nach Eintreffen des Vorschlages zu einer Generalversammlung auf 14 Tage oder mit noch kürzerer Frist eingeladen, so kann die Mitteilung des Vorschlages mit der Einladung verbunden werden (§ 132 [3]).

Nicht wählbar sind Direktoren oder Beamte der Gesellschaft, oder eine Person (ausgenommen den Fall der private company), welche partner (Gesellschafter) eines Beamten der Gesellschaft ist oder in dessen Dienst steht und ferner nicht ein body corporate (eine Korporation), wohl aber eine partnership.

Die *Vergütung* der Revisoren wird nur dann durch die Direktoren festgesetzt, wenn sie in den obenerwähnten Fällen von Direktoren gewählt wurden (§ 132 [6]); sonst aber durch die Generalversammlung.

VIII. Rechte und Pflichten der Revisoren. Die Revisoren haben das Recht und die Pflicht, jederzeit die Bücher und Rechnungen der Gesellschaft zu prüfen. Sie müssen der Generalversammlung über jede während ihrer Amtsdauer vorgelegte Bilanz einen Bericht erstatten. Sie sind berechtigt, jeder Generalversammlung beizuwohnen, an welcher irgendwelche Rechnungen und Bücher, die sie geprüft haben oder über welche sie berichtet haben, geprüft und besprochen werden, und dort jede ihnen gutscheinende Erklärung über die Bücher und die Geschäftsführung abzugeben.

Die Auditoren müssen die Bücher nicht nur auf ihre formelle, sondern auch auf ihre materielle Richtigkeit prüfen. Insbesondere betrifft dies die Schätzung der Aktiven und Passiven und die Natur von Reserven.

Um ihre Aufgabe richtig zu erfüllen, haben die Revisoren das Recht, jederzeit die Bücher, Abrechnungen und Belege einzusehen und von den Direktoren und Beamten der Gesellschaft jede Auskunft und Aufklärung zu verlangen, die sie notwendig erachten.

In ihrem Berichte an die Generalversammlung müssen sie ausdrücklich sagen, ob sie alle Auskünfte und Aufklärungen erhalten haben, ob nach ihrer Meinung die Bilanz in ordnungsmäßiger Weise abgefaßt ist und ein getreues und richtiges Bild der Geschäftslage gibt, wie es der ihnen erteilten Auskunft und den Büchern der Gesellschaft entspricht.

Über das Recht der Aktionäre, der Schuldverschreibungsinhaber und anderer Personen, Abschriften des Revisorenberichtes mit der Bilanz zu verlangen, siehe oben S. 65, 66 und § 130.

Der auditor hat die Pflicht, seine Aufgabe als ehrlicher Mann durchzuführen und dafür Sorge zu tragen, daß das, was er erklärt, wahr ist. Stellt es sich nachträglich heraus, daß die vom auditor als richtig bezeichnete Bilanz nicht wahr ist, und entsteht daraus Schaden, so ist er dafür haftbar, es sei denn, daß er beweisen kann, daß auf seiner Seite keine Pflichtvernachlässigung vorliegt.

Der auditor, welcher durch die Statuten oder durch die Generalversammlung gewählt wird, ist ein Beamter (an officer) der Gesellschaft, und als solcher kann er anläßlich der Liquidation der Gesellschaft zusammen mit anderen „officers" aus Vertrauensbruch als Treuhänder auf Schadenersatz belangt werden.

IX. Inspektion (§ 135—138). Eine „inspection", d. h. eine besondere Untersuchung der Geschäftsführung, kann sowohl das Handelsamt als auch die Gesellschaft selbst anordnen.

1. Ganz unabhängig von der Gesellschaft und den Gesellschaftsorganen ist der Board of Trade, das staatliche Handelsamt, berechtigt, die Prüfung der Geschäfte einer Gesellschaft vorzunehmen. Es ernennt zu diesem Zwecke einen oder mehrere geeignete Inspektoren (inspectors) mit dem Auftrag, über die Ergebnisse ihrer Untersuchung dem Handelsamt den von diesem gewünschten Bericht zu erstatten.

Das Handelsamt wird eine Inspektion anordnen, wenn ihm eines der folgenden Gesuche zugekommen ist:

a) wenn es sich um eine Bank-Gesellschaft handelt, die ein in Aktien zerlegtes Kapital hat, auf das Begehren von Mitgliedern, die wenigstens den dritten Teil aller ausgegebenen Aktien besitzen;

b) im Falle einer anderen Gesellschaft, die ein in Aktien zerlegtes Kapital hat, auf Begehren von Mitgliedern, die wenigstens den zehnten Teil aller Aktien besitzen;

c) im Falle einer Gesellschaft, die kein in Aktien zerlegtes Kapital hat, auf das Begehren von Mitgliedern, die wenigstens den fünften Teil aller in das Mitgliederverzeichnis eingetragenen Mitglieder ausmachen.

In allen diesen Fällen muß aber das Begehren so begründet werden, daß das Handelsamt zur Überzeugung kommt, daß ein Grund zu besonderer Untersuchung gegeben ist. Das Handelsamt kann, bevor die Inspektoren bezeichnet sind, von den Gesuchstellern eine Kaution bis auf £ 100 verlangen.

Die Beamten und Angestellten der Gesellschaft sind verpflichtet, den Inspektoren alle Bücher und Urkunden zu zeigen, welche in ihren Händen sind. Der Inspektor hat das Recht, die Angestellten und Beamten unter Eid einzuvernehmen.

Verweigert ein Beamter oder Vertreter der Gesellschaft die Vorlage der Bücher, Belege, sowie weitere Auskunft, so kann er auf Anzeige des Inspektors vom Gericht so bestraft werden, wie wenn er sich einer Mißachtung einer gerichtlichen Verfügung (contempt of Court) schuldig gemacht hätte.

Die inspectors erstatten dem Board of Trade Bericht, von welchem eine Abschrift der Gesellschaft und eine weitere Abschrift dem Aktionär zugestellt wird, der das Begehren auf Inspektion gestellt hat.

Der Board of Trade ist berechtigt, Zahlung der Auslagen für diese Untersuchung von dem Aktionär zu verlangen, der sie veranlaßt hat, oder aber von der Gesellschaft selbst.

Über die Kostenverteilung vgl. § 136.

Der Bericht des Inspektors hat nicht den Charakter einer gerichtlichen Untersuchung und schafft deshalb auch nicht definitiven, gerichtlichen Beweis. Wenn sich aber aus dem Bericht ergibt, daß sich jemand in bezug auf die Gesellschaft eines Verhaltens schuldig gemacht hat, das kriminell strafbar ist, so wird das Handelsamt den Fall der Staatsanwaltschaft überweisen (§ 136).

2. Wenn die Gesellschaft selbst in ihrer Generalversammlung durch Sonderbeschluß eine Inspektion veranlaßt, so haben die von ihr zu Inspektoren gewählten Personen die gleichen Rechte wie die vom Board of Trade gewählten Inspektoren, und die Beamten und Angestellten der Gesellschaft sind ihnen in gleicher Weise zur Auskunftserteilung verpflichtet, können deshalb bei Verweigerung einer verlangten Auskunft ebenfalls gerichtlich bestraft werden. Der Bericht der Inspektoren geht in diesem Falle nicht an den Board of Trade, sondern direkt an die Gesellschaft.

Eine Abschrift des Berichtes irgendwelcher nach den Vorschriften des Gesetzes ernannter Inspektoren soll, wenn sie mit dem Siegel der Gesellschaft versehen ist, in jedem gerichtlichen Verfahren als Beweismittel für die Ansicht der Inspektoren gelten (§ 138).

Dritter Abschnitt.

Die Private Company.

I. Die Private Company ist eine besondere Form der Aktiengesellschaft, wobei im Gegensatz zu den „public companies“ der private Charakter der Gesellschaft in den Vordergrund tritt. Die Zahl der Aktionäre muß beschränkt sein.

Die Private Company ist die am meisten gewählte Form der englischen Aktiengesellschaft. Ende 1924 waren von 84382 Gesellschaften des Vereinigten Königreichs 76189 private companies, und 8193 public companies. Die Private Company hat auch die „Limited Partnership", wie sie 1907 durch den „Limited Partnership Act" geschaffen wurde, verdrängt. 1908 betrug die Zahl der limited partnerships im Vereinigten Königreich 133, im Jahre 1913 waren sie infolge Anerkennung der „private companies" durch das Gesetz von 1908 bereits auf 65 gesunken. Die Vorteile der Private Company gegenüber der Limited Partnership sind sehr groß. Die Haftung ist für alle Gesellschafter beschränkt, ob ein Gesellschafter die Geschäftsführung innehat oder nicht. Bei der Limited Partnership ist der beschränkt haftende Partner von der Geschäftsleitung ganz ausgeschlossen. Nimmt er dennoch daran teil, so haftet er unbeschränkt. Dazu kommt, daß bei der „Private Company" der Tod oder Austritt eines Gesellschafters oder der Eintritt eines neuen Gesellschafters am Bestand der Gesellschaft nichts ändert.

II. Voraussetzungen (§ 26). Einer Gesellschaft kommen die Rechte einer „Private Company" zu, wenn die Gesellschaftsstatuten folgende Bestimmungen enthalten:

a) das Übertragungsrecht der Aktie muß beschränkt sein. Die Beschränkung soll verhüten, daß irgendein Dritter Mitglied der Gesellschaft wird. In der Regel bestimmen die Gesellschaftsstatuten ein Vorkaufsrecht der Aktionäre oder verlangen zur Übertragung der Aktien an Dritte die Zustimmung sämtlicher Aktionäre;

b) die Zahl der Aktionäre darf im Maximum 50 nicht überschreiten; dabei fallen nicht in Betracht gegenwärtige Angestellte der Gesellschaft und frühere, welche fortfahren, Aktionäre zu sein;

c) jede öffentliche Einladung an Dritte zur Zeichnung von Aktien oder Obligationen ist verboten.

Wenn eine Gesellschaft diese Vorschriften nicht beachtet, so verliert sie die Vorrechte einer „Private Company" und wird fortan als „Public Company" behandelt. Das Gericht kann indessen verfügen, daß gleichwohl diese Folgen nicht eintreten, nämlich dann, wenn nur eine entschuldbare Fahrlässigkeit vorliegt oder sonst ein genügender Grund, der ein Entgegenkommen gerecht und billig erscheinen läßt (§ 27).

Die Vorteile der Private Company gegenüber der „Public Company" sind folgende:

a) es bedarf nur zwei Gründer;

b) die Private Company kann sofort mit der Ausstellung des certificate of corporation die Geschäfte beginnen. Die Direktoren brauchen der Registerbehörde keinerlei Erklärung abzugeben, noch brauchen sie das Memorandum oder einen Vertrag über ihre qualification shares zu unterschreiben. Ein Prospekt ist nicht nötig, ebensowenig ein statement in lieu of prospectus;

c) es ist keine Minimalzeichnung als Bedingung vor Zuteilung von Aktien oder vor der Geschäftseröffnung vorgeschrieben;

d) die Private Company ist nicht verpflichtet, dem der Registerbehörde einzugebenden annual return eine Bilanz beizulegen. Doch muß ein von einem Direktor oder Sekretär unterschriebenes Zeugnis beigelegt werden, daß die Gesellschaft die ihr durch die Statuten als Private Company auferlegte Verpflichtung eingehalten hat, keine Einladung an das Publikum zur Zeichnung von Aktien oder Obligationen ergehen zu lassen, und wenn die Zahl von 50 Mitgliedern überschritten wurde, die Überzahl nur aus gegenwärtigen oder ehemaligen Beamten besteht.

III. Umwandlung in eine Public Company. Die Private Company kann jederzeit in eine Public Company umgewandelt werden, wenn sie ihre Statuten ändert.

Vierter Abschnitt.

Die Liquidation der Gesellschaft, Winding-up.

Für die Liquidation einer Aktiengesellschaft sind die §§ 156—305 maßgebend. Da eine englische Gesellschaft nicht in Konkurs kommen kann, gibt es folgende drei Arten der Auflösung:

a) die gerichtliche Liquidation, winding up by the court;

b) freiwillige Liquidation, voluntary winding up;

c) Liquidation unter Aufsicht des Gerichtes, winding up subject to the supervision of the court.

In allen drei Fällen hat ein Liquidator das Vermögen der Gesellschaft zu verwalten, zu liquidieren und die Aktiven zu verteilen, zunächst unter die Gläubiger und erst, wenn noch ein Rest bleibt, unter die Aktionäre.

Das Gesetz nennt die Liquidation „Winding-up"; in der Praxis spricht man indessen auch von „Liquidation".

Erstes Kapitel

Allgemeine Vorschriften.

I. Zweck der Liquidation. Allen Liquidationen gemeinsam ist der Zweck, die vorhandenen Aktiven möglichst gut zu verwerten und die Schulden in möglichst befriedigender Weise zu tilgen. Genügen die vorhandenen Aktiven nicht, so werden die Mitglieder der Gesellschaft und eventuell die Direktoren und Geschäftsführer zu den erforderlichen Beiträgen herangezogen, soweit sie nach dem Gesetz Beitragspflichtige, sog. contributories, sind. England hat in bezug auf diese Beitragspflicht ganz besondere Regeln, die vom kontinentalen Rechte verschieden sind.

II. Die Beitragspflichtigen; contributories. Contributory ist jede Person, die verpflichtet ist, im Falle der Liquidation Beiträge an die Aktiven zu leisten. Das sind bei der company by guarantee natürlich die Leute, welche bei Gründung die Garantie übernommen haben, für den Fall der Liquidation bis auf einen bestimmten Betrag zu haften, sodann bei der gewöhnlichen Aktiengesellschaft die Personen, denen zu Beginn der Liquidation die Aktien zustehen, soweit die einzelne Aktie nicht voll einbezahlt ist. Sofern diese Personen selbst nicht bezahlen, so muß es an ihrer Stelle ihr unmittelbarer Rechtsvorgänger, dieser jedoch nur dann, wenn er innerhalb des letzten Jahres zu Beginn der Liquidation aufgehört hat, Aktionär zu sein (§§ 157—162).

Ein früheres Mitglied kann nur dann zu einem Beitrag herangezogen werden, wenn das Gericht der Ansicht ist, daß die gegenwärtigen Mitglieder nicht imstande sind, die von ihnen nach dem Gesetz geforderten Beträge zu leisten. Doch kann bei der reinen Aktiengesellschaft (company limited by shares) von einem gegenwärtigen oder früheren Mitglied nicht mehr als der auf seine Aktien noch nicht einbezahlte Betrag gefordert werden.

Bei der company limited by guarantee kann von keinem Mitglied ein Betrag gefordert werden, der über den von ihm garantierten Betrag hinausgeht.

Wenn nicht von vornherein anzunehmen ist, daß die Schulden der Gesellschaft aus den vorhandenen Aktiven bezahlt werden können, so stellt das Gericht gleich nach der Liquidationsverfügung zwei Verzeichnisse der Beitragspflichtigen, der contributories, auf, nämlich:

die Liste A, bestehend aus den gegenwärtigen Aktionären; und

die Liste B, bestehend aus den früheren Aktionären, d. h. den Personen, welche innerhalb des letzten Jahres vor dem Beginne der Liquidation aufgehört haben, Aktionäre zu sein.

Der contributory der B-Liste wird von der Liquidation nicht berührt, so lange als die vorhandenen Aktiven, inbegriffen die Zahlungen der contributories der Liste A, zur Zahlung der Schulden ausreichen. Der auf der B-Liste stehende Beitragspflichtige kann nur dann zur Zahlung herangezogen werden, wenn sein Rechtsnachfolger nicht bezahlt hat. Seine Haftung bezieht sich überdies nur auf Schulden, welche eingegangen sind bevor er aufhörte, Aktionär zu sein.

Der contributory kann seiner Verpflichtung zur Einzahlung nicht Beträge entgegenhalten, welche ihm von der Gesellschaft aus dem Liquidationserlös geschuldet werden. Doch können solche Beträge bei der Verteilung unter den contributories selbst angerechnet werden. Entsprechend kann ein Beitragspflichtiger der Aufforderung zur Einzahlung auf die Aktien nicht die Einrede entgegenhalten, er habe Forderungen an die Gesellschaft (seien es nun Dividenden, Gewinne oder andere Ansprüche).

Er kann seine Forderungen nur als gewöhnlicher Gläubiger im ordentlichen Liquidationsverfahren, sowie bei der Ausgleichung unter den Beitragspflichtigen selbst geltend machen.

Wenn in der erwähnten Zeitperiode vor dem gegenwärtigen, d. h. dem letzten Aktionär, mehrere frühere Aktionäre dessen Aktien besessen und übertragen haben, so kann der Liquidator alle diese Rechtsvorgänger auf die B-Liste setzen und jeden belangen. Zahlt aber ein Rechtsvorgänger, so kann er von seinem Nachfolger Ersatz verlangen.

Im Falle des Todes eines Beitragspflichtigen tritt an seine Stelle der Erbschaftsverwalter (§ 160) und im Falle des Konkurses der Konkursverwalter (§ 161).

Zu den Beitragspflichtigen gehören nach § 157 (2) auch gegenwärtige oder frühere Direktoren oder Geschäftsführer, wenn sie gemäß den gesetzlichen Vorschriften eine unbeschränkte Haftung übernommen haben. Siehe darüber oben S. 55. Doch können sie nicht zu Beiträgen herangezogen werden, wenn sie schon ein Jahr vor Beginn der Liquidation ihr Amt aufgegeben haben oder wenn es sich um Schulden handelt, die erst nach ihrem Austritt entstanden sind. Auch sollen sie nur Beitragspflichtige sein, wenn das Gericht ihren Beitrag für notwendig hält, damit die Schulden der Gesellschaft und die Kosten der Liquidation bezahlt werden können.

Das Gesetz bestimmt ausdrücklich in § 157 (3), daß es zulässig ist, in einer Versicherungspolice oder in einem anderen Vertrag die Haftbarkeit der einzelnen Mitglieder der Gesellschaft zu beschränken oder nur das bei der Liquidation (ohne allfällige Beiträge der sonst Beitragspflichtigen) vorhandene Vermögen der Gesellschaft haftbar zu erklären.

III. Anmeldung der Forderungen. Der Liquidator wird zunächst aus den Büchern der Gesellschaft feststellen, welche Forderungen und Schulden der Gesellschaft bestehen. Durch öffentliche Aufforderung in den Zeitungen werden überdies die Gläubiger aufgefordert, ihre Forderungen anzumelden. Der Gläubiger muß angeben, ob die Forderung gesichert ist oder nicht. Wenigstens zwei Monate bevor überhaupt ein Liquidationserlös unter die Gläubiger verteilt werden kann, muß der Liquidator die Gläubiger, deren Forderungen noch nicht angemeldet oder nicht bewiesen sind, auffordern, ihre Rechte noch geltend zu machen. Davon ist auch der Board of Trade zu benachrichtigen, damit er eine Bekanntmachung in den Zeitungen erläßt.

Mit der Aufforderung ist den Gläubigern eine Frist zu gewähren, innerhalb welcher sie ihre Eingaben zu machen haben. Die Anmeldung erfolgt in der Form eines affidavit (einer eidesstattlichen Versicherung) und die Forderung ist, soweit dies möglich ist, durch Urkunden zu beweisen. Man nennt deshalb diese Anmeldung einer Forderung proof, und die Forderung geltend machen heißt „to prove“. Das Gericht kann Fristen ansetzen, innerhalb welcher die Anmeldungen von Forderungen mit Beweismitteln zu erfolgen haben, und zwar unter der Androhung, daß die Gläubiger, welche der Aufforderung zur Geltendmachung ihrer Ansprüche innerhalb der Fristen nicht nachkommen, von einem Anteil am liquidierten Vermögen ausgeschlossen sind (§ 210).

Wird eine Forderung vom Liquidator abgewiesen, so kann der Gläubiger innerhalb sieben Tagen von dieser Abweisung an sein Recht durch Klage beim Gericht geltend machen.

IV. Das Liquidationsvermögen. Der Liquidator hat die verwertbaren Aktiven und die Schulden festzustellen und für die Flüssigmachung der an die Gläubiger zu zahlenden Beträge zu sorgen. Zum aktiven Vermögen gehören die in den Büchern aufgeführten Immobilien, Mobilien, Forderungs- und andere Rechte. Soweit diese nicht ausreichen, müssen die Beitragspflichtigen (s. oben S. 73) ihre Beiträge, soweit nötig, auf Aufforderung des Liquidators einzahlen.

In bezug auf einzelne besondere Vermögensobjekte, deren Zugehörigkeit zur Liquidationsmasse oder deren Zuteilung an eine besondere Gruppe von Gläubigern fraglich sein könnte, gibt das Gesetz einige Anweisungen; nämlich:

a) Vermögensobjekte, die von einem Gläubiger der Gesellschaft bei Geltendmachung seiner Forderung als Pfändungsobjekte beansprucht werden: wenn irgendein Gläubiger für seine Forderung gegen die Gesellschaft das Verfahren auf Zwangsvollstreckung veranlaßt hat, um sich aus dem Erlös gepfändeter oder zu pfändender Immobilien, Mobilien oder auch Forderungen oder anderer Rechte bezahlt zu machen, so fallen diese Objekte und ein Erlös daraus nicht ihm, sondern dem Liquidator zu, wenn die Zwangsvollstreckung oder das Pfändungsverfahren vor dem Beginn der Liquidation nicht vollständig durchgeführt ist (§ 268).

b) So muß auch der Sheriff, der das Amt des Vollstreckungsbeamten besorgt, Vermögensstücke oder Geld, die er zur Befriedigung eines Gläubigers an sich genommen hat, dem Liquidator ausliefern, wenn ihm vor dem Verkauf der Vermögensstücke mitgeteilt wurde, es sei ein provisorischer Liquidator gewählt oder eine Liquidationsverfügung erlassen worden (§ 269).

c) Die Gläubiger, deren Forderung durch eine floating charge (s. oben S. 42) gesichert wurden, stehen im Range nach den vorzugsberechtigten Kurrentgläubigern (s. oben S. 42).

d) Die Bestellung einer floating charge ist überhaupt ungültig, wenn sie in den letzten sechs Monaten vor der Liquidation erfolgte, es werde denn bewiesen, daß die Gesellschaft unmittelbar nachher noch zahlungsfähig war. Ausgenommen davon ist der Fall der Bestellung der floating charge für eine Barzahlung gleich bei der Pfandbestellung oder unmittelbar nachher.

e) Wie beim Konkurs einer einzelnen Person alle Rechtshandlungen ungültig sind, die vor dem Beginn des Konkursverfahrens in betrügerischer Weise einzelne Gläubiger vor anderen bevorzugen, so gilt dies auch für eine Gesellschaft, die in Liquidation ist (§ 265). Ausdrücklich wird auch die Übertragung oder Abtretung von Aktivvermögen der Gesellschaft an Treuhänder zugunsten aller Gläubiger der Gesellschaft für ungültig erklärt (§ 265 [2]).

f) Verzicht des Liquidators (Disclaimer). Nach § 267 ist der Liquidator in gewissen Fällen befugt, auf Vermögensobjekte und Rechte zu verzichten, weil sie unverkäuflich oder allzu stark belastet sind (wie z. B. Grundstücke), oder weil unvorteilhafte Verträge vorliegen. Das ist auch der Fall, wenn es sich um wertlose und nicht realisierbare Aktien handelt. In einem solchen Falle kann das Gericht verfügen, daß Personen, die ein Interesse daran haben, der Verzicht bekanntgegeben werde, damit sie ihre Ansprüche geltend machen. Auf alle Fälle trifft das Gericht die für den besonderen Fall geeigneten Maßnahmen. So kann es die Übertragung des in Frage kommenden Vermögensobjektes an einen Beschwerdeführer verfügen.

g) Verschiedene Conti. Das Handelsamt hat ein besonderes Konto über die Eingänge und Zahlungen der in Liquidation befindlichen Gesellschaft zu führen. Soweit der auf diesem Konto verbuchte Betrag die Höhe der an das Liquidationsvermögen gestellten Ansprüche übersteigt, muß das Handelsamt das Geld in Staatspapieren anlegen (§ 302). Alles Geld, das aus Liquidationen beim Handelsamt eingeht, muß in ein zentrales Konto „the Companies Liquidation Account" bei der Bank von England einbezahlt werden (§ 301).

Erforderlichenfalls muß das so angelegte Geld wieder flüssig gemacht und dem Liquidator wieder zur Verfügung gestellt werden.

V. Vermögensverteilung. *1.* Bei der Liquidation einer insolventen Gesellschaft in England finden in bezug auf die Anmeldung der Forderungen, die Liquidation und Vermögensverteilung die Bestimmungen des jeweils geltenden Konkursgesetzes (Bankruptcy Act) Anwendung (§ 262).

In bezug auf die Verteilung des Liquidationserlöses sind folgende Ansprüche zu unterscheiden:

Liquidationskosten. Wenn die Aktiven ungenügend sind, um die Schulden ganz zu tilgen, so kann der Richter verfügen, daß die Kosten und Auslagen für die Liquidation vorzugsweise bezahlt werden, und zwar in solcher Reihenfolge, wie er es für richtig hält. Die Regel lautet:

Zuerst müssen die Kosten des Liquidationsbegehrens bezahlt werden; dann die Liquidationskosten (inbegriffen die Rechnung des solicitor); schließlich die Vergütung des Liquidators.

Soweit die Gläubiger ein Pfand an Vermögensstücken der Gesellschaft haben, wird der Erlös aus dem Verkauf des Pfandes in erster Linie den pfandversicherten Gläubigern zukommen (mit Ausnahme der Gläubiger, deren Forderung durch eine floating charge gesichert ist; siehe darüber unten).

Was die übrigen ungesicherten Gläubiger betrifft, so ist zu unterscheiden zwischen solchen, die ein Recht auf Vorzugszahlung haben und den anderen Gläubigern.

Man unterscheidet bevorrechtete Forderungen und allgemeine Forderungen.

2. Die Vorzugsforderungen (preferential payments), die vor allen anderen ungesicherten Forderungen ein Anrecht auf möglichst vollständige Bezahlung haben, so daß die allgemeinen Forderungen erst nachher an die Reihe kommen, sind nach § 264 (entsprechend den Bestimmungen des Konkursgesetzes):

a) alle Gemeindeabgaben, die zu Beginn der Liquidation geschuldet wurden und innerhalb eines Jahres vorher fällig waren, sowie alle endgültig festgesetzten Steuern, Grundsteuern, Vermögens- und Einkommenssteuern, die dem Schuldner bis zum letzten 5. April vor dem Datum der receiving order auferlegt wurden und welche nicht die gesamte Steuerschuld eines Jahres überschreiten;

b) alle Lohnzahlungen an kaufmännische Angestellte (clerks) und Bedienstete, soweit sie die Dienste der letzten vier Monate vor der receiving order betreffen, aber nicht über den Betrag von £ 50 hinausgehen;

c) alle Löhne an Arbeiter und Gesinde, nicht über £ 25, sei es, daß sie nach Zeit oder nach Akkord bezahlt wurden, und zwar für die beiden letzten Monate vor dem erwähnten Datum;

Arbeiter in der Hausgemeinschaft sind berechtigt, in einer runden Summe auf das Ende des Jahres bezahlt zu werden;

d) alle nach dem Workmen's Compensation Act, 1925 (aus Betriebsunfällen und aus Betriebskrankheiten) vor dem erwähnten Datum geschuldeten Beträge, sofern die Liquidation nicht bloß zum Zwecke einer Rekonstruktion oder Fusion mit einer anderen Gesellschaft freiwillig erfolgt, und wenn nicht die Gesellschaft zu Beginn der Liquidation mit einer Versicherungsgesellschaft einen Vertrag hatte, nach welchem alle, gestützt auf jenes Gesetz, bis zu Beginn der Liquidation entstandenen Entschädigungsforderungen auf den Arbeiter übergehen;

e) alle Beträge, welche während des letzten Jahres vor Beginn der Liquidation von der Gesellschaft als Arbeitgeberin an irgendwelche Personen geschuldet werden gemäß folgenden Gesetzen:

α) den National Health Insurance Acts, 1924—1928; oder

β) dem Widow's, Orphans' and Old Age Contributory Pensions Act, 1925; oder

γ) den Unemployment Insurance Acts von 1920—1929.

Erhielt irgendein Angestellter, Arbeiter oder jemand vom Dienstpersonal von einer dritten Person auf den von der Gesellschaft geschuldeten Lohn einen Vorschuß, so hat diese Drittperson in der Liquidation der Gesellschaft für den von ihr bezahlten Betrag eine Vorzugsforderung, wie sie der Angestellte ohne dieses Darlehen gehabt hätte (§ 264 [3]).

Alle oben unter a bis e genannten Forderungen stehen unter sich in gleichem Recht und haben Anspruch auf volle Bezahlung vor allen anderen Forderungen, und soweit die Aktiven liquid sind, sollen sie sofort bezahlt werden. Wenn aber die Aktiven zur vollständigen Befriedigung nicht ausreichen, reduziert sich der zur Auszahlung gelangende Betrag verhältnismäßig. Dieses Vorzugsrecht besteht auch gegenüber den Gläubigern, deren Forderung durch eine sog. floating charge gesichert ist. Reichen die übrigen Aktiven nicht aus, so sind zur Befriedigung der Vorzugsgläubiger auch die Aktiven beizuziehen, welche mit der floating charge belastet sind.

3. Laufende Forderungen der nicht vorzugsberechtigten Gläubiger (general creditors). Diese haben erst Anspruch auf ganze oder teilweise Befriedigung, wenn die obenerwähnten bevorzugten Gläubiger vollständig befriedigt sind. Können diese allgemeinen Gläubiger nur teilweise aus den verbleibenden Aktiven bezahlt werden, so reduziert sich die Zahlung an sie auf einen verhältnismäßigen Anteil.

4. Verteilung des Liquidationserlöses. Bei jeder Liquidation müssen unverteilte und nicht beanspruchte Gelder auf den Companies' Liquidation Account der Bank of England einbezahlt werden. Der Board of Trade gibt dem Liquidator dafür ein Empfangszeugnis. Bei einer zwangsweisen Liquidation kann der Board of Trade dem Liquidator auf Begehren des Committee of Inspection erlauben, das Geld bei einer anderen Bank einzuzahlen.

VI. Berichte des Liquidators. Wenn eine Liquidation nicht in einem Jahr beendet ist, so muß der Liquidator periodisch, so wie es ihm vorgeschrieben wird, Aufstellungen über den Stand der Liquidation an den Registerführer für Gesellschaften erstatten, und jeder Gläubiger und jeder Beitragspflichtige hat das Recht, gegen eine Gebühr eine Abschrift oder einen Auszug des Berichtes zu verlangen (§ 284).

Überdies müssen Sachwalter und Geschäftsführer dem Registerführer und jeweilen nach einer Periode von sechs Monaten — die erste Periode beginnt mit dem Tage ihrer Ernennung — in vorgeschriebenem Formular einen Bericht über die Einnahmen und Ausgaben dieser Periode einsenden. Ein solcher Bericht ist auch vor Ablauf einer solchen

Periode zu erstatten, wenn jemand aufhört, als Sachwalter oder Geschäftsführer tätig zu sein (§ 311).

Pending liquidations. Wenn eine Liquidation nicht innerhalb eines Jahres durchgeführt wird, so schickt der Liquidator dem Registerführer eine Aufstellung der Einnahmen und Ausgaben und einen Bericht über das Verfahren und den Stand der Liquidation. Eine solche Aufstellung muß bei jeder Liquidation gemacht werden, handle es sich um eine Zwangsliquidation, eine freiwillige Liquidation oder eine solche unter gerichtlicher Aufsicht. Die Gläubiger und Beitragspflichtigen können gegen Bezahlung einer bestimmten Gebühr davon Einsicht nehmen.

VII. Beendigung der Tätigkeit des Liquidators. Der Liquidator hat seine Tätigkeit einzustellen, wenn er bankrott wird. Er kann auch durch den Board of Trade abgesetzt werden, wenn er seine Pflichten nicht getreu erfüllt, oder aber durch Gerichtsbeschluß, wenn dies nötig erscheint.

Der Liquidator kann zurücktreten. Doch muß er die Gläubiger und Contributories zu besonderen Versammlungen einladen, damit sie darüber entscheiden, ob seine Rücktrittserklärung angenommen werden soll oder nicht. Wenn die Gläubiger und Contributories zustimmen, so muß der Liquidator der Registerbehörde ein Memorandum darüber eingeben und den official receiver verständigen, worauf der Rücktritt definitiv wird. In andern Fällen hat der Liquidator dem Gericht und dem official receiver einen Bericht einzureichen, worauf es entscheidet, ob sein Rücktritt angenommen wird oder nicht.

Der Liquidator muß den Gläubigern, deren Forderungen anerkannt wurden und den contributories Kenntnis von der Absicht seines Rücktritts geben, indem er ihnen gleichzeitig Rechenschaft gibt über Einnahmen und Ausgaben der Liquidation.

Die Entlastung wird durch den Board of Trade gewährt und entlastet den Liquidator von jeder Verantwortlichkeit. Doch kann dieser Beschluß widerrufen werden, wenn sich nachträglich herausstellt, daß er durch betrügerische Angaben veranlaßt wurde. Die Entlassung und Entlastung des Liquidators muß in der „Gazette“ bekanntgegeben werden.

VIII. Strafbestimmungen. Der Companies Act 1929 enthält eine Unmenge von Strafbestimmungen. Wohl die Hälfte der Paragraphen bezeichnen genau die Art und Höhe der Bußen und Freiheitsstrafen, insbesondere aber Versäumnisbußen (default fees), die wegen Übertretung und Unterlassung der einzelnen Vorschriften zu verhängen sind.

So enthalten die §§ 271—277 ein größeres Verzeichnis von Strafen, die auszusprechen sind, wenn irgendein Beamter der Gesellschaft dem Liquidator keine Auskunft gibt oder unwahre Angaben macht oder Vermögen nicht abliefert, Vermögen oder Bücher und Schriftstücke zerstört oder beseitigt, falsche Büchereintragungen macht oder keine genügenden Bücher führt oder widerrechtlich über Vermögensgegenstände verfügt.

Stellt sich bei Liquidationen heraus, daß die Gesellschaft irgendein Geschäft abgeschlossen hat, um Gläubiger oder andere Personen zu betrügen, so kann das Gericht frühere oder gegenwärtige Direktoren, die wissentlich am Betrug Anteil hatten, persönlich für allen Schaden verantwortlich erklären, und dieser Erklärung auch eine Beschlagnahme von Vermögen dieser Personen folgen lassen. Überdies wird ein solcher Direktor mit Gefängnis bis auf ein Jahr bestraft (§ 275).

Stellt sich bei einer Liquidation heraus, daß Direktoren oder andere Beamte der Gesellschaft Gelder, die der Gesellschaft gehörten, mißbräuchlich verwendeten oder sich eines Treubruches oder anderen Vergehens schuldig gemacht haben, namentlich auch anläßlich der Gründung der Gesellschaft, so kann das Gericht eine Untersuchung veranlassen und den schuldigen Beamten verpflichten, den Schaden sofort zu ersetzen. Auch kann ein eigentliches Strafverfahren gegen die fehlbare Person eingeleitet werden (§§ 276, 277).

Zweites Kapitel.

Gerichtliche Liquidation; Winding-up by the Court.

I. Gründe (§ 168). Grund für gerichtliche Liquidation durch den High Court ist gegeben:

a) wenn die Gesellschaft zu diesem Zwecke einen Sonderbeschluß gefaßt hat;

b) wenn unterlassen wurde, den gesetzlich vorgeschriebenen Bericht bei Gründung der Gesellschaft, den Statutory Report (siehe oben S 47 und § 113) der Registerbehörde einzureichen oder die gesetzlich vorgeschriebene erste Generalversammlung, the statutory meeting, abzuhalten;

c) wenn die Gesellschaft ihre Geschäfte nicht innerhalb eines Jahres von ihrer Inkorporierung an beginnt, oder wenn sie ihre Geschäfte ein Jahr lang eingestellt hat;

d) wenn die Zahl der Aktionäre unter sieben geht, oder, im Falle der private company, unter zwei;

e) wenn die Gesellschaft nicht fähig ist, ihre Schulden zu bezahlen (inability to pay debts);

f) wenn das Gericht findet, daß es gerecht und billig sei (just and equitable), daß die Gesellschaft liquidiert werde. Das ist z. B. der Fall, wenn der Zweck der Gesellschaft dahinfällt, oder wenn die Gesellschaft betrügerische Geschäfte macht, oder wenn die Weiterführung der Gesellschaft nur noch mit großem Risiko möglich ist und den Interessenten — Aktionären und Gläubigern — nicht mehr zugemutet werden kann.

Das Gericht wird die Liquidation wegen Zahlungsunfähigkeit der Gesellschaft beschließen, wenn hinreichend bewiesen ist, daß die Gesellschaft wegen ihrer Schuldenlast nicht in der Lage ist, zu zahlen, und daß für eine Urteilsschuld oder auf eine Zahlungsaufforderung für eine fällige Schuld grundlos keine Zahlung erfolgte (vgl. § 169).

II. Das Liquidationsbegehren (§ 170), *die Liquidationsverfügung.* Das Begehren auf gerichtliche Liquidation kann beim Gericht gestellt werden, und zwar von der Gesellschaft selbst, oder von einem Liquidator, und von einem oder mehreren Aktionären oder Gläubigern. Der einzelne Aktionär ist zu diesem Begehren berechtigt, wenn er ein contributory ist, d. h. wenn er aus seiner Aktie, welche nicht voll einbezahlt ist, die Verpflichtung zu einer weitern Einzahlung hat. Contributory, also beitragspflichtig, ist auch diejenige Person, welche eine Garantie für das Gesellschaftskapital übernommen hat.

Der contributory kann das Liquidationsbegehren aber nur stellen:

a) Wenn die Mitgliederzahl unter sieben — bei der Private Company unter zwei — gesunken ist; oder

b) wenn er ein ursprünglicher allotee war (d. h. wenn er die Aktien bei der ersten Zuteilung erhielt) oder wenn er während wenigstens sechs Monaten binnen achtzehn dem Beginn der Liquidation vorausgegangener Monate Aktionär war, oder wenn die Aktien zufolge des Todes des früheren Aktionärs auf ihn gekommen sind (§ 170 [1]).

Auch das Begehren eines Gläubigers, dessen Forderung erst zukünftig oder unter einer Bedingung fällig wird, wird zugelassen. Doch kann ihm das Gericht eine Kaution auferlegen.

Wenn ein Liquidator, der sich mit der Liquidation der Gesellschaft befaßte, sei es einer freiwilligen oder einer solchen unter gerichtlicher Aufsicht, das Begehren auf gerichtliche Liquidation stellt, darf das Gericht dem Begehren nicht entsprechen, wenn es zur Überzeugung gelangt, daß die bereits eingeleitete Liquidation die Interessen der Gläubiger und Beitragspflichtigen besser wahrt als gerichtliche Liquidation (§ 170 [2]).

Nach Eingang des Begehrens kann das Gericht jeden ihm angemessen erscheinenden Entscheid fällen. Es wird auf die Wünsche der Gläubiger und Aktionäre Rücksicht nehmen. Diese haben Gelegenheit, vor Gericht Anträge zu stellen oder gegen die Liquidation zu protestieren.

Hält das Gericht die Liquidation für angezeigt, so erläßt es die winding up order, die Liquidationsverfügung, und diese wird dem Registerführer zugestellt (§ 176), von welchem der Board of Trade Kenntnis erhält, worauf die Liquidationsverfügung in der Gazette öffentlich bekanntgegeben wird.

Das Liquidationsverfahren beginnt mit dem Datum der Einreichung des Liquidationsbegehrens; wurde aber schon vorher von der Gesellschaft die freiwillige Liquidation beschlossen, so gilt als Datum des Beginns der Liquidation der Tag, an welchem dieser Beschluß gefaßt wurde (§ 175).

Nach dem Beginn der Liquidation ist jede Änderung im Bestand des Vermögens oder der Mitglieder, ungültig, es sei denn, daß das Gericht anders verfügt (§ 173). Dazu gehört vor allem auch die Übertragung von Aktien.

Die Liquidationsverfügung hat zur Folge, daß kein Prozeß gegen die Gesellschaft begonnen oder fortgeführt werden kann ohne Bewilligung des Gerichtes und nach der von ihm vorgeschriebenen Weise (§ 177).

Die Gesellschaft, jeder Gläubiger und jeder Beitragspflichtige haben übrigens schon in der Zeit zwischen der Einreichung des Liquidationsbegehrens und der Liquidationsverfügung das Recht, beim Gericht den Antrag auf Sistierung von Prozessen zu stellen (§ 172).

Jede Zwangsvollstreckung, Beschlagnahme oder Pfändung von Vermögen der Gesellschaft nach Eintritt der Liquidation ist ungültig (§ 174).

III. Der Liquidator. Das Gericht wählt zur Durchführung der Liquidation einen oder mehrere Liquidatoren. Einen provisorischen Liquidator konnte es schon vorher nach dem Eingang des Liquidationsbegehrens bezeichnen (§ 184). Solange nicht auf Vorschlag der Gläubiger oder der Beitragspflichtigen eine andere Person ernannt ist, wird der sog. „official receiver" d. h. der amtliche Konkursverwalter, die Geschäfte besorgen. Er führt den Titel „Official Receiver and Liquidator" (§ 185).

Der official receiver lädt die Gläubiger und contributories zu gesonderten Versammlungen ein, damit sie Beschlüsse fassen darüber:

a) Ob an das Gericht das Begehren gestellt werden soll, an Stelle des offiziellen receiver einen besonderen Liquidator zu ernennen;

b) ob das Gericht ersucht werden soll, ein committee of inspection, einen Aufsichtsausschuß, zu ernennen und dessen Mitglieder zu bezeichnen.

Wenn die beiden Versammlungen übereinstimmende Beschlüsse fassen, so kann das Gericht sofort die erforderlichen Ernennungen vornehmen. Besteht aber eine Meinungsverschiedenheit, so entscheidet das Gericht. In jedem Falle ist es die Pflicht des offiziellen receiver, so rasch als möglich über die Entscheidungen einer jeden der beiden Versammlungen dem Gericht Bericht zu erstatten.

Wenn nicht der offizielle receiver, sondern irgendeine andere Person durch das Gericht in Übereinstimmung mit den Beschlüssen der beiden Versammlungen zum Liquidator ernannt wurde, so kann diese Person ihre Aufgabe erst übernehmen, wenn sie die Ernennung der Registerbehörde mitgeteilt hat. Ebenso muß dieser Liquidator zuvor noch die vorgeschriebene Sicherheit geleistet haben, welche der Board of Trade bestimmt. Unterläßt er dies, so widerruft das Gericht seine Ernennung (§ 186).

Wenn die Stelle des Liquidators frei wird, so ernennt das Gericht einen Nachfolger; bis dahin handelt der offizielle receiver als Liquidator.

Im Gegensatz zum amtlichen Sachwalter als Liquidator wird eine andere Person, welche mit der Durchführung der Liquidation beauftragt wird, bloß „the liquidator" genannt (§ 185).

In den Fällen, da der amtliche Sachwalter nicht Liquidator ist, hat er gleichwohl das Recht, vom Liquidator jederzeit Einsicht in alle Bücher und Auskünfte über alle Geschäfte zu verlangen (§ 186 [2]).

Das Gericht kann jederzeit einen von ihm gewählten Liquidator absetzen.

Das Gericht setzt die Vergütung des Liquidators fort. Sind mehrere Liquidatoren ernannt, so bestimmt das Gericht die Arbeitsteilung, wenn den verschiedenen Liquidatoren verschiedene Aufgaben zuzuweisen sind.

IV. Bericht über die Vermögenslage (statement of affairs). Hat das Gericht die Liquidationsverfügung getroffen, so wird der offizielle receiver den Sekretär oder einen anderen ersten Beamten der Gesellschaft oder irgendwelche andere Personen, welche „directors" waren oder sonst in dem der Liquidation vorausgegangenen Jahre bei der Gesellschaft tätig waren, auffordern, der Gesellschaft ein „statement of affairs" vorzulegen, welches Auskunft gibt über Aktiven und Passiven, die Gläubiger und die Sicherheiten, welche diese in den Händen haben (§ 181). Diese Aufstellung durch ein affidavit bekräftigt, muß innerhalb von 14 Tagen nach der Verfügung oder innerhalb der Zeit, welche der offizielle receiver bestimmt, gemacht werden.

Diese Vermögensaufstellung steht den Gläubigern oder contributories zur Einsicht offen, und in angemessener Zeit erstattet der offizielle receiver dem Gericht einen vorläufigen Bericht über die Geschäftslage, insbesondere über die Höhe des autorisierten, des gezeichneten und des einbezahlten Kapitals, die Schätzung der gesamten Aktiven und Passiven, und die Gründe, welche zur Liquidation geführt haben (§ 182).

Er berichtet überdies darüber, ob eine weitere Untersuchung angezeigt ist in bezug auf die Gründung oder den geschäftlichen Mißerfolg der Gesellschaft oder über die Geschäftsführung.

Er hat ferner seine Ansicht abzugeben, ob durch irgendeinen Angestellten oder Beamten der Gesellschaft nach seiner Meinung irgendein Betrug begangen wurde, sei es bei der Gründung oder seither (§ 182 [3]).

V. Aufsichtsausschuß, Committee of Inspection (§§ 198—201). Inzwischen wird entschieden worden sein, ob der offizielle receiver als Liquidator tätig sein soll oder ob an seiner Stelle ein besonderer Liquidator ernannt werden soll. Im letzteren Falle kann in besonderen Versammlungen der Gläubiger und der Beitragspflichtigen beschlossen werden, das Gericht sei zu ersuchen, ein committee of inspection einzusetzen und zu bestimmen, wer dessen Mitglieder sein sollen. Dieses committee of inspection soll den Liquidator in seiner Arbeit unterstützen (§ 198).

Diesem committee können angehören sowohl Gläubiger als auch contributories (Aktionäre) und Personen, die eine Generalvollmacht von Gläubigern oder contributories haben. Es steht im Ermessen des Gerichtes, irgendeine Wahl zu treffen und eine Verfügung zu erlassen, um den Beschluß der Interessenten zur Ausführung zu bringen.

Das committee ist verpflichtet, jeden Monat wenigstens einmal zusammenzukommen und sonst so oft, als der Liquidator oder ein Mitglied es einberuft.

VI. Special manager, besonderer Geschäftsführer (§ 209). Wenn der official receiver Liquidator wird, so kann er dem Gerichte den Antrag stellen, es sei ein besonderer Geschäftsführer zu ernennen, weil dies nach der Natur des Geschäftes oder wegen der Interessen der Gläubiger und der Beitragspflichtigen nötig erscheint. Wird ein solcher besonderer manager bestellt, so hat er die Befugnisse, die ihm das Gericht als Sachwalter und Geschäftsführer zuweist. Wird ein besonderer manager gewählt, so muß er dem Board of Trade eine Sicherheit leisten, und dem official receiver Rechenschaft ablegen. Das Gericht setzt die Vergütung des special manager fest.

VII. Aufgabe des Liquidators. *1. Vermögensverwaltung* (§ 189). Der Liquidator hat das ganze Vermögen der Gesellschaft in Verwahrung und unter seine Obhut zu nehmen. Das Gericht kann auf seinen Antrag das ganze Vermögen auf ihn übertragen (§ 190).

2. Weitere Befugnisse (§ 191). Mit Genehmigung des Gerichtes oder des committee of inspection hat der Liquidator bei gerichtlicher Liquidation die Vollmacht zu folgenden Handlungen. Er kann:

a) Gerichtliche Klage einreichen und auf Klagen antworten;

b) die Gesellschaftsgeschäfte weiterführen, soweit dies im Interesse der Liquidation liegt;

c) einen solicitor oder anderen Rechtsbeistand anstellen;

d) irgendeine Gruppe von Gläubigern vollständig bezahlen;

e) Vergleiche mit Gläubigern abschließen;

f) Vergleiche mit Beitragspflichtigen abschließen in bezug auf ihre Beitragspflicht.

Ohne irgendwelche Genehmigung ist er ermächtigt:

a) Vermögen zu verkaufen, sei es in Teilen oder alles zusammen;

b) Empfangsscheine oder andere Urkunden im Namen der Gesellschaft auszustellen und das Gesellschaftssiegel zu benutzen;

c) Auszahlungen aus dem Konkurse oder aus dem Pfändungsverfahren eines contributory zu empfangen;

d) Wechsel auf den Gesellschaftsnamen zu ziehen, zu akzeptieren, zu indossieren;

e) Geld gegen Verpfändung von aktivem Vermögen aufzunehmen;

f) letters of administration auf seinen Namen im Todesfalle eines contributory zu verlangen (s. CURTI, Englands Privat- und Handelsrecht, 1, 218ff.), d. h. die Erbschaftsverwaltung und Liquidation;

g) einen Vertreter für jedes Geschäft zu bestellen, das der Liquidator selbst nicht besorgen kann;

h) sonst alle Handlungen vorzunehmen, welche nötig sind, um die Gesellschaft zu liquidieren, ausgenommen diejenigen, für welche gesetzliche Genehmigung vorgeschrieben ist.

Der Liquidator untersteht bei Ausübung dieser Befugnisse der Aufsicht des Gerichtes, und jeder Gläubiger und Beitragspflichtige kann in bezug auf die erwähnten Geschäfte mit Begehren an das Gericht gelangen.

VIII. Buchführung und Revision. Der Liquidator hat die vorgeschriebenen Bücher über die Liquidation zu führen, ebenso wie Protokolle über die Verhandlungen in Versammlungen der Gläubiger und Beitragspflichtigen und über andere Begebenheiten zu führen. Jeder Gläubiger und Beitragspflichtige steht unter der Kontrolle des Gerichtes und es steht ihm das Recht der Einsicht in diese Bücher zu (§ 193).

Eingegangene Gelder müssen vom Liquidator auf den Gesellschafts-Liquidations-Konto der Bank von England einbezahlt werden, wenn sich nicht das Handelsamt beim Vorliegen besonderer Gründe mit einer anderen Bank einverstanden erklärt. Der Liquidator darf einen Betrag, der 50 Pfund übersteigt, nie länger als 10 Tage in seinen Händen haben. Bei Nichtbeachtung dieser Vorschrift muß er den darüber hinausgehenden Betrag zu 20 % verzinsen und das Handelsamt kann in einem solchen Falle auch die Vergütung ganz oder teilweise zurückhalten und den Liquidator seines Amtes entsetzen. Doch steht es im Ermessen des Handelsamtes, unter Berücksichtigung der besondern Verhältnisse, dem Liquidator die Verfügung über höhere Beträge zu gestatten (§ 494).

Nie darf aber ein Liquidator eingenommene Liquidationsgelder auf sein Privatkonto einzahlen.

IX. Aufsicht durch das Handelsamt (§ 196). Der Liquidator steht unter der Aufsicht des Handelsamtes. Es hat seine Amtsführung zu kontrollieren und wenn es nötig ist, die erforderlichen Maßnahmen zu treffen. Wenn Gläubiger oder Beitragspflichtige bei ihm Beschwerde führen, so hat das Handelsamt eine Untersuchung anzuordnen, Bücher und Belege einzusehen und nötigenfalls dem Gericht den Antrag zu stellen, eine Verfügung zu treffen. Diese Verfügung kann darin bestehen, daß der Liquidator oder andere Personen, die mit der Liquidation beschäftigt sind, unter Eid einvernommen werden.

Der Liquidator ist verpflichtet, zu den Zeiten, die das Handelsamt vorschreibt — im Jahre wenigstens zweimal — dem Handelsamt über die Einzahlungen und Auszahlungen Rechnung abzulegen (§ 195).

Nach Prüfung der Abrechnung durch einen Revisor des Handelsamtes ist eine Abschrift davon dem Handelsamt und eine andere dem Gericht einzureichen. Beide Abschriften stehen jedem Gläubiger und jedem Interessenten zur Einsicht offen. Das Handelsamt hat dafür zu sorgen, daß eine gedruckte Abschrift der Abrechnung oder ein Auszug davon jedem Gläubiger und Beitragspflichtigen zugestellt wird.

X. Beendigung der Liquidation. Hat der Liquidator das Vermögen der Gesellschaft liquidiert oder so viel davon, als ohne nutzlose Verzögerung der Liquidation liquidiert werden kann, und ist eine allfällige Schlußdividende unter die Gläubiger verteilt, und sind die Rechte der Beitragspflichtigen untereinander ausgeglichen, so wird das Handelsamt gestützt auf den Schlußbericht des Liquidators das Liquidationsergebnis prüfen und dem Liquidator Décharge (Entlastung) erteilen oder sie verweigern. Gegen seinen Entscheid ist Berufung an das Gericht möglich.

Wird die Décharge verweigert, so kann das Gericht auf Antrag eines Gläubigers oder Beitragspflichtigen die ihm gutscheinende Verfügung treffen.

Sollte sich nach erteilter Décharge herausstellen, daß sie durch Betrug erlangt wurde, so kann sie widerrufen werden.

Drittes Kapitel.

Freiwillige Liquidation, Voluntary Winding-up.

I. Beschluß. Eine Gesellschaft kann freiwillig aufgelöst werden (§ 225):

a) Wenn ihre in den Statuten angesetzte Zeitdauer abläuft oder ein Ereignis eintritt, das zur Auflösung führen soll und die Gesellschaft darüber in der Generalversammlung einen Beschluß faßt;

b) wenn die Gesellschaft einen Sonderbeschluß faßt, die Gesellschaft freiwillig zu liquidieren;

c) wenn die Gesellschaft in einem außerordentlichen Beschluß feststellt, daß sie wegen ihrer Schulden die Geschäfte nicht mehr fortführen kann und es deshalb angezeigt ist, zu liquidieren.

Der Beschluß muß in der „Gazette" bekanntgegeben werden.

Eine freiwillige Liquidation beginnt mit dem Tage des Beschlusses.

II. Die Folgen. Die Folgen des Beschlusses auf freiwillige Liquidation sind (§ 228):

a) Die Gesellschaft stellt ihre ordentlichen Geschäfte ein, soweit sie nicht im Interesse der Liquidation liegen. Die Gesellschaft behält aber, bis sie aufgelöst ist, ihre juristische Persönlichkeit bei;

b) das Gesellschaftsvermögen muß zunächst im Interesse der Gläubiger verwertet werden, und erst der Rest darf den Gesellschaftern selbst entsprechend ihren Rechten zukommen;

c) eine Änderung im Mitgliederbestand ist nichtig. Aktien können nur mit Zustimmung des Liquidators übertragen werden;

Aktienübertragungen ohne diese Zustimmung sind nichtig (§ 229).

III. Zwei Arten. Das Gesetz unterscheidet zwei Arten von freiwilliger Liquidation; der Unterschied liegt darin, daß im einen Fall die Mitglieder alle Liquidationsfragen allein erledigen, während im andern Fall die Gläubiger ein maßgebendes Mitspracherecht haben:

a) Die *Members' Voluntary Winding-up.* Diese „freiwillige Liquidation durch die Gesellschafter" ist dann gegeben, wenn die Mehrheit der Direktoren vor der maßgebenden Generalversammlung eine Erklärung (eine statutory declaration) abgegeben haben, daß nach genauer Prüfung ihre Ansicht dahingeht, daß die Gesellschaft in der Lage sein wird, die Schulden innerhalb eines Jahres seit Beginn der Liquidation vollständig zu bezahlen. Diese Erklärung der Zahlungsfähigkeit muß aber, um gültig zu sein, dem Registerführer abgegeben werden, bevor die Generalversammlung zusammentritt (§ 330);

b) die *Creditors' Voluntary Winding-up* (freiwillige Liquidation zugunsten der Gläubiger) liegt vor, wenn die unter Ziffer a genannte Erklärung unterblieben ist.

A. Die „Members' Voluntary Winding-up" (nach erfolgter Erklärung der Zahlungsfähigkeit).

1. Wahl der Liquidatoren (§ 231). Die Generalversammlung wählt einen oder mehrere Liquidatoren und setzt ihre Vergütung fest. Mit dieser Wahl hören die Befugnisse der Direktoren auf, es sei denn, daß die Generalversammlung oder der Liquidator mit deren Fortdauer einverstanden ist. Vorbehalten eine anderslautende Vereinbarung mit den Gläubigern, kann eine frei gewordene Stelle eines Liquidators wieder durch die Generalversammlung besetzt werden. Zu diesem Zwecke kann die Generalversammlung durch einen Beitragspflichtigen oder durch die verbleibenden Liquidatoren einberufen werden.

2. Übertragung des Geschäftes. Soll in einer freiwilligen Liquidation das Geschäft oder das Gesellschaftsvermögen ganz oder teilweise an eine andere Gesellschaft übertragen werden, so hat die Generalversammlung durch einen Sonderbeschluß dem Liquidator hierzu Vollmacht zu geben, damit er gegen Barzahlung oder gegen Übertragung von Aktien, Policen, Gewinnanteilen oder ähnlichen Interessen die Übertragung vornimmt und die Gegenleistung in Empfang nimmt.

Ein Mitglied, das der Übertragung nicht zugestimmt hat, kann in einem Schreiben an die Adresse des Liquidators am Geschäftssitz der Gesellschaft Widerspruch erheben — und zwar innerhalb sieben Tagen nach der Beschlußfassung — und verlangen, daß entweder der Liquidator den Vertrag nicht abschließe oder daß ihm, d. h. der Person, die den Einspruch erhebt, statt des Anteiles an der Leistung der übernehmenden Gesellschaft, ein vertraglich oder durch Schiedsgericht zu bestimmender Preis bezahlt wird (§ 234).

Erfolgt innerhalb eines Jahres nach dem erwähnten Beschluß eine Verfügung des Gerichts auf Liquidation durch das Gericht oder unter Aufsicht des Gerichts, so ist der Sonderbeschluß nur dann wirksam, wenn er vom Gericht genehmigt wird (§ 234).

3. Bericht und Rechnung an die Generalversammlung. Wenn die Liquidation länger als ein Jahr dauert, so muß der Liquidator am Ende des ersten Liquidationsjahres und am Ende jedes folgenden Jahres eine Generalversammlung der Gesellschaft einberufen und ihr Rechenschaft über das vergangene Jahr ablegen (§ 235).

4. Ende der Liquidation. Ist die Liquidation durchgeführt, so muß der Liquidator eine Abrechnung anfertigen und sie der Generalversammlung vorlegen, die durch Anzeige in der Gazette einzuberufen ist (§ 236).

Der Liquidator ist ferner verpflichtet, innerhalb einer Woche nach der Generalversammlung eine Abschrift seiner Abrechnung und einen Bericht über die Generalversammlung dem Registerführer einzureichen. Der Registerführer hat diese Schriftstücke in das Register einzutragen.

5. Auflösung. Nach Ablauf von 3 Wochen von der Eintragung an gilt die Gesellschaft als aufgelöst, es sei denn, daß das Gericht aus eigenem Antrieb oder auf das Begehren des Liquidators oder einer Person, die ein Interesse daran hat, die Frist erstreckt (§ 236).

B. Die „Creditors' Voluntary Winding-up" (Liquidation ohne Erklärung der Zahlungsfähigkeit).

1. Gläubigerversammlung (§ 238). Eine Gesellschaft, welche die freiwillige Liquidation ohne vorausgegangene Solvenzerklärung vorschlägt, muß gleichzeitig mit der Einladung zur Generalversammlung an ihre Mitglieder auch die Gläubiger zu einer Versammlung einladen, welch letztere am gleichen Tage oder am Tage nach der Versammlung der Aktionäre stattzufinden hat. Die Einladung an die Gläubiger hat in der Gazette und in zwei Lokalzeitungen des Geschäftssitzes der Gesellschaft zu erfolgen.

Die Direktoren der Gesellschaft sind verpflichtet, der Gläubigerversammlung einen Bericht über die Geschäftslage und ein Verzeichnis der Gläubiger mit Angabe der Höhe ihrer Forderungen vorzulegen. Auch haben die Direktoren aus ihrer Mitte den Vorsitzenden der Gläubigerversammlung zu wählen.

2. Der Liquidator. Seine Wahl steht der Gläubigerversammlung und der Versammlung der Aktionäre zu. Können sich die beiden Versammlungen nicht auf eine Person einigen, so gilt die von den Gläubigern bezeichnete Person als gewählter Liquidator. Wenn aber die Gläubiger keine Wahl vornehmen, so ist die von der Generalversammlung der Aktionäre vorgeschlagene Person Liquidator. Fällt die Wahl der beiden Interessentengruppen auf verschiedene Personen, so können Direktoren, Geschäftsführer oder Gläubiger innerhalb 7 Tagen das Gericht ersuchen, die Wahl vorzunehmen und nur den einen der gewählten Liquidatoren oder beide zusammen mit der Liquidation zu betrauen (§ 239).

Mit der Wahl des Liquidators hört die Vollmacht der Direktoren auf, da an ihre Stelle der Liquidator tritt, es sei denn, daß die Direktoren mit Zustimmung des Aufsichtsausschusses, und in dessen Ermanglung der Gläubigerversammlung, in ihrer Arbeit weiterfahren (§ 241).

3. Aufsichtsausschuß, Committee of inspection (§ 240). Die Gläubiger können einen Aufsichtsausschuß von fünf Personen ernennen. Dann haben die Mitglieder der Gesellschaft das Recht, bis auf fünf Personen hinzuzuwählen. Wenn aber die Gläubiger einer solchen Wahl der Aktionäre widersprechen, so können die von diesen bezeichneten Personen am Aufsichtsausschuß nicht teilnehmen, es sei denn, daß das Gericht anders entscheidet In diesem Falle steht es auch dem Gerichte zu, an Stelle der zurückgewiesenen gewählten Aktionäre andere Personen in den Ausschuß zu wählen.

Ein solcher Aufsichtsausschuß hat dieselben Rechte und Pflichten wie das Committee of inspection, das in einer gerichtlichen Liquidation bestellt wird. Siehe oben S. 84 und § 191.

4. Vollmachten des Liquidators. Er hat die allgemeinen Vollmachten eines Liquidators (siehe oben S. 84) und ist zu denselben Bedingungen wie der Liquidator einer Members' Voluntary Winding-up berechtigt, das Geschäft oder das Vermögen der Gesellschaft ganz oder teilweise an eine andere Gesellschaft abzutreten. Es bedarf aber hierzu der Zustimmung des Gerichtes oder des Aufsichtsausschusses (siehe oben S. 87).

5. Rechnungslegung und Geschäftsbericht. Der Liquidator muß bei Liquidationen, die länger als ein Jahr dauern, am Ende jedes Jahres nach dem Beginn der Liquidation eine Generalversammlung der Mitglieder der Gesellschaft und eine Versammlung der Gläubiger einberufen, um diesen Versammlungen Rechnung abzulegen und über den Geschäftsstand zu berichten.

6. Schlußbericht. Ist die Liquidation durchgeführt, so hat der Liquidator die Gläubiger und die Gesellschaftsmitglieder ebenfalls zu getrennten Versammlungen durch Anzeige in der Gazette einzuberufen, um ihnen Schlußrechnung und Schlußbericht vorzulegen.

Innerhalb einer Woche nach der letzten Versammlung muß der Liquidator Rechnung und Geschäftsbericht, sowie einen Bericht über die letzten Generalversammlungen dem Registerführer einreichen, und der Registerführer registriert darauf diese Mitteilungen.

7. Auflösung. Drei Monate hernach oder am Ende einer durch das Gericht erstreckten Frist gilt die Gesellschaft als aufgelöst.

C. Gemeinsame Vorschriften für die beiden Arten der freiwilligen Liquidation.

1. Befugnisse des Liquidators (§ 248). Bei beiden Arten von freiwilliger Liquidation hat der Liquidator

a) mit besonderer Ermächtigung: die Befugnisse, die dem Liquidator bei gerichtlicher Liquidation gemäß § 191, Ziffer 1 litt. a, e und f zustehen (siehe oben S. 84), und zwar der Liquidation nach vorausgegangener Solvenzerklärung, wenn ein außerordentlicher Beschluß ihn hierzu ermächtigte, und bei Liquidation ohne solche Solvenzerklärung, wenn das Gericht oder der Aufsichtsausschuß damit einverstanden sind;

b) ohne besondere Ermächtigung: alle übrigen Befugnisse, die das Gesetz dem Liquidator gibt;

c) er hat die Liste der Beitragspflichtigen aufzustellen (an Stelle des Gerichts bei der gerichtlichen Liquidation);

d) er hat (an Stelle des Gerichts) das Recht, Gelder von den Beitragspflichtigen einzufordern;

e) er hat zu Generalversammlungen der Gesellschaft einzuladen, insbesondere um Zustimmung durch Sonderbeschluß oder außerordentlichen Beschluß zu erlangen.

2. Pflichten des Liquidators (§ 248 [2]). Er muß die Schulden der Gesellschaft bezahlen und die Rechte der Beitragspflichtigen unter sich ausgleichen.

3. Wahl und Absetzung des Liquidators durch das Gericht. Ist kein Liquidator tätig, so kann das Gericht einen erwählen. Jeder Liquidator kann aber auch stets durch das Gericht abgesetzt werden (§ 249).

4. Mitteilung an Registerführer. Innerhalb von 20 Tagen von seiner Ernennung an muß der Liquidator dem Registerführer seine Wahl bekanntgeben, und zwar in der vom Handelsamt vorgeschriebenen Form.

5. *Vereinbarungen mit Gläubigern* (§ 251). Eine Vereinbarung mit Gläubigern ist für alle Mitglieder der Gesellschaft bindend, wenn die Generalversammlung in außerordentlichem Beschluß zustimmt, wobei eine Mehrheit von drei Viertel der Gläubiger nach Zahl und Wert ihrer Forderungen vorgeschrieben ist.

Jeder Gläubiger und jeder Beitragspflichtige kann gegen eine solche Beschlußfassung an das Gericht Berufung einlegen, und dieses wird nach freiem Ermessen die Vereinbarung genehmigen, abweisen oder ändern.

6. *Aufgabe des Gerichts.* Das Gericht hat über alle Fragen zu entscheiden, die sich auf die Liquidation beziehen, wenn der Liquidator, ein Gläubiger oder ein Beitragspflichtiger die Entscheidung des Gerichts anrufen. Das Gericht wird dabei stets nach freiem Ermessen die ihm gutscheinende Verfügung treffen (§ 252).

7. *Die Kosten der Liquidation* werden mit Vorzugsrecht vor allen übrigen Schulden aus dem Aktivvermögen der Gesellschaft bezahlt.

8. *Gerichtliche Liquidation.* Auch wenn die freiwillige Liquidation einer Gesellschaft beschlossen und begonnen wurde, hat jeder Gläubiger und Beitragspflichtige das Recht, gerichtliche Liquidation zu verlangen. Doch wird das Gericht einem solchen Begehren nur entsprechen, wenn es zur Ansicht kommt, daß die Interessen des Antragstellers bei freiwilliger Liquidation beeinträchtigt werden (§ 255).

Viertes Kapitel.

Liquidation unter gerichtlicher Aufsicht.

(Winding-up subject to supervision of court.)

Wenn eine Gesellschaft die freiwillige Liquidation beschloß, so kann das Gericht verfügen, daß die freiwillige Liquidation *unter Aufsicht des Gerichts* fortgeführt werden soll, d. h. mit dem Rechte der Gläubiger, Beitragspflichtigen oder anderer Personen, in allen Fragen, welche die Liquidation betreffen, stets das Gericht anzurufen, damit dieses in jedem einzelnen Falle so entscheidet, wie es ihm angemessen erscheint (§ 258).

Wie bei der gerichtlichen Liquidation ist es bei der Liquidation unter gerichtlicher Aufsicht der Gesellschaft verboten, nach erfolgtem Beschluß am Vermögen oder am Mitgliederstand irgendwelche Änderung vorzunehmen, und jede nach diesem Datum erfolgte Zwangsmaßnahme (Pfändung usw.) gegen das Vermögen der Gesellschaft ist ungültig (§§ 258, 173, 174).

Wie bei der gerichtlichen Liquidation ist für alle Klagen der High Court zuständig (§ 257).

Wie bei der freiwilligen Liquidation, wählt auch bei der Liquidation unter Aufsicht des Gerichts die Generalversammlung der Gesellschaft einen Liquidator. Doch steht es im Ermessen des Gerichts, von sich aus einen zweiten Liquidator zu ernennen, dem dieselben Befugnisse zustehen, wie dem bei freiwilliger Liquidation ernannten Liquidator. Im übrigen hat das Gericht die Befugnis, jeden Liquidator abzusetzen und Lücken auszufüllen (§ 259).

Der Liquidator hat alle Befugnisse, wie sie dem Liquidator einer freiwilligen Liquidation zustehen. Doch darf er Vergleiche und Vereinbarungen mit Gläubigern (§ 191 [1e]) und in bezug auf die Zahlung ausstehender Beiträge der Beitragspflichtigen (§ 191 [1f]) (siehe oben S. 73) nur mit Zustimmung des Gerichts abschließen. War die Gesellschaft vor der Verfügung des Gerichts, sie unter Aufsicht des Gerichts zu liquidieren, im Stadium einer „creditors' voluntary winding up" (einer freiwilligen Liquidation ohne vorausgegangene Solvenzerklärung), so genügt in diesem Falle auch die Zustimmung des Aufsichtsausschusses (§ 260 [1]).

In bezug auf die Anwendbarkeit der Vorschriften der gerichtlichen Liquidation auf die Liquidation unter gerichtlicher Aufsicht, unterscheidet das Gericht genau zwischen denjenigen Fragen, die nach den Vorschriften der gerichtlichen Liquidation, und denjenigen, die nach den Vorschriften der freiwilligen Liquidation zu beurteilen sind.

Anhang IX des Gesetzes enthält eine Liste aller derjenigen Gesetzesparagraphen, welche zwar für die gerichtliche, *nicht* aber für die Liquidation unter Aufsicht des Gerichtes anwendbar sind. Im übrigen gelten für beide Arten von Liquidationen dieselben Vorschriften.

Fünftes Kapitel.

Die Auflösung der Gesellschaft.

I. Gründe der Auflösung. Die Auflösung (dissolution) einer Gesellschaft erfolgt mit deren Löschung im Registerbuch des Registerführers für Gesellschaften. Diese Löschung geschieht in folgenden Fällen:

1. nach durchgeführter Liquidation, siehe oben S. 86;
2. zufolge Einstellung des Geschäftsbetriebes (§ 295).

Wenn ein Registerführer glaubt, daß eine Gesellschaft keine Geschäfte mehr betreibt, so kann er sie durch eingeschriebenen Brief darüber befragen. Geht innerhalb 14 Tagen keine Antwort ein, so soll er neuerdings unter Bezugnahme auf die erste Anfrage schreiben mit der Androhung, daß wenn nicht innerhalb einer Frist von einem Monat geantwortet wird, er in der Gazette öffentlich bekanntgeben werde, daß nach Ablauf von 3 Monaten der Name der Gesellschaft im

Register gestrichen werde. Erhält er wieder keine Antwort oder die Mitteilung, daß die Gesellschaft nicht mehr tätig ist, so erfolgt die erwähnte Publikation unter Anzeige an die Gesellschaft, und nach Ablauf der 3 Monate die Löschung, wenn nicht begründeter Widerspruch erhoben wird.

Entsprechend muß der Registerführer vorgehen gegen eine Gesellschaft, welche in Liquidation getreten ist, wenn er annehmen muß, die Liquidation sei vollständig durchgeführt oder es sei kein Liquidator mehr tätig, ebenso wenn die vom Liquidator einzugebenden Berichte für eine Periode von 6 Monaten nicht eingereicht sind. Die Mitteilung muß in diesem Falle an die Gesellschaft oder an den Liquidator adressiert werden. Nach Ablauf der in der Zuschrift an den Liquidator gesetzten Frist hat der Registerführer die Löschung vorzunehmen, wenn nicht begründeter Widerspruch erhoben worden ist. In diesem Falle dauert indessen die Haftung eines jeden Direktors, eines jeden geschäftsführenden Beamten und eines jeden Mitgliedes der Gesellschaft fort, und Ansprüche können gegen sie geltend gemacht werden, wie wenn die Gesellschaft nicht aufgelöst worden wäre.

Auch steht es im Ermessen des Gerichts, trotz der Löschung des Namens die Gesellschaft gerichtlich liquidieren zu lassen (§ 295 [5]).

II. Wiedereintragung einer gelöschten Gesellschaft. Das Gericht kann auch nach der Streichung der Gesellschaft aus dem Register die Wiedereintragung anordnen, wenn die Gesellschaft selbst oder ein Mitglied der Gesellschaft oder ein Gläubiger das bezügliche Begehren stellt und gleichzeitig nachweist, daß die Gesellschaft zur Zeit der Löschung Geschäfte betrieb. Das Gericht wird dabei diejenigen weiteren Anordnungen treffen, die es für angemessen hält. Eine solche Wiedereintragung kann innerhalb der auf die Löschungspublikation in der Gazette folgenden 20 Jahre erfolgen.

III. Nichtigerklärung der Auflösung. Das Gericht kann auch innerhalb von 2 Jahren seit der Auflösung diese nichtig erklären, wenn es ihm angezeigt erscheint, nachdem von seiten eines Liquidators der Gesellschaft oder einer anderen daran interessierten Person ein bezügliches Begehren gestellt wurde (§ 294).

IV. Das Vermögen der aufgelösten Gesellschaft. Soweit zur Zeit der Auflösung noch Vermögen der Gesellschaft vorhanden ist, wird es wie herrenloses Gut behandelt und fällt als solches als bona vacantia der Krone oder dem Herzogtum Lancaster oder dem Herzog von Cornwall zu, es sei denn, daß das Gericht binnen 2 Jahren nach der Auflösung die Auflösung nichtig erklärt.

V. Bücher und Papiere der Gesellschaft (§ 283) In bezug auf die Aufbewahrung der Bücher und Papiere der Gesellschaft nach erfolgter Liquidation trifft bei der gerichtlichen Liquidation das Gericht die erforderlichen Anordnungen. Bei einer freiwilligen Liquidation nach erfolgter Solvenzerklärung bestimmt dies die Generalversammlung der Mitglieder durch außerordentlichen Beschluß und bei Liquidation ohne vorausgegangene Solvenzerklärung beschließt der Aufsichtsausschuß darüber oder in Ermanglung eines solchen die Gläubigerversammlung.

Nach Ablauf von 5 Jahren hört die Pflicht zur Aufbewahrung der Bücher und Belege auf. Der Liquidator oder andere Personen, welchen die Bücher anvertraut wurden, können dann von seiten interessierter Personen nicht mehr verantwortlich gemacht werden, wenn die Bücher nicht mehr vorhanden sind.

Durch Prozeßverordnungen kann das Handelsamt ermächtigt werden, Maßnahmen zu treffen, um die Bücher und Papiere der aufgelösten Gesellschaft vor Zerstörung zu bewahren, jedoch nicht auf länger als 5 Jahre.

Sechstes Kapitel.

Sanierung; Übertragung des Geschäfts an eine andere Gesellschaft; Fusion.

I. Vergleiche und Arrangements (§§ 153—155). Wenn nach dem Willen der Mehrheit der Aktionäre zur Sanierung des Geschäfts eine innere Reorganisation durchgeführt werden soll, oder wenn zum Zwecke der Liquidation oder Fusion mit einer anderen Gesellschaft oder aus anderen Gründen, ganz oder teilweise die Unternehmung oder Vermögen einer Gesellschaft an eine andere Gesellschaft übertragen werden sollen, so scheitert beim Mangel gesetzlicher Bestimmungen die Durchführung eines solchen Projektes am Widerstand auch nur weniger Aktionäre. Um solchen Widerstand zu beseitigen, enthält der neue Companies Act von 1929 eingehende Vorschriften.

Diese Vorschriften beziehen sich

1. auf Vergleiche;

2. auf Arrangements; unter diesen „arrangements“, Vereinbarungen, sind inbegriffen insbesonders (§ 153):

a) die Reorganisation des Aktienkapitals durch Consolidation (Zusammenlegung) der Aktien verschiedener Klassen;

b) die Teilung von Aktien in Aktien verschiedener Klassen;

c) die Vornahme gleichzeitiger Zusammenlegung und Teilung der Aktien;

d) die teilweise oder ganze Übertragung des Unternehmens oder von Vermögen an eine andere Gesellschaft.

Die Vergleiche und Vereinbarungen können solche sein:

a) zwischen der Gesellschaft und den Gläubigern;

b) zwischen der Gesellschaft und einer Klasse von Gläubigern;

c) zwischen der Gesellschaft und ihren Mitgliedern;

d) zwischen der Gesellschaft und einer Klasse ihrer Mitglieder.

Wenn bei solchen Vergleichen und Vereinbarungen die interessierten Personen einer der erwähnten Gruppen von Gläubigern oder Mitgliedern mit einer Mehrheit von wenigstens drei Viertel der von ihnen vertretenen Werte (der Aktien oder der Forderungen) zustimmen und das Gericht den Vergleich oder das „arrangement" genehmigt, so sind diese Vereinbarungen auch für die nicht zustimmenden Interessenten, sowie für die Gesellschaft bindend, und im Falle, daß die Gesellschaft in Liquidation ist, auch für den Liquidator und die Beitragspflichtigen.

Die Befugnis, einen solchen Antrag auf Genehmigung der Vereinbarung beim Gericht zu stellen, steht einem jeden der erwähnten Beteiligten und der Gesellschaft zu und, wenn die Gesellschaft in Liquidation ist, auch dem Liquidator und den Beitragspflichtigen.

Die gerichtliche Verfügung wird aber erst wirksam, wenn eine amtliche Abschrift der Verfügung dem Registerführer zur Eintragung übergeben ist. Eine Abschrift der Verfügung muß auch jeder nach der Verfügung von der Gesellschaft ausgegebenen Gründungsurkunde oder, wenn keine Gründungsurkunde besteht, jeder Urkunde beigeheftet sein, durch welche die Gesellschaft konstituiert wurde (§ 153 [3]).

II. Gerichtliche Verfügung zur Erleichterung von Sanierung und Fusion (§ 154). 1. Wenn es sich darum handelt, ganz oder teilweise das Unternehmen oder das Vermögen an eine andere Gesellschaft, die im Sinne des Gesetzes eine Company ist, zu übertragen, so kann das Gericht Anordnungen treffen in bezug auf folgende Erfordernisse:

a) die ganze oder teilweise Übertragung des Unternehmens oder des Vermögens;

b) die Zuteilung oder Übereignung von Aktien, Schuldverschreibungen, Versicherungsverträgen oder anderen Rechten an die übernehmende Gesellschaft;

c) die Weiterführung von Prozessen, die für oder gegen die übertragende Gesellschaft anhängig sind, durch die übernehmende Gesellschaft;

d) die Auflösung der Gesellschaft, die ihr Unternehmen abgetreten hat;

e) Anordnungen in bezug auf Personen, welche dem Vergleiche oder dem arrangement nicht zugestimmt haben;

f) alle weiteren Anordnungen, die sich als notwendig erweisen, um die Rekonstruktion oder die Fusion in gehöriger Weise durchzuführen.

2. Wenn die gerichtliche Order bestimmt, daß Aktiven oder Passiven auf die übernehmende Gesellschaft übergehen sollen, so wird die übernehmende Gesellschaft Eigentümerin oder Schuldnerin. Wenn aber das Gericht verfügt, daß alles oder ein Teil des übertragenen Vermögens frei von jeder Belastung (Pfand) übergehen solle, so soll diese Belastung dahinfallen (§ 154 [2]).

3. Eine solche gerichtliche Verfügung muß innerhalb sieben Tagen dem Registerführer zur Eintragung eingereicht werden (§ 154 [3]).

III. Nicht zustimmende Aktionäre. Wenn eine Gesellschaft das Angebot einer anderen Gesellschaft auf Übernahme von Aktien oder einer Klasse von Aktien in der Weise angenommen hat, daß Aktionäre, die wenigstens neun Zehntel der Aktien (gemessen nach ihrem Werte) zugestimmt haben, so kann die übernehmende Gesellschaft innerhalb 2 Monaten nach Ablauf der obenerwähnten 4 Monate dem nicht zustimmenden Aktionär bekanntgeben, daß sie seine Aktien zu erwerben wünscht, und die Gesellschaft ist berechtigt und verpflichtet, die Aktien zu denselben Bedingungen zu übernehmen wie diejenigen der zustimmenden Gläubiger, es sei denn, daß auf Begehren des nicht zustimmenden Aktionärs das Gericht anders entscheidet.

Die übernehmende Gesellschaft ist verpflichtet, nach Ablauf eines Monats seit der Mitteilung an die nicht zustimmenden Aktionäre oder, wenn das gerichtliche Verfahren über das Begehren eines nicht zustimmenden Gläubigers pendent ist, nach Ablauf eines Monats nach dem gerichtlichen Entscheid, durch welchen der nicht zustimmende Gläubiger abgewiesen wird, der übertragenden Gesellschaft eine Abschrift ihrer Mitteilung an die Aktionäre zuzustellen und an diese Gesellschaft den Geldbetrag oder die andere versprochene Leistung auszurichten, welche sie zu zahlen vertraglich verpflichtet ist, und die übertragende Gesellschaft muß darauf die übernehmende Gesellschaft als Inhaberin der von ihr übernommenen Aktien in das Mitgliederregister eintragen (§ 155 [2]).

Die übertragende Gesellschaft muß den Kaufpreis auf ein separates Bankkonto einzahlen und ist hierfür Treuhänderin zugunsten der Person, deren Aktien an die übernehmende Gesellschaft abgetreten worden sind (§ 155 [3]).

Fünfter Abschnitt.

Ausländische Gesellschaften.

Erstes Kapitel.

Prospekte und Zeichnungsscheine (§ 354).

I. Wenn eine ausländische Gesellschaft — auch eine solche, die ein Geschäftsbüro in England hat — in England Aktien oder Schuldverschreibungen zur Zeichnung oder zum Kauf an Leute anbieten will, zu deren ordentlichem Geschäftsbetrieb der An- und Verkauf von Aktien und Schuldverschreibungen nicht gehört, so bestehen folgende Vorschriften:

1. sie muß zuvor dem Registerführer eine Abschrift des Prospektes einreichen, welche vom ersten Direktor und zwei anderen Direktoren der Gesellschaft beglaubigt und mit der Erklärung versehen ist, daß das geschäftsführende Organ damit einverstanden ist;
2. der ausgegebene Prospekt selbst muß auf der Vorderseite einen Hinweis darauf haben, daß die Abschrift dem Registerführer eingereicht ist;
3. der Prospekt muß datiert sein;
4. er muß auch sonst den in England an einen Prospekt gestellten Anforderungen entsprechen.

II. Es ist einer ausländischen Gesellschaft verboten, in England Zeichnungsscheine auszugeben, wenn sie nicht von einem Prospekt begleitet sind, der den Anforderungen des Companies Act, 1929, entspricht. Diese Bestimmung findet indessen keine Anwendung, wenn die Übersendung des Zeichnungsscheines nur erfolgt in Verbindung mit der Einladung an eine Person (wohl meistens eine Bank), in ein „underwriting agreement" einzutreten (über die Bedeutung dieses Ausdruckes s. S. 23).

III. Die unter I und II gegebenen Vorschriften gelten aber nicht, wenn es sich um einen Prospekt oder einen Zeichnungsschein an die Adresse von Personen handelt, die zur Zeit schon Mitglieder oder Schuldverschreibungsinhaber der Gesellschaft sind in bezug auf Aktien und Schuldverschreibungen der Gesellschaft selbst. Für Prospekte und Zeichnungsscheine, die auf die Gründung Bezug haben und zur Zeit der Gründung oder unmittelbar darauf ausgegeben werden, gilt diese Ausnahmebestimmung nicht.

IV. Die in § 37 des Gesetzes gegebenen Vorschriften in bezug auf die Haftung aus Angaben in Prospekten finden auch Anwendung auf Prospekte, die von ausländischen Gesellschaften in England ausgegeben werden (§ 354 [5]).

Zweites Kapitel.

Ausländische Gesellschaften, die in Großbritannien einen „Geschäftsplatz" (place of business) haben.

I. Anmeldung beim Registerführer. Wenn eine ausländische Gesellschaft in der Weise Geschäfte in Großbritannien betreibt, daß sie dort eine selbständige, rechtlich vom Ausland unabhängige Firma hat (sei es als Einzelperson oder als partnership oder als company), so unterliegt eine solche Unternehmung natürlich vollständig den Vorschriften jeder in gleicher Weise von britischen Staatsangehörigen in England geführten Unternehmung.

Nicht ohne weiteres kann dies angenommen werden, wenn es sich um eine ausländische Gesellschaft handelt, die im Ausland nach ausländischem Recht gegründet und inkorporiert ist und als solche ausländische Unternehmung in Großbritannien Geschäfte betreibt. Früher fehlte es in England an gesetzlichen Vorschriften für solche Unternehmungen, weshalb von Engländern selbst die für englische Firmen geltenden gesetzlichen Bestimmungen dadurch umgangen wurden, daß sie außerhalb des Vereinigten Königreichs eine Gesellschaft gründeten und im Ausland eintragen ließen.

Nach dem neuen Companies Act von 1929 sind solche Umgehungen des Gesetzes und eine Bevorzugung ausländischer Gesellschaften in England unmöglich. Es kommen dabei folgende Vorschriften des Gesetzes in Betracht:

Jede ausländische Gesellschaft, die in Großbritannien einen Geschäftsplatz (a place of business) hat, muß innerhalb eines Monates nach Inkrafttreten dieses Gesetzes, und jede ausländische Gesellschaft, welche neu einen solchen Geschäftsplatz errichtet, innerhalb eines Monates nach dieser Etablierung dem Registerführer für Gesellschaften in England folgende Urkunden einreichen (§ 344):

a) eine beglaubigte Abschrift der Gründungsurkunde und der Statuten und jeder anderen auf die Gründung bezüglichen Urkunde, und wenn sie nicht in englischer Sprache abgefaßt sind, eine beglaubigte Übersetzung davon;

b) eine Liste der Direktoren der Gesellschaft;

c) die Namen und Adressen einer oder mehrerer Personen, die im Vereinigten Königreich wohnen, an welche Zustellungen erfolgen können.

II. Bilanzvorschriften. Eine jede ausländische Gesellschaft mit Geschäftsplatz in England muß in jedem Kalenderjahr dem Registerführer eine Bilanz eingeben, wie dies für englische Gesellschaften vorgeschrieben ist. Ist die Bilanz in fremder Sprache, so muß eine Übersetzung beigegeben werden.

III. Prospekt und Publikationsvorschriften. *1. Formvorschriften*:

a) in jedem in Großbritannien ausgegebenen Prospekt für Aktienzeichnungen und Schuldverschreibungen muß gesagt werden, in welchem Land die Gesellschaft inkorporiert ist;

b) an jedem Platz, wo die Gesellschaft in Großbritannien Geschäfte betreibt, muß der Name der Gesellschaft und des Landes der Inkorporierung sichtbar angegeben werden;

c) ebenso hat dies zu geschehen in allen geschäftlichen Publikationen, auf dem Briefpapier usw.;

d) haften die Mitglieder der Gesellschaft unbeschränkt, ist dies ebenfalls an jedem Geschäftsplatz, auf Geschäftsbriefen, Rundschreiben usw. deutlich anzugeben.

2. Inhalt (§ 355).

Der Prospekt der ausländischen Gesellschaft muß folgende Angaben enthalten:

a) den Zweck der Gesellschaft;

b) die Urkunde, durch welche die Gesellschaft konstituiert oder die Konstitution beschrieben wird;

c) die Gesetze oder die Vorschriften, welche Gesetzeskraft haben, nach welchen die Inkorporierung der Gesellschaft erfolgte (Bemerkung: regelmäßig die Gründungsurkunde, das Memorandum); doch kann die Inkorporierung auch durch königliche Charter oder anderswie (namentlich im Ausland) erlangt sein;

d) eine Adresse in Großbritannien, wo die erwähnte Urkunde, die Gesetze und Vorschriften oder Abschriften davon eingesehen werden können oder beglaubigte Übersetzungen davon, wenn sie in fremder Sprache abgefaßt sind;

e) das Datum und das Land der Inkorporierung;

Die unter litt. a, b, c und d erwähnten Angaben fallen weg, wenn es sich um einen Prospekt handelt, der später ausgegeben wurde als 2 Jahre nach dem Datum, da die Gesellschaft berechtigt war, mit den Geschäften zu beginnen;

f) ob die Gesellschaft einen Geschäftsplatz in Großbritannien hat, und wenn dies der Fall ist, die Adresse des Hauptbüros in Großbritannien.

Überdies werden Angaben gefordert, die in Teil I des 4. Anhanges des Gesetzes (ausgenommen Ziffer 1), sowie in den Berichten (reports) enthalten sind, welche in Teil II jenes Anhanges wiedergegeben werden, jedoch mit Vorbehalt von Teil III jenes Anhanges.

IV. Pfandbestellungen. Eine ausländische Gesellschaft, die einen Geschäftsplatz in Großbritannien hat, ist in gleicher Weise, wie eine englische Gesellschaft, verpflichtet, Pfandsicherheiten im Lastenverzeichnis des Registerführers einzutragen. Vgl. § 90 und §§ 79ff.

V. Zustellungen. Eine Zustellung von gerichtlichen Urkunden oder anderen Mitteilungen ist rechtswirksam, wenn sie an die dem Registerführer bekanntgegebene Person erfolgt, und mangels einer solchen Person, wenn sie durch die Post an den Geschäftsplatz der Gesellschaft in Großbritannien übermittelt wird.

VI. Schottland. Hat eine Gesellschaft einen Geschäftsplatz in Schottland, so hat sie dort den hier aufgestellten Vorschriften nachzukommen. Bestehen Geschäftsplätze sowohl in England als in Schottland, so sind diese Formvorschriften an beiden Plätzen zu erfüllen.

VII. Beendigung des Geschäftsbetriebes in Großbritannien. Von der Einstellung des Geschäftsbetriebes in Großbritannien hat die Gesellschaft den Registerführer ebenfalls zu benachrichtigen.

VIII. Liquidation. Wenn eine außerhalb Großbritanniens inkorporierte Gesellschaft, welche Geschäfte in Großbritannien betrieb, mit der Fortführung solcher Geschäfte aufhört, so kann sie als nicht eingetragene Gesellschaft nach den Vorschriften des Companies Act, 1929, gerichtlich liquidiert werden, und zwar unbeachtet einer erfolgten Auflösung oder anderweitigen Beendigung ihrer Existenz als Gesellschaft gestützt auf die Gesetze des Landes, nach welchen sie inkorporiert wurde (§ 238 [2]).

Zweites Buch.

Das Gesetz.

Wortgetreue Übertragung des Companies Act, 1929, vom 10. Mai 1929, in Kraft seit 1. November 1929.

Gesetz über die Companies von 1929.

(Companies Act, 1929).

Zur „company" gehört nicht nur die Aktiengesellschaft im engern Sinne. Es sind vielmehr dazu auch die verwandten Gesellschaftsformen zu zählen, deren Kapital nicht in Aktien zerlegt ist, und bei welchen wenigstens teilweise die Gesellschafter über ihren Anteil am Gesellschaftskapital hinaus mit weiterem eigenen Vermögen haften, wie dies bei den unlimited companies der Fall ist oder bei welchen die Haftung bis auf eine besondere garantierte Summe geht, wie bei der company limited by guarantee. Die letztgenannten Formen der company spielen aber nur eine untergeordnete Rolle und kommen vor allem für den internationalen Verkehr kaum in Betracht. Es ist dafür auf die Darstellung im ersten Bande zu verweisen.

„Companies Act, 1929" ist der kurze in der Praxis gebrauchte Titel des Gesetzes. Die nach altem Herkommen und nach der Stellung in der englischen Gesetzgebung gewählte Bezeichnung ist indessen: „Companies Act, 1929 (19 & 20 Geo. 5, Chapter 23)", welcher als Untertitel der Satz beigegeben ist:

> „Ein Gesetz zur Zusammenfassung der Companygesetze der Jahre 1908 bis 1928, sowie anderer mit ihnen im Zusammenhang stehender Gesetze (10. Mai 1929)."

In der vorliegenden Fassung des Gesetzes ist unter „Gesellschaft" stets die „company" im weiteren Sinne zu verstehen. Für die weitere Terminologie sei auf § 380, das alphabetische Sachregister und ganz besonders auf das erste Buch (S. 1—100) verwiesen.

Erster Teil.

Inkorporation von Gesellschaften und damit zusammenhängende Vorschriften.

Gründungsurkunde (Memorandum of Association).

1. — 1. Irgendwelche Zahl von sieben oder mehr Personen oder, wenn die Gesellschaft als Private Company gegründet werden soll, von zwei oder mehr Personen, welche für irgendeinen rechtlich zulässigen Zweck sich verbinden, können, indem sie ihren Namen unter eine Gründungsurkunde (memorandum of association) schreiben und sonst den Vorschriften dieses Gesetzes in bezug auf die Eintragung entsprechen, eine rechtsfähige Gesellschaft (an incorporated company) bilden, sei es mit oder ohne beschränkte Haftung. Art der Gründung.

2. Eine solche Gesellschaft kann sein, entweder:

a) Eine Gesellschaft, welche die Haftung ihrer Mitglieder im Memorandum auf einen unbezahlten Betrag der Anteile (shares) beschränkt, welche von ihnen gehalten werden — sie wird dann in diesem Gesetz „company limited by shares" genannt, Gesellschaft mit Haftung bis auf den Betrag der Anteile; oder

b) eine Gesellschaft, welche die Haftung ihrer Mitglieder im Memorandum auf einen solchen Betrag beschränkt, zu welchem die Mitglieder sich verpflichten, an den Aktiven der Gesellschaft beizutragen im Falle der Liquidation der Gesellschaft (in diesem Gesetz „company limited by guarantee" genannt — Gesellschaft mit Haftung bis auf den garantierten Betrag), oder

c) eine Gesellschaft, welche keine Beschränkung der Haftbarkeit ihrer Mitglieder kennt, in diesem Gesetz „unlimited company" genannt, Gesellschaft mit unbeschränkter Haftung.

Erfordernisse der Gründungsurkunde.

2. — 1. Die Gründungsurkunde (the memorandum) jeder Gesellschaft muß angeben:

a) den Namen der Gesellschaft, welcher als letztes Wort die Bezeichnung „Limited" enthalten muß;

b) ob der eingetragene Geschäftssitz der Gesellschaft in England oder in Schottland gelegen ist;

c) die Zwecke der Gesellschaft.

2. Die Gründungsurkunde einer company limited by shares oder by guarantee muß überdies angeben, daß die Haftung der Mitglieder beschränkt ist.

3. Die Gründungsurkunde einer company limited by guarantee muß ferner angeben, daß jedes Mitglied für den Fall der Liquidation der Gesellschaft während seiner Mitgliedschaft oder während des seinem Austritt folgenden Jahres verpflichtet ist, für die Begleichung der vor seinem Austritt eingegangenen Schulden und Verbindlichkeiten der Gesellschaft und der Kosten, Gebühren und Auslagen der Liquidation, sowie für die Ausgleichung der Rechte der Beitragspflichtigen untereinander, den etwa geforderten, jedoch eine bestimmte Höhe nicht übersteigenden Betrag zu zahlen.

4. Im Falle der Gesellschaft, welche ein Aktienkapital (a share capital) hat, ist vorgeschrieben:

a) Die Gründungsurkunde muß (ausgenommen den Fall einer Gesellschaft, bei welcher die Mitglieder unbeschränkt haften) auch den Betrag des Aktienkapitals angeben, mit welchem die Gesellschaft eingetragen werden soll, sowie seine Einteilung in Aktien von einem bestimmten Betrage;

b) kein Unterzeichner der Gründungsurkunde darf weniger als eine Aktie übernehmen;

c) jeder Unterzeichner muß seinem Namen gegenüber die Zahl der übernommenen Aktien angeben.

Stempel und Unterschrift.

3. Die Gründungsurkunde muß denselben Stempel wie eine gesiegelte Urkunde (deed) tragen und muß von jedem Unterzeichner in Gegenwart mindestens eines Zeugen, welcher die Unterschrift beglaubigen muß, unterschrieben sein. Diese Beglaubigung soll in England und in Schottland als genügende Beglaubigung gelten.

Beschränkung der Änderung des Memorandums.

4. Eine Gesellschaft darf die Bedingungen, welche in der Gründungsurkunde stehen, nicht ändern, ausgenommen in den Fällen, in der Art und Ausdehnung, für welche ausdrückliche Vorschriften dieses Gesetzes bestehen.

Art und Umfang bei Änderung des Zwecks.

5. — 1. Vorbehältlich der Vorschriften dieses Paragraphen (5) kann eine Gesellschaft durch Sonderbeschluß (special resolution) die Bestimmungen ihrer Gründungsurkunde in bezug auf den Gesellschaftszweck ändern, soweit dies nötig erscheint in folgenden Fällen:

a) Um ihr Geschäft wirtschaftlicher oder wirksamer zu betreiben, oder
b) um ihren Hauptzweck durch neue oder verbesserte Mittel zu erreichen, oder
c) um den örtlichen Wirkungskreis ihrer Unternehmungen zu vergrößern oder zu verändern, oder
d) um ein Geschäft oder Geschäfte zu betreiben, welche nach den Umständen des besondern Falles zweckdienlich oder vorteilhaft mit dem Geschäft der Gesellschaft vereinigt werden können, oder
e) um irgendwelche in der Gründungsurkunde genannten Zwecke zu beschränken oder aufzugeben, oder
f) um das Unternehmen der Gesellschaft ganz oder teilweise zu verkaufen oder anderweitig darüber zu verfügen, oder
g) um sich mit einer anderen Gesellschaft oder Personenvereinigung zu verschmelzen.

2. Die Veränderung soll keine Wirksamkeit haben, solange und sofern sie nicht gestützt auf eine Petition durch das Gericht bestätigt wird.

3. Das Gericht kann eine solche Änderung nicht bestätigen, bevor nicht nachgewiesen wird:

a) daß jeder Inhaber von Schuldverschreibungen der Gesellschaft und alle Personen oder Personenklassen, deren Interessen nach Ansicht des Gerichts durch die Änderung berührt werden, hiervon in genügender Weise benachrichtigt sind und
b) daß von einem jeden Gläubiger, der nach Ansicht des Gerichts zum Widerspruch berechtigt ist und welcher seinen Widerspruch in der vom Gericht erwünschten Weise anzeigt, die Einwilligung zur Änderung erlangt worden ist oder daß dessen Forderung oder Anspruch getilgt oder festgestellt oder zur Zufriedenheit des Gerichts sichergestellt ist.

Von der Verpflichtung, Personen oder Personenklassen auf Grund dieses Paragraphen zu benachrichtigen, kann das Gericht beim Vorliegen besonderer Umstände dispensieren.

4. Das Gericht kann eine Verfügung erlassen, durch welche die Veränderung entweder vollständig oder teilweise oder unter solchen Bedingungen, wie es sie für richtig hält, genehmigt wird.

5. Das Gericht soll bei Ausübung des ihm nach diesem Paragraphen zustehenden freien Ermessens sowohl auf die Rechte und Interessen der Mitglieder der Gesellschaft oder einzelner Mitgliederklassen, als auch auf die Rechte und Interessen der Gläubiger Rücksicht nehmen; es kann, wenn es dies für geeignet hält, das Verfahren zu dem Zwecke vertagen, damit inzwischen zur Zufriedenheit des Gerichts über den Kauf der Anteile nicht einverstandener Mitglieder eine Vereinbarung geschlossen werden kann; es kann ferner die Anordnungen treffen und die Verfügungen erlassen, welche es für zweckdienlich hält, um eine solche Vereinbarung leichter zustande zu bringen oder durchzuführen.

Jedoch soll kein Teil des Grundkapitals der Gesellschaft bei solchem Kaufe verausgabt werden.

6. Eine amtliche Abschrift der die Änderung bestätigenden Verfügung zusammen mit einer gedruckten Abschrift der geänderten Gründungsurkunde soll innerhalb 15 Tagen vom Zeitpunkt der Verfügung an von der Gesellschaft dem Registerführer eingereicht werden. Dieser soll dieselben eintragen und eigenhändig die Eintragung bescheinigen, und diese Bescheinigung (certificate) soll zwingenden Beweis dafür bilden, daß alle für eine solche Änderung und Bestätigung in diesem Gesetz gegebenen Vorschriften erfüllt sind; von diesem Zeitpunkt an soll die so geänderte Urkunde die Gründungsurkunde der Gesellschaft sein.

Das Gericht kann die Frist für die Einreichung der Urkunde an den Registerführer angemessen erstrecken.

7. Wenn eine Gesellschaft es unterläßt, dem Registerführer eine Urkunde einzugeben, die nach diesen Paragraphen einzureichen ist, so soll sie für jeden Tag einer solchen Zuwiderhandlung eine 10 Pfund nicht übersteigende Geldstrafe verwirken.

Die Statuten der Gesellschaft (Articles of Association).

Statuten.

6. Im Falle einer Gesellschaft, deren Haftung auf die Aktien beschränkt ist (Company limited by shares), können, und im Falle einer Gesellschaft, deren Haftung bis auf eine garantierte Summe geht (Company limited by guarantee), oder einer Gesellschaft mit unbeschränkter Haftung (unlimited company) müssen mit der Gründungsurkunde Statuten eingetragen werden, die von den Unterzeichnern der Gründungsurkunde unterschrieben sind und die Organisation der Gesellschaft bestimmen.

Vorschriften für unbeschränkt haftende Gesellschaften oder Gesellschaften mit Garantiehaftung.

7. — 1. Im Falle einer Gesellschaft mit unbeschränkter Haftung müssen die Statuten, wenn die Gesellschaft ein Aktienkapital besitzt, den Betrag des Aktienkapitals angeben, mit welchem sie eingetragen werden soll.

2. Im Falle einer Gesellschaft mit unbeschränkter Haftung oder einer Company limited by guarantee müssen die Statuten, wenn die Gesellschaft kein Aktienkapital hat, die Anzahl der Mitglieder angeben, mit der die Gesellschaft eingetragen werden soll.

3. Wenn eine Gesellschaft, welche kein Aktienkapital hat, die Zahl ihrer Mitglieder über die eingetragene Anzahl erhöht, so muß sie innerhalb 15 Tagen, nachdem die Erhöhung beschlossen wurde oder stattfand, dem Registerführer für Gesellschaften Kenntnis von der Erhöhung geben, und dieser soll sie eintragen.

Wenn dieser Vorschrift nicht nachgelebt wird, so werden die Gesellschaft und jeder ihrer Beamten, welcher schuld daran ist, wegen der Versäumnis gebüßt.

Anwendung von Tafel A.

8. — 1. Die Statuten können alle oder einige der Vorschriften aufnehmen, welche in Tafel A aufgeführt sind.

2. Im Falle einer Company limited by shares, die nach Inkrafttreten dieses Gesetzes eingetragen wird, sollen, wenn Statuten nicht eingetragen sind, oder, wenn Statuten eingetragen sind, insoweit als die Statuten die in Tafel A dieses Gesetzes enthaltenen Bestimmungen nicht ausschließen oder verändern, die Bestimmungen des Musterformulars (Tafel A) der Gesellschaft in derselben Weise und in demselben Umfange gelten, wie wenn sie in gehörig eingetragenen Statuten enthalten wären.

Druck, Stempel und Unterschrift.

9. Die Statuten müssen

1. gedruckt sein;

2. in nacheinander numerierte Paragraphen eingeteilt sein;

3. denselben Stempel tragen, wie wenn sie in einer gesiegelten Urkunde enthalten wären;

4. von jedem Unterzeichner der Gründungsurkunde in Gegenwart mindestens eines Zeugen, der seine Unterschrift beglaubigen muß, unterschrieben sein; diese Beglaubigung soll sowohl in Schottland als auch in England genügen.

Änderung der Statuten durch Beschluß.

10. — 1. Vorbehältlich der in diesem Paragraphen und in der Gründungsurkunde gegebenen Bestimmungen kann eine Gesellschaft durch Sonderbeschluß ihre Statuten ändern oder ergänzen.

2. Jede so vorgenommene Änderung oder Ergänzung ist ebenso gültig, wie wenn sie von Anfang an darin enthalten gewesen wäre, und in gleicher Weise der Änderung durch Sonderbeschluß fähig.

Form von Gründungsurkunden und Statuten.

11. Die Form

Gesetzliche Form (statutory form).

1. der Gründungsurkunde einer Gesellschaft, deren Haftung auf den Nominalbetrag der Aktien beschränkt ist (association of a company limited by shares),

2. der Gründungsurkunde und der Statuten einer Gesellschaft, welche die Haftung auf die Garantie beschränkt und welche kein Aktienkapital hat (a company limited by guarantee and not having a share capital),

3. der Gründungsurkunde und der Statuten einer auf Garantie haftenden Gesellschaft, welche ein Aktienkapital hat (a company limited by guarantee and having a share capital),

4. der Gründungsurkunde und der Statuten einer company mit unbeschränkter Haftung (unlimited company), welche ein Aktienkapital hat,

soll in Übereinstimmung sein mit den Formularen, welche in den Tafeln B, C, D und E, des ersten Anhanges (First Schedule) dieses Gesetzes wiedergegeben sind, oder soweit als dies die Umstände zulassen.

Eintragung (Registration).

Eintragung von Gründungsurkunde und Statuten.

12. Die Gründungsurkunde und die allfälligen Statuten sollen dem Registerführer desjenigen Teils von England oder von Schottland überliefert werden, in welchem der eingetragene Geschäftssitz der Gesellschaft nach der in der Gründungsurkunde enthaltenen Erklärung gelegen ist. Der Registerführer soll sie in Verwahrung nehmen und eintragen.

Wirkung der Eintragung.

13. — 1. Bei Eintragung der Gründungsurkunde einer Gesellschaft soll der Registerführer eigenhändig bescheinigen, daß die Gesellschaft inkorporiert, und im Falle einer Gesellschaft mit beschränkter Haftung, daß die Haftung beschränkt ist.

2. Von dem in der Eintragungsbescheinigung (certificate of incorporation) erwähnten Zeitpunkt an, sollen die Unterzeichner der Gründungsurkunde zusammen mit solchen anderen Personen, welche sukzessive Mitglieder der Gesellschaft werden, unter dem in der Gründungsurkunde enthaltenen Namen eine Korporation (juristische Person) bilden, welche fortan fähig ist, alle Befugnisse einer mit Korporationsrechten versehenen Gesellschaft auszuüben, mit ununterbrochener Kontinuität und ein Geschäftssiegel zu haben, aber mit der Verpflichtung ihrer Mitglieder, im Liquidationsfalle zum Gesellschaftsvermögen so beizusteuern, wie es in diesem Gesetze erwähnt ist.

Das Recht, Grundeigentum zu haben.

14. — 1. Eine Gesellschaft, welche gemäß diesem Gesetz eingetragen ist, kann Grundeigentümerin sein und zwar, soweit es sich um Land in irgendeinem Teil des Vereinigten Königreiches handelt, ohne licence in mortmain[1].

Wenn eine Gesellschaft gegründet wurde mit dem Zwecke der Förderung von Kunst, Wissenschaft, Religion, Werken der Nächstenliebe oder irgendeinem andern Zwecke, welcher nicht auf Geldgewinn der Gesellschaft oder ihrer Mitglieder ausgeht, so darf sie ohne Zustimmung des Handelsamtes nicht mehr als zwei acres Land besitzen. Doch kann das Handelsamt jede solche Gesellschaft ermächtigen, Land in einem solchen Umfang und unter solchen Bedingungen zu Eigentum zu besitzen, wie es das Handelsamt für richtig hält.

2. Eine vom Handelsamt gestützt auf diesen Paragraphen gegebene Erlaubnis muß in Übereinstimmung sein mit dem Formular, wie es im zweiten Anhang (the Second Schedule) dieses Gesetzes gegeben ist, oder soweit als es die Umstände zulassen.

---

[1] Das heißt ohne besondere Bewilligung der Krone. Siehe über die „licence in mortmain" CURTI: Englands Privat- und Handelsrecht 1, 164, 165.

Zwingende Beweiskraft der Inkorporationsbescheinigung.

15. — 1. Eine vom Registerführer gegebene Inkorporationsbescheinigung soll zwingenden Beweis dafür bilden, daß alle Vorschriften dieses Gesetzes über die Eintragung und alle ihr vorangehenden oder mit ihr im Zusammenhang stehenden Erfordernisse erfüllt sind, und daß diese Personenvereinigung eine eintragungsfähige und eine entsprechend diesem Gesetze gehörig eingetragene Gesellschaft (Company) ist.

2. Eine statutory declaration (eine eidesstattliche Versicherung) eines beim Supreme Court zugelassenen Rechtsanwaltes und in Schottland eines eingetragenen Rechtsbeistandes (enrolled law agent), welche bei der Bildung der Gesellschaft tätig waren, oder einer in den Statuten als Direktor oder Sekretär der Gesellschaft genannten Person, dahin lautend, daß die vorgenannten Erfordernisse ganz oder teilweise erfüllt sind, soll dem Registerführer vorgelegt werden; der Registerführer kann diese Erklärung als genügenden Beweis für eine solche Erfüllung gelten lassen.

Eintragung einer Gesellschaft mit unbeschränkter Haftung als beschränkt haftende Gesellschaft.

16. — 1. Vorbehältlich der Vorschriften dieses Paragraphen kann sich eine Gesellschaft, die als unbeschränkt haftbare eingetragen ist, als beschränkt haftbare eintragen lassen. Ebenso kann eine Gesellschaft, die schon als beschränkt haftende eingetragen ist, als unbeschränkt haftbare eingetragen werden. Doch darf die Eintragung einer unbeschränkt haftbaren Gesellschaft als beschränkt haftbare die Rechte oder Verpflichtungen der Gesellschaft in bezug auf irgendeine Schuld oder sonstige Verpflichtung oder irgendeinen Vertrag, durch welchen die Gesellschaft vor der Eintragung verpflichtet war, nicht berühren, und diese Rechte oder Verpflichtungen können rechtlich geltend gemacht werden, und zwar auf die Art, wie sie in Teil IX dieses Gesetzes für eine Gesellschaft vorgesehen ist, welche gemäß jenem Teil eingetragen wurde.

2. Bei einer Eintragung gestützt auf diesen Paragraphen muß der Registerführer die frühere Eintragung der Gesellschaft abschließen und er kann von der Einlieferung von Exemplaren (Kopien) der Urkunden, die er anläßlich der ersten Eintragung erhielt, dispensieren, aber gleichwohl muß die neue Eintragung auf die gleiche Art erfolgen und soll dieselbe Wirkung haben, wie wenn es die erste unter diesem Gesetz erfolgte Eintragung wäre, und wie wenn die Vorschriften gestützt, auf welche die Gesellschaft früher eingetragen wurde, in Gesetzen aufgestellt gewesen wären, die verschieden waren von denjenigen, gestützt auf welche die Gesellschaft als eine limited company, beschränkt haftende Gesellschaft, eingetragen wird.

Vorschriften für den Gesellschaftsnamen.

Beschränkung der Eintragung von Gesellschaften mit bestimmten Namen.

17. — 1. Keine Gesellschaft darf eingetragen werden mit einem Namen, welcher

a) gleichlautend ist dem Namen einer bereits eingetragenen Gesellschaft, oder diesem so ähnlich ist, daß es zu Täuschungen führen kann, ausgenommen, wenn die schon bestehende Gesellschaft im Begriffe ist, aufgelöst zu werden, oder ihre Zustimmung auf solche Art gibt, wie dies der Registerführer verlangt; oder

b) die Wörter enthält „Chamber of Commerce“ (Handelskammer), es sei denn, daß die Gesellschaft eine Gesellschaft ist, welcher die Erlaubnis gegeben werden kann, gestützt auf den nächsten Paragraphen dieses Gesetzes, ihrem Namen das Wort „Limited“ nicht beizufügen; oder

c) die Worte „Building Society“ (Baugesellschaft) enthält.

2. Eine Gesellschaft darf ohne Erlaubnis des Handelsamtes keinen Namen eintragen lassen, welcher

a) die Worte „Royal“[1] oder „Imperial“[1] enthält oder nach der Ansicht des Registerführers vermuten läßt oder darauf ausgeht, vermuten zu lassen,

[1] Königlich oder kaiserlich.

es bestehe das Patronat des Königs oder irgendeines Mitgliedes des Königlichen Hauses oder ein Zusammenhang mit der Königlichen Regierung oder mit irgendeiner Abteilung derselben; oder

b) die Worte enthält „Municipal"[1] oder „Chartered"[2] oder nach der Ansicht des Registerführers vermuten läßt oder darauf ausgeht, vermuten zu lassen, daß ein Zusammenhang mit irgendeiner Gemeindebehörde oder mit irgendeiner Gesellschaft oder einer Personenvereinigung besteht, welche gestützt auf Royal Charter Korporationsrechte hat; oder

c) das Wort „Co-operative"[3] enthält.

Befugnis, das Wort „Limited" wegzulassen bei gemeinnützigen und anderen Gesellschaften.

18. — 1. Wenn dem Handelsamt in befriedigender Weise nachgewiesen wird, daß eine Gesellschaft, welche als eine Gesellschaft mit beschränkter Haftung in Gründung begriffen ist, zur Förderung von Handel, Kunst, Wissenschaft, Religion, Wohltätigkeitszwecken oder anderen nützlichen Zwecken, die Absicht hat, ihre Gewinne, wenn überhaupt solche vorhanden sind, oder anderes Einkommen, zur Förderung ihrer Zwecke zu verwenden, und jede Auszahlung von Dividenden an ihre Mitglieder zu verbieten, so kann das Handelsamt erlauben, daß die Gesellschaft als Gesellschaft mit beschränkter Haftung eingetragen wird, aber ohne Beifügung des Wortes „Limited" und die Gesellschaft kann demgemäß eingetragen werden.

2. Eine solche Erlaubnis kann das Handelsamt unter Bedingungen erteilen, die ihm geeignet erscheinen und die für die Gesellschaft verbindlich sind. Sie müssen, wenn das Handelsamt es verlangt, in der Gründungsurkunde und in den Statuten oder in einer dieser Urkunden eingetragen werden.

3. Die Gesellschaft soll eingetragen, alle Rechte von limited companies genießen und allen ihren Verpflichtungen unterworfen sein, ausgenommen von der Führung des Wortes „Limited" als Teil ihres Namens, und der Publikation ihres Namens, und der Versendung von Mitgliederverzeichnissen an den Registerführer.

4. Eine Erlaubnis, welche sich auf diesen Paragraphen stützt, kann jederzeit vom Handelsamt zurückgenommen werden, und auf erfolgten Widerruf muß der Registerführer das Wort „Limited" am Ende des Namens der Gesellschaft ins Register eintragen, und die Gesellschaft verliert die Ausnahmerechte, welche durch diesen Paragraphen eingeräumt werden.

Bevor auf diese Weise die Erlaubnis widerrufen wird, muß das Handelsamt der Gesellschaft schriftlich seine Absicht mitteilen, und der Gesellschaft Gelegenheit geben, ihre Einwendungen geltend zu machen.

5. Wenn der Name der Gesellschaft die Worte „Chamber of Commerce" enthält, so muß die vorhin erwähnte Mitteilung auch die im nächsten Paragraphen unter 3 gegebene Vorschrift beachten (d. h. Aufforderung zur Änderung des Namens mit Fristansetzung).

Änderung des Namens.

19. — 1. Eine Gesellschaft kann durch Sonderbeschluß und mit schriftlicher Zustimmung des Handelsamtes ihren Namen ändern.

2. Wenn eine Gesellschaft aus Versehen oder sonstwie ohne die Zustimmung erlangt zu haben, welche unter Buchstabe a von Ziffer 1 des § 17 dieses Gesetzes erwähnt ist, sich mit einem Namen eintragen ließ, welcher mit dem Namen einer schon bestehenden früher eingetragenen Gesellschaft gleichlautend ist oder so sehr ähnlich ist, daß der Name zu Täuschungen führen kann, so kann die zuerst erwähnte Gesellschaft ihren Namen mit Zustimmung des Registerführers ändern.

---

[1] Municipal = der Gemeinde angehörend, städtisch.

[2] Charter ist eine königliche Verleihungsurkunde (Freibrief, Patent), durch welche besondere Rechte verliehen werden. Dementsprechend „chartered", wer solche Rechte ausübt, z. B. Chartered Companies, Chartered Accountants.

[3] Co-operative societies = Genossenschaften, Konsumvereine.

3. Wird eine Erlaubnis, welche, gestützt auf den vorhergehenden Paragraphen dieses Gesetzes, einer Gesellschaft gewährt wurde, dahingehend, einen Namen zu führen mit den Worten „Chamber of Commerce" widerrufen, so muß die Gesellschaft innerhalb einer Frist von 6 Wochen vom Datum des Widerrufes an oder innerhalb einer vom Handelsamt gewährten längeren Frist ihren Namen ändern und einen solchen neuen wählen, welcher die Worte „Chamber of Commerce" nicht enthält.

Wenn eine Gesellschaft diesen Bedingungen nicht nachkommt, so verwirkt sie eine Buße, welche indessen £ 50 für jeden Tag der Säumnis nicht überschreitet.

4. Wenn eine Gesellschaft ihren Namen ändert, muß der Registerführer den neuen Namen an Stelle des früheren eintragen und ein Inkorporationszeugnis ausstellen, welches den Verhältnissen des Falles entspricht.

5. Die Namensänderung darf in keiner Weise Rechte oder Verpflichtungen der Gesellschaft berühren oder irgendwelches rechtliche Vorgehen durch die Gesellschaft oder gegen die Gesellschaft beeinträchtigen, und jedes rechtliche Vorgehen, das unter ihrem früheren Namen gegen sie fortgesetzt oder begonnen werden konnte, kann unter dem neuen Namen gegen sie fortgesetzt oder begonnen werden.

Allgemeine Vorschriften über Gründungsurkunde und Statuten.

Wirkung von Gründungsurkunde und Statuten.

20. — 1. Vorbehältlich der Bestimmungen dieses Gesetzes sollen die Gründungsurkunde und die Statuten nach Eintragung die Gesellschaft und deren Mitglieder in demselben Umfange binden, wie wenn jedes einzelne Mitglied sie mit seinem eigenen Namen unterschrieben und seinen Siegel angeheftet hätte und wie wenn für ein solches Mitglied eine Verpflichtung bestände, alle Vorschriften der Gründungsurkunde und der Statuten zu beachten.

2. Alles Geld, das, gestützt auf die Gründungsurkunde oder die Statuten, durch ein Mitglied der Gesellschaft zahlbar ist, soll als eine Schuld eines solchen Mitgliedes an die Gesellschaft gelten und in England die Natur einer speciality debt[1] haben.

Vorschriften für Gründungsurkunde und Statuten von companies limited by guarantee.

21. — 1. Im Falle einer Company limited by guarantee, welche kein in Aktien eingeteiltes Kapital besitzt und welche am oder nach dem 1. Januar 1901 eingetragen ist, soll jede Bestimmung in der Gründungsurkunde oder in den Statuten der Gesellschaft oder in einem Beschluß der Gesellschaft, welche darauf ausgeht, einer Person nicht in ihrer Eigenschaft als Mitglied ein Anteilsrecht an dem verteilbaren Gewinn der Gesellschaft zu geben, nichtig sein.

2. Für die Zwecke der Bestimmungen dieses Gesetzes in bezug auf die Gründungsurkunde einer Company limited by guarantee und dieses Paragraphen, soll jede Bestimmung der Gründungsurkunde oder der Statuten oder eines Beschlusses einer Company limited by guarantee, welche am 1. Januar 1901 oder nachher eingetragen ist, und welche das Unternehmen der Gesellschaft in Aktien oder Gewinnanteile zerlegt, als eine Einteilung des Grundkapitals in Aktien behandelt werden, selbst wenn der Nominalbetrag oder die Anzahl der Aktien oder Anteile nicht näher bezeichnet sind.

Änderungen von Gründungsurkunde oder Statuten, welche die auf einen Anteil (Aktie) lastenden Verpflichtungen erhöhen, unverbindlich für bereits beigetretene Mitglieder ohne deren Zustimmung.

22. Ungeachtet irgendeiner (entgegenstehenden) Bestimmung der Gründungsurkunde oder der Statuten kann kein Mitglied einer Gesellschaft durch Änderung der Gründungsurkunde oder der Statuten, vorgenommen nach seinem Eintritt als Mitglied, rechtlich verpflichtet werden, wenn und soweit sie von ihm verlangen würde, daß es mehr Anteile [Aktien] übernehme oder zeichne als die Zahl, welche es am Tage hatte, an welchem die Änderung vorgenommen wurde, oder wenn und soweit

[1] Eine speciality debt ist eine Schuld, die durch einen gesiegelten Vertrag oder kraft Gesetzes entstanden ist. Alle anderen Schulden sind „simple contract debts". Erstere verjähren in 20 Jahren, letztere schon in 6 Jahren.

sie irgendwie seine Beitragspflicht am Aktienkapital oder seine Pflicht zur Zahlung von Geld an die Gesellschaft, wie sie zur Zeit der Änderung bestanden, vergrößern würde.

Dieser Paragraph findet indessen keine Anwendung, wenn ein Mitglied schriftlich zustimmt, durch die Änderung gebunden zu sein, sei es vor oder nach der Änderung.

Exemplare von Gründungsurkunde und Statuten für die Mitglieder.

23. — 1. Eine Gesellschaft muß auf Verlangen einem jeden Mitglied eine Abschrift der Gründungsurkunde und der allfälligen Statuten senden und eine Abschrift von jedem Parlamentsgesetz, welches die Gründungsurkunde ändert, und zwar für ein Exemplar der Gründungsurkunde und der Statuten gegen eine Vergütung von 1 s oder weniger, wie es die Gesellschaft bestimmen kann, und für ein Exemplar eines Gesetzes gegen eine Vergütung, welche den publizierten Preis nicht übersteigt.

2. Wenn eine Gesellschaft sich gegen die Bestimmungen dieses Paragraphen vergeht, so haben die Gesellschaft und jeder ihrer fehlbaren Beamten für jede Nichtbeachtung dieser Vorschriften eine Buße bis auf £ 1 zu zahlen.

Ausgegebene Exemplare der Gründungsurkunde müssen die Änderung enthalten.

24. — 1. Wenn in der Gründungsurkunde eine Änderung angebracht wird, muß jedes Exemplar (jede Abschrift), das nach der Zeit der Änderung ausgegeben wird, mit der Änderung übereinstimmen.

2. Wenn die Gesellschaft nach vorgenommener Änderung Exemplare der Gründungsurkunde ausgibt, welche die Änderung nicht enthalten, so hat sie und jeder fehlbare Beamte eine Buße bis auf £ 1 für jedes ausgegebene Exemplar zu zahlen.

Mitgliedschaft.

Der Begriff „Mitglied" (member).

25. — 1. Wer die Gründungsurkunde einer Gesellschaft unterschreibt, wird als Mitglied der Gesellschaft beurteilt und soll bei ihrer Eintragung im Mitgliederregister vorgemerkt werden.

2. Jede andere Person, die zustimmt, Mitglied zu werden, und deren Name im Mitgliederregister eingetragen wird, ist ebenfalls Mitglied.

Private Companies.

Der Begriff „Private Company".

26. — 1. In diesem Gesetz bedeutet „Private Company" eine Gesellschaft, welche durch ihre Statuten

a) das Recht der Übertragung ihrer Anteile beschränkt, und

b) die Zahl ihrer Mitglieder auf 50 beschränkt, worin indessen nicht Personen inbegriffen sind, die eine Anstellung bei der Gesellschaft haben, und Personen, welche, da sie früher im Dienste der Gesellschaft standen, nach Beendigung dieser Anstellung, weiterhin Mitglieder der Gesellschaft bleiben, und

c) jegliche Einladung an das Publikum, Aktien oder Schuldverschreibungen der Gesellschaft zu zeichnen, verbietet.

2. Wenn zwei oder mehr Personen gemeinsam (jointly) einen oder mehrere Anteile einer Gesellschaft haben, so werden sie wie ein einzelnes Mitglied behandelt.

Umstände, welche eine „Private Company" verhindern, weiterhin eine solche Gesellschaft zu bleiben und deren Vorrechte zu genießen.

27. — 1. Wenn eine Gesellschaft, die eine Private Company ist, ihre Statuten in solcher Weise ändert, daß sie nicht mehr den Vorschriften des vorausgegangenen Paragraphen (26) für eine Private Company entsprechen, so hört die Gesellschaft mit dem Zeitpunkt der Änderung auf, eine Private Company zu sein, und sie muß innerhalb einer Frist von 14 Tagen nach genanntem Zeitpunkt dem Registerführer einen Prospekt oder ein statement in lieu of prospectus (eine Aufstellung an Stelle des Prospektes) in der Form und mit dem Inhalt einreichen, wie sie der dritte Anhang (the Third Schedule) dieses Gesetzes vorschreibt.

2. Eine Verfehlung gegen die unter 1 aufgestellte Vorschrift hat für die Gesellschaft und jeden fehlbaren Beamten eine Buße von £ 50 zur Folge.

3. Wenn die Statuten einer Gesellschaft die vorhin erwähnten Vorschriften einschließen, es aber unterlassen wird, ihnen nachzukommen, so verliert die Gesellschaft die Vorrechte, welche eine Private Company, gestützt auf die §§ 28, 110 (3), 130 (1), 168 (4) dieses Gesetzes, zustehen und zufolgedessen sollen die erwähnten Vorschriften auf die Gesellschaft so angewendet werden, wie wenn es keine Private Company wäre.

Das Gericht kann indessen nach erfolgtem Nachweis, daß das Verfehlen der Gesellschaft zufällig war oder auf Versehen, oder auf irgendeinen anderen genügenden Grund zurückzuführen ist, und deshalb ein Entgegenkommen gerecht und billig erscheint, auf Begehren der Gesellschaft oder irgendeiner interessierten Person anordnen, daß der Gesellschaft die vorhin erwähnten Folgen erspart bleiben, und zwar unter Bedingungen, welche das Gericht gerecht und angemessen erachtet.

Verminderung der Zahl der Mitglieder unter das gesetzliche Minimum.

Verbot des Geschäftsbetriebes mit weniger als sieben, oder im Falle der Private Company mit weniger als zwei Mitgliedern.

28. Sinkt zu irgendeiner Zeit die Zahl der Gesellschaftsmitglieder im Falle einer Private Company unter zwei oder im Falle einer anderen Gesellschaft unter sieben, und führt sie mit dieser herabgesetzten Zahl von Mitgliedern länger als 6 Monate die Geschäfte fort, so wird jede Person, welche Mitglied der Gesellschaft zur Zeit nach Ablauf dieser 6 Monate ist und welcher die Tatsache der Geschäftsführung bei weniger als zwei oder weniger als sieben Mitgliedern bekannt ist, persönlich und direkt haftbar für die Zahlung der Schulden, welche die Gesellschaft während dieser Zeit eingeht, und kann dafür auch persönlich und direkt belangt werden.

Verträge usw.

Form von Verträgen.

29. — 1. Verträge der Gesellschaft können in folgender Weise abgeschlossen werden:

a) ein Vertrag, welcher, wenn er zwischen privaten Personen abgeschlossen würde, rechtlich der schriftlichen Form bedarf und nach englischem Recht gesiegelt sein muß, kann in bezug auf eine Gesellschaft in schriftlicher Form mit dem gewöhnlichen Siegel der Gesellschaft abgeschlossen werden;
b) ein Vertrag, welcher, wenn er zwischen privaten Personen abgeschlossen würde, schriftlicher Form bedarf, und zwar mit der Unterschrift der Parteien, die daraus verpflichtet werden, kann in bezug auf eine Gesellschaft in schriftlicher Form zustande kommen, unterschrieben von irgendeiner Person, die von der Gesellschaft bevollmächtigt ist, sei es ausdrücklich oder gemäß den Umständen;
c) ein Vertrag, der, wenn er zwischen Privatpersonen mündlich abgeschlossen wäre, gültig ist, kann seitens der Gesellschaft durch eine ausdrücklich oder stillschweigend von der Gesellschaft bevollmächtigte Person ebenfalls mündlich vereinbart werden.

2. Ein gemäß den hier enthaltenen Bestimmungen abgeschlossener Vertrag ist rechtlich wirksam und bindet die Gesellschaft und ihre Rechtsnachfolger, sowie alle anderen beteiligten Parteien.

3. Ein gemäß diesem Paragraphen abgeschlossener Vertrag kann in derselben Form geändert oder aufgelöst werden, wie er nach diesem Paragraphen abgeschlossen werden muß.

4. Eine gesiegelte Urkunde, bei welcher eine Gesellschaft Partei ist, gilt in Schottland in bezug auf die Gesellschaft als gültig errichtet, wenn sie errichtet

wurde gemäß den Vorschriften dieses Gesetzes oder mit dem Gesellschaftssiegel gesiegelt wurde und für die Gesellschaft von zwei ihrer Direktoren und dem Sekretär der Gesellschaft unterschrieben wurde, und eine solche Unterschrift ist für die Gesellschaft bindend, ob sie durch Zeugen beglaubigt sei oder nicht.

30. Ein Wechsel oder ein Eigenwechsel soll von einer diesem Gesetze unterliegenden Gesellschaft als ausgestellt, angenommen oder indossiert gelten, wenn er von einer mit Vollmacht der Gesellschaft handelnden Person im Namen oder für Rechnung der Gesellschaft ausgestellt, angenommen oder indossiert ist.

Wechsel und Eigenwechsel. (Bills of exchange and promissory notes.)

31. — 1. Eine Gesellschaft kann in einer schriftlichen mit dem Geschäftssiegel versehenen Urkunde eine Person entweder allgemein oder in bezug auf irgendeine besondere Angelegenheit bevollmächtigen, als ihr Vertreter für sie irgendwo außerhalb des Vereinigten Königreichs Urkunden auszustellen.

Gesiegelte Urkunden im Ausland errichtet.

2. Eine Urkunde, die von einem solchen Bevollmächtigten für die Gesellschaft und mit seinem persönlichen Siegel errichtet wird, bindet die Gesellschaft und hat die gleiche Wirkung, wie wenn sie mit dem Gesellschaftssiegel errichtet wäre.

32. — 1. Eine Gesellschaft, die zur Durchführung ihrer Zwecke Geschäfte im Ausland betreibt, kann, wenn die Statuten es gestatten, für den Gebrauch im Ausland ein besonderes Geschäftssiegel verwenden, das eine Nachbildung (Faksimile) des gewöhnlichen Geschäftssiegels der Gesellschaft ist, aber mit einem Zusatz mit dem Namen des Landes, Distrikts oder Platzes, wo es zur Anwendung kommt.

Befugnis der Gesellschaft, ein Geschäftssiegel für den Gebrauch im Ausland zu haben.

2. Eine gesiegelte Urkunde oder eine andere Urkunde, auf welcher ein solches Geschäftssiegel angebracht ist, bindet die Gesellschaft, wie wenn sie mit dem ordentlichen Geschäftssiegel der Gesellschaft versehen wäre.

3. Eine Gesellschaft, die ein besonderes Geschäftssiegel in einem solchen Gebiete, Distrikt oder Platz hat, kann durch ihr ordentliches Geschäftssiegel jede Person, welche für die Gesellschaftszwecke in einem solchen Gebiete tätig ist, ermächtigen, das besondere Siegel jeder Urkunde beizufügen, für welche das Siegel vorgeschrieben ist, oder jeder anderen Urkunde, bei welcher die Gesellschaft in jenem Gebiete Partei ist.

4. Das Vertretungsrecht eines jeden solchen Vertreters dauert, soweit das Verhältnis zwischen der Gesellschaft und anderen Personen in Betracht kommt, welche mit dem Vertreter verkehren, während der Zeit, welche in der Vertretungsvollmacht erwähnt ist, oder mangels einer solchen Erwähnung, bis zur Zeit, da der dritten Person, welche mit dem Vertreter verkehrt, Mitteilung des Widerrufs oder der Beendigung der Vertretungsvollmacht gegeben wird.

5. Die Person, welche ein solches besonderes Geschäftssiegel auf eine von ihr geschriebene Urkunde setzt, muß auf der mit dem Siegel versehenen Urkunde Zeit und Ort, wo das Siegel angefügt wurde, bezeugen.

Beglaubigung von Urkunden.

33. Eine Urkunde oder ein sonstiges Schriftstück, welches eine Beglaubigung durch die Gesellschaft erfordert, kann von einem Direktor, einem Sekretär oder einem anderen bevollmächtigten Beamten der Gesellschaft gezeichnet werden und braucht nicht mit dem ordentlichen Geschäftssiegel der Gesellschaft versehen zu sein.

Beglaubigung von Urkunden.

Zweiter Teil.

Aktienkapital und Schuldverschreibungen (Obligationenanleihen).

(Share Capital and Debentures.)

Prospekt.

Datierung und Eintragung des Prospektes.

34. — 1. Ein von oder für eine Gesellschaft oder in bezug auf eine zu gründende Gesellschaft ausgegebener Prospekt soll datiert werden. Bis zum Beweis des Gegenteils gilt dieses Datum als Datum der Veröffentlichung des Prospektes.

2. Eine Abschrift eines jeden solchen Prospektes, welche von einer darin als Direktor oder als zukünftiger Direktor bezeichneten Person oder von ihrem schriftlich hierzu bevollmächtigten Vertreter unterschrieben ist, soll an oder vor dem Datum seiner Publikation dem Registerführer eingereicht werden. Kein solcher Prospekt darf ausgegeben werden, solange eine Abschrift nicht zur Eintragung eingereicht ist.

3. Der Registerführer darf einen Prospekt nicht eintragen, solange er nicht datiert und seine Abschrift nicht in der durch diesen Paragraphen geforderten Weise unterzeichnet ist.

4. Jeder Prospekt muß auf seiner Vorderseite angeben, daß eine Abschrift gemäß diesem Paragraphen zur Eintragung eingereicht worden ist.

5. Wenn ein Prospekt ausgegeben ist, ohne daß eine solche Abschrift eingereicht ist, so sollen die Gesellschaft und jede Person, welche wissentlich bei der Ausgabe des Prospektes mitwirkt, für jeden Tag vom Datum der Ausgabe des Prospektes an bis zum Tage der Einreichung der Abschrift mit einer £ 5 nicht übersteigenden Buße bestraft werden.

Besondere Erfordernisse für den Inhalt des Prospektes.

35. — 1. Jeder Prospekt von einer Gesellschaft oder für sie oder von einer Person, die bei der Bildung der Gesellschaft beschäftigt oder interessiert ist oder war, muß über die Tatsachen berichten, welche in Teil I des 4. Anhanges (Fourth Schedule) dieses Gesetzes angegeben sind und die Berichte wiedergeben, wie sie in Teil II dieses Anhanges (of that Schedule) verlangt werden, und die erwähnten Teile I und II sollen Geltung haben, vorbehältlich der Bestimmung von Teil III des erwähnten Anhanges.

2. Eine Bedingung ist nichtig, durch welche der Übernehmer von Aktien oder Obligationen einer Gesellschaft auf die Erfüllung einer Vorschrift dieses Paragraphen verzichten würde, oder welche dazu führen könnte, daß er durch irgendeinen Vertrag, eine Urkunde oder Tatsache gebunden wäre, die nicht besonders im Vertrage erwähnt sind.

3. Es ist rechtlich nicht zulässig, irgendein Formular als Zeichnungsschein von Aktien oder Schuldverschreibungen (Obligationenanleihen) einer Gesellschaft auszugeben, wenn das Formular nicht mit einem Prospekt ausgegeben wird, der den Erfordernissen dieses Paragraphen entspricht.

Diese Vorschrift soll indessen keine Geltung haben, wenn nachgewiesen wird, daß der Zeichnungsschein ausgegeben wurde entweder

a) in Verbindung mit einer Bona-fide-Einladung an eine Person, sie möchte ein underwriting agreement für die Aktien oder für Schuldverschreibungen eingehen[1] oder

---

[1] Es kommt oft vor, daß vor Ausgabe des Prospektes mit Einladung an das Publikum gewisse Personen (insbesondere Banken) sich verpflichten, gegen Zahlung einer Provision eine bestimmte Anzahl von Aktien oder Obligationen zu übernehmen, wenn sie vom Publikum nicht übernommen werden. Diese Personen heißen „underwriters" und ein bezüglicher Vertrag „underwriting-agreement".

b) in bezug auf Aktien oder Schuldverschreibungen, welche nicht öffentlich angeboten werden.

Wenn irgendeine Person die Vorschriften dieser Ziffer 3 verletzt, so soll sie ungeachtet irgendwelcher weiteren Haftung, mit einer Buße bis auf £ 500 bestraft werden.

4. Im Falle der Nichtbeachtung oder der Verletzung der Erfordernisse dieses Paragraphen soll einem Direktor oder jemand anderem, der für den Prospekt verantwortlich ist, keinerlei Verantwortung daraus entstehen, wenn er beweist, daß

a) die nicht angegebene Tatsache ihm unbekannt war; oder
b) die Nichterfüllung von seiner Seite auf einen ehrlichen Irrtum zurückzuführen ist, oder
c) die Nichterfüllung oder Übertretung in bezug auf etwas geschah, was nach der Ansicht des Gerichts unwesentlich ist, oder, wenn bei Berücksichtigung aller Umstände, die Übertretung vernünftigerweise entschuldbar ist.

Im Falle des Fehlens einer Angabe im Prospekt in bezug auf die in Ziffer 15 von Teil I des 4. Anhanges (Schedule) dieses Gesetzes genannten Tatsachen, soll weder den Direktor noch irgendeine andere Person eine Haftung treffen, so lange nicht nachgewiesen ist, daß er Kenntnis von den nicht erwähnten Tatsachen hatte.

5. Dieser Paragraph findet keine Anwendung in bezug auf die Ausgabe eines Prospektes oder eines Zeichnungsscheines für Aktien oder Schuldverschreibungen an Personen, welche schon Aktionäre oder Inhaber von Schuldverschreibungen sind, gleichgültig ob der Zeichner das Recht haben wird, zugunsten von anderen Personen zu verzichten oder nicht, jedoch mit dem Vorbehalt, wie schon vorhin erwähnt, daß dieser Paragraph auf einen Prospekt oder einen Zeichnungsschein anzuwenden ist, welche ausgegeben werden bei Gründung oder mit Bezug auf die Gründung einer Gesellschaft oder gleich darauf.

6. Keine Bestimmung dieses Paragraphen soll die Haftung beschränken oder verkleinern, welcher eine Person gestützt auf allgemeine Rechtsgrundsätze oder auf eine andere Bestimmung dieses Gesetzes unterliegt.

Verbot von Änderungen von Bestimmungen die im Prospekt oder in dem an seiner Stelle stehenden Bericht erwähnt sind.

36. — 1. Eine Gesellschaft, deren Haftbarkeit auf das Aktienkapital beschränkt ist oder eine Gesellschaft, deren Haftbarkeit auf eine Garantie beschränkt ist und die ein Aktienkapital hat, darf vor der Generalversammlung die Bedingungen eines Vertrages, auf welchen der Prospekt oder die an Stelle des Prospektes tretende Aufstellung (the statement in lieu of prospectus) Bezug nimmt, nicht ändern, ausgenommen mit dem Vorbehalt der Genehmigung durch die Generalversammlung.

2. Dieser Paragraph findet keine Anwendung auf private companies.

Haftung für Angaben des Prospektes.

37. — 1. Wenn ein Prospekt Personen zur Zeichnung von Aktien oder Schuldverschreibungen einer Gesellschaft einlädt, so sollen

a) jede Person, welche zur Zeit der Ausgabe des Prospektes Direktor ist, und
b) jede Person, welche ihre Einwilligung dazu gegeben hat, daß sie im Prospekt genannt und als Direktor bezeichnet werde, oder welche zugestimmt hat, Direktor zu werden, sei es sofort oder nach Ablauf einer bestimmten Zeit, und
c) jede Person, welche Gründer (promoter) der Gesellschaft ist und
d) jede Person, welche die Ermächtigung zur Ausgabe des Prospektes gegeben hat,

schadenersatzpflichtig sein gegenüber allen Personen, die im Vertrauen auf einen solchen Prospekt Aktien oder Schuldverschreibungen zeichnen, und zwar für den Verlust oder Schaden, den sie auf Grund einer unwahren Angabe im Prospekt oder in irgendeinem Berichte oder der Gründungsurkunde, die darin enthalten sind, oder zusammen mit ihnen ausgegeben wurden, erleiden, es sei denn, daß bewiesen wird:

I. Daß diese Person nach Erteilung der Einwilligung, Direktor der Gesellschaft zu werden, ihre Einwilligung vor Ausgabe des Prospektes zurückgezogen hat, oder

II. daß der Prospekt ohne ihre Kenntnis oder ohne ihre Zustimmung ausgegeben wurde, und daß sie nach Kenntnis der Ausgabe sofort eine angemessene öffentliche Erklärung erließ, daß eine solche Ausgabe ohne ihr Wissen oder ohne eine solche Einwilligung stattgefunden hat, oder

III. daß diese Person nach der Ausgabe eines solchen Prospektes und vor der gestützt auf den Prospekt erfolgten Zuteilung, sobald sie Kenntnis der darin enthaltenen unwahren Angaben erlangt hatte, ihre Zustimmung zurückzog, und eine angemessene öffentliche Erklärung in bezug auf den Widerruf und den Grund hierfür erlassen hat, oder

IV. daß bewiesen wird,

a) daß diese Person in bezug auf eine solche unwahre Angabe, die nicht behauptet, gestützt auf das Gutachten eines Sachverständigen oder gestützt auf eine öffentliche amtliche Urkunde oder eines solchen Berichtes gemacht zu sein, angemessenen Grund zur Annahme hatte und in der Tat bis zur Zuteilung der Aktien oder Schuldverschreibungen geglaubt hat, daß die Angabe wahr sei, und

b) daß nachgewiesen wird, daß die unwahre Angabe, welche behauptet, das Gutachten eines Sachverständigen oder die Abschrift oder ein Auszug eines Berichtes oder einer Schätzung eines Sachverständigen zu sein, das Gutachten getreu wiedergab oder daß sie eine getreue Abschrift oder ein getreuer Auszug aus dem Bericht oder der Schätzung war, und

c) daß nachgewiesen wird in bezug auf irgendeine unrichtige Angabe, welche sich als Erklärung einer Amtsperson oder als Abschrift oder als Auszug aus einer amtlichen öffentlichen Urkunde ausgibt, daß sie eine genaue und zuverlässige Wiedergabe einer solchen Urkunde oder ein Auszug aus einer solchen Urkunde war.

Es wird dabei bestimmt, daß eine Person zu Schadensersatz verpflichtet ist, wie vorhin erwähnt, wenn bewiesen ist, daß sie keinen angemessenen Grund hatte, zu glauben, daß derjenige, welcher eine solche Darstellung, einen solchen Bericht oder eine solche Schätzung, wie sie oben unter (IV, b) erwähnt sind, abgab, wirklich kompetent war, um sie abzugeben.

2. Wenn der Prospekt den Namen einer Person als Direktor der Gesellschaft enthält, oder so lautet, als ob sie zugestimmt habe, Direktor zu werden, obwohl sie nicht zugestimmt, oder ihre Zustimmung zurückgezogen hat, bevor der Prospekt ausgegeben wurde, und auch nicht zur Ausgabe ermächtigte, noch ihr zustimmte, so müssen die Direktoren der Gesellschaft, ausgenommen diejenigen, ohne deren Wissen oder Zustimmung der Prospekt ausgegeben wurde, sowie jede andere Person, welche die Ausgabe veranlaßte, der vorhin genannten Person den Schaden, die Kosten und Auslagen ersetzen, die ihr deshalb entstehen, weil ihr Name im Prospekt genannt oder weil sie deshalb gerichtlich belangt wurde.

3. Eine Person, die gestützt auf diesen Paragraphen zu Zahlungen verpflichtet wird, weil sie Direktor ist oder als solcher genannt wurde oder zustimmte, Direktor zu werden oder weil sie zur Ausgabe eines Prospektes ermächtigte, hat das Recht, eine jede andere Person auf Zahlung eines Anteiles zu belangen, entsprechend wie in Vertragsfällen, wenn die letztere Person, direkt und getrennt eingeklagt, dieselbe Zahlung leisten müßte, es sei denn, daß die ersterwähnte Person einer betrügerischen falschen Darstellung schuldig ist, während dies bei der anderen Person nicht der Fall ist.

4. Im Sinne dieses Paragraphen bedeutet der Ausdruck „promoter" einen Gründer, d. h. eine Person, welche teilnahm an der Vorbereitung des Prospektes oder

desjenigen Teiles, welcher die unwahre Darstellung enthielt, schließt jedoch eine Person nicht darum ein, weil sie in ihrer Berufseigenschaft für Personen gehandelt hat, die mit der Bildung der Gesellschaft beschäftigt waren. Der Ausdruck „expert" schließt Ingenieure, Schätzer (valuers, Taxatoren), Buchhalter und jede andere Person in sich, deren Beruf einem von ihnen erstatteten Gutachten besonderes Ansehen verleiht.

Schriftstücke mit Verkaufsangeboten von Aktien und Obligationen werden wie Prospekte behandelt.

38. — 1. Wenn eine Gesellschaft eine Zuteilung von Aktien oder Schuldverschreibungen der Gesellschaft vornimmt oder sich verpflichtet, eine solche vorzunehmen, mit der Absicht, alle oder einen Teil dieser Aktien oder Schuldverschreibungen dem Publikum zum Kaufe anzubieten, so wird jedes Schriftstück, durch welches die Offerte an das Publikum gemacht wird, als ein von der Gesellschaft ausgegebener Prospekt behandelt und alle gesetzlichen Bestimmungen und Rechtsregeln, die sich auf den Inhalt und die Haftung für die Feststellungen und Unterlassungen in Prospekten oder sonstwie auf Prospekte beziehen, sollen Anwendung finden und entsprechende Wirkung haben, wie wenn die Aktien oder Schuldverschreibungen dem Publikum zur Zeichnung angeboten worden wären und wie wenn Personen, welche das Angebot annehmen, Zeichner dieser Aktien oder Schuldverschreibungen wären, unbeschadet der persönlichen Haftbarkeit der Personen, die das Angebot gemacht haben, für die falsche Darstellung, die im Schriftstück enthalten ist oder sonstwie in bezug darauf.

2. Für die Zwecke dieses Gesetzes soll, sofern nicht das Gegenteil bewiesen ist, angenommen werden, eine Zuteilung oder eine Verpflichtung zur Zuteilung von Aktien oder Schuldverschreibungen sei mit der Absicht eines Angebotes an das Publikum erfolgt, wenn nachgewiesen ist:

a) daß ein Angebot des Verkaufs der Aktien oder Schuldverschreibungen oder irgendwelcher einzelner Stücke an das Publikum innerhalb 6 Monaten nach der Zuteilung oder der vertraglichen Verpflichtung zur Zuteilung (agreement to allot) erfolgte, oder

b) daß im Zeitpunkt, da das Angebot der Aktien oder Schuldverschreibungen erfolgte, die Gesellschaft von der ihr geschuldeten Gegenleistung noch keinen Teil erhalten hatte.

3. Paragraph 34 dieses Gesetzes, wie er für diesen Paragraphen zur Anwendung kommt, soll so wirksam sein, wie wenn die Personen, welche das Angebot machen, Personen wären, die in einem Prospekt als Direktoren der Gesellschaft genannt sind, und Paragraph 35 dieses Gesetzes, wie er für diesen Paragraphen zur Anwendung kommt, soll so wirksam sein, wie wenn er einen Prospekt verlangte, der außer den durch jenen Paragraphen verlangten Angaben noch folgende enthält:

a) den Netto-Betrag der Gegenleistung, welchen die Gesellschaft erhielt oder erhalten soll für die Aktien oder Schuldverschreibungen, auf welche sich das Angebot bezieht, und

b) Ort und Zeit, wo und wann der Vertrag eingesehen werden kann, gemäß welchem die genannten Aktien oder Schuldverschreibungen zugeteilt wurden, oder zugeteilt werden sollen.

4. Wenn eine Person, die ein Angebot macht, auf welches sich dieser Paragraph bezieht, eine company (Aktiengesellschaft) oder eine firm (partnership) ist, so genügt es, wenn die vorhin erwähnte Urkunde für die Gesellschaft von zwei Direksoren oder für die partnership von wenigstens der Hälfte der partners (der Geselltchafter) unterschrieben ist. Jeder dieser Direktoren oder partners kann durch seinen schriftlich bevollmächtigten Vertreter unterzeichnen.

Zuteilung (Allotment).

Verbot der Zuteilung, wenn Minimalbetrag der Zeichnungen nicht erreicht.

39. — 1. Es darf keine Zuteilung von irgendwelchen dem Publikum zur Zeichnung angebotenen Aktienkapital erfolgen, solange nicht der im Prospekt für die Aktienausgabe genannte Mindestbetrag gezeichnet ist, der nach der Ansicht der Direktoren bei der Ausgabe der Aktien aufgebracht werden muß, um den in § 5 von Teil I des 4. Anhanges (fourth Schedule) aufgezählten Erfordernissen zu entsprechen und solange nicht der Betrag, welcher mit der Zeichnung in der genannten Höhe bezahlt werden muß, eingezahlt und von der Gesellschaft empfangen wurde.

Im Sinne dieses Paragraphen soll ein Betrag als bezahlt und von der Gesellschaft als erhalten gelten, wenn sie für diesen Betrag einen Scheck in gutem Glauben erhalten hat und die Direktoren der Gesellschaft keinen Grund haben, zu vermuten, daß der Scheck nicht eingelöst werde.

2. Für die Berechnung des so im Prospekt festgesetzten Betrages kommt ausschließlich der in bar zu zahlende Betrag in Betracht, nicht aber andersgeartete Zahlung. Er wird in diesem Gesetz „minimum subscription" genannt (Minimalzeichnungsbetrag).

3. Der zugleich mit der Zeichnung auf jede Aktie zahlbare Betrag soll nicht weniger als 5 % des Nominalbetrages der Aktie betragen.

4. Wenn die vorgenannten Bedingungen nicht nach Ablauf von 40 Tagen nach der ersten Ausgabe des Prospektes erfüllt sind, so müssen alle von den Zeichnern für die Aktien gezahlten Gelder sofort den Zeichnern ohne Zinsen zurückbezahlt werden. Wenn solches Geld nicht innerhalb von 48 Tagen nach der Ausgabe des Prospektes zurückgezahlt ist, sollen die Direktoren der Company solidarisch und einzeln verpflichtet sein, vom Ablauf des 48. Tages an dieses Geld mit 5 % Zinsen zurückzuzahlen.

Doch trifft diese Verpflichtung einen Direktor nicht, wenn er nachweist, daß die Rückzahlung des Geldes nicht durch seine Nachlässigkeit oder sein Verschulden entstanden ist.

5. Eine Bestimmung, die von einem Zeichner von Aktien verlangt oder ihn verpflichtet, auf die Erfüllung eines Erfordernisses dieses Paragraphen zu verzichten, soll nichtig sein.

6. Dieser Paragraph soll, mit Ausnahme von Ziffer (3) auf irgendeine Aktienzuteilung, welche der erfolgten ersten Zuteilung der dem Publikum zur Zeichnung angebotenen Aktien nachfolgt, keine Anwendung finden.

Verbot der Zuteilung in einzelnen Fällen, wenn dem Registerführer nicht ein statement in lieu of prospectus eingereicht wurde.

40. — 1. Eine Gesellschaft, welche ein in Aktien zerlegtes Kapital hat, und keinen Prospekt in bezug auf die Gründung ausgibt, oder welche zwar einen solchen Prospekt ausgegeben hat, aber es unterließ, die dem Publikum zur Zeichnung angebotenen Aktien zuzuteilen, darf keine Aktien oder Schuldverschreibungen zuteilen, bevor nicht wenigstens drei Tage vor der ersten Zuteilung von Aktien oder Schuldverschreibungen dem Registerführer ein statement in lieu of prospectus (eine Aufstellung an Stelle eine Prospektes) eingereicht worden ist, welches die Unterschrift jeder Person trägt, welche darin als Direktor oder vorgeschlagener Direktor der Gesellschaft bezeichnet ist, oder von dessen schriftlich bevollmächtigtem Vertreter und zwar in der Form und mit dem Inhalt, wie dies im 5. Anhang dieses Gesetzes (the fifth Schedule to this Act) näher ausgeführt ist.

2. Dieser Paragraph findet keine Anwendung auf die Private Company.

3. Wenn eine Gesellschaft die Vorschriften dieses Paragraphen verletzt, so verwirkt die Gesellschaft und jeder ihrer Direktoren, welcher wissentlich die Übertretung veranlaßt oder zuläßt, eine Buße bis auf £ 100.

Wirkung vorschriftswidriger Zuteilung.

41. — 1. Eine von einer Gesellschaft an einen Zeichner in Zuwiderhandlung gegen die vorhergehenden zwei Paragraphen (39 und 40) gemachte Zuteilung soll auf Antrag des Zeichners innerhalb eines Monates nach Abhaltung der ersten Generalversammlung (the statutory meeting) der Gesellschaft und nicht später anfechtbar sein, oder in jedem Fall, da ein statutory meeting nicht verlangt wird, oder wenn die Zuteilung nach dem statutory meeting erfolgte, innerhalb eines Monats nach der Zuteilung und nicht später. Die Anfechtung soll in dieser Weise selbst dann zulässig sein, wenn die Gesellschaft bereits in Liquidation steht.

2. Wenn ein Direktor einer Gesellschaft den vorstehenden Bestimmungen dieses Gesetzes hinsichtlich der Zuteilung wissentlich zuwiderhandelt, oder eine solche Zuwiderhandlung duldet, oder veranlaßt, soll er verpflichtet sein, die Gesellschaft und die Person, an welche die Zuteilung erfolgte (the allotee), entsprechend für den Verlust oder für alle Schäden und Kosten, welche die Gesellschaft oder jene Person erlitten hat, zu entschädigen; der Rechtsstreit auf Ersatz eines solchen Verlustes oder auf Wiedererstattung solcher Schäden und Kosten muß jedoch binnen 2 Jahren nach der Zuteilung begonnen werden.

Bericht über die Aktienzuteilung.

42. — 1. Wenn eine company limited by shares (eine Gesellschaft, deren Haftung auf die Aktien beschränkt ist) oder eine company limited by guarantee mit Aktienkapital eine Zuteilung ihrer Aktien vornimmt, soll die Gesellschaft innerhalb eines Monats hierauf beim Registerführer einreichen:

a) einen Zuteilungsbericht, welcher die Nummern und den Nominalbetrag der von der Zuteilung erfaßten Aktien, die Namen, Adressen und den Beruf der Zeichner und den auf jede Aktie bezahlten oder schuldigen und zahlbaren Betrag angibt, und

b) im Falle, daß Aktien gänzlich oder teilweise für eine nicht in Barzahlung bestehende Gegenleistung zugeteilt sind, einen schriftlichen Vertrag, welcher den Anspruch des Zeichners auf eine solche Zuteilung begründet, zusammen mit dem etwaigen Kaufvertrage oder Dienstvertrage oder einem eine sonstige Gegenleistung nennenden Vertrage, gegen welche solche Zuteilung erfolgte (solche Verträge müssen genügend gestempelt sein) und schließlich einen Bericht, der die Zahl und den Nominalbetrag der so zugeteilten Aktien, den Betrag, bis auf welche sie als gezahlt gelten, und die Gegenleistung, für welche sie zugeteilt worden sind, angibt.

2. Wenn ein solcher Vertrag, wie oben erwähnt, nicht schriftlich angefertigt ist, so soll die Gesellschaft binnen einem Monat nach erfolgter Zuteilung einen die vorgesehenen Einzelheiten des Vertrages enthaltenden Bericht beim Registerführer einreichen und zwar mit dem Stempel versehen, welcher vorgeschrieben wäre, wenn der Vertrag schriftlich abgefaßt worden wäre. Ein solcher Bericht soll als Urkunde im Sinne des Stempelgesetzes von 1891 (Stamp Act, 1891) gelten, und der Registerführer kann als Bedingung für die Eintragung des Berichts verlangen, daß die Stempelgebühr gemäß § 12 des erwähnten Gesetzes bezahlt wird.

3. Im Falle Nichtbeachtens der Vorschriften dieses Paragraphen ist jeder Direktor, Geschäftsführer, Sekretär oder andere Beamte der Gesellschaft, der wissentlich an dieser Nichtbeachtung beteiligt ist, bußfällig bis auf £ 50 für jeden Tag, da die Nichterfüllung andauert.

Wird es unterlassen, innerhalb eines Monats eine durch diesen Paragraphen vorgeschriebene Urkunde dem Registerführer einzugeben, so kann die Gesellschaft oder die für die Unterlassung verantwortliche Person vor das Gericht vorgeladen werden. Wenn dem Gericht nachgewiesen wird, daß die Unterlassung zufällig geschah oder auf ein Versehen zurückzuführen ist oder daß es recht und billig erscheint, so kann das Gericht die Frist zur Einreichung der Urkunde angemessen erstrecken.

Provisionen und Ausgabe von Aktien unter dem Nennbetrag.
(Commissions and Discounts.)

Befugnis der Zahlung gewisser Provisionen und Verbot der Zahlung aller andern Provisionen, Diskontos usw.

43. — 1. Eine Gesellschaft soll berechtigt sein, einer Person für ihre Zeichnung oder Verpflichtung zur Zeichnung von Aktien der Gesellschaft, sei es unbedingt oder bedingt, oder zur Verschaffung von Zeichnungen, sei es unbedingt oder bedingt, eine Provision zu zahlen beim Vorliegen folgender Umstände:

a) wenn die Zahlung der Provision durch die Statuten ausdrücklich zugelassen ist, und

b) wenn die bezahlte oder versprochene Provision 10 % des Emissionspreises oder den Betrag oder Prozentsatz, zu welchem die Statuten ermächtigen, nicht übersteigt, und

c) wenn der Betrag oder Prozentsatz, welcher bezahlt wird oder zu zahlen versprochen ist —

α) im Falle von Aktien, die dem Publikum zur Zeichnung angeboten sind, im Prospekte angegeben ist, oder

β) wenn im Falle von Aktien, die dem Publikum nicht zur Zeichnung angeboten sind, der Betrag in der an Stelle des Prospektes tretenden Aufstellung (statement in lieu of prospectus) angegeben ist, oder wenn dies der Fall ist in einer Aufstellung in vorgeschriebenem Formular, in gleicher Weise unterschrieben wie die an Stelle des Prospektes tretende Aufstellung, und diese Schriftstücke dem Registerführer vor Zahlung der Provision zur Eintragung eingereicht sind, und wenn ein Rundschreiben oder eine Mitteilung, die sich nicht als Prospekt darstellen, aber zur Zeichnung von Aktien einladen, ausgegeben wurden und auch in diesem Rundschreiben oder in dieser Mitteilung der Betrag angegeben ist, und

d) wenn die Zahl der Aktien, welche Personen als Provision für unbedingte Zeichnung zugesichert sind, genau in der erwähnten Weise bekanntgegeben ist.

2. Vorbehältlich des Vorhergesagten darf keine Gesellschaft ihre Aktien oder ihr Kapitalgeld, sei es direkt oder indirekt, zur Zahlung einer Provision, eines Diskonts oder einer Vergütung an eine Person für die Zeichnung oder Verpflichtung zur Zeichnung von Aktien, weder bedingt noch unbedingt, zur Verschaffung von Zeichnungserklärungen für Aktien der Gesellschaft verwenden. Hierbei ist gleichgültig, ob die Aktien oder das Geld dem Kaufpreis irgendeines von der Gesellschaft erworbenen Vermögensstückes oder dem Vertragspreis einer für die Gesellschaft zu leistenden Tätigkeit zugefügt werden, oder ob das Geld aus dem nominellen Kaufsgeld oder Vertragspreis oder sonstwie bezahlt wird.

3. Aber keine Bestimmung dieses Paragraphen soll die Befugnisse einer Gesellschaft zur Zahlung einer solchen Mäklergebühr, wie sie früher durch die Gesellschaft zu zahlen gesetzlich erlaubt war, berühren.

4. Ein Verkäufer, ein Gründer oder eine sonstige Person, welche in Geld oder Aktien von einer Gesellschaft Zahlung erhält, soll berechtigt sein und immer als berechtigt gewesen gelten, einen Teil dieses so erhaltenen Geldes oder dieser Aktien zur Zahlung einer Provision zu verwenden, deren Zahlung, falls sie direkt durch die Gesellschaft geschehen wäre, in Gemäßheit dieser Paragraphen gesetzlich zulässig gewesen wäre.

5. Bei einer Verfehlung gegen die Vorschriften dieses Paragraphen in bezug auf die Eingabe des Berichtes in der vorgeschriebenen Form an den Registerführer, verfällt die Gesellschaft und jeder fehlbare Beamte der Gesellschaft einer Buße, welche £ 25 nicht übersteigt.

44. — 1. Wenn eine Gesellschaft irgendwelche Beträge als Provision hinsichtlich von Aktien oder Schuldverschreibungen bezahlt hat oder in der Form eines Diskonto (Ausgabe unter dem Nennwerte) gewährt hat, so soll der gesamte so gezahlte oder gewährte Betrag oder so viel davon, als nicht abgeschrieben worden ist, in jeder Bilanz der Gesellschaft so lange angegeben werden, bis der Gesamtbetrag abgeschrieben worden ist.

Bekanntgabe in der Bilanz von Provisionen und Ausgaben unter dem Nennwert.

2. Bei einer Verletzung der Vorschriften dieses Paragraphen verfällt die Gesellschaft und jeder Beamte der Gesellschaft, welcher im Verschulden ist, in eine Versäumnisbuße (default fine).

45. — 1. Vorbehältlich der Bestimmungen dieses Paragraphen ist es nicht erlaubt, daß eine Gesellschaft irgendeiner Person irgendwelche finanzielle Unterstützung gewährt, welche den Ankauf irgendwelcher Aktien der Gesellschaft bezweckt, oder damit in Verbindung steht, sei es direkt oder indirekt, sei es durch ein Darlehen, eine Garantie (Bürgschaft), eine Sicherheitsleistung oder anderweitig.

Verbot finanzieller Beihilfe bei Kauf von Aktien.

Doch soll dieses Verbot keineswegs Anwendung finden auf folgende Fälle:

a) wenn das Ausleihen von Geld ein Teil des ordentlichen Geschäftes der Gesellschaft ist und das Geld im ordentlichen Verlaufe ihrer Geschäfte ausgeliehen wird;

b) wenn eine Gesellschaft für Käufe von voll einbezahlten Aktien der Gesellschaft durch Treuhänder (trustees) Geld gibt, gestützt auf einen zur Zeit in Kraft stehenden Plan (scheme) und diese Aktien zugunsten von Angestellten der Gesellschaft gehalten werden sollen, eingeschlossen Direktoren, welche eine bezahlte Stellung oder ein bezahltes Amt bei der Gesellschaft haben;

c) wenn eine Gesellschaft bona fide Darlehen an Angestellte der Gesellschaft, welche nicht Direktoren sein dürfen, gibt, um ihnen den Ankauf voll einbezahlter Aktien in beneficial ownership zu ermöglichen[1].

2. Der Gesamtbetrag der so gemäß b und c oben gegebenen Darlehen soll in besonderen Posten in jeder Bilanz der Gesellschaft figurieren.

3. Wenn eine Gesellschaft die Vorschriften dieses Paragraphen verletzt, so verfällt die Gesellschaft und jeder Beamte der Gesellschaft, welcher in Verschulden ist, in eine Buße, welche £ 100 nicht übersteigt.

Ausgabe von rückkaufbaren Vorzugsaktien und Aktien unter dem Nennwert.

(Issue of Redeemable Preference Shares and Shares at Discount.)

46. — 1. Vorbehältlich der Bestimmungen dieses Paragraphen kann eine Aktiengesellschaft, wenn sie dazu durch ihre Statuten ermächtigt ist, Vorzugsaktien ausgeben, welche auf Option (at the option) der Gesellschaft zurückgekauft werden können.

Ausgabe von rückkaufbaren Vorzugsaktien.

Es wird bestimmt:

a) solche Aktien können nur zurückgekauft werden aus Gewinnen der Gesellschaft, welche sonst für Dividenden verwendet würden oder aus eingegangenen Geldern einer neuen Ausgabe von Aktien zum Zwecke des Rückkaufes;

b) solche Aktien dürfen nicht zurückgekauft werden, wenn sie nicht voll einbezahlt sind;

[1] Beneficial owner ist der Begünstigte (der Nutznießer) bei einer Treuhand (trust), für welchen der Treuhänder (trustee) das Vermögen verwaltet.

c) wenn solche Aktien auf andere Art zurückgekauft werden als aus Erträgnissen einer neuen Ausgabe, so muß aus Gewinnen, welche sonst für Dividenden verwendet würden, ein Reservefonds errichtet werden, welcher den Namen trägt „the capital redemption reserve fund", und zwar eine Summe, welche dem Betrag entspricht, der zum Rückkauf der Aktien nötig ist, und die Vorschriften dieses Gesetzes, welche sich auf die Reduktion des Aktienkapitals beziehen, sollen, vorbehältlich der in diesem Paragraphen zugelassenen Ausnahmen, so anwendbar sein, wie wenn das Kapital des Redemption-Reservefonds voll einbezahltes Aktienkapital der Gesellschaft wäre;

d) wenn irgend solche Aktien zurückgekauft werden aus den Erträgnissen einer neuen Emission, so muß die Prämie, wenn eine solche bei dem Rückkauf zu zahlen ist, aus den Gewinnen der Gesellschaft bereitgestellt sein, bevor die Aktien zurückgekauft werden.

2. In jeder Bilanz einer Gesellschaft, welche mit dem Rückkaufsrecht belastete Vorzugsaktien ausgab, muß genau festgestellt sein, welcher Teil des ausgegebenen Kapitals der Gesellschaft aus solchen Aktien besteht, ebenso das Datum, an welchem diese Aktien rückkaufbar sind, oder vor welchem sie zurückgekauft werden müssen.

Wenn eine Gesellschaft den Vorschriften dieses Gesetzesparagraphen nicht nachkommt, so verfällt sie einer Buße von höchstens £ 100, ebenso jeder Beamte der Gesellschaft, der in Verschulden ist.

3. Vorbehältlich der Vorschriften dieses Paragraphen kann der Rückkauf von Vorzugsaktien an solche Bedingungen geknüpft werden, wie sie in den Statuten der Gesellschaft festgelegt sind.

4. Wenn, gestützt auf diesen Paragraphen, eine Gesellschaft Vorzugsaktien zurückgekauft hat oder im Begriffe steht, sie zurückzukaufen, so hat sie das Recht, Aktien auszugeben bis zum Nominalbetrage der zurückgekauften Aktien oder der Aktien, welche sie im Begriffe steht zurückzukaufen, und zwar so wie wenn diese Aktien niemals ausgegeben worden wären, und dementsprechend soll das Aktienkapital in bezug auf die Vorschriften der Stempelgebühren nicht so gehalten werden, als ob die Gesellschaft ihr Kapital erhöht hätte durch die Ausgabe von Aktien gemäß dieser Ziffer 4.

Es wird bestimmt, daß, wenn neue Aktien vor dem Rückkauf alter Aktien ausgegeben werden, die neuen, soweit Stempelgebühren in Betracht kommen, es keineswegs so gehalten werden soll, als ob sie ausgegeben worden wären, gestützt auf diese Ziffer 4, es sei denn, daß die alten Aktien innerhalb eines Monats nach der Ausgabe der neuen zurückgekauft werden.

5. Wenn neue Aktien gemäß Ziffer 4 ausgegeben wurden, so kann der capital redemption reserve fund, ungeachtet irgendeiner Bestimmung dieses Paragraphen, von der Gesellschaft bis zu einem Betrage verwendet werden, der gleich ist dem Nominalbetrage der so ausgegebenen Aktien, um nicht ausgegebene Aktien der Gesellschaft voll einzuzahlen und sie an Aktionäre als voll einbezahlte Bonusaktien auszugeben.

Ausgabe von Aktien unter dem Nennwert (shares at a discount).

47. — 1. Unter folgenden Voraussetzungen ist es zulässig, daß eine Gesellschaft unter pari (unter dem Nennwert) Aktien einer bereits ausgegebenen Aktienklasse ausgibt:

a) die Ausgabe der Aktien unter pari muß in einer Generalversammlung beschlossen und durch das Gericht genehmigt worden sein;

b) der Beschluß muß den Höchstbetrag des Diskontos (der Differenz zwischen Nominalwert und Emissionspreis), zu welchem die Aktien ausgegeben werden, angeben;

c) es muß wenigstens ein Jahr zwischen dem Tage der Ausgabe und dem Tage verflossen sein, da die Gesellschaft berechtigt war, Geschäfte zu beginnen;
d) die unter pari ausgegebenen Aktien müssen innerhalb eines Monats nach dem Tage an welchem diese Ausgabe durch das Gericht genehmigt wurde, oder innerhalb einer vom Gericht erstreckten Frist, ausgegeben werden.

2. Wenn die Gesellschaft die Ausgabe unter pari beschlossen hat, so hat sie an das Gericht zu gelangen, damit dieses durch eine Order diese Ausgabe genehmigt und das Gericht kann diese Emission unter solchen Bedingungen gestatten, die es für angemessen erachtet.

3. Jeder Prospekt, welcher Bezug hat auf die Aktienausgabe und jede Bilanz, welche von der Gesellschaft nach erfolgter Aktienemission aufgestellt wird, muß genau den Diskontobetrag angeben, der bei der Aktienausgabe gewährt wurde, oder denjenigen Teilbetrag davon, welcher am Tage der Publikation der genannten Urkunde noch nicht amortisiert ist.

Wird gegen die Vorschrift dieser Ziffer 3 gefehlt, so haben wegen dieses Versäumnisses die Gesellschaft selbst und jeder ihrer schuldigen Beamten eine Versäumnisbuße zu zahlen.

Verschiedene Vorschriften über das Aktienkapital.

Befugnis einer Gesellschaft zu Bestimmungen, nach denen auf Aktien verschieden hohe Beträge einbezahlt werden können.

48. Eine Gesellschaft kann, wenn sie durch ihre Statuten dazu ermächtigt ist, eine oder mehrere der folgenden Maßnahmen treffen:

1. Bei der Ausgabe von Aktien Vereinbarungen treffen, nach denen hinsichtlich der Höhe und der Zeit der zu zahlenden Einforderungen eine verschiedene Behandlung der Inhaber solcher Aktien eintreten soll;

2. von einem Mitglied den ganzen uneinbezahlten Restbetrag oder einen Teil desselben entgegennehmen, auch wenn kein Teil dieses Betrages eingefordert ist;

3. Dividenden im Verhältnis zu dem auf jede Aktie einbezahlten Betrag bezahlen, obgleich auf einige Aktien ein höherer Betrag einbezahlt wurde als auf andere.

Vorbehaltene Haftung bei der Limited Company.

49. Eine Gesellschaft mit beschränkter Haftung (a limited company) kann durch einen Sonderbeschluß bestimmen, daß irgendein Teil des Aktienkapitals, welcher noch nicht eingefordert ist, nicht eingefordert werden darf, es sei denn erst im Fall und für die Zwecke einer Liquidation der Gesellschaft, und dieser Teil des Aktienkapitals kann dann nicht eingefordert werden, außer im vorhin genannten Fall und für den vorhin erwähnten Zweck.

Befugnis einer beschränkt haftenden Gesellschaft, ihr Aktienkapital zu ändern.

50. — 1. Eine Gesellschaft, deren Haftung auf die Höhe der Aktien beschränkt ist oder eine Gesellschaft, die ein Aktienkapital hat und bis auf die Höhe einer bestimmten Garantie haftet, kann, wenn die Statuten hierzu das Recht geben, die Bestimmungen ihrer Gründungsurkunde wie folgt ändern:

a) das Aktienkapital durch Ausgabe neuer Aktien, soweit sie es für angemessen findet, erhöhen;
b) das ganze oder einen Teil des Kapitals in Aktien von höherem als dem bisherigen Betrage umwandeln und verteilen;
c) alle oder einen Teil der voll einbezahlten Aktien in Stock umwandeln (konvertieren), und diesen Stock wieder in voll einbezahlte Aktien irgendwelcher Klasse umwandeln;
d) ihre Aktien oder einzelne derselben in Aktien von geringerem Betrage, als durch die Gründungsurkunde festgesetzt ist, teilen, jedoch immer so, daß bei der Unterteilung das Verhältnis zwischen dem auf jede herabgesetzte Aktie bezahlten und dem etwa noch nicht bezahlten Betrage dasselbe sein soll wie bei der früheren Aktie, aus der die Aktie mit herabgesetztem Betrage gebildet ist;

e) Aktien löschen, die zur Zeit des Beschlusses noch nicht übernommen sind oder bezüglich welcher zu dieser Zeit keine Pflicht zur Übernahme besteht, und das Aktienkapital im Umfange der so gelöschten Aktien herabsetzen.

2. Die durch diesen Paragraphen übertragenen Befugnisse können nur durch die Generalversammlung ausgeübt werden.

3. Eine Einziehung von Aktien auf Grund dieses Paragraphen soll nicht als eine Herabsetzung des Aktienkapitals im Sinne dieses Gesetzes gelten.

Mitteilung an Registerführer von der Konsolidierung des Aktienkapitals oder der Umwandlung von Aktien in Stockvermögen usw.

51. — 1. Wenn eine Gesellschaft, welche ein in Aktien zerlegtes Kapital hat,
a) ihr Aktienkapital zusammengelegt (konsolidiert) und in Aktien von größerem Betrage als den, auf welchen die bestehenden lauten, verteilt hat; oder
b) einzelne ihrer Aktien in Stockvermögen umgewandelt hat; oder
c) Stockvermögen wieder in Aktien umgewandelt hat; oder
d) ihre Aktien oder einen Teil davon in kleine Aktien zerlegt hat; oder
e) rückkaufbare Vorzugsaktien zurückgekauft hat, oder
f) Aktien anders als in Verbindung mit einer Herabsetzung gemäß Paragraph 55 diese Gesetzes gelöscht hat,

so soll innerhalb eines Monats darauf dem Registerführer der Gesellschaft davon Kenntnis gegeben werden, unter genauer Angabe der Aktien, welche zusammengelegt, geteilt, umgewandelt, zerlegt oder vernichtet wurden, oder des wieder zurückumgewandelten Stockvermögens.

2. Bei Übertretung dieses Paragraphen verwirkt die Gesellschaft und jeder ihrer Beamten, wenn er schuldig ist, eine Versäumnisbuße.

Mitteilung der Erhöhung des Aktienkapitals an den Registerführer.

52. — 1. Wenn eine Gesellschaft mit einem in Aktien zerlegten Grundkapital, gleichgültig ob ihre Aktien in Stockvermögen umgewandelt wurden oder nicht, ihr Aktienkapital erhöht, muß sie dem Registerführer von der Erhöhung über das eingetragene Kapital hinaus innerhalb 15 Tagen vom Tage des Beschlusses an, Nachricht geben und der Registerführer hat die Erhöhung im Register vorzumerken.

2. Die vorhin erwähnte Mitteilung muß solche einzelnen Angaben enthalten, wie sie vorgeschrieben sind in bezug auf die Aktienklassen, welche davon berührt werden und die Bedingungen, unter welchen die neuen Aktien ausgegeben wurden oder ausgegeben werden sollen, und dem Registerführer der Gesellschaft muß zusammen mit der Nachricht ein gedrucktes Exemplar des Beschlusses übermittelt werden, welcher die Erhöhung gestattet.

3. Wird den Vorschriften dieses Paragraphen nicht entsprochen, so verfallen die Gesellschaften und jeder ihrer Beamten, der in Verschulden ist, in eine Versäumnisbuße.

Befugnis einer unbeschränkt haftenden Gesellschaft bei Wiedereintragung ein Reserve-Aktienkapital anzulegen.

53. Eine Gesellschaft, welche unbeschränkt haftet und ein Aktienkapital hat, kann anläßlich ihres Beschlusses auf Eintragung als beschränkt haftende Gesellschaft entsprechend den Vorschriften dieses Gesetzes, nach ihrer Wahl, einen oder beide der folgenden Wege einschlagen:

1. das Nominalkapital erhöhen, indem sie den Nominalbetrag einer jeden Aktie erhöht, aber unter der Bedingung, daß kein Teil des erhöhten Kapitals einberufen werden kann, ausgenommen im Falle der Liquidation und für die Zwecke der Liquidation der Gesellschaft;

2. beschließen, daß ein bestimmter Teil ihres nicht eingeforderten Aktienkapitals, nur im Falle der Liquidation der Gesellschaft eingefordert werden darf.

Befugnis der Gesellschaft, in gewissen Fällen Zinsen aus dem Kapital zu zahlen.

54. — 1. Wenn Aktien einer Gesellschaft zur Bestreitung der Ausgaben für Herstellung von Werken oder Gebäuden oder die Beschaffung von Anlagen, welche für einen längeren Zeitraum nicht nutzbar gemacht werden können, ausgegeben werden, so darf die Gesellschaft auf das jeweilig eingezahlte Aktienkapital für diesen Zeitraum und vorbehaltlich der in diesem Paragraphen erwähnten Bedingungen und Beschränkungen Zinsen zahlen und darf das Kapitalkonto mit diesen so bezahlten Beträgen als Teil der Herstellungskosten des Werkes oder der Gebäude oder der Anlagen belasten.

Es sollen hierbei folgende Bestimmungen gelten:

a) keine solche Zahlung darf gemacht werden, sofern sie nicht durch die Statuten oder durch Sonderbeschluß der Gesellschaft zugelassen wird;
b) keine solche, sei es durch die Statuten oder durch einen Sonderbeschluß zugelassene Zahlung darf ohne vorhergehende Ermächtigung des Handelsamtes gemacht werden;
c) bevor das Handelsamt zu einer solchen Zahlung ermächtigt, kann es auf Kosten der Gesellschaft eine Person ernennen, welche Nachforschungen über die Sachlage anzustellen und ihm alsdann über sie zu berichten hat, und das Handelsamt kann vor dieser Ernennung von der Gesellschaft eine Sicherheit für die Zahlung der Kosten der Prüfung verlangen;
d) die Zahlung von Zinsen darf nur für den vom Handelsamt bestimmten Zeitraum geschehen; dieser Zeitraum darf in keinem Falle über das Ende des halben Jahres, nach welchem die Werke oder Gebäude tatsächlich vollendet oder die Anlagen erstellt sind, ausgedehnt werden;
e) die Zinsrate darf in keinem Falle 4 % oder die jeweilig durch Order in Council vorgeschriebene Rate überschreiten;
f) die Zahlung solcher Zinsen soll nicht als Reduktion des auf die Aktien einbezahlten Betrages wirken;
g) die Bücher der Gesellschaft sollen zeigen, in bezug auf welches Aktienkapital und zu welchem Zinsbetrage während des Zeitraumes, auf den sich die Bücher beziehen, Zinsen aus dem Kapital gezahlt worden sind;
h) keine Bestimmung dieses Paragraphen soll eine Gesellschaft berühren, für welche das indische Eisenbahngesetz von 1894 in der später abgeänderten Form gilt.

2. Wenn die Vorschrift von litt. g oben verletzt wird, so verwirkt die Gesellschaft und jeder Beamte der Gesellschaft, welcher in Verschulden ist, eine Versäumnisbuße, die £ 50 nicht übersteigt.

Herabsetzung des Aktienkapitals.

55. — 1. Vorbehaltlich der Bestätigung durch das Gericht kann eine company limited by shares oder eine company limited by guarantee, welche ein Aktienkapital hat, wenn sie hierzu durch ihre Statuten ermächtigt ist, durch Sonderbeschluß ihr Aktienkapital herabsetzen, und sie kann insbesondere (unbeschadet der allgemeinen Natur der vorgenannten Befugnis) Sonderbeschluß für Herabsetzung des Aktienkapitals.

a) die Haftpflicht einiger ihrer Aktien in bezug auf noch nicht eingezahltes Aktienkapital aufheben oder vermindern; oder
b) entweder mit oder ohne Aufhebung oder Verkleinerung der Haftpflicht ihrer Aktien, jedes voll eingezahlte Aktienkapital abschreiben, welches verloren ist oder welches durch keine verwertbaren Aktien repräsentiert ist, oder
c) entweder mit oder ohne Aufhebung oder Verkleinerung der Haftpflicht ihrer Aktien das Aktienkapital zurückzahlen, das über die Bedürfnisse der Gesellschaft hinausgeht,

und eine solche Gesellschaft kann, wenn und soweit wie dies notwendig ist, ihre Gründungsurkunde durch Herabsetzung des Betrages ihres Aktienkapitals und ihrer Aktien entsprechend ändern.

2. Ein Sonderbeschluß auf Grund dieses Paragraphen heißt in diesem Gesetz „ein Beschluß zur Herabsetzung des Aktienkapitals" (a resolution for reducing share capital).

Antrag an das Gericht zur Bestätigung des Herabsetzungsbeschlusses; Einspruch von Gläubigern und Liste der einsprucherhebenden Gläubiger.

56. — 1. Wenn eine Gesellschaft den Beschluß zur Herabsetzung des Aktienkapitals gefaßt hat, kann sie sich im Wege einer Petition an das Gericht zum Erlaß einer die Herabsetzung bestätigenden Verfügung wenden.

2. Wenn die vorgesehene Herabsetzung des Aktienkapitals entweder die Verminderung einer Verpflichtung in bezug auf uneingezahltes Aktienkapital oder die Rückzahlung von eingezahltem Aktienkapital an irgendeinen Aktionär zur Folge hat, wie auch in jedem anderen Fall, wenn dies das Gericht bestimmt, sollen folgende Bestimmungen gelten; indessen mit Vorbehalt der Bestimmungen von Ziffer 3 unten:

a) Jeder Gläubiger der Gesellschaft, welchem an dem von dem Gericht festgesetzten Datum eine Forderung oder ein Anspruch zusteht, welcher, wenn dieser Zeitpunkt der Beginn der Liquidation der Gesellschaft wäre, gegen die Gesellschaft geltend gemacht werden könnten, soll berechtigt sein, gegen die Herabsetzung Einspruch zu erheben.

b) Das Gericht soll eine Liste der Gläubiger abfassen, welche berechtigt sind, Einsprache zu erheben, und für diesen Zweck, soweit es möglich ist, ohne daß ein Begehren von Seite irgendeines Gläubigers erforderlich wäre, die Namen dieser Gläubiger und Art und Betrag ihrer Forderungen oder Ansprüche feststellen, und das Gericht kann eine Mitteilung veröffentlichen, in der ein gewisser Tag oder gewisse Tage festgesetzt werden, bis zu welchen die nicht in der Liste aufgenommenen Gläubiger ihre Aufnahme zu verlangen haben, widrigenfalls sie von dem Rechte, gegen die Herabsetzung Einspruch zu erheben, ausgeschlossen werden.

c) Wenn ein Gläubiger, dessen Name in die Liste eingetragen ist, dessen Forderung oder Anspruch nicht befriedigt oder nicht erloschen ist, mit der Herabsetzung nicht einverstanden ist, so kann das Gericht, wenn es dies für angemessen hält, von der Zustimmung dieses Gläubigers absehen, sofern die Gesellschaft für die Zahlung seiner Forderung oder seines Anspruches in der vom Gericht angeordneten Weise den folgenden Betrag als Sicherheitsleistung aussondert, nämlich

α) wenn die Gesellschaft den vollen Betrag der Forderung oder des Anspruches zuläßt oder zwar nicht zuläßt, jedoch bereit ist, für denselben Sicherheit zu leisten, den vollen Betrag der Forderung oder des Anspruches;

β) wenn die Gesellschaft nicht den vollen Betrag der Forderung oder des Anspruches anerkennt, und nicht bereit ist, für denselben Sicherheit zu leisten, oder wenn die Forderung bedingt oder nicht liquid ist, den durch das Gericht festgesetzten Betrag, und zwar nach einer gleichen Untersuchung und Entscheidung, wie wenn die Gesellschaft gerichtlich liquidiert würde.

3. Wenn eine vorgeschlagene Herabsetzung des Aktienkapitals entweder eine Verminderung irgendwelcher Haftpflicht in bezug auf uneinbezahltes Aktienkapital oder die Zahlung von irgendwelchem einbezahlten Kapital an irgendeinen Aktionär mit sich bringt, so kann das Gericht, wenn es dies mit Rücksicht auf die besonderen Umstände des Falles angezeigt erachtet, anordnen, daß die Bestimmungen unter Ziffer 2 dieses Paragraphen für irgendeine Klasse der Gläubiger nicht gelten sollen.

Die Verfügung, welche die Herabsetzung bestätigt.

57. — 1. Wenn dem Gericht mit Bezug auf jeden Gläubiger der Gesellschaft, der nach § 56 berechtigt ist, Widerspruch gegen die Herabsetzung zu erheben, nachgewiesen wurde, daß entweder die Zustimmung eines solchen Gläubigers zur Herabsetzung erlangt ist, oder daß seine Forderung oder sein Anspruch bezahlt oder erledigt ist, oder Sicherheit dafür gegeben wurde, so kann das Gericht eine Verfügung erlassen, durch welche die Herabsetzung zu solchen Bedingungen genehmigt wird, die es für angezeigt erachtet.

2. Wenn das Gericht eine solche Order erläßt, so kann es:

a) wenn es dies aus irgendeinem besonderen Grunde für angezeigt erachtet, bestimmen, daß die Gesellschaft während einer in der Order genannten Frist (beginnend mit dem Datum der gerichtlichen Verfügung) oder später dem Namen der Gesellschaft die Worte „and reduced" („und herabgesetzt") beifügen muß; und

b) eine Verfügung erlassen, wonach die Gesellschaft so wie es das Gericht vorschreibt, die Gründe der Herabsetzung öffentlich bekanntgeben oder solche Auskünfte veröffentlichen muß, die das Gericht für angemessen erachtet, um das Publikum aufzuklären, und ferner, wenn das Gericht es für angemessen findet, auch die Gründe, welche zur Herabsetzung des Kapitals führten.

3. Wenn eine Gesellschaft ihrem Namen die Worte „and reduced" („und herabgesetzt") beifügen muß, so sollen diese Worte bis zu der in der gerichtlichen Verfügung genannten Zeit als ein Teil des Gesellschaftsnamens gelten.

Eintragung von Verfügung und Herabsetzungsprotokoll.

58. — 1. Der Registerführer muß die gerichtliche Verfügung und das nachstehend erwähnte Protokoll eintragen, nachdem ihm die die Herabsetzung des Kapitals der Gesellschaft bestätigende gerichtliche Verfügung in einer Abschrift sowie ein vom Gericht bestätigtes Protokoll eingereicht wurde. Letzteres muß den durch den Beschluß geänderten Betrag des Grundkapitals der Gesellschaft, sowie die Zahl der Aktien, in welche es eingeteilt werden soll, und den Betrag einer jeden Aktie und den Betrag, welcher zur Zeit der Eintragung auf jede Aktie als einbezahlt gilt, angeben.

2. Mit der Eintragung der gerichtlichen Verfügung und des Protokolls, und nicht vorher, soll der durch die gerichtliche Order bestätigte Beschluß zur Herabsetzung des Aktienkapitals wirksam werden.

3. Die Eintragung ist in solcher Weise zu veröffentlichen, wie es das Gericht anordnen mag.

4. Der Registerführer soll eigenhändig die Eintragung der Verfügung und des Protokolls bescheinigen und diese Bescheinigung soll schlüssigen Beweis bilden, daß alle Bestimmungen dieses Gesetzes hinsichtlich Herabsetzung des Aktienkapitals erfüllt sind und daß das Aktienkapital derart ist, wie es im Protokoll festgestellt ist.

5. Das Protokoll soll nach seiner Eintragung an die Stelle des entsprechenden Teiles der Gründungsurkunde treten und soll in gleicher Weise gültig und abänderbar sein, wie wenn es von Anfang an darin enthalten gewesen wäre.

6. Die Einstellung eines solchen Protokolls als Teil der Gründungsurkunde der Gesellschaft soll als eine Abänderung der Gründungsurkunde gemäß Paragraph 24 dieses Gesetzes beurteilt werden.

Haftung von Mitgliedern bei herabgesetzen Aktien.

59. — 1. Im Falle der Herabsetzung des Aktienkapitals soll kein früheres oder gegenwärtiges Mitglied der Gesellschaft hinsichtlich einer Aktie zu einer Einzahlung oder einem Beitrage verpflichtet sein, welche die etwaige Differenz zwischen dem im Protokoll festgesetzten Betrag der Aktie und dem gezahlten Betrag oder dem herabgesetzten Betrage der Aktie, welcher als bezahlt gilt, überschreiten.

Wenn jedoch ein Gläubiger, welcher auf Grund einer Forderung oder eines Anspruches berechtigt ist, der Herabsetzung des Kapitals einer diesem Gesetz unterliegenden Gesellschaft zu widersprechen, nicht in die Liste der Gläubiger eingetragen ist, sei es weil er vom schwebenden Verfahren zur Herabsetzung nichts wußte oder weil er die Art und Wirkung eines solchen Verfahrens in bezug auf seinen Anspruch nicht kannte, und die Gesellschaft nach der Herabsetzung des Kapitals, im Sinne der Vorschriften dieses Gesetzes über die gerichtliche Liquidation unfähig ist, dem Gläubiger den Betrag seiner Forderung oder seines Anspruches zu zahlen, so soll

a) jede Person, welche zur Zeit der Eintragung des sich auf die Herabsetzung des Kapitals beziehenden Gerichtsbeschlusses und Protokolls Mitglied der Gesellschaft war, verpflichtet sein, an die Begleichung einer solchen Forderung oder eines solchen Anspruches eine Summe zu zahlen, welche den Betrag nicht übersteigt, welchen sie beizusteuern verpflichtet gewesen wäre, wenn am Tage vor solcher Eintragung eine Liquidation der Gesellschaft begonnen hätte, und

b) wenn die Gesellschaft liquidiert wird, kann das Gericht, wenn es dies für angemessen hält, auf Antrag eines solchen Gläubigers und beim Nachweis der erwähnten Unkenntnis, in entsprechender Weise die Liste solcher Beitragspflichtigen aufstellen und Einforderungen und Verfügungen gegen die auf solcher Liste enthaltenen Beitragspflichtigen in derselben Weise erzwingen, wie wenn sie gewöhnliche Beitragspflichtige in einer Liquidation wären.

2. Die Bestimmungen dieses Paragraphen sollen nicht die Rechte der Beitragspflichtigen der Gesellschaft untereinander berühren.

Strafe bei Verheimlichung des Namens eines Gläubigers.

60. Wenn ein Direktor, Geschäftsführer, Sekretär oder ein anderer Beamter der Gesellschaft

1. absichtlich den Namen irgendeines Gläubigers verheimlicht, welcher berechtigt ist, Einsprache gegen die Herabsetzung des Kapitals zu erheben, oder

2. absichtlich falsche Angaben macht über die Art oder die Höhe der Forderung oder des Anspruches irgendeines Gläubigers; oder

3. zu solcher Verheimlichung oder falschen Darstellung anstiftet, Beihilfe leistet, oder in eine solche Verheimlichung oder falsche Darstellung eingeweiht ist, so macht er sich eines Vergehens (misdemeanour) schuldig.

Abänderung der Rechte von Aktionären.

Rechte der Mitglieder besonderer Aktienklassen.

61. — 1. Wenn das Aktienkapital einer Gesellschaft in verschiedene Aktienklassen eingeteilt ist, und in der Gründungsurkunde oder den Statuten bestimmt ist, daß die Rechte einer Klasse von Aktien der Gesellschaft geändert werden können, vorbehältlich der Zustimmung einer bestimmten Verhältniszahl von Inhabern der ausgegebenen Aktien dieser Klasse, oder der Genehmigung durch einen Beschluß einer besonderen Versammlung der Aktionäre dieser Klasse von Aktien, und wenn entsprechend der erwähnten Bestimmung der Gründungsurkunde oder der Statuten die Aktien zu irgendeiner Zeit geändert werden sollen, so kann eine Anzahl von Aktionären, welche wenigstens 15 % der ausgegebenen gesamten Aktien dieser Klasse vertreten, und welche der Änderung nicht zustimmten, an das Gericht gelangen, damit die Abänderung verboten wird, und, wenn ein solches Begehren gestellt ist, so kann die Änderung nicht wirksam werden, solange sie nicht das Gericht bestätigt hat.

2. Ein Begehren gestützt auf diesen Paragraphen muß innerhalb 7 Tagen nach dem Datum erfolgen, an welchem die anderen Aktionäre ihre Zustimmung gegeben haben. Für die zu diesem Begehren berechtigten Aktionäre kann das Begehren durch einen oder mehrere von ihnen, die hierzu schriftlich bezeichnet wurden, eingegeben werden.

3. Auf ein solches Begehren kann das Gericht, nach Anhörung des Gesuchstellers und aller anderen Personen, die vom Gericht wünschen einvernommen zu werden und nach der Ansicht des Gerichts daran interessiert sind, unter Berücksichtigung aller Umstände, wenn es zur Ansicht gelangt, daß die Änderung in unangemessener Weise die Rechte der Aktionärklasse, welche durch den Ge-

suchssteller vertreten ist, beeinträchtigt, der Änderung die Zustimmung versagen, bei gegenteiliger Auffassung sie aber bestätigen.

4. Die Entscheidung des Gerichts auf ein solches Begehren ist endgültig.

5. Die Gesellschaft muß innerhalb 15 Tagen nach solcher gerichtlichen Verfügung eine Abschrift dieser Verfügung dem Registerführer der Gesellschaft eingeben. Wird dieses unterlassen, so verfällt die Gesellschaft und jeder schuldige Beamte der Gesellschaft in eine Versäumnisbuße.

6. Der Ausdruck „variation" (Änderung) in diesem Paragraphen schließt in sich „abrogation" (Aufhebung) und der Ausdruck „varied" (geändert) ist entsprechend auszulegen.

Übertragung von Aktien und Schuldverschreibungen, Beweis der Rechte an Aktien, usw.

62. — 1. Die Aktien oder andere Rechte eines Mitgliedes der Gesellschaft sind bewegliches Vermögen (personal estate) und übertragbar in der von den Gesellschafts-Statuten vorgeschriebenen Weise, keineswegs aber unbewegliches Vermögen (real estate). Rechtliche Natur der Aktien.

2. Jeder Anteil an einer Gesellschaft, welche ein Aktienkapital hat, muß mit einer besonderen Nummer bezeichnet werden.

63. Trotz entgegenstehender Bestimmungen der Statuten, darf eine Gesellschaft eine Übertragung von Aktien oder Schuldverschreibungen nur dann in ihr Register eintragen, wenn ihr eine eigentliche Übertragungsurkunde vorgelegt wird. Eintragung der Übertragung nur gegen Vorlage einer Übertragungsurkunde.

Vorbehalten ist indessen die Eintragung einer Person als Aktionär oder Gläubiger einer Schuldverschreibung, wenn ihr die Aktie oder die Schuldverschreibung von Gesetzes wegen (by operation of law) zukommen.

64. Die Übertragung von Aktien oder anderen Rechten eines verstorbenen Mitgliedes einer Gesellschaft, vorgenommen durch seinen „personal representative" (d. h. den Testamentsvollstrecker oder mangels eines solchen den Erbschaftsverwalter, administrator) soll, obgleich der personal representative nicht Mitglied der Gesellschaft ist, so beurteilt werden, wie wenn er ein solches Mitglied gewesen wäre zur Zeit da die Übertragungsurkunde errichtet wurde. Übertragung durch den „personal representative" (Testamentsvollstrecker oder Erbschaftsverwalter, executor oder administrator).

65. Auf das Begehren der Person, welche eine Aktie oder ein anderes Recht bei der Gesellschaft überträgt, muß die Gesellschaft in ihr Mitgliederregister den Namen der Person eintragen, auf welche diese Rechte übertragen werden, und zwar in derselben Weise und zu denselben Bedingungen, wie wenn das Begehren durch die Person gemacht worden wäre, zu deren Gunsten die Übertragung erfolgt. Eintragung auf Verlangen des Übertragenden.

66. — 1. Wenn eine Gesellschaft sich weigert, eine Übertragung von Aktien oder Schuldverschreibungen einzutragen, so muß die Gesellschaft innerhalb zweier Monaten nach dem Zeitpunkte, an welchem die Übertragung bei der Gesellschaft bekanntgegeben worden ist, der Person, zu deren Gunsten die Übertragung begehrt wurde, Kenntnis von der Weigerung geben. Bekanntgabe der Weigerung einer Übertragung ins Register.

2. Wenn den Bestimmungen dieses Paragraphen zuwidergehandelt wird, soll die Gesellschaft und jeder Direktor, Geschäftsführer, Sekretär oder andere Beamte der Gesellschaft, welche wissentlich an der Zuwiderhandlung teilnehmen, für jeden Tag, an welchem die Zuwiderhandlung fortdauert, eine £ 5 nicht übersteigende Geldstrafe verwirken.

67. — 1. Jede Gesellschaft soll binnen zweier Monate nach Zuteilung von Aktien, Schuldverschreibungen oder eines Schuldverschreibungsstockes und binnen zweier Monate nach dem Zeitpunkte, an welchem eine Übertragung solcher Aktien, Schuldverschreibungen oder Schuldverschreibungsstocks bei der Gesell- Pflichten der Gesellschaft in bezug auf Ausgabe von Zertifikaten.

schaft angemeldet ist, die Bescheinigungen (Certificates) über alle zugeteilten oder übertragenen Aktien, Schuldverschreibungen oder Anteile am Schuldverschreibungsstock fertigstellen und für die Übergabe bereithalten, es sei denn, daß die Ausgabebedingungen der Aktien, Schuldverschreibungen oder des Schuldverschreibungsstockes anderswie bestimmen.

Der Ausdruck „transfer" (Übertragung) im Sinne dieses Paragraphen bedeutet eine Übertragung (a transfer), in vorgeschriebener Weise mit Stempelmarken versehen und sonst auch rechtsgültig, und schließt keineswegs in sich eine Übertragung, deren Eintragung die Gesellschaft aus irgendeinem Grunde das Recht hat zu verweigern und die sie nicht einträgt.

2. Werden die Vorschriften dieses Paragraphen nicht beachtet, so verfallen die Gesellschaft und jeder Direktor, Geschäftsführer, Sekretär oder andere Beamte der Gesellschaft, welche wissentlich an der Verfehlung Teil haben, einer Buße, welche den Betrag von £ 5 für jeden Tag der Gesetzesverletzung nicht übersteigt.

3. Wenn einer Gesellschaft, der eine Aufforderung gerichtlich zugestellt wurde, das Versäumte nachzuholen und den Vorschriften von Ziffer 1 dieses Paragraphen zu entsprechen, diesem Begehren innerhalb 10 Tagen von der Zustellung der Aufforderung an nicht nachkommt, so kann das Gericht auf das Verlangen der Person, welche das Zertifikat oder die Schuldverschreibung verlangen kann, eine Verfügung erlassen, welche die Gesellschaft und jeden ihrer Beamten anweist, dem Verlangen innerhalb der in der gerichtlichen Verfügung bestimmten Zeit zu entsprechen. Eine solche Order kann auch bestimmen, daß alle Ausgaben, welche durch das Begehren veranlaßt werden, von der Gesellschaft oder jedem Beamten der Gesellschaft getragen werden, welcher für die Unterlassung verantwortlich ist.

„Certificate" Beweis für das Recht.

68. Ein Zertifikat (Zeugnis) mit dem ordentlichen Geschäftssiegel der Gesellschaft, welches die einem Mitglied zustehenden Aktien genau anführt, bildet prima-facie-Beweis für das Recht des Mitgliedes an diesen Aktien.

Beweis für die Gewährung von „Probate".

69. Die Vorlage irgendeiner Urkunde, welche von Gesetzeswegen hinreichenden Beweis bildet für die gerichtliche Zulassung eines Testamentes (probate of the will) oder der Ernennung zum Erbschaftsverwalter des Vermögens (by letters of administration) oder der Bestätigung als Testamentsvollstrecker einer verstorbenen Person, muß von der Gesellschaft trotz allfälliger entgegenstehender Bestimmungen der Statuten als genügender Nachweis der gerichtlichen Verfügung (of the grant) anerkannt werden.

Ausgabe und Wirkung von share warrants to bearer (auf den Inhaber lautender Aktienscheine).

70. — 1. Eine Gesellschaft, deren Haftung auf das Aktienkapital beschränkt ist, kann, wenn die Statuten dies ausdrücklich erlauben, in bezug auf die vollteinbezahlten Aktien unter ihrem ordentlichen Gesellschaftssiegel einen Aktienschein, einen warrant to bearer), ausgeben, durch welchen bezeugt wird, daß der Inhaber des warrant der berechtigte Inhaber der im warrant aufgeführten Aktien ist, und durch beigefügte Coupons (Dividendenscheine) oder anderswie, die Zahlung künftiger Dividenden anweisen.

2. Ein solcher warrant wird in diesem Gesetz „share warrant" genannt (es ist der englische Aktienschein oder Aktienbrief).

3. Ein share warrant gibt dem Inhaber das Recht auf die darin angeführten Aktien, und die Aktien können durch Übergabe des warrant übertragen werden.

Bestrafung angeblicher Aktieninhaber.

71. Wer fälschlicher- und betrügerischerweise behauptet, Eigentümer irgendeiner Aktie oder irgendwelcher Gesellschaftsrechte zu sein oder irgendeines Aktienscheines (share warrant) oder Dividendenscheines (coupon), der gestützt auf dieses Gesetz ausgegeben wurde, und zufolgedessen solche Aktien oder Rechte oder Aktienscheine oder Dividendenscheine oder Geld, das dem wahren Eigentümer geschuldet wird, erhält oder zu erhalten versucht, wie wenn er der wahre berechtigte Eigentümer wäre, macht sich der felony (eines schweren Verbrechens) schuldig und ist nach durchgeführtem Verfahren nach dem Ermessen des Gerichts zu penal servitude auf seine ganze Lebenszeit oder auf irgendeine Zeit, aber nicht weniger als 3 Jahre zu verurteilen.

Vergehen in bezug auf Aktienscheine in Schottland.

72. — 1. Wenn in Schottland eine Person
a) in betrügerischer Absicht einen Aktienschein oder einen Dividendenschein oder eine sich als Aktienschein oder Dividendenschein darstellende Urkunde, welche auf Grund dieses Gesetzes ausgegeben sind, fälscht oder ändert oder wissend, daß dieselben gefälscht oder geändert sind, anbietet, weggibt, darüber verfügt oder verkauft oder
b) mit einem solchen gefälschten oder veränderten Aktienschein, Coupon oder einer solchen Urkunde in Kenntnis der Unechtheit oder der Änderung des Aktienscheines, Coupons oder der Urkunde, eine Aktie oder einen Anteil an einer diesem Gesetz unterliegenden Gesellschaft oder eine Dividende oder auf Grund derselben zahlbares Geld verlangt oder zu erhalten sucht;

macht sie sich eines schweren Verbrechens (felony) schuldig und ist nach Schuldigerklärung durch das Gericht zu Zuchthaus auf Lebenszeit (penal servitude) oder auf weniger lange, aber zu wenigstens 3 Jahren zu verurteilen.

2. Wenn in Schottland eine Person ohne gesetzliche Ermächtigung oder ohne Entschuldigungsgrund, wofür sie den Beweis zu liefern hätte,
a) auf einer Platte, auf Holz, Stein oder einem anderen Material einen Aktienschein oder Dividendenschein eingraviert oder fabriziert, der sich
   α) als ein Aktienschein oder Dividendenschein ausgibt, der von einer Gesellschaft gemäß diesem Gesetz ausgegeben oder angefertigt sein soll, oder
   β) sich als ein so ausgegebener oder angefertigter Blanko-Aktienschein oder Dividendenschein ausgibt, oder
   γ) als Teil eines solchen Aktien- oder eines solchen Dividendenscheins ausgibt; oder
b) eine solche Platte, Holz, Stein oder anderes Material zur Verfertigung oder zum Druck eines solchen Aktien- oder Dividendenscheins oder Blanko-Aktien- oder Dividendenscheins oder eines Teiles davon benutzt, oder
c) wissentlich eine solche Platte, solches Holz, solchen Stein oder anderes Material in seiner Obhut oder in seinem Besitze hat,

macht sie sich eines schweren Verbrechens (felony) schuldig und muß bei Verurteilung mit Zuchthaus von wenigstens 3 und höchstens 14 Jahren bestraft werden.

Besondere Vorschriften für Schuldverschreibungen (debentures).

Recht der Schuldverschreibungsinhaber und Aktionäre, das Register der Schuldverschreibungsinhaber einzusehen und Abschrift der Treuhandurkunde (Pfandurkunde) zu verlangen.

73. — 1. Jedes Register von Schuldverschreibungsinhabern einer Gesellschaft muß, ausgenommen, wenn es in zulässiger Weise der Einsichtnahme entzogen ist, zur Einsichtnahme durch die eingetragenen Gläubiger solcher Schuldverschreibungen und durch die Aktionäre, vorbehältlich solcher angemessener Beschränkungen, welche die Gesellschaft in ihrer Generalversammlung beschließt, offen stehen, und zwar so, daß täglich nicht weniger als 2 Stunden zur Einsichtnahme gewährt werden.

Im Sinne dieses Paragraphen gilt ein Register als gehörig geschlossen (duly closed), wenn es in zulässiger Weise der Einsichtnahme verschlossen ist entsprechend den Vorschriften der Statuten oder der Schuldverschreibungen oder, im Falle von Schuldverschreibungsstockvermögen, des Stockzertifikates oder der Treuhandurkunde (Pfandurkunde) oder einer anderen Urkunde, welche als Sicherheit dient für die Schuldverschreibungen oder für Schuldverschreibungsstockvermögen, und zwar während einer solchen Zeit oder Zeitperiode, welche im ganzen 30 Tage im Jahr nicht überschreitet, so wie es darin genau bemerkt ist.

2. Jeder eingetragene Inhaber von Schuldverschreibungen und von Aktien einer Gesellschaft kann eine Abschrift des Registers der Schuldverschreibungsgläubiger der Gesellschaft oder eines Teils davon gegen Zahlung von sixpence für je 100 der abzuschreibenden Worte verlangen.

3. Eine Abschrift irgendeiner Treuhandurkunde (trust deed), welche zur Sicherheit irgendwelcher Ausgabe von Schuldverschreibungen dient, ist jedem Gläubiger solcher Schuldverschreibungen auf sein Verlangen zuzustellen, und zwar, wenn es sich um eine gedruckte Trusturkunde handelt, gegen Zahlung von 1 s oder eines kleineren Betrages, welcher von der Gesellschaft selbst bestimmt wird, oder wenn es sich nicht um eine gedruckte Trusturkunde handelt, gegen Zahlung von sixpence für je 100 der abzuschreibenden Worte.

4. Wenn die Einsichtnahme oder eine Abschrift verweigert oder nicht zugestellt wird, so verfallen die Gesellschaft und der fehlbare Beamte in eine Buße, welche £ 5 nicht übersteigt, und zu einer Versäumnisbuße (default fine) von £ 2.

5. Wenn eine Gesellschaft in bezug auf die vorhin erwähnte Verpflichtung in Versäumnis ist, so kann das Gericht eine sofortige Einsichtnahme des Registers anordnen oder verfügen, daß die verlangten Abschriften an die das Begehren stellende Person geschickt werden.

Dauernde Schuldverschreibungen (Perpetual debentures[1]).

74. Eine in einer Schuldverschreibung oder in einer zur Sicherung von Schuldverschreibungen dienenden gesiegelten Urkunde enthaltene Bedingung, gleichgültig, ob dieselbe vor oder nach Inkrafttreten des Gesetzes errichtet wurde, soll nicht lediglich darum ungültig sein, weil die Schuldverschreibungen nicht ablösbar oder lediglich beim Eintreten eines, wenn auch noch so entfernten Ereignisses oder nach Ablauf eines, wenn noch so langen Zeitraumes ablösbar sind; dies soll trotz irgendwelcher entgegenstehender Regeln des Billigkeitsrechtes Geltung haben.

Das Recht auf Wiederausgabe zurückgekaufter Schuldverschreibungen.

75. — 1. Wenn vor oder nach Beginn dieses Gesetzes eine Gesellschaft früher ausgegebene Schuldverschreibungen eingelöst hat, so soll sie

a) sofern nicht irgendeine gegenteilige Bestimmung, sei es ausdrücklich oder stillschweigend, in den Statuten enthalten ist oder in irgendeinem Vertrag, welchen die Gesellschaft eingegangen ist, oder

b) sofern nicht die Gesellschaft durch Fassung eines diesbezüglichen Beschlusses oder auf andere Art ihre Absicht bekundet hat, daß die Schuldverschreibungen vernichtet werden sollen,

das Recht haben — und es soll so beurteilt werden, daß sie es immer hatte — dieselben wieder auszugeben, sei es durch Wiederausgabe derselben Schuldverschreibungen oder durch Ausgabe anderer an deren Stelle.

2. Bei einer solchen Wiederausgabe zurückgekaufter Schuldverschreibungen soll die Person, welche aus diesen Schuldverschreibungen berechtigt ist, dieselben Vorrechte haben, wie wenn die Schuldverschreibungen nie eingelöst worden wären.

3. Wenn eine Gesellschaft berechtigt ist, Schuldverschreibungen wieder auszugeben, welche eingelöst worden sind, so sollen Angaben über die Schuldverschreibungen, welche in dieser Weise wieder ausgegeben werden können, in der Bilanz der Gesellschaft stehen.

4. Wenn eine Gesellschaft entweder vor oder nach Inkrafttreten dieses Gesetzes von ihren Schuldverschreibungen einzelne zur Sicherung von Vorschüssen, welche

---

[1] Perpetual debentures werden Schuldverschreibungen genannt, wenn das Kapital nur bei Eintreten bestimmter Bedingungen zurückzuzahlen ist, die vielleicht nie eintreten, wie z. B. im Falle der Liquidation der Gesellschaft, oder wenn die Zinsenzahlung länger als eine bestimmte Zeit ausgeblieben ist usw.

von Zeit zu Zeit auf laufende Rechnung oder sonstwie gegeben sind, hinterlegt hat, so sollen die Schuldverschreibungen nicht lediglich aus dem Grunde als eingelöst gelten, weil das Konto der Gesellschaft während der Hinterlegung der Schuldverschreibungen aufgehört hat, im Debet zu sein.

5. Die Wiederausgabe einer Schuldverschreibung oder die Ausgabe einer neuen Schuldverschreibung an ihrer Stelle gemäß diesem Paragraphen soll, gleichgültig ob dieselben vor oder nach Inkrafttreten dieses Gesetzes geschehen sind, für die Zwecke der Stempelpflicht als neue Ausgabe gelten; für die Zwecke irgendeiner, die Zahl und den Betrag der auszugebenden Schuldverschreibungen beschränkenden Bestimmung soll sie jedoch nicht als neue Schuldverschreibung gelten.

Eine Person, welche jedoch gegen Verpfändung einer so gemäß diesem Paragraphen wiederausgegebenen Schuldverschreibung, welche gehörig gestempelt ist, Geld leiht, kann die Schuldverschreibung in jedem Verfahren zur Geltendmachung ihres Pfandrechtes als Beweisurkunde ohne Zahlung der Stempelsteuer oder einer Strafsumme vorlegen, sofern ihr nicht bekannt war oder sofern sie nicht hätte bemerken müssen, daß die Schuldverschreibung nicht genügend gestempelt war; in jedem solchen Fall soll die Gesellschaft jedoch verpflichtet sein, die gehörige Stempelgebühr und den Strafbetrag zu zahlen.

6. Wenn Schuldverschreibungen, welche vor Inkrafttreten dieses Gesetzes zurückgekauft wurden, nach diesem Zeitpunkt wieder ausgegeben werden, so darf die Wiederausgabe die Ansprüche oder Vorrechte, welche einer Person vor dem Inkrafttreten dieses Gesetzes infolge von Pfandrechten oder anderen Belastungen zustanden, in keiner Weise beeinträchtigen. Es muß vielmehr so gehalten werden, wie wenn § 104 des Companies (Consolidation) Act von 1908, wie er früher in Kraft war, an Stelle dieses Paragraphen in dieses Gesetz aufgenommen worden wäre.

76. Ein Vertrag mit einer Gesellschaft, der dahin geht, Schuldverschreibungen der Gesellschaft zu übernehmen und sie zu zahlen, kann durch eine gerichtliche Verfügung auf effektive Vertragserfüllung (an order for specific performance) erzwungen werden[1].

Vertragserfüllung bei Zeichnung von Schuldverschreibungen.

77. Ungeachtet irgendwelcher Bestimmungen, welche in dem Gesetz des schottischen Parlaments vom Jahre 1696, Kapitel 25 enthalten sind, sind Schuldverschreibungen auf den Inhaber in Schottland gültig und gemäß ihrem Wortlaut bindend.

Gültigkeit von Schuldverschreibungen auf den Inhaber in Schottland.

78. — 1. Wenn bei einer in England eingetragenen Gesellschaft, entweder ein amtlicher Vermögensverwalter (receiver) bestellt wurde zugunsten der Gläubiger von Schuldverschreibungen der Gesellschaft, welche durch eine floating charge (d. h. ein Pfandrecht über das ganze Aktivvermögen)[3] gesichert sind, oder zugunsten solcher Gläubiger Besitz ergriffen wurde von Vermögen, das in dieser Verpfändung inbegriffen oder ihr unterworfen ist, so müssen, wenn die Gesellschaft sich zu

Zahlung gewisser Schulden aus dem Aktivvermögen, das mit einer floating charge[2] belastet ist, mit Vorzugsrecht.

---

[1] Es kann also nicht bloß auf Schadenersatz geklagt werden, sondern auf Übernahme der Schuldverschreibungen und Zahlung des Kaufpreises.

[2] Siehe § 79 (2, f) und oben S. 42.

[3] Unter floating charge ist das bewegliche Pfand zu verstehen, das zur Sicherung von Anleihen auf das gesamte schuldnerische Unternehmen gelegt und im öffentlichen Register eingetragen wird. Dieses Pfand verhindert zufolge seines vereinbarten „beweglichen" Charakters weder den Verkauf von Gegenständen, die der floating charge unterliegen, noch ihre Belastung mit Spezialpfandrechten, welche der floating charge vorangehen. Es hat die Wirkung, daß im Falle einer Zwangsvollstreckung, aber auch bei Stillstand des Unternehmens, insbesondere durch Liquidation oder Konkurs, die durch floating charge gesicherten Gläubiger ein Recht auf vorzugsweise Befriedigung aus den Aktiven des Unternehmens vor den „general creditors" haben.

dieser Zeit nicht in Liquidation befindet, die Schulden, welche bei jeder Liquidation nach den Vorschriften von Teil V dieses Gesetzes das Recht auf vorzugsweise Befriedigung haben, im voraus vor allen anderen Schulden bezahlt werden, und zwar aus jeglichem Vermögen, das in die Hände des amtlichen Vermögensverwalters kommt oder einer anderen Person, welche, wie vorhin gesagt, Besitz ergriffen hat. Dieses Vorzugsrecht einzelner Gläubiger geht auch gegenüber Kapital- oder Zinsforderungen der Schuldverschreibungen vor.

2. Die Fristen, welche in den erwähnten Bestimmungen von Teil V (§ 265 und § 266) dieses Gesetzes erwähnt werden, müssen von dem Tage der Ernennung des receiver oder der vorhin erwähnten Besitzesnahme der Vermögensstücke an gerechnet werden.

3. Irgendwelche Zahlungen, welche gemäß diesem Paragraphen gemacht werden, müssen, soweit dies möglich ist, aus den Aktiven der Gesellschaft erfolgen, die noch zur Zahlung der allgemeinen Gläubiger zur Verfügung stehen.

Dritter Teil.

Eintragung von charges (Belastungen, Pfändern, Hypotheken).

Eintragung von Belastungen beim Registerführer für Gesellschaften.

Eintragung von charges (Belastungen, Pfandrechten usw.) durch Gesellschaften in England.

79. — 1. Vorbehältlich der Bestimmungen dieses Teiles des Gesetzes, ist jede charge (Pfand usw.) gegenüber dem Liquidator und gegenüber jedem Gesellschaftsgläubiger ungültig, wenn sie errichtet wurde durch eine in England eingetragene Gesellschaft nach dem festbestimmten Tage (after the fixed day, siehe unten unter Ziffer 10), und wenn es sich um eine charge handelt, auf welche dieser Paragraph Anwendung findet, soweit durch sie irgendwelche Sicherheit mit Belastung des Gesellschaftsvermögens oder der Unternehmung gegeben werden soll, es sei denn, daß die vorgeschriebenen einzelnen Angaben über die charge, zusammen mit der etwaigen Urkunde, durch welche die charge errichtet oder bewiesen wird, dem Registerführer zur Eintragung eingereicht wurden, und zwar in der Weise, wie dieses Gesetz es fordert, innerhalb 21 Tagen vom Tage ihrer Bestellung an, jedoch unbeschadet für jeden Vertrag oder jede Verpflichtung auf Rückzahlung des dadurch gesicherten Geldes, und wenn eine charge nach diesem Paragraphen ungültig wird, so muß das durch sie sichergestellte Geld sofort zurückbezahlt werden.

2. Dieser Paragraph bezieht sich auf folgende charges (Belastungen, Pfandbestellungen):

a) Ein zur Sicherung einer Emission von Schuldverschreibungen gegebenes Pfandrecht;

b) eine Verpfändung des von der Gesellschaft noch nicht eingeforderten Aktienkapitals;

Für welche Schulden die floating charge errichtet ist und wann sie wirksam werden soll, richtet sich nach der Vereinbarung der Parteien. Ausgenommen sind die gesetzlichen Vorzugsforderungen für Steuern, Lohn, Gehalt und dergleichen, die den Kapital- und Zinsforderungen aus den Schuldverschreibungen vorgehen und ohne Rücksicht auf die floating charge aus den Aktiven der Gesellschaft zu befriedigen sind. So ist auch der zur Wahrung der gefährdeten Interessen der Inhaber von Schuldverschreibungen eingesetzte Sachwalter (receiver), der das Vermögen der Gesellschaft zu verwalten hat, verpflichtet, in erster Linie die erwähnten Vorzugsforderungen zu befriedigen.

c) eine Sicherungsübereignung durch ein Verkaufspapier (bill of sale), welche, wenn sie von einer einzelnen Person vorgenommen würde, die Eintragung in das Mobiliarpfandregister (registration as a bill of sale[1]) erfordern würde;
d) Verpfändung eines Grundstückes oder eines Rechtes an einem Grundstück;
e) Verpfändung von Buchforderungen;
f) eine floating charge, siehe oben S. 42, sowie 131 und 132 (Fußnote);
g) eine Verpfändung von Aktienkapital, das eingefordert, aber noch nicht bezahlt ist;
h) die Verpfändung eines Schiffes oder eines Anteils an einem Schiff;
i) eine Verpfändung des good will (des Wertes, der in der Kundschaft steckt) eines Erfindungspatentes oder einer Lizenz aus einem solchen einer Handelsmarke oder eines Urheberrechtes oder einer Lizenz aus einem Urheberrecht.

3. Wenn die Belastung außerhalb des Vereinigten Königreiches geschieht, und lediglich außerhalb des Vereinigten Königreiches gelegene Vermögensstücke umfaßt, so soll die Lieferung und Empfangnahme durch den Registerführer einer Abschrift der in vorgeschriebener Form beglaubigten Urkunde, durch welche die Verpfändung oder die Belastung geschaffen oder bewiesen wird, für die Zwecke dieses Paragraphen dieselbe Wirkung haben, wie die Lieferung und Empfangnahme der Urkunde selbst; hinsichtlich der Zeit, innerhalb welcher die Urkunde oder Abschrift dem Registerführer einzureichen sind, sollen 21 Tage nach dem Zeitpunkt, an welchem die Urkunde oder Abschrift bei ordnungsmäßiger Bestellung und Absendung in dem Vereinigten Königreiche hätte eingehen können, an Stelle von 21 Tagen nach dem Zeitpunkt der Belastung treten.

4. Wenn die Belastung innerhalb des Vereinigten Königreichs vorgenommen wird, aber außerhalb des Vereinigten Königreichs belegene Vermögensstücke umfaßt, so kann die Urkunde, durch welche eine solche Belastung geschaffen wird, zur Eintragung eingereicht werden, selbst wenn noch weitere Schritte nötig sein mögen, um die Belastung nach dem Recht des Landes, in welchem das Eigentum gelegen ist, wirksam zu machen.

5. Wenn eine Belastung Vermögen betrifft, das in Schottland oder in Nord-Irland gelegen ist und die Eintragung im Lande, wo das Vermögen liegt, erforderlich ist, um die Belastung gültig oder wirksam zu machen gemäß dem Rechte jenes Landes, so hat die Übergabe und der Empfang beim Registerführer einer in der vorgeschriebenen Weise beglaubigten Abschrift der Urkunde, durch welche die Belastung geschaffen oder bewiesen wird, zusammen mit einem Zeugnis in vorgeschriebener Form, bestätigend, daß die Belastung in Schottland oder Nord-Irland am Tage, da sie dort zur Eintragung angemeldet wurde, vorgelegt wurde, für die Zwecke dieses Paragraphen die gleiche Wirkung wie die Übergabe und der Empfang der Urkunde selbst.

6. Wenn ein begebbares Wertpapier (a negotiable instrument) zur Sicherung der Zahlung von Buchschulden einer Gesellschaft ausgegeben wurde, so soll die Hinterlegung der Urkunde zwecks Sicherung eines der Gesellschaft gegebenen Kredites (Vorschusses) für die Zwecke dieses Paragraphen nicht als Belastung dieser Buchposten behandelt werden.

7. Der Besitz von Schuldverschreibungen, welche dem Schuldverschreibungsinhaber ein Recht auf ein Grundpfand geben, soll im Sinne dieses Paragraphen nicht als ein (direktes) Recht am Grundstück gelten.

8. Wird jedoch eine Serie von Schuldverschreibungen von der Gesellschaft ausgegeben, welche zugunsten der Schuldverschreibungsinhaber dieser Serie eine Pfandbestellung enthält oder durch Bezugnahme auf irgendeine andere Urkunde

---

[1] Die Bill of sale ist eine Sicherungsübereignung durch ein Verkaufspapier. Siehe CURTI: Englands Privat- und Handelsrecht I, 189.

schafft, auf Grund deren dieselben verhältnismäßig berechtigt sind, so soll es im Sinne dieses Paragraphen genügen, daß seitens des Registerführers binnen 21 Tagen nach Errichtung der die Belastung enthaltenden Urkunde, oder wenn keine solche Urkunde vorhanden ist, nach der ersten Ausgabe von Schuldverschreibungen der Serie, die folgenden Angaben dem Registerführer gemacht oder von diesem in Empfang genommen werden:

a) Der durch die ganze Serie sichergestellte Gesamtbetrag; und
b) die Daten der zur Ausgabe der Serie ermächtigenden Beschlüsse und der etwaigen Pfandurkunde, durch welche die Sicherheit geschaffen oder näher bestimmt wird, und
c) eine allgemeine Beschreibung des belasteten Vermögens, und
d) die Namen der etwa für die Schuldverschreibungsinhaber bestellten Treuhänder.

Gleichzeitig soll die die Belastung enthaltende Urkunde, oder wenn keine solche Urkunde vorhanden ist, eine der Schuldverschreibungen der Serie eingereicht werden.

Wenn hinsichtlich derselben Serie von Schuldverschreibungen mehr als eine Emission erfolgt ist, so sollen dem Registerführer zur Eintragung in das Register Angaben des Zeitpunktes und des Betrages einer jeden Emission übersandt werden; eine Unterlassung dieser Pflicht soll jedoch die Gültigkeit der ausgegebenen Schuldverschreibungen nicht berühren.

9. Wenn von der Gesellschaft entweder direkt oder indirekt einer Person für die bedingte oder unbedingte Zeichnung oder Verpflichtung zur Zeichnung von Schuldverschreibungen oder für die bedingte oder unbedingte Verschaffung von Zeichnungen solcher Schuldverschreibungen der Gesellschaft eine Provision gegeben oder eine Vergütung oder ein Diskont zugebilligt ist, so sollen die gemäß diesem Paragraphen zur Eintragung einzusendenden Angaben auch die Angabe des Betrages oder des Prozentsatzes der so gezahlten Provision oder Vergütung oder des so zugebilligten Diskonts enthalten; eine Unterlassung, dieser Pflicht soll jedoch die Gültigkeit der ausgegebenen Schuldverschreibungen nicht berühren.

Jedoch soll die Hinterlegung von Schuldverschreibungen als Sicherheit für Schulden der Gesellschaft für die Zwecke dieser Ziffer 9 nicht als Ausgabe von Schuldverschreibungen zu einem Diskont (unter Nennwert) gelten.

10. In diesem Teil des Gesetzes:

a) schließt der Ausdruck „charge“ auch „mortgage“ (Pfand, meistens Grundpfandrecht) in sich;
b) der Ausdruck „the fixed date“ (das festgesetzte Datum) bedeutet in bezug auf die unter den Buchstaben a bis f von Ziffer 2 dieses Paragraphen angeführten charges (Belastungen) den 1. Juli 1908, und in bezug auf die Buchstaben g bis i von Ziffer 2 das Inkrafttreten dieses Gesetzes (d. h. den 1. November 1929).

Pflicht der Gesellschaft, Belastungen einzutragen, die sie geschaffen hat.

80. — 1. Die Gesellschaft ist verpflichtet, genaue Angaben über die von ihr geschaffenen Belastungen und die Ausgabe von Schuldverschreibungen einer Serie, deren Eintragung durch § 79 verlangt wird, dem Registerführer einzusenden; doch kann eine solche Belastung auch auf Antrag einer jeden hieran interessierten Person eingetragen werden.

2. Wenn die Eintragung erfolgte auf das Begehren einer anderen Person als der Gesellschaft, so ist diese Person berechtigt, von der Gesellschaft die Gebühren ersetzt zu verlangen, die sie dem Registerführer bei der Eintragung bezahlt hat.

3. Wenn eine Gesellschaft es unterläßt, dem Registerführer für die Eintragung die genauen Angaben über eine von ihr geschaffene Belastung einzusenden, oder über die Ausgabe von Schuldverschreibungen einer Serie, deren Eintragung verlangt ist, und wenn die Eintragung nicht auf das Begehren irgendeiner dritten Per-

son erfolgt ist, so sollen die Gesellschaft, jeder Direktor, Geschäftsführer, Sekretär oder jede andere Person, welche wissentlich teil an der Unterlassung hat, eine Buße von höchstens £ 50 für jeden Tag, da die Unterlassung andauert, verwirken.

Pflicht der Gesellschaft, charges (Belastungen) auf erworbenes Vermögen einzutragen.

81. — 1. Wenn nach dem Inkrafttreten dieses Gesetzes eine in England eingetragene Gesellschaft irgendwelches Vermögensstück erwirbt, das irgendeiner Belastung unterworfen ist, die, wenn sie nach der Erwerbung dieses Vermögensstückes durch die Gesellschaft bestellt wäre, gemäß diesem Gesetz eingetragen werden müßte, so hat die Gesellschaft die vorgeschriebenen einzelnen Angaben über die Belastung zusammen mit einer Abschrift (in der vorgeschriebenen Weise als richtige Abschrift beglaubigt) der Urkunde (wenn eine solche besteht), durch welche die Belastung begründet wurde oder bewiesen wird, dem Registerführer der Gesellschaft in der vorgeschriebenen Form, innerhalb 21 Tagen, nachdem die Erwerbung vollendet ist, einzureichen.

Sofern das Grundstück außerhalb Großbritanniens liegt und auch außerhalb Großbritanniens die Belastung geschaffen wurde, so beginnt die Frist von 21 Tagen am Tage, nachdem die Urkunde bei ordentlicher Postbeförderung im Vereinigten Königreich angekommen sein konnte.

2. Wenn die Vorschrift dieses Paragraphen nicht beachtet wird, so verfallen die Gesellschaft und jeder ihrer Beamten, welcher daran schuldig ist, einer Versäumnisbuße von £ 50.

Register der Belastungen vom Registerführer für Gesellschaften zu führen.

82. — 1. Der Registerführer für Gesellschaften muß in bezug auf jede Gesellschaft ein Register in der vorgeschriebenen Form über alle Belastungen führen, welche nach diesem Teil des Gesetzes eingetragen werden müssen, und er hat gegen Bezahlung der vorgeschriebenen Gebühr in bezug auf solche Belastungen folgende Einzelheiten einzutragen:

a) Im Falle der Belastung zugunsten der dazu berechtigten Inhaber einer Serie von Schuldverschreibungen, diejenigen Einzelheiten, welche unter Ziffer 8 von § 79 dieses Gesetzes vorgeschrieben sind;

b) im Falle von anderen Belastungen:

α) Wenn die Belastung eine solche ist, welche die Gesellschaft selbst bestellt hat, das Datum ihrer Bestellung und wenn sich die Belastung auf Vermögen bezieht, das sie erworben hat, das Datum des Erwerbes dieses Vermögens, und

β) den Betrag, für welchen durch die Belastung Sicherheit geleistet wird; und

γ) kurze Angaben über das belastete Vermögensstück, und

δ) die Personen, welche ein Recht auf die Belastung haben.

2. Der Registerführer soll eine eigenhändig von ihm unterschriebene Bescheinigung über jede auf Grund dieses Teiles des Gesetzes erfolgte Eintragung einer Belastung (Certificate of registration) mit Angabe des durch sie gesicherten Betrages ausstellen; diese Bescheinigung soll schlüssigen Beweis dafür bilden, daß die durch diesen Paragraphen gegebenen Eintragungsvorschriften erfüllt sind.

3. Das von diesem Paragraphen verlangte Register soll jedermann zur Einsicht offenstehen gegen Bezahlung der vorgeschriebenen Gebühr, die aber nicht mehr als 1 s für eine einzelne Besichtigung betragen darf.

4. Der Registerführer hat ein besonderes chronologisches Register (index) in vorgeschriebener Form und mit den vorgeschriebenen Angaben über alle Belastungen zu führen, welche im Register einzutragen sind.

Certificate auf der Schuldverschreibungsurkunde anzubringen.

83. — 1. Die Gesellschaft soll ferner eine Abschrift der so gemäß § 82 erstellten Bescheinigung (Certificate) auf der Rückseite einer jeden von der Gesellschaft ausgegebenen Schuldverschreibung oder jeder Bescheinigung über Schuldverschreibungsstock, deren Zahlung durch die so eingetragene Belastung gesichert wird, anbringen lassen.

Die Gesellschaft soll jedoch durch keine Bestimmung dieser Ziffer 1 verpflichtet sein, die Bescheinigung über die Eintragung einer gemäß diesem Paragraphen vorgenommenen Belastung auf die Rückseite einer Schuldverschreibung oder einer Bescheinigung von Schuldverschreibungsstock anbringen zu lassen, welche von der Gesellschaft vor Errichtung der Belastung ausgegeben worden sind.

2. Wenn irgendeine Person wissentlich und absichtlich die Ausgabe irgendeiner Schuldverschreibung oder eines Zertificates betreffend den Schuldverschreibungsstock veranlaßt oder gestattet, welche entgegen den Vorschriften dieses Paragraphen eine Abschrift des Eintragungszeugnisses (certificate of registration) tragen muß und nicht trägt, verfällt sie einer Buße, welche £ 100 nicht übersteigt, und zwar unbeschadet weiterer Haftung.

Eintragung der Zahlung einer Schuld.

84. Der Registerführer kann, wenn ihm genügend nachgewiesen wird, daß die Schuld, für welche eine eingetragene Belastung bestellt worden ist, bezahlt oder befriedigt ist, verfügen, daß eine Löschungsnotiz in das Register eingetragen wird und soll, wenn dies verlangt wird, der Gesellschaft eine Abschrift hiervon aushändigen.

Berichtigung des Lastenregisters.

85. Wenn nachgewiesen ist, daß die Unterlassung der Eintragung einer Belastung binnen der durch dieses Gesetz verlangten Zeit, oder daß die Unterlassung oder unrichtige Angabe über eine Belastung oder in einer Löschungsnotiz (memorandum of satisfaction) durch Zufall oder versehentlich oder aus einem anderen entschuldbaren Grunde geschah, oder nicht derartig ist, daß hierdurch die Lage der Gläubiger oder Aktionäre der Gesellschaft beeinträchtigt wird, oder daß es aus einem anderen Grunde recht und billig ist, Abhilfe zu gewähren, so kann das Gericht auf Antrag der Gesellschaft oder einer interessierten Person und unter solchen Maßgaben und Bedingungen, wie sie dem Richter angemessen und geeignet erscheinen, anordnen, daß die Frist für die Eintragung ausgedehnt werde, oder je nach der Sachlage, daß die Unterlassung oder unrichtige Angabe berichtigt werden soll.

Zwangsweise Eintragung einer Sicherheit.

86. — 1. Wenn eine Person eine gerichtliche Verfügung erlangt, durch welche die Ernennung eines Sachwalters oder Geschäftsführers für das Vermögen der Gesellschaft erfolgt oder wenn sie selbst einen solchen Sachwalter oder Geschäftsführer gestützt auf eine ihr durch eine Urkunde verliehenen Befugnis ernennt, so soll sie binnen 7 Tagen vom Zeitpunkt der Verfügung oder der gestützt auf die Urkunde erfolgten Ernennung, dem Registerführer von dieser Tatsache Nachricht geben; der Registerführer muß gegen Zahlung der vorgeschriebenen Gebühr diese Tatsache in das Register eintragen.

2. Wenn eine Person, welche als Sachwalter oder Geschäftsführer des Vermögens der Gesellschaft auf Grund der in einer Urkunde gegebenen Vollmachten aufhört, als Sachwalter oder Geschäftsführer zu handeln, so muß sie dem Registerführer davon Kenntnis geben und der Registerführer soll darüber eine Notiz in das Belastungsregister eintragen.

3. Wer sich gegen eine Vorschrift dieses Paragraphen vergeht, verfällt einer Buße, welche £ 5 für jeden Tag während des fehlbaren Verhaltens nicht übersteigt.

Vorschriften über das Lastenregister der Gesellschaften und über Abschriften von Urkunden, welche Belastungen schaffen.

Abschriften von Urkunden, welche Belastungen schaffen, müssen von der Gesellschaft aufbewahrt werden.

87. Jede Gesellschaft soll die Abschrift einer jeden Belastung schaffenden Urkunde, deren Eintragung gestützt auf diesen Teil des Gesetzes erforderlich ist, an dem eingetragenen Geschäftssitz der Gesellschaft aufbewahren lassen. Bei einer Serie gleichartiger Schuldverschreibungen soll jedoch die Aufbewahrung der Abschrift einer Schuldverschreibung genügend sein.

88. — 1. Jede Gesellschaft mit beschränkter Haftung soll am eingetragenen Geschäftssitz ein Lastenregister führen und darin alle das Eigentum der Gesellschaft betreffenden Belastungen, sowie alle floating charges (Belastungen über das ganze Vermögen) auf der Unternehmung oder irgendeinem Vermögensteil der Gesellschaft, eintragen, wobei in jedem Fall eine kurze Beschreibung des belasteten Vermögens, des Betrages der Belastung und (mit Ausnahme bei Inhaberpapieren) die Namen der durch die Belastung berechtigten Personen wiederzugeben sind. Lastenregister der Gesellschaft.

2. Wenn ein Direktor, Geschäftsführer oder sonstiger Beamter der Gesellschaft wissentlich und vorsätzlich die Unterlassung einer solchen auf Grund dieses Paragraphen erforderlichen Eintragung veranlaßt oder duldet, soll er eine £ 50 nicht übersteigende Strafe verwirken.

89. — 1. Die Abschriften der Urkunden, welche gestützt auf diesen Gesetzesteil vom Registerführer aufbewahrt werden müssen, und auch das auf Grund des vorhergehenden Paragraphen geführte Lastenregister sollen zur Geschäftszeit (vorbehältlich vernünftiger Beschränkungen, wie sie die Generalversammlung beschließen mag, aber wenigstens 2 Stunden täglich), der Einsichtnahme der Gläubiger oder Mitglieder der Gesellschaft gebührenfrei, und das Lastenregister auch andern Personen gegen Zahlung einer 1 s nicht übersteigenden Gebühr für jede Einsichtnahme, wie die Gesellschaft sie festsetzen mag, zur Einsicht offen stehen. Befugnis, die Abschriften der Urkunden, durch welche Verpfändungen und Belastungen geschaffen werden, sowie das Lastenregister der Gesellschaft einzusehen.

2. Wenn die Einsichtnahme der Abschriften oder des Registers verweigert wird, so soll jeder Beamte der Gesellschaft, welcher die Einsichtnahme verweigert, und jeder Direktor oder Geschäftsführer der Gesellschaft, welcher die Verweigerung wissentlich oder vorsätzlich anordnet oder duldet, eine £ 5 nicht übersteigende Geldstrafe und für jeden Tag, da die Verweigerung fortdauert, eine £ 2 nicht übersteigende Geldstrafe verwirken.

3. Wenn eine solche Weigerung erfolgt in bezug auf eine Gesellschaft, die in England eingetragen ist, so kann das Gericht eine sofortige Einsichtnahme der Abschriften oder des Registers erzwingen.

Anwendung von Teil III auf Gesellschaften, welche außerhalb Englands inkorporiert sind.

90. Die Vorschriften dieses Teiles des Gesetzes sind auszudehnen auf Belastungen von Vermögen in England, welche errichtet werden und auf Belastungen von Vermögen, welches erworben wird nach dem Inkrafttreten dieses Gesetzes durch eine Gesellschaft (company) (ob sie nun eine company im Sinne dieses Gesetzes ist oder nicht), welche außerhalb Englands inkorporiert ist, in England aber einen Geschäftssitz (an established place) hat. Anwendung von Teil III auf Belastungen, die von ausländischen Gesellschaften errichtet wurden und auf belastetes Vermögen (Grundstücke), das von solchen erworben wurde.

Übergangsbestimmungen in bezug auf Rechte, die nach diesem Gesetz, aber nicht nach früheren Gesetzen einzutragen sind.

91. — 1. Eine Gesellschaft ist verpflichtet, innerhalb sechs Monaten nach dem Inkrafttreten dieses Gesetzes an den Registerführer für Gesellschaften die vorgeschriebenen Angaben einzusenden, nämlich über Vorschrift über Belastungen, die vor dem Inkrafttreten dieses Gesetzes errichtet wurden, und an vorher erworbenen Vermögen bestanden.

a) jede Belastung, welche von der Gesellschaft vor dem Inkrafttreten dieses Gesetzes errichtet wurde und bis zu diesem Datum nicht abgelöst ist, für welche aber die Eintragung durch die Vorschriften der Buchstaben g, h und i von Ziffer 2 des Paragraphen 79 dieses Gesetzes verlangt würde, oder gemäß Paragraph 90, wenn die Belastung nach dem Inkrafttreten dieses Gesetzes errichtet worden wäre; und

b) jede Belastung von Vermögen, das die Gesellschaft vor dem Inkrafttreten dieses Gesetzes erworben hat und die eingetragen werden müßte nach den Vorschriften von Paragraph 81 oder Paragraph 90 dieses Gesetzes, wenn das Vermögenstück nach dem Inkrafttreten dieses Gesetzes erworben worden wäre.

2. Der Registerführer muß gegen Bezahlung der vorgeschriebenen Gebühr die erwähnten Angaben in das von ihm gestützt auf diesen Teil des Gesetzes geführte Register eintragen.

3. Wenn eine Gesellschaft den Vorschriften dieses Paragraphen nicht nachkommt, so verfallen die Gesellschaft und jeder Direktor, Geschäftsführer, Sekretär oder andere Beamte der Gesellschaft, oder andere Personen, welche an der Versäumnis teilhaben, einer Buße, welche £ 50 für jeden Tag der Verfehlung nicht übersteigt.

Die Unterlassung der Gesellschaft soll aber in keiner Weise die Rechte einer Person schädigen, zu deren Gunsten die Belastung errichtet wurde.

4. Im Sinne dieses Paragraphen schließt der Ausdruck „company“ (Gesellschaft) auch eine jede company (Gesellschaft) ein (ob sie eine company gemäß den Bestimmungen dieses Gesetzes ist oder nicht), welche außerhalb Englands inkorporiert ist, aber einen Geschäftssitz in England hat.

Vierter Teil.

Geschäftsführung und Verwaltung.

Eingetragener Geschäftssitz und Name.

Eingetragener Geschäftssitz.

92. — 1. Eine Gesellschaft soll vom Tage des Geschäftsbeginns an oder vom 28. Tage nach der Inkorporierung an, je nachdem dieser oder jener Tag früher ist, einen eingetragenen Geschäftssitz haben, an den alle Mitteilungen und Nachrichten adressiert werden können.

2. Mitteilung von der Adresse des eingetragenen Geschäftssitzes und von jeder Änderung derselben soll dem Registerführer innerhalb 28 Tagen nach dem Datum der Inkorporation der Gesellschaft oder nach der Änderung gegeben und von diesem im Register vorgemerkt werden.

Der Vorschrift dieser Ziffer 2 wird nicht Genüge geleistet, wenn die Adresse des eingetragenen Geschäftssitzes bloß im Jahresbericht erwähnt wird.

3. Wird die Vorschrift dieses Paragraphen nicht beachtet, so verfallen die Gesellschaft und jeder ihrer fehlbaren Beamten in eine Versäumnisbuße.

Veröffentlichung des Gesellschaftsnamens.

93. — 1. Jede Gesellschaft muß

a) an der Außenseite jedes Geschäftssitzes oder Platzes, an dem das Geschäft der Gesellschaft betrieben wird, in sichtbarer Lage und in leicht lesbaren Buchstaben ihren Namen gemalt oder angeschlagen anbringen;

b) und ihren Namen in lesbaren Buchstaben in ihr Geschäftssiegel eingravieren;

c) ihr Name soll in lesbaren Buchstaben in allen Benachrichtigungen, Anzeigen und anderen Veröffentlichungen der Gesellschaft und in allen Wechseln, Eigenwechseln, Indossamenten, Schecks und allen Geld- und Warenanweisungen, die im Namen der Gesellschaft gezeichnet werden, sowie in allen Warenrechnungen, Fakturen, Quittungen und Kreditbriefen erwähnt werden.

2. Wenn eine Gesellschaft ihren Namen nicht in der vorhin vorgeschriebenen Weise gemalt oder angeschlagen wiedergibt, so verfallen die Gesellschaft und jeder fehlbare Beamte der Gesellschaft einer Buße, welche £ 5 nicht übersteigt,

und wenn die Gesellschaft ihren Namen nicht in diesem Zustande erhält, so sind die Gesellschaft und jeder fehlbare Beamte der Gesellschaft mit einer Versäumnisbuße zu bestrafen.

3. Eine Gesellschaft, welche gegen den Buchstaben b oder c von Ziffer 1 verstößt, verwirkt eine Buße, welche £ 50 nicht übersteigt.

4. Wenn ein Direktor, Geschäftsführer oder Beamter der Gesellschaft, oder für sie eine andere Person

a) ein Siegel, das als Siegel der Gesellschaft gelten soll und in das der Name nicht, wie vorhin bestimmt, eingraviert ist, benutzt oder benutzen läßt; oder

b) irgendeine Nachricht, Anzeige oder anderweitige Veröffentlichung der Gesellschaft erläßt oder zugibt, oder für die Gesellschaft irgendeinen Wechsel, Eigenwechsel, Indossament, einen Scheck oder eine Geld- oder Warenanweisung unterschreibt oder unterschreiben läßt, ohne daß der Name der Gesellschaft in der oben angegebenen Weise angebracht ist; oder

c) eine Warenrechnung (bill of parcels), eine Faktura (invoice), eine Quittung oder einen Kreditbrief der Gesellschaft ausgibt oder ausgeben läßt, ohne daß der Name der Gesellschaft in der oben angegebenen Weise erwähnt ist;

soll die schuldige Person eine Strafe von höchstens £ 50 verwirken und soll ferner persönlich dem Inhaber des Wechsels, Eigenwechsels, Schecks, der Geld- oder Warenanweisung für den darin genannten Betrag haftbar sein, wenn der Betrag nicht in gehöriger Weise durch die Gesellschaft bezahlt wurde.

Beschränkungen in bezug auf den Geschäftsbeginn.

94. — 1. Wenn eine Gesellschaft, die ein Aktienkapital hat, einen Prospekt ausgibt, durch den das Publikum zur Zeichnung der Aktien eingeladen wird, so darf die Gesellschaft ihre Geschäfte nicht beginnen, noch auch irgendwelche Kredite beanspruchen, wenn nicht folgende Voraussetzungen gegeben sind:

Beschränkungen in bezug auf den Geschäftsbeginn.

a) wenn nicht bei der Ausgabe von Aktien, welche voll bar einbezahlt werden müssen, im ganzen wenigstens eine Zuteilung auf den als Minimum bezeichneten Zeichnungsbetrag (minimum subscription) erfolgte; und

b) wenn nicht jeder Direktor der Gesellschaft auf die von ihm genommenen oder vertraglich zu nehmenden Aktien, welche er verpflichtet ist, bar zu zahlen, so viel bezahlt hat, daß diese Zahlung im entsprechenden Verhältnis steht zu dem Teil, welcher bei der Zeichnung und bei der Zuteilung der zur öffentlichen Zeichnung offerierten Aktien zu zahlen ist; und

c) wenn nicht dem Registerführer für Gesellschaften durch den Sekretär oder einen der Direktoren eine dem Gesetz entsprechende Erklärung (a statutory declaration) eingereicht wurde, aus welcher hervorgeht, daß die vorgenannten Bedingungen erfüllt sind.

2. Wenn eine Gesellschaft, die ein Aktienkapital hat, keinen Prospekt mit der Einladung zu öffentlicher Zeichnung ausgegeben hat, so darf die Gesellschaft mit ihren Geschäften und mit der Beanspruchung von Krediten erst unter folgenden Bedingungen beginnen:

a) wenn dem Registerführer für Gesellschaften eine Aufstellung an Stelle des Prospektes (a statement in lieu of prospectus) eingereicht worden ist; und

b) wenn jeder der Direktoren der Gesellschaft auf jede von ihm übernommene oder vertraglich zu übernehmende Aktie, die in bar zahlbar ist, einen Betrag bezahlt hat, der in entsprechendem Verhältnis zu dem Teil steht, welcher bei dem Begehren auf Zuteilung und bei der Zuteilung von Aktien zahlbar ist; und

c) wenn dem Registerführer für Gesellschaften eine gesetzesmäßige Erklärung durch den Sekretär oder einen der Direktoren eingereicht worden ist, in der vorgeschriebenen Form, aus der hervorgeht, daß die unter litt. b dieses Paragraphen genannte Bedingung erfüllt ist.

3. Der Registerführer muß bei Eingang der erwähnten gesetzesmäßigen Erklärung, und im Falle, da die Gesellschaft gemäß diesem Paragraphen ein statement in lieu of prospectus (eine Aufstellung an Stelle des Prospektes) einreichen muß, ein Zeugnis ausstellen, aus dem sich ergibt, daß die Gesellschaft berechtigt ist, mit den Geschäften zu beginnen, und dieses Zeugnis bildet zwingenden Beweis dafür.

4. Irgendein Vertrag, welchen die Gesellschaft abgeschlossen hat vor der Zeit, da sie berechtigt ist, mit den Geschäften zu beginnen, hat nur provisorischen Charakter, und ist für die Gesellschaft bis zu dem genannten Zeitpunkt nicht bindend, sondern erst von diesem Zeitpunkte an.

5. Nichts, was in diesem Paragraphen steht, soll das gleichzeitige Angebot für Zeichnung oder Zuteilung irgendwelcher Aktien oder Schuldverschreibungen hindern, noch auch die Entgegennahme von Geld, das zahlbar ist bei dem Gesuch für Zuteilung von Schuldverschreibungen.

6. Wenn eine Gesellschaft in Verletzung dieses Paragraphen Geschäfte beginnt oder Kredite beansprucht, so hat jede Person, welche sich der Übertretung schuldig gemacht hat, unbeschadet anderweitiger Haftung, eine Buße zu bezahlen, welche £ 50 für jeden Tag der Übertretung nicht überschreitet.

7. Dieser Paragraph findet keine Anwendung

a) auf die Private Company; oder

b) eine Gesellschaft, die vor dem 1. Januar 1901 eingetragen wurde,

c) auf eine Gesellschaft, die eingetragen wurde vor dem 1. Juli 1908, und keinen Prospekt mit Einladung zu öffentlicher Zeichnung ihrer Aktien ausgegeben hat.

Das Mitgliederverzeichnis (Register of members).

Mitgliederverzeichnis.

95. — 1. Jede Gesellschaft muß in einem oder mehreren Büchern ein Verzeichnis ihrer Mitglieder halten, und darin folgende Tatsachen angeben:

a) die Namen und Adressen und den etwaigen Beruf der Mitglieder der Gesellschaft und im Falle einer Gesellschaft, die ein in Aktien eingeteiltes Grundkapital besitzt, eine Aufstellung der von jedem Mitglied besessenen Aktien, jede Aktie mit ihrer Nummer bezeichnet, sowie des auf die Aktien eines jeden Mitgliedes eingezahlten oder vereinbartermaßen als eingezahlt geltenden Betrages;

b) das Datum, an welchem der Name einer jeden Person in das Register als Mitglied eingetragen ist;

c) das Datum, an dem eine Person aufgehört hat, Mitglied zu sein.

Wenn eine Gesellschaft irgendwelche Aktien in Stockvermögen umgewandelt und von dieser Umwandlung dem Registerführer Kenntnis gegeben hat, so muß das Register den Betrag des stocks, der von jedem einzelnen Mitglied an Stelle des Betrages der einzelnen Aktien besessen wird, und die Angaben enthalten, welche sich auf Aktien beziehen, wie dies unter Buchstabe a oben vorgeschrieben ist.

2. Bei Übertretung der Vorschriften dieses Paragraphen verfallen die Gesellschaft und jeder fehlbare Beamte einer Versäumnisbuße.

Index der Mitglieder.

96. — 1. Jede Gesellschaft, welche mehr als 50 members (Aktionäre) hat, muß (sofern nicht das Mitgliederverzeichnis an sich die Form eines „index" hat), einen Index der Namen der Mitglieder der Gesellschaft führen, und innerhalb 14 Tagen nach dem Datum, an welchem irgendwelche Änderung im Mitgliederverzeichnis gemacht wurde, die erforderliche Änderung auch im Index vornehmen.

2. Der Index (welcher in der Form eines Karten-Index errichtet werden kann) muß in bezug auf jedes Mitglied (Aktionär) genügende Angaben enthalten, die es gestatten, das Conto dieses Aktionärs (member) im Mitgliederverzeichnis gleich zu finden.

3. Bei Übertretung der Vorschriften dieses Paragraphen verfallen die Gesellschaft und jeder fehlbare Beamte der Gesellschaft in eine Versäumnisbuße.

Eintragungen in bezug auf Aktienscheine (share warrants).

97. — 1. Bei der Ausgabe eines share warrant (eines Aktienscheines) muß die Gesellschaft aus ihrem Mitgliederverzeichnis den darin eingetragenen Namen des Mitgliedes, welches als der berechtigte Inhaber der betreffenden Aktien eingetragen war, streichen, wie wenn diese Person aufgehört hätte, Mitglied zu sein, und folgende Angaben sind dann in das Register einzutragen:

a) die Tatsache der Ausgabe des warrant (Aktienscheines);

b) eine Aufstellung der im warrant enthaltenen Aktien, mit den Nummern der einzelnen Aktien; und

c) das Datum der Ausgabe des warrant.

2. Der Inhaber eines share warrant ist entsprechend den Vorschriften der Statuten, berechtigt, wenn er den warrant zur Streichung eingibt, die Eintragung in das Mitgliederverzeichnis zu verlangen.

3. Die Gesellschaft ist haftbar bei jedem Verlust, den irgendeine Person durch Verschulden der Gesellschaft dadurch erleidet, daß diese in das Mitgliederverzeichnis den Namen eines Inhabers eines share warrant in bezug auf die darin erwähnten Aktien einträgt, ohne daß der warrant selbst eingegeben und vernichtet wurde.

4. Bis der warrant eingeliefert ist, sollen die einzelnen Angaben, wie sie in Ziffer 1 dieses Paragraphen aufgeführt sind, im Mitgliederverzeichnis eingetragen bleiben und gelten, und bei der Ablieferung muß das Datum der Ablieferung eingetragen werden.

5. Vorbehältlich der Vorschriften dieses Gesetzes, kann der Inhaber eines share warrant, wenn die Statuten es so bestimmen, als ein Mitglied der Gesellschaft im Sinne des Gesetzes behandelt werden, sei es im ganzen Umfange oder für besondere Zwecke, wie dies in den Statuten näher bestimmt ist.

Einsichtnahme des Mitgliederverzeichnisses.

98. — 1. Das mit dem Datum der Eintragung der Gesellschaft beginnende Mitgliederverzeichnis und das Namensverzeichnis (index of names) sollen an dem eingetragenen Geschäftssitz der Gesellschaft geführt werden. Wenn sie nicht nach den Bestimmungen dieses Gesetzes der Einsichtnahme verschlossen sind, sollen sie während den Geschäftsstunden (vorbehältlich solcher angemessenen Beschränkungen, wie sie die Gesellschaft in der Generalversammlung auferlegen mag, jedoch so, daß nicht weniger als zwei Stunden täglich für Einsichtnahme festgesetzt werden) für die Einsichtnahme allen Mitgliedern unentgeltlich offen stehen, und für irgendwelche anderen Personen gegen Bezahlung von 1 s oder einer kleineren Gebühr für jede Einsichtnahme, wie es die Gesellschaft bestimmen mag.

2. Jedes Mitglied oder jede andere Person kann eine Abschrift des Mitgliederbuches oder eines Teiles davon verlangen gegen Bezahlung von six pence, oder einer von der Gesellschaft bestimmten kleineren Gebühr, gerechnet auf 100 Worte oder einen Bruchteil davon, deren Abschrift verlangt wird.

Die Gesellschaft soll veranlassen, daß jede so von irgendeiner Person verlangte Abschrift an diese Person innerhalb 10 Tagen geschickt wird, welche Frist an dem Tage beginnt, der dem Tage folgt, an welchem die Gesellschaft das Begehren erhalten hat.

3. Wenn die gemäß diesem Paragraphen verlangte Einsichtnahme verweigert wird oder irgendeine gemäß diesem Paragraphen verlangte Abschrift nicht innerhalb der vorgeschriebenen Frist abgeschickt wird, so verwirkt die Gesellschaft und jeder fehlbare Beamte der Gesellschaft bei jeder Übertretung eine Buße von höchstens £ 2 und überdies eine Versäumnisbuße von £ 2.

4. In jedem Falle einer solchen Weigerung oder Versäumnis kann das Gericht durch eine Order sofortige Einsichtnahme des Mitgliederbuches oder Index zwangsweise verfügen oder anordnen, daß die verlangten Abschriften an die Gesuchssteller geschickt werden.

Verschließen des Mitglieder-verzeichnisses.

99. Eine Gesellschaft kann durch eine Bekanntgabe in einer Zeitung, welche im Bezirk des eingetragenen Geschäftssitzes der Gesellschaft erscheint, mitteilen, daß das Mitgliederverzeichnis für einige Zeit nicht eingesehen werden kann. Insgesamt aber darf dies nur für höchstens 30 Tage im Jahre geschehen.

Berichtigung des Mitglieder-verzeichnisses durch das Gericht.

100. — 1. Wenn

a) der Name einer Person ohne genügenden Grund in das Mitgliederbuch einer diesem Gesetz unterliegenden Gesellschaft eingetragen oder einzutragen unterlassen ist; oder

b) wenn die Tatsache, daß eine Person aufgehört hat, Mitglied der Gesellschaft zu sein, nicht oder mit unnötiger Verzögerung eingetragen ist,

so kann die beeinträchtigte Person oder ein Mitglied der Gesellschaft oder die Gesellschaft beim Gericht Berichtigung des Mitgliederbuches begehren.

2. Wenn ein Antrag, gestützt auf diesen Paragraphen, gestellt ist, so kann ihn das Gericht abweisen oder die Berichtigung des Registers und Zahlung des einer beeinträchtigten Partei zugefügten Schadens durch die Gesellschaft verfügen.

3. Bei einem auf Grund dieses Paragraphen gestellten Antrag kann das Gericht über die Berechtigung einer Person, die in einem solchen Verfahren Partei ist, ihren Namen in das Register eintragen zu lassen oder von demselben gestrichen zu sein, entscheiden, sei es, daß eine solche Streitfrage unter Mitgliedern oder angeblichen Mitgliedern oder zwischen Mitgliedern oder angeblichen Mitgliedern einerseits und der Gesellschaft andererseits entsteht. Das Gericht kann im allgemeinen auch jede Frage, deren Entscheidung hinsichtlich der Berichtigung des Registers notwendig oder zweckdienlich ist, entscheiden.

4. Im Falle einer Gesellschaft, welche auf Grund dieses Gesetzes verpflichtet ist, eine Liste ihrer Mitglieder an den Registerführer zu senden, soll das Gericht bei Erlaß der Berichtigungsverfügung anordnen, daß der Registerführer von der Berichtigung zu benachrichtigen ist.

Treuhandverhältnisse (trusts) müssen in England nicht eingetragen werden.

101. Nicht nötig, noch auch zulässig ist ein Vermerk beim Registerführer über das Bestehen eines ausdrücklichen stillschweigenden oder fiktiven Trustes (Treuhand, expressed, implied, or constructive trust, s. Curti, Englands Privat- und Handelsrecht I, S. 137 u. 138) in bezug auf Gesellschaften, die in England eingetragen sind.

Beweiskraft des Mitgliederverzeichnisses.

102. Das Mitgliederverzeichnis bildet einen prima facie Beweis für alles, was gemäß diesem Gesetz eingetragen werden muß und eingetragen wird.

Dominionregister.

Recht der Gesellschaft, ein Dominion-register zu führen.

103. — 1. Eine Aktiengesellschaft, welche die Durchführung von Geschäften in irgendeinem Teile der Dominions außerhalb Großbritanniens, der Kanalinseln oder der Isle of Man bezweckt, kann in jedem Teil der Dominions, wo sie geschäftlich tätig ist, ein Zweigregister der Mitglieder führen, welche in einem solchen Teile wohnen, Dominionregister genannt.

2. Die Gesellschaft muß dem Registerführer Kenntnis geben von der Adresse des Geschäftssitzes, wo ein solches Dominionregister geführt wird, und von jeder Änderung derselben, und wenn das Geschäft nicht weitergeführt wird, von seiner Aufgabe, und zwar innerhalb von 14 Tagen von der Eröffnung des Geschäftssitzes an, noch der Änderung oder Aufgabe, wie der Fall immer liegen mag.

3. Wenn die Vorschrift von Ziffer 2 nicht eingehalten wird, so verfällt die Gesellschaft und jeder fehlbare Beamte in eine Versäumnisbuße.

4. Verweisungen, welche vor dem Inkrafttreten dieses Gesetzes auf ein „colonial register" erfolgten, sollen als Verweisungen auf ein Dominionregister ausgelegt werden.

104. — 1. Ein Dominionregister soll so beurteilt werden, wie wenn es ein Teil des Mitgliederbuches der Gesellschaft wäre. In diesem und den folgenden Paragraphen wird letzteres „the principal register", Hauptregister, genannt. Vorschriften in bezug auf Dominionregister.

2. Es soll in der durch dieses Gesetz für das Hauptregister vorgesehenen Weise geführt werden, jedoch mit der Maßgabe, daß die Mitteilung in bezug auf die Zeit, da das Register nicht eingesehen werden kann, in einer Zeitung veröffentlicht wird, welche in dem Distrikt, wo das Dominionregister geführt wird, Verbreitung hat und daß jedes zuständige Gericht in jenem Dominium dieselbe Gerichtsbarkeit zur Berichtigung des Registers ausüben kann, wie sie auf Grund dieses Gesetzes durch das Gericht ausgeübt wird, und daß die Zuwiderhandlungen, welche in der Verweigerung der Einsichtnahme oder Abgabe von Abschriften aus einem Dominionregister und in der Veranlassung und Duldung dieser Zuwiderhandlung bestehen, vor einem Gericht, welches in dem Dominium summarische Strafgerichtsbarkeit hat, verfolgbar sind.

3. Die Gesellschaft soll, sobald als es nach einer solchen Eintragung möglich ist, eine Abschrift von jeder Eintragung in ihr Dominionregister an ihren eingetragenen Geschäftssitz einsenden und soll an ihrem eingetragenen Geschäftssitz ein gehöriges, von Zeit zu Zeit nachzutragendes Duplikat ihres Dominionregisters führen. Jedes solche Duplikat soll für die Zwecke dieses Gesetzes als Teil des Hauptregisters gelten.

4. Vorbehaltlich der Bestimmungen dieses Paragraphen über das Duplikatregister sollen die im Dominionregister eingetragenen Aktien von den im Hauptregister eingetragenen Aktien unterschieden werden und kein Geschäft, das Aktien betrifft, die im Dominionregister eingetragen sind, soll, solange diese Eintragung bestehen bleibt, in ein anderes Register eingetragen werden.

5. Die Gesellschaft kann die Führung eines Dominionregisters einstellen und hierauf sollen alle in dieses Register gemachten Eintragungen in ein anderes von der Gesellschaft in demselben Dominion geführte Dominionregister oder in das an dem eingetragenen Geschäftssitze der Gesellschaft geführte Mitgliederregister übertragen werden.

6. Vorbehaltlich der Bestimmungen dieses Gesetzes kann jede Gesellschaft durch ihre Statuten solche Bestimmungen erlassen, wie sie dieselben für die Führung von Dominionregistern für geeignet hält.

7. Bei Übertretung der Vorschriften von Ziffer 3 dieses Paragraphen verfällt die Gesellschaft und jeder fehlbare Beamte der Gesellschaft in eine Versäumnisbuße.

105. Eine Abtretungsurkunde einer in einem Dominionregister eingetragenen Aktie, ausgenommen in einem in Nord-Irland gehaltenen Register, soll als Übertragung von außerhalb des Vereinigten Königreichs gelegenem Vermögen gelten, und sofern sie nicht innerhalb des Vereinigten Königreichs errichtet wird, von der Stempelpflicht von Großbritannien befreit sein. Stempelpflicht im Falle von im Dominionregister eingetragenen Aktien.

106. — 1. Der Foreign Jurisdiction Act, 1890, soll so wirksam sein, wie wenn die drei vorausgegangenen Paragraphen dieses Gesetzes in den gesetzlichen Erlassen eingeschlossen wären, welche gemäß § 5 jenes Gesetzes durch Order in Council auf auswärtige Länder angewendet werden können, wo der König zur Zeit Jurisdiction ausübt. Das Recht, die Vorschriften über Dominionregister auf andere Länder auszudehnen.

2. Durch Order in Council kann verfügt werden, daß die erwähnten Paragraphen, eingeschlossen alle weiteren gesetzlichen Erlasse, welche jene Paragra-

phen abändern oder an ihre Stelle treten, mit Ergänzungen oder Abänderungen auch auf irgendwelche unter dem Protektorat des Königs stehende Gebiete ausgedehnt werden, auf welche diese Paragraphen nach dem Foreign Jurisdiction Act, 1890, abgeändert durch die Ziffer 1 dieses Paragraphen, nicht ausgedehnt werden können.

Durch Order in Council kann irgendwelche Order, welche gestützt auf diese Ziffer 2 erlassen wurde, widerrufen oder abgeändert werden.

Bestimmungen über Zweigregister von Dominion Companies, geführt im Vereinigten Königreich.

107. — 1. Wenn, gestützt auf das geltende Recht, in irgendeinem Teile der Dominions außerhalb Großbritanniens inkorporierte Gesellschaften das Recht haben, in Großbritannien Zweigregister ihrer Mitglieder zu führen, welche in Großbritannien wohnen, so kann durch Order in Council verfügt werden, daß die §§ 98 und 100 dieses Gesetzes vorbehältlich von irgendwelchen Abänderungen und Anpassungen, welche in der Order erwähnt sind, Anwendung finden auch in bezug auf irgendein solches Zweigregister, das in Großbritannien geführt wird, so wie sie angewendet werden in bezug auf Register von Gesellschaften nach dem Sinn dieses Gesetzes.

2. Für die Zwecke dieses Paragraphen schließt der Ausdruck „His Majesty's Dominions" jedes Gebiet in sich, das unter des Königs Protektion steht oder in bezug auf welches der König vom Völkerbund ein Mandat erhalten hat.

Jährlicher Bericht (Annual Return).

Jährlicher Bericht von Gesellschaften, die ein in Aktien zerlegtes Kapital haben.

108. — 1. Jede Gesellschaft, welche ein Aktienkapital besitzt, soll einmal wenigstens in jedem Jahr einen Bericht mit einer Liste aller Personen aufstellen, welche an dem der ersten oder einzigen ordentlichen Generalversammlung eines Jahres nachfolgenden 14. Tage Mitglieder der Gesellschaft sind, und aller Personen, welche seit dem Zeitpunkt des letzten Berichtes oder (sofern es sich um den ersten Bericht handelt) seit der Eintragung der Gesellschaft aufgehört haben, Mitglieder zu sein.

2. Die Liste muß die Namen, Adressen und Berufe aller darin erwähnten früheren und gegenwärtigen Mitglieder und die Anzahl der von jedem gegenwärtigen Mitglied zur Zeit des Berichtes besessenen Aktien unter Angabe der seit dem letzten Bericht oder (im Falle des ersten Berichts) seit der Eintragung der Gesellschaft übertragenen Aktien, sowie den Zeitpunkt der Übertragung der Aktien enthalten; und wenn die Namen darin nicht in alphabetischer Folge gegeben sind, so muß ein Index beigegeben werden, um das sofortige Auffinden des Namens jeder Person zu ermöglichen.

Wenn die Gesellschaft irgendwelche Aktien in Stock umgewandelt hat und die Umwandlung dem Registerführer bekanntgab, so muß die Liste auch den Betrag des Stock nennen, welcher von jedem der gegenwärtigen Mitglieder an Stelle des Betrages von Aktien besessen wird und dazu die vorhin erwähnten einzelnen Angaben, welche sich auf die erwähnten Aktien beziehen.

3. Der Bericht muß auch die Adresse des Geschäftssitzes der Gesellschaft wiedergeben und muß einen Auszug enthalten, welcher Aufschluß gibt über die Aktien, welche gegen Barzahlung ausgegeben wurden und solche, welche ganz oder teilweise anders als bar einbezahlt wurden. Weiter sind folgende Einzelheiten anzugeben:

a) Der Betrag des Aktienkapitals der Gesellschaft und die Zahl der Aktien, in welche es eingeteilt ist;
b) die Zahl der Aktien, welche vom Beginn der Gesellschaft bis zum Datum des Berichtes bezogen wurden;
c) den Betrag welcher auf jede einzelne Aktie eingefordert wurde;
d) den Totalbetrag der auf die Einforderung erfolgten Zahlungen;

e) den Totalbetrag der zwar eingeforderten, aber ausgebliebenen Zahlungen;
f) den Totalbetrag der Beträge, welche als Provision für irgendwelche Aktien oder Schuldverschreibungen bezahlt wurden;
g) genaue Angaben über den bei Ausgabe von Aktien eingeräumten Diskonto, oder den von diesem Diskonto am Tage des Berichts noch nicht abgeschriebenen Teil;
h) den Totalbetrag der Beträge, die in bezug auf Schuldverschreibungen als Diskont gewährt wurden seit dem Datum des letzten Berichts;
i) die Gesamtzahl der verwirkten Aktien;
k) den Totalbetrag der Aktien, für welche Aktienscheine (share warrants) am Tage des Berichtes in Umlauf sind;
l) den Totalbetrag der seit dem letzten Bericht ausgegebenen und zur Einziehung eingelieferten Aktienscheine (surrendered share warrants);
m) die Zahl der in jedem Aktienschein (share warrant) enthaltenen Aktien;
n) alle diejenigen einzelnen Angaben über die Personen, welche zur Zeit des Berichtes Direktoren der Gesellschaft sind, wie sie dieses Gesetz verlangt in bezug auf die Eintragung der Direktoren in dem Direktorenregister einer Gesellschaft;
o) den Gesamtbetrag aller Schulden der Gesellschaft mit Bezug auf alle Verpfändungen und Belastungen, welche beim Registerführer auf Grund dieses Gesetzes eingetragen werden müssen (oder falls die Gesellschaft in Schottland eingetragen ist, welche, wenn die Gesellschaft in England eingetragen wäre, eingetragen werden müßten) oder welche, falls sie nach dem 1. Juli 1908 geschaffen wären, eingetragen werden müssen.

4. Der Bericht muß in Übereinstimmung sein mit der Form, wie sie in Anhang VI (sixth Schedule) dieses Gesetzes wiedergegeben ist oder entsprechend, soweit dies die Umstände zulassen.

5. Handelt es sich um eine Gesellschaft, welche ein Dominionregister hat, so müssen die einzelnen Angaben der Eintragungen in jenem Register, soweit sie Dinge betreffen, welche im Bericht wiederzugeben sind, im ersten Bericht nach Eingang von Abschriften jener Eintragungen beim eingetragenen Geschäftssitz der Gesellschaft gemacht werden.

109. — 1. Jede Gesellschaft, die kein in Aktien zerlegtes Kapital hat, muß wenigstens in jedem Kalenderjahr einen Bericht mit folgendem Inhalt erstatten: Jahresbericht von Gesellschaften, deren Kapital nicht in Aktien zerlegt ist.
a) die Adresse des eingetragenen Geschäftssitzes der Gesellschaft;
b) alle diejenigen genauen Angaben mit Bezug auf die Personen, die zur Zeit des Berichtes Direktoren der Gesellschaft sind, wie dies für das Register der Direktoren einer Gesellschaft durch dieses Gesetz vorgeschrieben ist.

2. Dem Jahresbericht muß beigefügt werden eine Aufstellung mit genauen Angaben des Gesamtbetrages der Schulden (indebtedness) der Gesellschaft mit Bezug auf alle Verpfändungen und Belastungen, wie sie nach diesem Gesetz beim Registerführer einzutragen sind (oder im Falle einer in Schottland eingetragenen Gesellschaft verlangt würde, wenn sie in England eingetragen wäre) oder welche eingetragen werden müssen, wenn sie nach dem 1. Juli 1908 entstanden wären.

110. — 1. Der Jahresbericht muß in einem besonderen Teil des Mitgliederregisters stehen und muß innerhalb 28 Tagen nach der ersten oder einzigen Generalversammlung des Jahres vervollständigt werden und die Gesellschaft hat sofort dem Registerführer eine Abschrift einzureichen, die von einem Direktor oder dem Geschäftsführer oder dem Sekretär der Gesellschaft unterzeichnet sein muß. Allgemeine Vorschriften für Jahresberichte.

2. § 98 dieses Gesetzes ist auf den Jahresbericht in gleicher Weise anwendbar wie auf das Mitgliederregister.

3. Ausgenommen die Fälle, da die Gesellschaft eine Private Company ist oder eine Versicherungsgesellschaft, welche den Vorschriften von Ziffer 4 des § 7 des

Gesetzes über die Versicherungsgesellschaften (Assurance Companies Act) vom Jahre 1909 nachgekommen ist, muß der Jahresbericht eine von einem Direktor oder dem Geschäftsführer oder dem Sekretär der Gesellschaft als eine getreue Abschrift bezeichneten Wiedergabe der letzten Bilanz enthalten, die vom Rechnungsrevisor der Gesellschaft anerkannt worden ist, unter Beifügung aller Urkunden, die nach dem Gesetz beizufügen sind, zusammen mit einem Bericht der Rechnungsrevisoren, beglaubigt in gleicher Weise wie oben angegeben ist. Ist eine solche Bilanz in einer fremden Sprache abgefaßt, so muß ihr eine englische Übersetzung beigefügt werden, die in der vorgeschriebenen Weise als getreue Übersetzung beglaubigt ist.

Wenn die erwähnte Bilanz den gesetzlichen Erfordernissen in bezug auf die Form gemäß den zur Zeit der Revision gültigen gesetzlichen Erfordernissen nicht entsprach, so müssen solche Ergänzungen und Berichtigungen in der Abschrift angebracht werden, wie sie für eine ordnungsgemäße Bilanz erforderlich sind, entsprechend den genannten Erfordernissen, und der Umstand, daß die erwähnte Abschrift so verbessert worden ist, muß darin angegeben sein.

4. Wenn eine Gesellschaft den Vorschriften dieses Paragraphen oder eines der zwei vorhergehenden Paragraphen dieses Gesetzes nicht nachkommt, so verfallen die Gesellschaft und jeder fehlbare Beamte der Gesellschaft einer Versäumnisbuße.

5. Für die Zwecke von Ziffer 4 dieses Paragraphen schließt der Ausdruck „officer“ (Beamter) und für die Zwecke der zwei vorausgegangenen Paragraphen der Ausdruck „director“ jede Person in sich, nach deren Anweisungen und Instruktionen die Direktoren der Gesellschaft zu handeln gewohnt sind.

Zeugnisse bei Private Companies mit dem Jahresbericht zu versenden.

111. Eine Private Company muß dem Jahresbericht, welchen § 108 dieses Gesetzes verlangt, ein von einem Direktor oder dem Sekretär der Gesellschaft unterschriebenes Zeugnis einsenden, aus welchem hervorgeht, daß die Gesellschaft seit dem Zeitpunkt des letzten Jahresberichtes oder wenn es sich um den ersten Jahresbericht handelt, seit der Inkorporation der Gesellschaft, keine Einladung an das Publikum zur Zeichnung von irgendwelchen Aktien oder Schuldverschreibungen erlassen hat, und wenn der Jahresbericht bekanntgibt, daß die Zahl der Gesellschaftsmitglieder 50 überstiegen hat, ist ein weiteres gleich unterschriebenes Zeugnis darüber auszustellen, daß die Überzahl nur aus Personen besteht, welche nach Buchstabe b von Ziffer 1 des § 26 dieses Gesetzes nicht in die Zahl 50 einzurechnen sind.

Versammlungen und Verhandlungen.

Jährliche Generalversammlung.

112. — 1. Eine Generalversammlung einer jeden Gesellschaft muß mindestens einmal in jedem Kalenderjahr und nicht später als 15 Monate nach Abhaltung der vorausgegangenen Generalversammlung abgehalten werden.

2. Wird sie nicht gemäß den Vorschriften dieses Paragraphen abgehalten, so verwirkt die Gesellschaft und jeder Direktor oder Geschäftsführer, wenn sie wissentlich an der Unterlassung schuld sind, eine Buße von höchstens £ 50.

3. Wenn die Abhaltung einer Generalversammlung diesen Bestimmungen zuwider unterlassen ist, so kann das Gericht auf Begehren irgendeines Mitgliedes der Gesellschaft direkt eine Generalversammlung einberufen oder die Einberufung anordnen.

Erste Generalversammlung (statutory meeting) und statutory report.

113. — 1. Jede company limited by shares und jede company limited by guarantee, welche ein Aktienkapital hat, soll frühestens einen Monat und spätestens 3 Monate nach dem Zeitpunkte, an welchem die Gesellschaft zum Beginn des Geschäftsbetriebes berechtigt ist, eine erste Generalversammlung abhalten, welche „the statutory meeting“ genannt sein soll.

2. Die Direktoren sollen wenigstens 7 Tage vor dem Tage der Abhaltung der Versammlung jedem Mitglied der Gesellschaft einen Bericht übersenden (welcher in diesem Gesetze als „the statutory report“ bezeichnet wird).

3. Der statutory report muß von wenigstens zwei Direktoren der Gesellschaft oder, wenn weniger als zwei Direktoren vorhanden sind, von dem einzigen Direktor und dem Geschäftsführer beglaubigt werden und folgende Angaben enthalten:

a) die Gesamtzahl der zugeteilten Aktien, wobei die zugeteilten Aktien besonders bezeichnet werden müssen, die auf Grund einer anderen Leistung als Barzahlung, als voll oder teilweise eingezahlt gelten und wobei bei den so nur teilweise eingezahlten Aktien der Umfang angegeben werden muß, in dem sie als eingezahlt gelten, sowie in beiden Fällen die Gegenleistung, für welche sie zugeteilt wurden;

b) den Gesamtbetrag der Barzahlung, welche die Gesellschaft für alle zugeteilten Aktien erhalten hat, wie vorerwähnt gesondert aufgeführt;

c) eine Übersicht der Einnahmen und der daraus gemachten Ausgaben bis zu einem Zeitpunkt, der dem Datum des Berichts eine Woche vorausgeht, wobei unter besonderen Überschriften die Einnahmen der Gesellschaft aus Aktien und Schuldverschreibungen oder aus anderen Quellen, die daraus gemachten Zahlungen und der sich ergebende Saldo, sowie schließlich eine Aufstellung oder Schätzung der vorläufigen Ausgaben (preliminary expenses, Gründungskosten) der Gesellschaft enthalten sein müssen;

d) die Namen, Adressen und Berufe der Direktoren, Revisoren, Geschäftsführer und des Sekretärs der Gesellschaft; und

e) die einzelnen Bestimmungen eines jeden Vertrages, dessen Abänderung der Generalversammlung zur Genehmigung unterbreitet werden muß, zusammen mit den einzelnen Bestimmungen der Abänderung oder der vorgeschlagenen Abänderung.

4. Der Bericht muß, soweit er sich auf die von der Gesellschaft zugeteilten Aktien und auf die für solche Aktien in Empfang genommenen Barzahlungen und auf die auf Kapitalkonto gebuchten Einnahmen und Ausgaben bezieht, von den Revisoren der Gesellschaft als genau angefertigt beglaubigt werden.

5. Die Direktoren müssen eine Abschrift des Berichts, beglaubigt in der durch diesen Paragraphen geforderten Weise, sofort nach Übersendung desselben an die Mitglieder der Gesellschaft dem Registerführer zur Eintragung einreichen.

6. Die Direktoren müssen eine Liste anfertigen lassen, welche die Namen, die Berufe und Adressen der Mitglieder der Gesellschaft und die Zahl der von den einzelnen besessenen Aktien angibt, und dieselbe bei Beginn der Generalversammlung vorlegen und während der Versammlung für jedes Mitglied offen und zugänglich liegen lassen.

7. Die in der Generalversammlung der Gesellschaft anwesenden Mitglieder sind berechtigt, über jede Angelegenheit, welche zur Bildung der Gesellschaft in Beziehung steht, oder welche sich auf Grund des Berichts ergibt, in eine Erörterung einzutreten, gleichgültig, ob eine Behandlung darüber angekündigt worden ist oder nicht. Dagegen darf kein Beschluß über eine Angelegenheit gefaßt werden, deren Beratung nicht gemäß den Statuten vorher angezeigt worden ist.

8. Die Generalversammlung kann sich vertagen und bei einer solchen vertagten Versammlung kann ein Beschluß über eine jede Angelegenheit gefaßt werden, deren Beratung gemäß den Statuten entweder vor oder nach der früheren Generalversammlung angezeigt worden ist, und die vertagte Generalversammlung soll dieselben Befugnisse wie die erste Versammlung haben.

9. Bei jeder Übertretung der Vorschriften dieses Paragraphen verwirkt jeder Direktor der Gesellschaft, welcher schuld an der Übertretung ist oder welcher

sie wissentlich und vorsätzlich veranlaßt oder zuläßt, eine Buße von höchstens £ 50.

10. Dieser Pararaph ist auf die Private Company nicht anwendbar.

Einberufung einer außerordentlichen Generalversammlung auf Verlangen.

114. — 1. Die Direktoren einer Gesellschaft müssen ohne Rücksicht auf eine entgegenstehende Bestimmung der Statuten, auf Ersuchen der Inhaber von wenigstens einem Zehntel des einbezahlten Gesellschaftskapitals (maßgebend für die Berechnung ist der Tag der Eingabe des Gesuches), soweit solchem an der Generalversammlung ein Stimmrecht zusteht, eine außerordentliche Generalversammlung einberufen; die Einberufung hat auch stattzufinden auf Verlangen von Mitgliedern einer Gesellschaft, welche kein Aktienkapital hat, wenn sie wenigstens einen Zehntel der gesamten Stimmenzahl auf sich vereinigen.

2. Das Begehren muß den Gegenstand der Versammlung angeben und von den Antragstellern unterzeichnet und im Geschäftssitz der Gesellschaft hinterlegt werden. Es kann auch aus verschiedenen Urkunden bestehen, welche in gleicher Form von einem oder mehreren Antragstellern unterzeichnet sind.

3. Wenn die Direktoren der Gesellschaft nicht binnen 21 Tagen vom Datum des Antrages an zur Einberufung einer Versammlung schreiten, so können die Antragsteller selbst oder irgendeiner, der mehr als die Hälfte aller Stimmrechte vertritt, eine Versammlung einberufen. Doch darf jede so einberufene Versammlung nicht erst nach Ablauf von 3 Monaten vom genannten Datum an stattfinden.

4. Eine gemäß diesem Paragraphen durch die Antragsteller anberaumte Versammlung muß in derselben oder möglichst derselben Weise einberufen werden, in welcher die Versammlung von den Direktoren einberufen wird.

5. Angemessene Ausgaben, welche den Antragstellern durch die Weigerung der Direktoren entstanden sind, die Versammlung einzuberufen, müssen von der Gesellschaft den Gesuchstellern ersetzt werden, und so ausbezahlte Beträge muß die Gesellschaft von den Beträgen zurückbehalten, welche sie den Direktoren schuldet, seien es Saläre (fees) oder andere Vergütungen für geleistete Dienste.

6. Wenn vorgeschlagen werden soll, daß an einer Versammlung ein Sonderbeschluß gefaßt werde (a special resolution), so ist anzunehmen, daß die Direktoren nach dem Sinne dieses Paragraphen die Versammlung nicht gehörig einberufen haben, wenn sie die Bekanntgabe unterlassen haben, welche von dem Paragraphen 117 dieses Gesetzes verlangt wird.

Bestimmungen über die Generalversammlungen und das Stimmrecht.

115. — 1. Folgende Bestimmungen sollen Anwendung finden, soweit die Statuten der Gesellschaft keine andere bezügliche Vorschrift enthalten:

a) Eine Generalversammlung kann, wenn es sich nicht um die Fassung eines Sonderbeschlusses handelt, schriftlich 7 Tage zum voraus einberufen werden;
b) die Einladung zur Generalversammlung soll jedem Mitgliede der Gesellschaft in der Weise zugestellt werden, wie dies für Einladungen durch Tafel A vorgeschrieben ist; und für die Zwecke dieser Vorschrift ist unter „Tafel A" diejenige „Tafel" zu verstehen, welche gerade in Geltung ist;
c) zwei oder mehr Mitglieder, welche wenigstens einen Zehntel des ausgegebenen Aktienkapitals besitzen, oder wenn die Gesellschaft kein Aktienkapital hat, wenigstens 5% der Anzahl der Mitglieder der Gesellschaft, können ebenfalls eine Generalversammlung einberufen;
d) bei einer Private Company bilden zwei Mitglieder und im Falle einer anderen Gesellschaft drei Mitglieder, welche persönlich anwesend sind, ein quorum;
e) jedes Mitglied, das durch die anwesenden Mitglieder gewählt wird, kann Vorsitzender sein;
f) wenn eine Gesellschaft ursprünglich ein Aktienkapital hat, so muß jedes Mitglied eine Stimme haben für jede Aktie oder auf £ 10 Stockvermögen, während in jedem anderen Falle jedes Mitglied eine Stimme hat.

2. Wenn es aus irgendeinem Grunde nicht angeht (it is impracticable), eine Generalversammlung in einer der Arten einzuberufen, in welcher Generalversammlungen einberufen werden können, oder die Generalversammlung in der vom Gesetz vorgeschriebenen Weise durchzuführen, so wird das Gericht, sei es auf Begehren irgendeines Direktors der Gesellschaft oder eines Mitgliedes der Gesellschaft, welches stimmberechtigt ist, oder aus eigenem Ermessen, verfügen, daß eine Generalversammlung einberufen und so abgehalten wird, wie das Gericht es angemessen findet, und wenn irgendeine solche gerichtliche Verfügung ergangen ist, kann das Gericht solche Weisungen erteilen, die es für die rasche Erledigung angemessen findet und jede Generalversammlung, welche gemäß einer solchen gerichtlichen Verfügung abgehalten wird, muß als eine Generalversammlung betrachtet werden, welche in gehöriger Weise einberufen, abgehalten und durchgeführt wurde.

Vertretung von Gesellschaften an Aktionär- und Gläubigerversammlungen anderer Gesellschaften.

116. — 1. Eine Korporation, ob sie eine Company (Gesellschaft) im Sinne dieses Gesetzes ist oder nicht, kann

a) wenn sie Mitglied einer anderen Gesellschaft ist, welche eine Company im Sinne dieses Gesetzes ist, durch Beschluß ihrer Direktoren oder eines anderen leitenden Organs eine Person, die sie geeignet hält, ermächtigen, als ihr Vertreter an irgendeiner Generalversammlung der Gesellschaft teilzunehmen oder an irgendeiner Versammlung irgendeiner Mitgliederklasse;

b) wenn die Gesellschaft Gläubiger (inbegriffen Inhaber einer Schuldverschreibung) einer anderen Korporation ist, welche eine Company im Sinne dieses Gesetzes ist, so kann sie durch Beschluß ihrer Direktoren oder eines anderen leitenden Organs eine geeignete Person ermächtigen, als ihr Vertreter an einer Versammlung der Gläubiger der Gesellschaft teilzunehmen, die, gestützt auf dieses Gesetz, oder gestützt auf irgendwelche Verordnungen (rules), die auf Grund dieses Gesetzes erlassen wurden, oder gemäß den Bestimmungen in irgendeiner Schuldverschreibungsurkunde oder Trusturkunde abgehalten wird.

2. Eine so ermächtigte Person ist berechtigt, dieselben Rechte für die Korporation auszuüben, welche sie vertritt, wie wenn diese Korporation sie ausüben könnte, wenn sie eine physische Person, Aktionär, Gläubiger oder Schuldverschreibungsinhaber der anderen Gesellschaft wäre.

Bestimmungen über außerordentliche und Sonderbeschlüsse.

117. — 1. Ein Beschluß soll ein außerordentlicher Beschluß (extraordinary resolution) sein, wenn er mit einer Mehrheit von wenigstens drei Viertel solcher stimmberechtigter Mitglieder der Gesellschaft gefaßt ist, welche persönlich, oder, in Fällen, in denen eine Stellvertretung zugelassen ist, durch Bevollmächtigte in der Generalversammlung, deren Anberaumung unter Anzeige der Absicht, einen solchen außerordentlichen Beschluß zu beantragen, gehörig veröffentlicht ist, vertreten sind.

2. Ein Beschluß soll ein Sonderbeschluß (a special resolution) sein, wenn er durch eine Mehrheit gefaßt wurde, welche für einen außerordentlichen Beschluß erforderlich ist und die bezügliche Generalversammlung wenigstens 21 Tage zuvor in gehöriger Weise einberufen wurde unter Bekanntgabe der Absicht, den Beschluß als Sonderbeschluß zu fassen.

Wenn alle Mitglieder, die berechtigt sind, an einer solchen Versammlung teilzunehmen und zu stimmen, ihre Zustimmung geben, so kann ein Beschluß vorgeschlagen und als Sonderbeschluß gefaßt werden durch eine Versammlung, zu welcher die Einladungsfrist kürzer als 21 Tage war.

3. In einer Versammlung, welcher ein außerordentlicher Beschluß oder ein Sonderbeschluß unterbreitet wird, soll eine Erklärung des Vorsitzenden, daß der Beschluß gefaßt ist, sofern nicht Abstimmung nach Stimmen (a poll) begehrt wird, schlüssigen Beweis für diese Tatsache bilden, ohne daß ein Nachweis der

Anzahl oder des Verhältnisses der für oder gegen den Beschluß abgegebenen Stimmen nötig ist.

4. An jeder Versammlung, welcher ein außerordentlicher Beschluß oder ein Sonderbeschluß zur Abstimmung vorgelegt wird, muß eine Abstimmung mit Zählung sämtlicher durch die einzelnen Aktionäre vertretenen Stimmen (a poll) stattfinden, wenn eine solche verlangt wird, und zwar

a) von einer solchen Zahl stimmberechtigter Mitglieder, wie sie in den Statuten verlangt wird; auf keinen Fall darf diese Zahl fünf Mitglieder überschreiten; oder

b) wenn in den Statuten nichts bestimmt ist in bezug auf das Recht der Mitglieder, eine Abstimmung mit Zählung sämtlicher von den Aktionären vertretenen Stimmen zu verlangen, so sollen ein stimmberechtigtes Mitglied oder zwei stimmberechtigte Mitglieder solche Abstimmung verlangen können, wenn dieses eine Mitglied oder die beiden Mitglieder zusammen wenigstens 15 % des einbezahlten Aktienkapitals besitzen.

5. Wenn eine Zählung sämtlicher Aktienstimmen gemäß diesem Paragraphen verlangt wird, soll bei Berechnung der Mehrheit Rücksicht auf die Anzahl der Stimmen genommen werden, zu denen ein jedes Mitglied durch dieses Gesetz oder auf Grund der Statuten berechtigt ist.

6. Für die Zwecke dieses Paragraphen soll die Generalversammlung als gehörig einberufen und die Versammlung als gehörig abgehalten gelten, wenn die Einladung und die Generalversammlung der in diesem Gesetz oder in den Statuten vorgeschriebenen Weise entsprechen.

Eintragung und Abschriften bestimmter Beschlüsse und Vereinbarungen.

118. — 1. Von jedem Beschluß oder jeder Vereinbarung (agreement), auf welche sich dieser Paragraph bezieht, muß eine gedruckte Abschrift innerhalb 15 Tagen nach der Beschlußfassung oder dem Zustandekommen dem Registerführer für Gesellschaften eingegeben und von ihm aufbewahrt werden.

2. Wenn die Statuten eingetragen sind, so muß eine Abschrift eines jeden solchen Beschlusses oder solcher Vereinbarung, solange sie Geltung hat, jedem Exemplar der Statuten einverleibt oder beigeheftet werden, die nach der Beschlußfassung oder nach der Vereinbarung ausgegeben werden.

3. Wenn die Statuten nicht eingetragen sind, so muß eine gedruckte Abschrift eines jeden solchen Beschlusses oder einer solchen Vereinbarung jedem Mitglied auf sein Verlangen zugestellt werden, und zwar gegen Zahlung von 1 s oder einer kleineren Gebühr, wie sie die Gesellschaft bestimmt.

4. Dieser Paragraph soll Anwendung finden auf:

a) Sonderbeschlüsse;

b) außerordentliche Beschlüsse;

c) Beschlüsse, welchen *alle* Mitglieder zugestimmt haben, welche aber ohne solche Zustimmung nicht wirksam würden, es sei denn, daß sie als Sonderbeschlüsse oder außerordentliche Beschlüsse gefaßt worden wären;

d) Beschlüsse oder Vereinbarungen, denen alle Gesellschafter einer bestimmten Klasse von Aktionären zugestimmt haben, welche aber, wenn keine solche Zustimmung bestände, unwirksam sein würden, es sei denn, daß sie durch eine besondere Majorität (particular majority) oder anderweitig auf besondere Art (otherwise in some particular manner) gefaßt worden wäre, und alle Beschlüsse und Vereinbarungen, welche in wirksamer Weise alle Aktionäre einer bestimmten Klasse binden, obgleich nicht alle von diesen Gesellschaftern zugestimmt haben;

e) Beschlüsse, welche die freiwillige Liquidation anordnen gemäß Buchstabe a von Ziffer 1 des § 225 dieses Gesetzes.

5. Wenn eine Gesellschaft gegen die Vorschriften von Ziffer 1 dieses Paragraphen fehlt, so verfällt die Gesellschaft und jeder fehlbare Beamte der Gesellschaft in eine Versäumnisbuße von £ 2.

6. Wenn eine Gesellschaft den Erfordernissen von Ziffer 2 oder Ziffer 3 dieses Paragraphen nicht nachkommt, so verfallen die Gesellschaft und jeder ihrer fehlbaren Beamten in eine Buße von höchstens £ 1, berechnet für jede Abschrift, bezüglich welcher die Übertretung begangen wurde.

7. Für die Zwecke der zwei vorausgegangenen Ziffern 5 und 6 soll der Liquidator einer Gesellschaft gleich behandelt werden wie ein Beamter der Gesellschaft.

Beschlüsse, die an vertagten Versammlungen gefaßt werden.

119. Wenn nach dem Inkrafttreten dieses Gesetzes ein Beschluß an einer vertagten Versammlung gefaßt wurde, sei es einer Versammlung

a) der Gesellschaft; oder

b) der Inhaber der Aktien irgendeiner bestimmten Klasse; oder

c) der Direktoren der Gesellschaft,

so soll ein solcher Beschluß rechtlich so beurteilt werden, wie wenn er gefaßt worden wäre am Tage, an welchem er tatsächlich gefaßt wurde, also keineswegs so, als ob er zu irgendeinem früheren Zeitpunkt gefaßt worden wäre.

Protokolle über Verhandlungen von Versammlungen und der Direktoren.

120. — 1. Jede Gesellschaft muß die Führung von Protokollen über alle Verhandlungen der Generalversammlungen, und, wo Direktoren oder Geschäftsführer vorhanden sind, über alle Verhandlungen von Versammlungen (Sitzungen) der Direktoren und der Geschäftsführer veranlassen, welche in Bücher eingetragen werden müssen, die für diesen Zweck gehalten werden.

2. Jedes solche Protokoll, unterzeichnet vom Vorsitzenden der Versammlung, an welcher die Verhandlungen stattfanden, oder vom Vorsitzenden der nächsten darauf folgenden Versammlung, bildet rechtskräftigen Beweis für die Verhandlungen.

3. Wenn die Protokolle erstellt wurden entsprechend den Vorschriften dieses Paragraphen, sei es über die Verhandlungen irgendeiner Generalversammlung der Gesellschaft oder sei es über eine Versammlung der Direktoren oder Geschäftsführer, so soll, bis das Gegenteil bewiesen ist, angenommen werden, daß die Versammlung in gehöriger Weise abgehalten und einberufen worden ist, und ihre Verhandlungen ebenso in gehöriger Weise stattfanden, und alle Wahlen von Direktoren, Geschäftsführern oder Liquidatoren sollen als rechtsgültige gelten.

Einsichtnahme der Protokollbücher.

121. — 1. Die Bücher, welche die Protokolle jeder Generalversammlung der Gesellschaft enthalten und die nach Inkrafttreten dieses Gesetzes am eingetragenen Geschäftssitz der Gesellschaft zu führen sind, müssen jedem Mitglied während der Geschäftszeit zur Einsichtnahme unentgeltlich offen stehen (vorbehalten sind vernünftige Einschränkungen, bestimmt durch die Statuten oder durch die Generalversammlung); auf alle Fälle aber mindestens 2 Stunden täglich).

2. Jedes Mitglied ist berechtigt, innerhalb einer Frist von 7 Tagen, nachdem es ein bezügliches Begehren gestellt hat, von der Gesellschaft eine Abschrift jedes solchen Protokolls gegen eine Gebühr von höchstens d 6 für je 100 Worte zu verlangen.

3. Wird eine auf Grund dieses Paragraphen verlangte Einsichtnahme verweigert, oder die gestützt auf diesen Paragraphen verlangte Abschrift nicht innerhalb der gehörigen Zeit abgeschickt, so verfällt die Gesellschaft und jeder fehlbare Beamte der Gesellschaft bei jeder Verfehlung in eine Buße, welche £ 2 nicht übersteigt.

4. In jedem Falle einer solchen Weigerung oder Versäumnis kann das Gericht eine sofortige Einsichtnahme der Bücher in bezug auf alle Verhandlungen von Generalversammlungen verfügen oder anordnen, daß die Abschriften, welche verlangt werden, der Person, welche sie begehrt, zugestellt werden.

Buchführung und Rechnungsprüfung (Revision).
(Accounts and Audit.)

Buchführung.

122. — 1. Jede Gesellschaft hat dafür zu sorgen, daß die gehörigen Bücher geführt werden in bezug auf:

a) alle Geldbeträge, welche sie erhält und ausgibt und das jeweilige Geschäft, für welches die Gelder eingegangen und ausgegeben wurden;

b) alle Verkäufe und Käufe von Waren durch die Gesellschaft,

c) die Aktiven und Passiven der Gesellschaft.

2. Die Bücher müssen am eingetragenen Geschäftssitz der Gesellschaft geführt werden oder an einem anderen Platz, welchen die Direktoren für geeignet halten, und sie haben stets der Einsichtnahme der Direktoren offenzustehen.

3. Wenn ein Direktor der Gesellschaft es unterläßt, alle erforderlichen Schritte zu tun, um den Vorschriften dieses Paragraphen nachzukommen oder wenn er durch sein eigenes absichtliches Verhalten eine solche Übertretung der Gesellschaft verursacht, so soll er in bezug auf jede Gesetzesverletzung auf dem Wege summarischer Verurteilung zu Gefängnis von höchstens sechs Monaten oder zu einer Buße von höchstens £ 200 verurteilt werden.

Doch darf niemand wegen einer Verletzung dieses Paragraphen zu Gefängnis verurteilt werden, wenn er nach der Ansicht des Gerichts die Übertretung nicht absichtlich begangen hat.

Gewinn-und Verlust-Rechnung und Bilanz.

123. — 1. Die Direktoren jeder Gesellschaft haben zu irgendeiner Zeit, aber nicht später als 18 Monate nach der Inkorporation der Gesellschaft und später mindestens einmal in jedem Kalenderjahr der Generalversammlung der Gesellschaft eine Gewinn- und Verlustrechnung oder, im Falle einer Gesellschaft, welche nicht zur Erzielung von Gewinnen tätig ist, eine Einnahme- und Ausgaberechnung für die Periode seit der Inkorporation der Gesellschaft und sonst seit der letzten Abrechnung vorzulegen, und zwar fertiggestellt bis auf einen Zeitpunkt, welcher nicht früher liegt als 9 Monate vor der Generalversammlung oder im Falle einer Gesellschaft, welche den Geschäftsbetrieb oder Interessen im Ausland hat, nicht früher als 12 Monate vor der Generalversammlung.

Wenn das Handelsamt es für angezeigt erachtet, kann es die vorhin erwähnten Fristen erstrecken.

2. Die Direktoren haben dafür zu sorgen, daß in jedem Kalenderjahr zur Vorlage vor der Generalversammlung eine Bilanz erstellt wird, und zwar auf das gleiche Datum, auf welches der Gewinn- und Verlustkonto oder der Einnahmen- und Ausgabenkonto abgeschlossen wird. Jeder Bilanz ist auch ein Bericht der Direktoren beizugeben über die Geschäftslage der Gesellschaft, die Höhe des vorgeschlagenen Dividendenbetrages und des Betrages, welchen sie vorschlagen, dem Reservefonds gutzuschreiben, sei es einem allgemeinen Reservefonds oder einem besonderen Reservekonto, die in einer zukünftigen Bilanz genau eingetragen sein müssen.

3. Wenn irgendeine Person, welche Direktor der Gesellschaft ist, es unterläßt, die erforderlichen Schritte zu tun, um den Erfordernissen dieses Paragraphen zu genügen, so soll sie in bezug auf jede Übertretung auf dem Wege summarischer Verurteilung zu Gefängnis von höchstens sechs Monaten oder zu einer Buße von höchstens £ 200 verurteilt werden.

Doch kann niemand zu Gefängnis wegen einer Übertretung der Vorschriften dieses Paragraphen verurteilt werden, wenn die Übertretung nach der Meinung des Gerichts nicht vorsätzlich erfolgte.

Inhalt der Bilanz.

124. — 1. Jede Bilanz der Gesellschaft soll eine Übersicht über das autorisierte Aktienkapital und die ausgegebenen Aktien enthalten, ferner über die Passiven und Aktiven, zusammen mit den genauen Angaben, die erforderlich sind, die allgemeine Natur der Aktiven und Passiven zu erkennen und um unterscheiden zu können zwischen den Beträgen der festen Aktiven (fixed assets) und der schwebenden Aktiven (floating assets); ebenso ist anzugeben, wie man zur Einschätzung der festen Aktiven (fixed assets) gelangt ist.

2. Besonders anzuführen sind sodann in der Bilanz, soweit sie nicht abgeschrieben sind:

a) die Gründungsspesen (preliminary expenses) der Gesellschaft, und

b) die Auslagen, die im Zusammenhang stehen mit der Ausgabe von Aktien oder von Schuldverschreibungen, und

c) der Betrag für den Wert der Kundschaft (the goodwill), von Patenten und Handelsmarken, wenn er ausgewiesen ist in einem besonderen Konto oder sich anderweitig aus den Büchern der Gesellschaft oder aus irgendeinem Kaufvertrag über ein von der Gesellschaft erworbenes Vermögensstück oder aus irgendeiner Urkunde im Besitz der Gesellschaft ergibt, welche Bezug hat auf Stempelgebühren in bezug auf einen solchen Vertrag oder die Übertragung irgendeines solchen Vermögensstückes.

3. Wenn irgendeine Schuld der Gesellschaft auf andere Art sichergestellt ist als von Gesetzes wegen durch Aktiven der Gesellschaft, so muß die Bilanz erwähnen, daß jene Schuld so gesichert ist. Doch ist es nicht nötig, die einzelnen Vermögensteile, welche zur Sicherheit dienen, einzeln anzuführen.

4. Die Vorschriften dieses Paragraphen sind eine Ergänzung zu anderen Bestimmungen dieses Gesetzes, welche weitere Angaben in der Bilanz verlangen.

125[1]. Wenn ein Teil des Vermögens einer Gesellschaft aus Aktien einer oder mehrerer subsidiary companies oder aus Beträgen besteht, die (sei es als Darlehen oder anderswie), von einer oder von mehreren solcher subsidiary companies geschuldet werden, so muß der Totalbetrag dieser Vermögensteile (und zwar Aktien und Schuldbeträge getrennt) getrennt von allen übrigen Aktiven der ersterwähnten Gesellschaft aufgeführt werden, und wenn eine Gesellschaft Schuldnerin (sei es aus Darlehen oder anderswie) einer oder mehrerer subsidiary companies ist, so soll die Totalsumme dieses Schuldbetrages in der Bilanz jener Gesellschaft ebenfalls getrennt von allen übrigen Schulden aufgeführt werden. Vermögensinteressen bei einer „subsidiary company", besonders anzugeben.

126. — 1. Wenn eine Company (in diesem Paragraphen „the holding company" genannt) Inhaberin von Aktien einer subsidiary company oder mehrerer solcher Gesellschaften ist, sei es direkt oder durch eine besonders dazu bestimmte Person, so muß der Bilanz der holding company eine Aufstellung beigegeben werden (unterschrieben durch die Personen, welche nach § 129 dieses Gesetzes die Bilanz unterzeichnen müssen), welche Auskunft gibt darüber, wie die Gewinne und Verluste der subsidiary company, oder wenn es sich um zwei oder mehr subsidiary companies handelt, die Totalgewinne und Totalverluste dieser Gesellschaften, soweit sie die Holdinggesellschaft betreffen, in den Büchern der Holdinggesellschaften gebucht wurden, und im einzelnen wie und in welchem Umfange: Bilanz hat Angaben über die subsidiary company zu geben.

a) die Verluste der subsidiary company, sei es in den Büchern der subsidiary company oder der Holdinggesellschaft oder in beiden gebucht wurden; und

b) wie die Verluste der subsidiary company durch die Direktoren der Holdinggesellschaft bei Feststellung der Gewinne und Verluste der Holdinggesellschaft in den Büchern eingetragen sind.

Es ist aber nicht nötig, in einer solchen Aufstellung den Betrag der Gewinne und der Verluste jeder einzelnen subsidiary company zu spezifizieren, noch auch den Betrag jedes einzelnen Teiles solcher Gewinne oder Verluste.

---

[1] Über den Begriff „subsidiary company" siehe § 127 unten.

2. Wenn im Falle einer subsidiary company der Revisorenbericht über die Bilanz der Gesellschaft nicht vorbehaltlos feststellt, daß die Revisoren alle Auskünfte und Aufklärungen, welche sie verlangten, erhielten, und daß die Bilanz in gehöriger Weise aufgestellt ist, um ein getreues und wahres Bild der Geschäftslage der Gesellschaft zu geben, gestützt auf die bestmögliche Auskunft, die sie erhielten, und gestützt auf die Bücher der Gesellschaft, so muß die Aufstellung, welche der vorerwähnten Bilanz beizugeben ist, im einzelnen die Gründe der Vorbehalte (Aussetzungen) angeben.

3. Für die Zwecke dieses Paragraphen sind unter Gewinnen oder Verlusten einer subsidiary company die Gewinne oder Verluste zu verstehen, welche sich aus den Büchern der subsidiary company ergeben, welche innerhalb der Periode abgeschlossen wurden, auf welche sich die Bücher der Holdinggesellschaft beziehen oder, wenn zur Zeit da die Bücher der holding company abgeschlossen werden, keine solchen Aufstellungen der subsidiary company vorhanden sind, die Gewinne oder Verluste, wie sie in den zuletzt vorausgegangenen Abrechnungen der subsidiary company für jene Periode verfügbar sind.

4. Wenn aus irgendeinem Grunde die Direktoren der holding company nicht in der Lage sind, die erforderliche Auskunft zu erhalten, um die vorhin erwähnte Aufstellung zu machen, so müssen die Direktoren, welche die Bilanz unterschreiben, darüber schriftlich berichten und dieser Bericht ist der Bilanz beizufügen an Stelle der Aufstellung.

Der Begriff „subsidiary company".

127. — 1. Wenn die Aktiven einer Gesellschaft ganz oder teilweise in Aktien einer anderen Gesellschaft bestehen (sei es direkt auf ihren oder auf den Namen einer anderen Person, gleichgültig ob die andere Gesellschaft eine company im Sinne dieses Gesetzes ist oder nicht), und

a) der Betrag solcher Aktien zur Zeit da die Abschlüsse der holding company erfolgen, höher als 50 % des ausgegebenen Aktienkapitals jener anderen Gesellschaft ist oder derart, daß die Gesellschaft mehr als 50 % der Stimmrechte bei der anderen Gesellschaft hat; oder

b) die Gesellschaft das Recht hat (ein Recht, das nicht bloß basiert ist auf die Bestimmungen einer Trusturkunde, die sich auf Schuldverschreibungen bezieht oder auf Aktien, die ihr übergeben wurden nur zufolge jener Bestimmungen), direkt oder indirekt die Mehrheit der Direktoren jener anderen Gesellschaft zu ernennen,

so soll jene andere Gesellschaft im Sinne dieses Gesetzes als eine *subsidiary company* beurteilt werden, und der Ausdruck „subsidiary company" in diesem Gesetz bedeutet eine Gesellschaft, bei welcher die Bedingungen dieses Paragraphen zutreffen.

2. Wenn eine Gesellschaft, deren ordentliches Geschäft das Ausleihen von Geld in sich schließt, Aktien einer anderen Gesellschaft bloß als Sicherheit besitzt, so darf daraus nicht gefolgert werden, daß jene andere Gesellschaft eine subsidiary company ist.

Bücher müssen Angaben über Darlehen und Vergütungen an Direktoren usw. enthalten.

128. — 1. Die Rechnungen, welche, gestützt auf dieses Gesetz, jeder Gesellschaft in der Generalversammlung vorgelegt werden müssen, haben folgende Angaben zu enthalten:

a) den Betrag eines jeden Darlehens, das während der Rechnungsperiode entweder durch die Gesellschaft oder durch andere Personen mit der Bürgschaft der Gesellschaft oder gegen andere von der Gesellschaft gegebene Sicherheit irgendeinem Direktor oder Beamten der Gesellschaft gegeben wurde, auch soweit es während dieser Zeit wieder zurückbezahlt worden ist; und

b) den Betrag eines jeden Darlehens, das in vorerwähnter Weise irgendeinem Direktor oder Beamten der Gesellschaft vor dem erwähnten Zeitabschnitt gemacht wurde, aber nach seinem Ablauf noch ausstehend war; und

c) den Gesamtbetrag der an die Direktoren bezahlten Vergütung für deren Dienste, eingeschlossen alle Honorare, Tantièmen (percentages) oder andere „emoluments" (Begriff siehe unten Ziffer 5), welche an sie von der Gesellschaft oder von einer subsidiary company bezahlt wurden oder welche sie beanspruchen können.

2. Die Vorschriften des Unterparagraphen 1 dieses Paragraphen bezüglich von Darlehen sind indessen nicht anwendbar

a) im Falle einer Gesellschaft, deren ordentliches Geschäft das Verleihen von Geld in sich schließt, in bezug auf ein Darlehen, das die Gesellschaft im ordentlichen Verlauf ihrer Geschäfte gemacht hat; oder

b) im Falle eines Darlehens der Gesellschaft an irgendeinen Angestellten, wenn das Darlehen £ 2000 nicht überschreitet und durch die Direktoren der Gesellschaft bezeugt ist, daß es gegeben wurde in Übereinstimmung mit der praktischen Übung, wie sie in bezug auf Darlehen der Gesellschaft an ihre Angestellten besteht oder eingeführt werden soll.

3. Die Vorschriften von Ziffer 1 dieses Paragraphen mit Bezug auf die Vergütung an die Direktoren findet keine Anwendung in bezug auf einen geschäftsleitenden Direktor (managing director) der Gesellschaft, und im Falle irgendeines anderen Direktors, welcher irgendeine salarierte Anstellung oder ein solches Amt bei der Gesellschaft hat, wird nicht gefordert, daß in dem erwähnten Gesamtbetrage irgendwelche Beträge aufgenommen werden, welche ihm bezahlt wurden, ausgenommen Beträge, welche „directors' fees" (Direktorenhonorare) sind.

4. Wenn im Falle solcher vorerwähnten Rechnungsaufstellungen die Erfordernisse dieses Paragraphen nicht beachtet werden, so ist es die Pflicht der Rechnungsrevisoren der Gesellschaft, durch welche die Rechnungen geprüft werden, in ihrem Bericht über die Bilanz der Gesellschaft, soweit sie vernünftigerweise in der Lage sind es zu tun, eine Aufstellung zu geben, welche die verlangten Angaben enthält.

5. In diesem Paragraphen schließt der Ausdruck „emoluments" Honorare (fees), Tantièmen (percentages) und andere Zahlungen in sich, oder Gegenleistungen, die direkt oder indirekt einem Direktor als solchem gegeben wurden und den Geldwert und den Geldwert irgendwelcher Geschenke oder Nebeneinkünfte, die seinem Amte zustehen.

Unterzeichnung der Bilanz.

129. — 1. Jede Bilanz einer Gesellschaft muß für das Direktorenkollegium von zwei Direktoren der Gesellschaft, oder wenn sie nur einen Direktor hat, von diesem unterschrieben werden, und der Revisorenbericht muß an die Bilanz angeheftet werden. Der Bericht muß auch in der Generalversammlung zur Verlesung kommen und soll jedem Mitglied zur Einsicht offen stehen.

2. Handelt es sich um eine Gesellschaft, welche das Bankgeschäft betreibt (a banking company), die nach dem 15. August 1879 eingetragen wurde, so muß die Bilanz von dem Sekretär oder Geschäftsführer (wenn ein solcher vorhanden ist) unterzeichnet sein, und bei mehr als drei Direktoren der Gesellschaft müssen wenigstens drei der Direktoren ihre Unterschrift geben, und alle, wenn nicht mehr als drei Direktoren da sind.

3. Wenn irgendeine Abschrift der Bilanz, die nicht gemäß diesem Paragraphen unterzeichnet ist, ausgegeben, in Umlauf gesetzt oder veröffentlicht wird oder ohne daß eine Abschrift des Revisorenberichts beigegeben ist, so müssen die Gesellschaft, jeder Direktor, Geschäftsführer, Sekretär oder andere Beamte der Gesellschaft, welche wissentlich an der Unterlassung schuldig sind, nach Überführung eine Buße von höchstens £ 50 bezahlen.

Das Recht auf Abschriften der Bilanz und des Revisorenberichts.

130. — 1. Wenn es sich um eine Gesellschaft handelt, welche keine Private Company ist, gilt folgendes:

a) Eine Abschrift jeder Bilanz (inbegriffen jeder Urkunde, welche nach Gesetz beigefügt werden muß), welche der Generalversammlung vorgelegt werden muß, zusammen mit einer Abschrift des Revisorenberichts, muß, in einer Frist von wenigstens 7 Tagen vor der Versammlung, an alle Personen geschickt werden, welche berechtigt sind, Einladungen zu Generalversammlungen zu erhalten;

b) jedes Mitglied der Gesellschaft, ob es ein Anrecht darauf hat oder nicht, daß ihm Abschriften der Bilanzen geschickt werden, und jeder Inhaber von Schuldverschreibungen der Gesellschaft, kann verlangen, daß ihm unentgeltlich eine Abschrift der letzten Bilanz der Gesellschaft zugestellt wird, miteingeschlossen jeder Urkunde, welche gesetzlich ihr beizufügen ist, zusammen mit einer Abschrift des Revisorenberichts über die Bilanz.

Wenn der Vorschrift von litt. a dieser Ziffer 1 nicht entsprochen wird, so verfallen die Gesellschaft und jeder fehlbare Beamte der Gesellschaft in eine Buße von höchstens £ 20, und wenn jemand eine Urkunde verlangt, die er nach litt. b dieser Ziffer 1 zu verlangen berechtigt ist, seinem Begehren aber innerhalb 7 Tagen darauf nicht entsprochen wird, so verwirken die Gesellschaft und jeder Direktor, Geschäftsführer oder andere Beamte der Gesellschaft, welcher wissentlich an der Unterlassung beteiligt ist, eine Buße von höchstens £ 5 für jeden Tag, während welchem die Unterlassung andauert, es werde denn nachgewiesen, daß jene Person bereits früher ein Begehren gestellt und eine Abschrift der Urkunde erhalten hat.

2. Bei einer Private Company ist jedes Mitglied berechtigt, innerhalb 7 Tagen, nachdem es ein bezügliches Begehren an die Gesellschaft gestellt hat, eine Abschrift der Bilanz und des Revisorenberichts zu erhalten, und zwar gegen eine Gebühr, die six pence für je 100 Worte nicht übersteigt.

Wenn ein Mitglied eine solche Abschrift verlangt und der Gesellschaft die Gebühr hierfür vergebens anbietet, so verwirkt die Gesellschaft und jeder ihrer fehlbaren Beamten eine Versäumnisbuße.

Bankgesellschaften und gewisse andere Gesellschaften müssen periodische Aufstellungen veröffentlichen.

131. — 1. Jede Bankgesellschaft mit beschränkter Haftung und jede Versicherungsgesellschaft, jede Spar-, Wirtschafts- oder Unterstützungsgenossenschaft soll vor Beginn des Geschäftsbetriebes und außerdem, solange sie ihr Geschäft betreibt, jährlich am ersten Montag im Februar und am ersten Dienstag im August eine Aufstellung machen, die dem zu diesem Gesetze gehörigen Anhange VII (Schedule VII) entspricht, oder ihm so ähnlich als möglich ist.

2. Eine Abschrift einer solchen Aufstellung soll an einem sichtbaren Platze an dem eingetragenen Geschäftssitz der Gesellschaft und in jedem Zweigbureau oder Platz, an dem Geschäfte der Gesellschaft betrieben werden, ausgelegt werden.

3. Jedes Mitglied und jeder Gläubiger der Gesellschaft soll gegen Zahlung eines six pence nicht übersteigenden Betrages zu einer Abschrift der Aufstellung berechtigt sein.

4. Wenn den Bestimmungen dieses Paragraphen zuwidergehandelt wird, so soll die Gesellschaft, jeder Direktor und Geschäftsführer der Gesellschaft, welcher wissentlich und absichtlich die Unterlassung veranlaßt oder duldet, eine Buße von je £ 5 für jeden Tag, da die Unterlassung andauert, bezahlen.

5. Für die Zwecke dieses Gesetzes soll eine Gesellschaft, welche zusammen mit einem anderen Geschäft oder mit anderen Geschäften das Versicherungsgeschäft betreibt, als Versicherungsgesellschaft gelten.

6. Dieser Paragraph ist nicht anwendbar auf Versicherungsgesellschaften, auf welche die Vorschriften des Assurance Companies Act, 1909, in bezug auf die Buchführung und die Bilanz Anwendung finden, welche jährlich erstellt und durch eine solche Gesellschaft vorgelegt werden müssen, wenn die Gesellschaft jene Vorschriften erfüllt.

Ernennung von Revisoren und ihre Vergütung.

132. — 1. Jede Gesellschaft soll in jeder jährlichen Generalversammlung einen Revisor oder Revisoren ernennen, welche ihr Amt bis zur nächsten jährlichen Generalversammlung beibehalten.

2. Wenn keine Ernennung von Revisoren in einer jährlichen Generalversammlung vorgenommen worden ist, so kann das Handelsamt auf Antrag eines Mitgliedes der Gesellschaft einen Revisor für das laufende Jahr ernennen.

3. Eine andere Person als ein gewesener Revisor soll in einer jährlichen Generalversammlung nicht zum Revisor ernannt werden können, es sei denn, daß die Absicht, diese andere Person zum Revisor vorzuschlagen, wenigstens 14 Tage vor der jährlichen Generalversammlung der Gesellschaft von einem Mitglied bekanntgegeben wurde. Von dieser Mitteilung muß die Gesellschaft eine Abschrift an den zurücktretenden Revisor schicken und von derselben allen Mitgliedern entweder durch Anzeige oder in einer anderen durch die Statuten erlaubten Weise wenigstens 7 Tage vor der Generalversammlung Nachricht geben.

Wenn jedoch, nachdem die Absicht, einen Revisor vorzuschlagen, in dieser Weise bekanntgegeben wurde, eine jährliche Generalversammlung auf 14 Tage oder auf kürzere Zeit nach dieser Bekanntgabe einberufen wird, so soll diese Mitteilung, obgleich sie nicht innerhalb der durch diese Ziffer 3 geforderten Zeit gegeben ist, für ihre Zwecke desselben als rechtzeitig gegeben gelten; die Benachrichtigung kann alsdann anstatt innerhalb der durch diese Ziffer 3 vorgeschriebenen Zeit, zusammen mit der Einladung zur Generalversammlung abgesandt oder ausgegeben werden.

4. Vorbehältlich der gleich nachher folgenden Bestimmungen, können die ersten Revisioren durch die Direktoren jederzeit vor der ersten jährlichen Generalversammlung ernannt werden, und die so ernannten Revisoren sollen bis zu dieser Versammlung im Amt bleiben.

Es wird dabei bestimmt:

a) Die Gesellschaft kann in ihrer Generalversammlung, zu welcher die Revi soren in gleicher Weise wie die Mitglieder eingeladen wurden, jeden dieser Revisoren wegwählen und an deren Stelle andere Personen bestimmen, welche von irgendeinem Mitgliede vorgeschlagen wurden und deren Vorschlag den Mitgliedern der Gesellschaft wenigstens 7 Tage vor der Generalversammlung bekanntgegeben wurde, und

b) wenn die Direktoren ihr Recht aus dieser Ziffer 4 nicht ausüben, so soll die Generalversammlung die ersten Revisoren wählen und das bezügliche Recht der Direktoren hört auf.

5. Die Direktoren einer Gesellschaft können eine im Revisorenamt zufällig eintretende Lücke ausfüllen, aber so lange eine solche Lücke unausgefüllt bleibt, sollen der Überlebende oder der im Amt bleibende Revisor oder die sonst vorhandenen etwaigen Revisoren tätig sein.

6. Die Vergütung der Revisoren einer Gesellschaft soll von der Gesellschaft in der Generalversammlung festgesetzt werden; jedoch soll die Vergütung des vor der ersten jährlichen Generalversammlung oder des zur Ausfüllung einer zufälligen Lücke ernannten Revisors von den Direktoren festgesetzt werden können und die Vergütung für einen vom Handelsamt gewählten Revisor kann vom Handelsamt bestimmt werden.

Personen, die als Revisoren nicht wählbar sind.

133. — 1. Keine der folgenden Personen kann als Revisor gewählt werden:

a) ein Direktor oder Beamter der Gesellschaft;

b) eine Person, welche Partner (Gesellschafter) eines Beamten der Gesellschaft ist oder in dessen Dienst steht; ausgenommen jedoch den Fall, da die Gesellschaft eine Private Company ist;

c) a body corporate (eine juristische Person)[1].

2. Doch kann gleichwohl eine body corporate[1] als Revisor einer Gesellschaft tätig sein, wenn seine Wahl vor dem 3. August 1928 erfolgte. Abgesehen davon verfällt ein body corporate, welcher als Revisor handelt, einer Buße von höchstens £ 100.

3. Bei Anwendung dieses Paragraphen auf Schottland ist zu beachten, daß der Ausdruck „body corporate" nicht eine firm (d. h. eine partnership) betrifft.

Bericht der Revisoren und ihr Recht auf Zutritt zu den Büchern und Teilnahme an Generalversammlungen.

134. — 1. Die Revisoren sollen für die Mitglieder über die von ihnen vorgenommene Prüfung der Rechnungen und über jede während ihrer Amtszeit der Gesellschaft in einer Generalversammlung vorgelegte Bilanz einen Bericht anfertigen, und der Bericht soll angeben:

a) ob sie alle Auskünfte und Aufklärungen, welche sie verlangt haben, erhalten haben, und

b) ob die in dem Bericht besprochene Bilanz nach ihrer Meinung in gehöriger Weise aufgestellt ist, so daß sie ein wahres und richtiges Bild der Geschäftslage gibt, wie es den ihnen gegebenen Auskünften und den Büchern der Gesellschaft entspricht.

2. Jeder Revisor einer Gesellschaft soll jederzeit Zugang zu den Büchern, Rechnungen und Belegen der Gesellschaft haben und von den Direktoren und Beamten der Gesellschaft solche Auskunft und Aufklärung verlangen können, wie dies für die Erfüllung der Pflichten der Revisoren notwendig erscheint.

Es wird bestimmt, daß im Falle einer Bankgesellschaft, welche eingetragen wurde nach dem 15. August 1879, und welche Zweigbanken außerhalb Europas hat, es genügt, wenn dem Revisor Zugang zu Abschriften und Auszügen derjenigen Bücher und Rechnungen eines jeden solchen Zweiggeschäftes gewährt wird, die an den Hauptsitz der Gesellschaft in Großbritannien geschickt wurden.

3. Die Revisoren einer Gesellschaft sind berechtigt, jeder Generalversammlung der Gesellschaft beizuwohnen, an welcher irgendwelche Rechnungen der Gesellschaft vorgelegt werden, welche sie geprüft und über welche sie berichtet haben, und jede Feststellung und Erklärung abzugeben, welche sie in bezug auf die Rechnungsführung geben wollen.

Inspektion (besondere Prüfung, Untersuchung).

Untersuchung der Geschäfte der Gesellschaft durch Inspektoren, vom Handelsamt ernannt.

135. — 1. Das Handelsamt kann einen oder mehrere geeignete Inspektoren ernennen, um die Geschäfte einer diesem Gesetz unterliegenden Gesellschaft zu prüfen, und um auf Grund dieser Prüfung in der durch das Handelsamt bestimmten Weise einen Bericht abzufassen; dies kann auf Grund folgender Begehren geschehen:

a) in dem Falle einer Bankgesellschaft, die ein in Aktien zerlegtes Grundkapital hat, auf das Begehren von Mitgliedern, die wenigstens den dritten Teil aller von der Gesellschaft ausgegebenen Aktien besitzen;

---

[1] Also hauptsächlich eine Aktiengesellschaft. Das englische Recht teilt die Eigenschaft einer Korporation aber auch einzelnen physischen Personen zu. Man spricht dann von „corporation sole". Beispiele hierfür sind der Public Trustee, der Bischof, der König, aber nur in ihrer amtlichen Eigenschaft.

b) in dem Falle irgendeiner anderen Gesellschaft, welche ein in Aktien zerlegtes Kapital hat, auf das Begehren von Mitgliedern, welche wenigstens den zehnten Teil aller von der Gesellschaft ausgegebenen Aktien besitzen;

c) in dem Falle einer Gesellschaft, die kein in Aktien zerlegtes Grundkapital hat, auf das Begehren von Mitgliedern, die mindestens den fünften Teil aller in das Mitgliederregister als Mitglieder eingetragenen Personen ausmachen.

2. Das Begehren soll durch solche Beweismittel unterstützt werden, wie sie das Handelsamt für den Nachweis verlangen mag, daß die Antragsteller gute Gründe haben, die Einsetzung einer solchen Untersuchung zu beantragen und daß sie bei der Einsetzung derselben nicht von böswilligen Motiven geleitet sind. Das Handelsamt kann auch von den Antragstellern vor Ernennung eines Inspektors oder von Inspektoren eine Sicherheit in einem Betrag von nicht über £ 100 für Zahlung der Kosten der Untersuchung verlangen.

3. Es ist Pflicht aller Beamten und Vertreter der Gesellschaft, für die Untersuchung den Inspektoren alle in ihrer Obhut oder Verfügungsgewalt befindlichen Bücher und Urkunden vorzulegen.

4. Ein Inspektor kann die Beamten und Vertreter der Gesellschaft in bezug auf ihr Geschäft eidlich verhören und einen solchen Eid entsprechend abnehmen.

5. Wenn ein Beamter oder Vertreter der Gesellschaft die Vorlegung irgendwelcher Bücher oder Urkunden verweigert, zu deren Vorlage er nach diesem Paragraphen verpflichtet ist, oder wenn er sich weigert, auf irgendeine Frage zu antworten, welche ihm von den Inspektoren in bezug auf die Gesellschaftsgeschäfte gestellt wird, so kann der Inspektor diese Verweigerung dem Gericht zur Kenntnis bringen, worauf das Gericht den Fall untersuchen und nach Anhörung von Zeugen, welche gegen oder für die denunzierten Personen angerufen werden, nach Entgegennahme der Erklärungen des Angeschuldigten zu seiner Verteidigung, den Übertreter dieser Gesetzesvorschrift in gleicher Weise bestrafen kann, wie wenn es sich um die Mißachtung des Gerichts (contempt of Court) handeln würde.

6. Nach Schluß der Prüfung sollen die Inspektoren ihre Meinung dem Handelsamt berichten. Eine Abschrift des Berichts soll vom Handelsamt an den eingetragenen Geschäftssitz der Gesellschaft geschickt werden und eine weitere Abschrift auf das Ersuchen der Mitglieder, auf deren Antrag die Untersuchung angeordnet worden ist, diesen ausgeliefert werden.

Maßnahmen zufolge des Berichts der Inspektoren.

136. — 1. Wenn aus irgendeinem Bericht an das Handelsamt, erstattet gemäß dem vorausgegangenen Paragraphen, hervorgeht, daß eine Person sich in bezug auf die Gesellschaft eines Verhaltens schuldig gemacht, das kriminell strafbar ist, so hat das Handelsamt folgendes zu tun:

α) Im Falle eines Vergehens in England, wenn das Handelsamt annimmt, daß eine Strafverfolgung durch den Staatsanwalt (the Director of Public Prosecutions) einzutreten habe, so soll das Handelsamt darüber dem Staatsanwalt berichten;

β) im Falle eines Vergehens in Schottland soll das Handelsamt die Sache dem Lord Advocate überweisen.

2. Wenn in einem solchen Falle die Staatsanwaltschaft der Ansicht ist, daß nach diesem Paragraphen ein Strafprozeß durchzuführen ist, und ferner, daß es im öffentlichen Interesse liegt, daß das Verfahren durch sie durchgeführt werde, so soll sie das Verfahren entsprechend einleiten, wobei es Pflicht aller frühern und gegenwärtigen Beamten und Vertreter (agents) der Gesellschaft ist (ausgenommen davon der Angeschuldigte), ihr in der Strafuntersuchung jeden Beistand zu gewähren, welchen sie vernünftigerweise geben können.

Für die Zwecke dieser Ziffer 2 soll der Ausdruck „agent" (Vertreter) in bezug auf eine Gesellschaft auch die Bankleute und Solicitors (Anwälte) der Gesellschaft in sich schließen und alle Personen, die von der Gesellschaft als Rechnungsrevisoren (auditors) zugezogen wurden, ob diese Personen Angestellte der Gesellschaft seien oder nicht.

3. Die mit der Untersuchung gemäß dem vorausgegangenen Paragraphen verbundenen Auslagen („expenses") sollen in folgender Weise gedeckt werden:

a) Wenn die Folge der Untersuchung ein Strafverfahren durch den Director of Public Prosecution (die Staatsanwaltschaft) oder durch den Lord Advocate ist, so sollen die Kosten durch das Handelsamt bezahlt werden;

b) in allen anderen Fällen sind die Auslagen durch die Gesellschaft zu tragen, es sei denn, daß das Handelsamt es für richtiger findet, daß sie entweder von den Antragstellern bezahlt werden oder teilweise durch die Gesellschaft und teilweise durch die Antragsteller.

Es wird folgendes bestimmt:

α) Wenn die Gesellschaft es unterläßt, den ganzen Betrag oder einen Teil zu bezahlen, den sie nach dieser Ziffer 3 bezahlen müßte, so müssen die Antragsteller den fehlenden Betrag ersetzen, soweit die Sicherheit, die sie nach Ziffer 135 gegeben haben, den Betrag übersteigt, den sie nach Anweisung des Handelsamtes gestützt auf diese Ziffer 3 bezahlen müssen, und

β) jeder Saldo der Auslagen, welcher weder durch die Gesellschaft noch durch die Antragsteller bezahlt wird, muß durch das Handelsamt bezahlt werden.

4. Ziffer 3 von § 13 des Economy (Miscellaneous Provisions) Act, 1926 (welcher Bestimmungen enthält in bezug auf die Auszahlung von Beträgen aus dem „Konkurs- und Liquidations- [Gebühren-]Konto" zur Begleichung der vom Handelsamt geschätzten Lasten in bezug auf Salaire und Auslagen, die gestützt auf dieses Gesetz in bezug auf die Liquidation von Gesellschaften in England entstehen), soll so wirksam sein, wie wenn die Auslagen, die vom Handelsamt gemäß diesem Paragraphen bestritten werden müssen, Auslagen wären, die dem Handelsamt gestützt auf dieses Gesetz in bezug auf Gesellschaftsliquidationen in England entstanden wären.

Befugnis der Gesellschaft, Inspektoren zu ernennen.

137. — 1. Eine Gesellschaft kann durch Sonderbeschluß Inspektoren ernennen, damit sie ihre Geschäfte untersuchen.

2. Die so ernannten Inspektoren sollen dieselben Befugnisse haben und dieselben Pflichten erfüllen, wie die durch das Handelsamt ernannten Inspektoren, jedoch mit der Ausnahme, daß sie, anstatt ihren Bericht an das Handelsamt zu richten, ihn in der Art und solchen Personen erstatten, wie es die Gesellschaft in der Generalversammlung vorschreibt.

3. Wenn irgendein Beamter oder Vertreter der Gesellschaft sich weigert, irgendein Buch oder eine Urkunde vorzulegen, die gemäß diesem Paragraphen vorgelegt werden müssen, oder wenn er eine Antwort verweigert auf eine Frage, die ihm von den Inspektoren mit Bezug auf die Geschäfte der Gesellschaft gestellt wurde, so soll gegen ihn in gleicher Weise vorgegangen werden, wie wenn die Inspektoren vom Handelsamt ernannt worden wären.

Bericht der Inspektoren Beweismittel.

138. Eine Abschrift des Berichts irgendwelcher nach diesem Gesetze ernannter Inspektoren soll, wenn sie durch das Siegel der Gesellschaft deren Geschäfte sie geprüft haben, bekräftigt ist, in jedem gerichtlichen Verfahren als Beweismittel der Meinung der Inspektoren in bezug auf irgendeine in einem solchen Berichte enthaltene Frage zulässig sein.

Direktoren und Geschäftsführer.
(Directors and Managers.)

139. — 1. Jede Gesellschaft, welche nach Inkrafttreten dieses Gesetzes eingetragen ist, muß wenigstens zwei Direktoren haben. Zahl der Direktoren.

2. Dieser Paragraph ist nicht anwendbar auf eine Private Company.

140. — 1. Niemand darf durch die Statuten zum Direktor einer Gesellschaft ernannt werden, noch auch darf in einem von oder für die Gesellschaft ausgegebenen Prospekt jemand als Direktor oder vorgeschlagener Direktor genannt werden, noch darf dies in einer an Stelle des Prospektes tretenden Aufstellung, die dem Registerführer eingegeben wird, geschehen, sofern nicht der ernannte oder vorgeschlagene Direktor vor der Eintragung der Statuten oder der Veröffentlichung des Prospektes oder der Eingabe der Aufstellung an Stelle des Prospektes, wie immer der Fall liegen mag, selbst oder für ihn ein schriftlich bevollmächtigter Vertreter folgendes getan hat: Beschränkungen in bezug auf Ernennung und Ankündigung eines Direktors.

a) eine von ihm unterschriebene Zustimmungserklärung, als Direktor zu handeln, dem Registerführer eingereicht hat; und

b) entweder

α) die Gründungsurkunde unterschrieben und darin für wenigstens die Zahl seiner Qualifikationsaktien gezeichnet hat, sofern solche verlangt werden; oder

β) solche Aktien von der Gesellschaft übernommen und bezahlt hat oder sich verpflichtet, seine Qualifikationsaktien zu bezahlen, sofern solche verlangt werden; oder

γ) dem Registerführer einen schriftlichen Verpflichtungsschein eingegeben hat, wonach er erklärt, von der Gesellschaft seine Qualifikationsaktien zu übernehmen und zu bezahlen, sofern solche verlangt werden; oder

δ) dem Registerführer eine förmliche Erklärung abgegeben hat zu dem Zwecke, daß eine Anzahl von Aktien, und zwar wenigstens seine Qualifikationsaktien, auf seinen Namen eingetragen werden.

2. Wenn jemand einen solchen Verpflichtungsschein zur Zahlung, wie er vorher erwähnt wurde, unterzeichnet und eingegeben hat, so soll er in bezug auf diese Aktien in gleicher Lage sein, wie wenn er für diese Zahl von Aktien die Gründungsurkunde unterzeichnet hätte.

3. Zugleich mit dem Antrag auf Eintragung der Gründungsurkunde und der Statuten einer Gesellschaft soll der Antragsteller beim Registerführer eine Liste derjenigen Personen einreichen, welche eingewilligt haben, Direktoren zu werden. Wenn diese Liste den Namen einer Person enthält, welche keine solche Einwilligung gegeben hat, so ist der Antragsteller zur Zahlung einer Buße von höchstens £ 50 verpflichtet.

4. Dieser Paragraph soll keine Anwendung finden

a) auf eine Gesellschaft, welche kein in Aktien zerlegtes Kapital hat;

b) auf eine Private Company; oder

c) auf eine Gesellschaft, welche eine Private Company war, bevor sie Public Company wurde; oder

d) auf einen Prospekt, der von einer Gesellschaft oder für sie ausgegeben wurde nach Ablauf eines Jahres seit der Zeit, da die Gesellschaft berechtigt wurde, Geschäfte zu beginnen.

141. — 1. Vorbehaltlich der durch den vorhergehenden Paragraphen auferlegten Beschränkungen soll es Pflicht eines jeden nach den Statuten der Gesellschaft zum Besitze von bestimmten Qualifikationsaktien verpflichteten Direktors sein, sofern er nicht bereits solche Qualifikationsaktien hat, seine Quali- Qualifikation als Direktor oder Geschäftsführer.

fikation innerhalb zweier Monate nach seiner Ernennung oder einer solchen kürzeren Zeit, wie es durch die Statuten der Gesellschaft bestimmt sein mag, zu erlangen.

2. In bezug auf irgendwelche Vorschrift der Statuten, welche von einem Direktor oder Geschäftsführer verlangt, daß er die Qualifikation als Aktionär bestimmter Aktien habe, wird die bloße Tatsache, daß jemand Inhaber eines Aktienscheines (share warrant) ist, nicht so beurteilt, als ob er der Inhaber der im Aktienschein genannten Aktien wäre.

3. Das Amt eines Direktors einer Gesellschaft soll als erledigt gelten, wenn der Direktor nicht binnen 2 Monaten vom Zeitpunkt seiner Ernennung an oder binnen der etwa durch die Statuten der Gesellschaft festgesetzten kürzeren Zeit seine Qualifikation erlangt, oder wenn er nach Beendigung eines solchen Zeitraumes oder einer solchen kürzeren Zeit zu irgendeinem Zeitpunkt aufhört, seine Qualifikationsaktien zu besitzen.

4. Eine Person, deren Amt auf Grund der Bestimmungen dieses Paragraphen erledigt ist, soll nicht wieder zum Direktor der Gesellschaft ernannt werden können, bevor sie ihre Qualifikationsaktien beschafft hat.

5. Wenn nach Ablauf des oben bestimmten Zeitraumes oder vorgeschriebener kürzerer Zeit eine Person ohne genügenden Aktienbesitz als Direktor einer Gesellschaft auftritt, so soll sie nach Überführung eine £ 5 nicht übersteigende Geldstrafe für jeden Tag zwischen dem Ablauf des gedachten Zeitraumes oder kürzerer Zeit oder dem Tag, an welchem sie aufhörte „qualifiziert" zu sein, wie immer nun der Fall liegen mag, und dem letzten Tag, an welchem sie nachweislich als Direktor aufgetreten ist, verwirken.

Bestimmungen in bezug auf Konkursiten, die „undischarged" sind, aber gleichwohl als Direktoren handeln[1].

142. — 1. Wenn jemand, welcher ein undischarged bankrupt ist (d. h. jemand, über welchen der Konkurs ausgebrochen ist, von dessen Folgen er aber noch nicht gerichtlich freigesprochen ist[1]), als Direktor direkt oder indirekt teilnimmt an der Geschäftsführung irgendeiner Gesellschaft, es sei denn mit besonderer Bewilligung des Gerichts, das den Konkurs über ihn aussprach, so soll er nach erfolgter Strafuntersuchung zu höchstens 2 Jahren Gefängnis oder bei summarischem Verfahren zu höchstens 6 Monaten Gefängnis oder zu einer Buße von nicht mehr als £ 500 oder zu Gefängnis und Buße verurteilt werden.

Niemand darf aber wegen einer Verletzung dieses Paragraphen schuldig erklärt werden, wenn er zwar „undischarged bankrupt" ist, aber am 3. August 1928

[1] Der Konkursit, bankrupt, ist in den Rechten beschränkt. Er kann kein öffentliches Amt bekleiden. Er ist verpflichtet, jeden, welcher ihm allein oder mit anderen Personen zusammen einen Kredit von wenigstens £ 10 gewährt, genau zu informieren, daß er ein undischarged bankrupt ist. Unterläßt er dies, so kann er mit Gefängnis bestraft werden.

Unter gleicher Strafandrohung ist ihm verboten, irgendein Geschäft unter einem anderen Namen zu betreiben als unter dem, unter welchem er Konkursit wurde, es sei denn, daß er die anderen Personen, mit welchen er in geschäftlichen Verkehr tritt, genau aufklärt.

Der Schuldner hat deshalb ein großes Interesse daran, den Konkurs überhaupt zu vermeiden oder, wenn er ausgesprochen ist, sich doch so rasch wie möglich rehabilitieren zu lassen. Er kann zu diesem Zweck schon vor Beendigung des Konkursverfahrens, sogar gleich nachdem die receiving order ergangen ist, an das Gericht das Gesuch stellen, es sei zu seinen Gunsten eine *order of discharge* zu erlassen. Der Richter wird nach freiem Ermessen urteilen und auf die besonderen Umstände des Falles abstellen. Wenn der Schuldner ohne sein persönliches Verschulden in seine schwierige Lage gekommen ist, so wird der Richter eher und rascher dem Begehren auf discharge entsprechen. Er kann daran auch bestimmte Bedingungen knüpfen, wie er sie gerade für angezeigt hält. Auf jeden Fall wird jedem Gläubiger Gelegenheit geboten, dazu Stellung zu nehmen und, wenn er es wünscht, gegen die Gutheißung des Begehrens zu opponieren. Solange der Schuldner keine „discharge" erlangt hat, ist er ein *undischarged bankrupt*.

als Direktor tätig war oder an der Geschäftsführung teilgenommen hat und ununterbrochen so tätig war seit dem genannten Zeitpunkt, und der Konkursausbruch vor jenem Zeitpunkt erfolgte.

2. In England darf die gerichtliche Bewilligung, gestützt auf diesen Paragraphen, nicht gegeben werden, wenn nicht dem gerichtlich bestellten Konkursverwalter (official receiver) die Absicht, diese Bewilligung zu erteilen, bekanntgegeben wurde, und es ist Pflicht des Konkursverwalters, wenn er im öffentlichen Interesse gegenteiliger Ansicht ist, der Verhandlung vor Gericht beizuwohnen und gegen die Bewilligung zu protestieren.

3. Der Ausdruck „company" (Gesellschaft) in diesem Paragraphen schließt in sich auch eine nicht eingetragene „company" (Gesellschaft), sowie eine Gesellschaft, welche außerhalb Großbritanniens inkorporiert ist, welche aber einen Geschäftsplatz innerhalb Großbritanniens besitzt, und unter „official receiver" ist der „official receiver" bei Konkursen (der Konkursverwalter) zu verstehen.

4. Ziffer 1 dieses Paragraphen soll in bezug auf Schottland so gelten, wie wenn an Stelle der Worte „he was adjudged bankrupt" (der Konkurs wurde über ihn ausgesprochen) die Worte stehen würden „sequestration of his estates was awarded" (Beschlagnahme seines Vermögens wurde angeordnet).

143. Die Handlungen eines Direktors oder Geschäftsführers sind rechtlich wirksam, auch wenn sich nachträglich herausstellt, daß an ihrer Ernennung und Qualifikation etwas mangelhaft war. **Gültigkeit der Handlungen von Direktoren.**

144. — 1. Jede Gesellschaft soll an ihrem eingetragenen Geschäftssitz ein Register über ihre Direktoren oder Geschäftsführer halten, das in bezug auf jede dieser Personen folgende einzelnen Angaben enthält: **Direktorenregister.**

a) Im Falle einer physischen Person, ihren Familien- und Vornamen, ferner jeden früheren Familien- oder Vornamen, ihre ordentliche Wohnadresse, ihre Nationalität, und wenn diese nicht die ursprüngliche ist, die ursprüngliche Nationalität, ihre geschäftliche Betätigung, wenn eine solche gegeben ist, oder, wenn keine solche geschäftliche Berufsausübung vorliegt, wohl aber das Amt eines Direktors anderwärts oder mehrere solcher Ämter, genaue Angaben darüber;

b) im Falle einer Korporation, ihren Korporationsnamen und den eingetragenen oder geschäftlichen Hauptsitz.

2. Die Gesellschaft muß innerhalb der im folgenden Paragraphen genannten Fristen dem Registerführer einen in der vorgeschriebenen Form abgefaßten Bericht (return) einsenden, mit den einzelnen Angaben, welche im genannten Register besonders aufgeführt sind, und ihm in der vorgeschriebenen Form von jeder Änderung in bezug auf die Direktoren, oder welche sich auf die im Verzeichnis enthaltenen Angaben bezieht, Kenntnis geben.

Die Frist, innerhalb welcher der erwähnte Bericht eingereicht werden muß, beträgt 14 Tage von der Ernennung der ersten Direktoren an und für die Einsendung der Bekanntgabe einer Änderung 14 Tage von dem Eintreten der Änderung an.

3. Das Register, das nach diesem Paragraphen angelegt werden muß, muß zur Geschäftszeit (vorbehältlich der angemessenen Einschränkungen, welche die Gesellschaft durch ihre Statuten oder in einer Generalversammlung festsetzt, wenigstens aber 2 Stunden jeden Tag, welche für die Einsichtnahme bestimmt sind) der Einsichtnahme eines jeden Mitgliedes der Gesellschaft offenstehen, ohne Bezahlung und jeder anderen Person gegen Zahlung von 1 s oder eines kleineren Betrages für jede Einsichtnahme, wie es die Gesellschaft bestimmen mag.

4. Wenn eine Einsichtnahme, gestützt auf diesen Paragraphen, verweigert wird, oder sonst die Vorschriften von Ziffer 1 und 2 dieses Paragraphen nicht beachtet werden, so werden die Gesellschaft und jeder fehlbare Beamte mit einer Versäumnisbuße bestraft.

5. Im Falle irgendeiner solchen Weigerung kann das Gericht eine sofortige Einsichtnahme des Registers anordnen.

6. Im Sinne dieses Paragraphen wird auch eine Person, nach deren Weisungen oder Instruktionen die Direktoren zu handeln gewohnt sind, wie ein Direktor und Beamter der Gesellschaft beurteilt.

Angaben in bezug auf die Direktoren in Katalogen und Rundschreiben.

145. — 1. Jede Gesellschaft, auf welche dieser Paragraph anwendbar ist, muß in allen Geschäftskatalogen, Geschäftsrundschreiben, „showcards", und Geschäftsbriefen, auf welchen der Geschäftsname erscheint, und welche von der Gesellschaft ausgegeben oder an irgendeine Person in irgendeinem Teile der Dominions Seiner Majestät des Königs (in any part of His Majesty's dominions) versandt werden, in lesbaren Buchstaben den Namen eines jeden Direktors angeben; und zwar, wenn der Direktor eine „corporation" ist, den Korporationsnamen, und in den übrigen Fällen den persönlichen Namen mit folgenden weiteren Angaben:

a) seinen gegenwärtigen Vornamen oder dessen Anfangsbuchstaben und den gegenwärtigen Familiennamen;
b) die Vornamen und Familiennamen, die er eventuell früher führte;
c) seine Staatsangehörigkeit, wenn er nicht britischer Bürger ist;
d) seine ursprüngliche Staatsangehörigkeit, wenn diese eine andere war als die heutige.

Wenn nach der Ansicht des Handelsamtes Umstände vorliegen, welche eine Ausnahme rechtfertigen, so kann das Handelsamt unter den von ihm als angemessen erachteten Bedingungen eine Verfügung treffen, welche von diesen Verpflichtungen dispensiert.

2. Dieser Paragraph ist anwendbar auf:

a) jede Gesellschaft, deren Eintragung gemäß diesem Gesetz oder durch dieses Gesetz aufgehobenen früheren Gesetze erfolgte, sofern sie vor dem 23. November 1916 eingetragen wurde; und
b) jede Gesellschaft, welche außerhalb Großbritanniens inkorporiert wird, welche aber einen festen Geschäftsplatz innerhalb Großbritanniens besitzt, es sei denn, daß ein solcher Geschäftsplatz vor dem genannten Datum errichtet wurde; und
c) jede Gesellschaft, welche nach dem Money-lenders Act, 1927, zugelassen ist, wann immer sie eingetragen wurde und wo sie auch ihren Geschäftsplatz haben mag.

3. Wenn eine Gesellschaft gegen die Vorschriften dieses Paragraphen verstößt, so ist jeder Direktor nach summarischer Beurteilung des Falles wegen jeder Übertretung zu einer Buße zu verurteilen, welche £ 5 nicht übersteigt, und wenn es sich um einen Direktor handelt, welcher eine „Corporation" ist, verfällt jeder Direktor, Sekretär und Beamte der „Corporation", der wissentlich teil hat an der Übertretung in gleiche Strafe.

In England darf jedoch, gestützt auf diesen Paragraphen, ohne Zustimmung des Handelsamtes kein Verfahren eingeleitet werden.

4. Im Sinne dieses Gesetzes

a) schließt der Ausdruck „director" auch jede Person in sich, nach deren Anweisungen oder Instruktionen die Direktoren der Gesellschaft gewohnt sind zu handeln;
b) der Ausdruck „christian name" schließt den „forename" in sich (beide Ausdrücke bedeuten den Vornamen);
c) der Ausdruck „initials" (Anfangsbuchstaben) bedeutet eine anerkannte Abkürzung eines Vornamens;
d) im Falle eines „peer" oder einer Person, welche gewöhnlich unter einem Titel bekannt ist, der verschieden ist vom Familiennamen, bedeutet der Ausdruck „surname" diesen Titel;

e) Verweisungen auf einen früheren Vornamen oder Familiennamen schließen nicht in sich

α) im Falle eines peer oder einer Person, welche gewöhnlich unter einem britischen Titel bekannt sind, der verschieden von ihrem Familiennamen ist, den Namen, unter welchem sie vor der Annahme des Titels bekannt waren;

β) im Falle eines geborenen britischen Staatsangehörigen einen früheren Vornamen oder Familiennamen, wenn jener Name oder Familienname geändert wurde oder außer Gebrauch kam, bevor die in Frage kommende Person das Alter von 18 Jahren erreichte; oder

γ) im Falle einer verheirateten Frau den Namen oder Familiennamen, unter welchem sie vor der Eheschließung bekannt war.

f) „Showcards" bedeutet „cards" (Karten, Musterkarten, Plakate, wohl auch Verpackungen), welche Waren, mit welchen die Gesellschaft handelt oder Muster oder Bilder davon „enthalten" oder darstellen (d. h. alle Aufschriften, welche die Ware empfehlen).

Gesellschaft mit beschränkter Haftung mit Direktoren mit unbeschränkter Haftung.

146. — 1. In einer beschränkt haftbaren Gesellschaft kann die Haftbarkeit der Direktoren oder Geschäftsführer oder des geschäftsführenden Direktors, wenn dies in der Gründungsurkunde so bestimmt wird, unbeschränkt sein.

2. In einer Gesellschaft mit beschränkter Haftbarkeit, bei welcher aber die Haftbarkeit eines Direktors oder Geschäftsführers unbeschränkt ist, müssen die Direktoren oder die Geschäftsführer der Gesellschaft, sofern solche vorhanden sind, und das Gesellschaftsmitglied (der Aktionär), welches eine Person zur Wahl als Direktor oder Geschäftsführer vorschlägt, dem Vorschlag eine Erklärung beifügen, daß die Haftbarkeit der Person, welche dieses Amt bekleidet, unbeschränkt sein wird, und die Gründer, Direktoren, Geschäftsführer und der Sekretär, wenn solche vorhanden sind, oder einer derselben, haben vor der Annahme des Amtes durch die vorgeschlagene Person, oder der Betätigung in diesem Amte ihr schriftliche Kenntnis zu geben, daß ihre Haftbarkeit unbeschränkt ist.

3. Wenn irgendein Direktor, Geschäftsführer oder das Mitglied, welches den Wahlvorschlag macht, bei Abgabe einer solchen Erklärung, sich fehlbar benimmt, oder wenn irgendein Gründer, Direktor, Geschäftsführer oder Sekretär bei der Bekanntgabe der Wahl an den Gewählten gegen das Gesetz verstößt, so macht er sich bußfällig und zwar im Betrage von höchstens £ 100 und ist überdies für allen Schaden verantwortlich, welcher der so erwählten Person aus der Gesetzesverletzung entsteht. Die Frage der Verantwortlichkeit der erwählten Person soll aber durch die begangene Unterlassung nicht berührt werden.

Sonderbeschluß der Gesellschaft mit beschränkter Haftung, durch welchen beschränkte Haftbarkeit der Direktoren unbeschränkt wird.

147. — 1. Eine Gesellschaft mit beschränkter Haftbarkeit kann, wenn dies die Statuten zulassen, durch einen Sonderbeschluß die Gründungsurkunde in der Weise ändern, daß die Haftbarkeit der Direktoren oder Geschäftsführer oder irgendeines geschäftsführenden Direktors unbeschränkt wird.

2. Bei der Annahme eines solchen Sonderbeschlusses wird die bezügliche Vorschrift in solcher Weise rechtswirksam, wie wenn sie schon von Anfang an in der Gründungsurkunde enthalten gewesen wäre.

Aufstellung an die Aktionäre über Vergütungen an Direktoren.

148. — 1. Vorbehältlich der in diesem Paragraphen gegebenen weiteren Bestimmungen, müssen die Direktoren einer Gesellschaft, auf schriftliches Verlangen von Mitgliedern der Gesellschaft, welche wenigstens einen Viertel aller Aktienstimmen auf sich vereinigen, allen Mitgliedern der Gesellschaft innerhalb eines Monats nach Eingang des Begehrens, eine Aufstellung zugehen lassen, welche von den Revisoren als richtig beglaubigt wird, oder mit solchen Bemerkungen versehen wird, als dies notwendig erscheint, und die in bezug auf jedes der letzten drei vorausgegangenen Jahre, für welche die Rechnungen der Gesellschaft abgeschlossen wurden, den Gesamtbetrag angibt, welcher in jedem dieser Jahre als

Vergütung oder aus anderem Grunde (other emoluments)[1] von Personen bezogen wurde, welche Direktoren der Gesellschaft sind, ob sie ihn in ihrer Eigenschaft als Direktoren oder sonstwie in Verbindung mit der Geschäftsleitung der Gesellschaft erhalten haben. Dabei soll in bezug auf jeden Direktor, welcher ist

a) ein Direktor irgendeiner anderen Gesellschaft, welche in Beziehung zu der ersterwähnten Gesellschaft in der Eigenschaft als „subsidiary company" steht; oder

b) welcher zufolge einer Wahl durch die Gesellschaft, sei es direkt oder indirekt, ein Direktor irgendeiner anderen Gesellschaft ist,

jede Vergütung oder andere Zuwendung (emoluments), die er erhalten hat zu seiner eigenen Verwendung, sei es als Direktor oder sonstwie in Verbindung mit der Geschäftsleitung dieser anderen Gesellschaft, in dem erwähnten Gesamtbetrage eingeschlossen sein.

Dabei wird bestimmt, daß

α) das Begehren zur Abgabe einer solchen Aufstellung gemäß diesem Paragraphen unwirksam sein soll, wenn die Gesellschaft innerhalb eines Monats nach dem Zeitpunkt, da das Begehren gestellt wurde, beschließt, daß die betreffende Aufstellung nicht gegeben werden soll; und

β) es genügt, wenn die Summe aller bezahlten oder anderswie von allen Direktoren in jedem Jahr bezogenen Beträge angegeben wird, ohne daß die einzelnen von jedem Direktor einzeln bezogenen Beträge genannt werden.

2. Bei der Berechnung des gestützt auf diesen Paragraphen anzugebenden Betrages irgendwelcher Vergütung oder Zuwendung an irgendeinen Direktor muß dieser Betrag gegebenenfalls um jeden Betrag erhöht werden, den die Gesellschaft in seinem Namen und mit Bezug auf Honorar oder sonstige Zuwendung zu seinen Gunsten als Einkommenssteuer bezahlt hat (inbegriffen super-tax und sur-tax).

3. Wenn ein Direktor den Erfordernissen diese Paragraphen nicht nachkommt, soll er mit einer Buße von höchstens £ 50 bestraft werden.

4. Der Ausdruck „emoluments" in diesem Paragraphen schließt in sich Honorare, Prozentanteile und andere Zahlungen, welche einem Direktor als solchem gemacht oder als Gegenleistung gegeben wurden, sei es direkt oder indirekt, sowie den Geldwert aller Nebeneinkünfte, die seinem Amte zukommen (the money value of any allowances or perquisites belonging to his office).

Angaben über Interessen eines Direktors an Verträgen.

149. — 1. Vorbehältlich der Bestimmungen dieses Paragraphen ist es die Pflicht des Direktors einer Gesellschaft, welcher irgendwie, ob direkt oder indirekt, an einem Vertrage mit der Gesellschaft oder an einem ihr vorgeschlagenen Vertrage interessiert ist, die Art seines Interesses daran an einer Versammlung der Direktoren bekanntzugeben.

2. Im Falle eines beabsichtigten Vertrages muß die Erklärung des Direktors, die durch diesen Paragraphen verlangt wird, in einer Versammlung der Direktoren abgegeben werden, an welcher der betreffende Vertrag zum erstenmal in Erwägung gezogen wird, oder wenn der Direktor zur Zeit dieser Versammlung am vorgeschlagenen Vertrage noch nicht interessiert war, an der nächsten Direktorenversammlung, nachdem er daran interessiert wurde, und in dem Falle, da das Interesse am Vertrage erst nach dessen Abschluß entstand.

3. Im Sinne dieses Paragraphen genügt eine allgemeine Mitteilung an die Direktoren durch den einen Direktor, wenn er mitteilt, daß er Mitglied einer genau bezeichneten Gesellschaft oder partnership ist, und an jedem Vertrage ein Interesse hat, welcher nach dem Zeitpunkt der Mitteilung mit dieser anderen Gesellschaft oder partnership abgeschlossen wird.

---

[1] Über die Bedeutung von „emoluments" siehe unten Ziffer 4.

4. Ein Direktor, welcher sich gegen die Vorschriften dieses Paragraphen vergeht, wird im Höchstbetrage von £ 100 bußfällig.

5. Keine Bestimmung dieses Paragraphen soll der Geltendmachung irgendwelcher rechtlichen Vorschriften schaden, welche den Direktoren der Gesellschaft verbietet, an irgendwelchen Verträgen mit der Gesellschaft interessiert zu sein.

Zahlungen an Direktoren wegen Verlust ihrer Stellung oder bei ihrem Rücktritt.

150. — 1. Es ist rechtlich nicht zulässig, daß bei einer Übertragung der ganzen oder eines Teiles der Unternehmung oder eines Vermögensteiles der Gesellschaft irgendeine Zahlung an einen Direktor der Gesellschaft gemacht wird als Entschädigung für den Verlust seines Amtes oder in Verbindung mit seinem Rücktritt aus dem Amte, es sei denn, daß genaue Angaben in bezug auf eine vorgeschlagene Zahlung, insbesondere die Höhe des Betrages, den Mitgliedern der Gesellschaft gemacht werden und der Vorschlag durch die Gesellschaft genehmigt wird.

2. Wenn eine Zahlung, welche hier unzulässig erklärt wird, an den Direktor erfolgte, so ist dies so zu beurteilen, wie wenn er die Zahlung als Treuhänder für die Gesellschaft erhalten hätte.

3. Wenn eine Zahlung, wie sie vorhin erwähnt wurde, an einen Direktor erfolgen soll in Verbindung mit einer Übertragung von Aktien (transfer) an irgendwelche Person, zufolge eines Angebotes, das an die Gesamtheit der Aktionäre gerichtet war, handle es sich um alle oder einzelne Aktien, so ist der betreffende Direktor verpflichtet, dafür zu sorgen, daß mit der Mitteilung des Angebotes zur Übernahme der Aktien der einzelnen Aktionäre diesen alle erforderlichen Angaben über die vorgeschlagene Zahlung, insbesondere über den Betrag gemacht werden.

4. Wenn ein solcher Direktor die so erforderlichen Schritte unterläßt, oder wenn diese Unterlassung durch irgendeine Person geschieht, welche in gehöriger Weise von einem solchen Direktor ersucht worden ist, die genannten Angaben mit der Bekanntgabe der Offerte an die Aktionäre zu senden, so soll er mit einer Buße belegt werden, welche £ 25 nicht übersteigt, und wenn das Erfordernis von Ziffer 3 in bezug auf irgendeine solche Zahlung nicht beachtet wird, so soll jeder Betrag, welchen der Direktor als Zahlung erhalten hat, so beurteilt werden, wie wenn er ihn als Treuhänder für die Personen erhalten hätte, welche ihre Aktien zufolge des gestellten Angebotes verkauft haben.

5. Wenn in Verbindung mit einer solchen Übertragung von Aktien der Preis, der an einen Direktor, dessen Amt aufgehoben wird, oder der von seinem Amt zurücktritt, für irgendwelche Aktien, die er besitzt, bezahlt wurde, höher ist als der Preis, welchen zur Zeit andere Aktionäre für die gleichen Aktien erhalten könnten, oder wenn einem solchen Direktor eine andere Gegenleistung gegeben wurde, so muß der Überpreis (the excess) oder der Geldwert der Gegenleistung so beurteilt werden, als ob ihm eine Zahlung gemacht worden wäre als Entschädigung für den Verlust seines Amtes oder als Gegenleistung für seinen Rücktritt vom Amt.

6. Keine Bestimmung dieses Paragraphen soll der Geltendmachung irgendeiner Rechtsvorschrift schaden, welche genaue Aufklärung verlangt in bezug auf irgendeine solche Zahlung, wie sie in diesem Paragraphen erwähnt ist, oder in bezug auf andere ähnliche Zahlungen an die Direktoren der Gesellschaft.

Übertragung des Direktorenamtes.

151. Wenn die Statuten oder ein Vertrag zwischen irgendeiner Person und der Gesellschaft eine Bestimmung enthalten, nach welcher ein Direktor oder Geschäftsführer der Gesellschaft das Recht haben soll, sein Amt als solches an eine andere Person zu übertragen, so soll jede solche Übertragung des Amtes, gestützt auf die erwähnte Bestimmung, trotz allfällig gegenteiligen Wortlauts jener Bestimmung, ohne irgendwelche Wirkung sein, solange sie nicht durch einen Sonderbeschluß der Gesellschaft genehmigt ist.

Ungültigkeit von Bestimmungen in den Statuten oder in Verträgen, durch welche Beamte von der Haftbarkeit befreit werden.

Bestimmungen in bezug auf die Haftbarkeit von Beamten und Revisoren.

152. Vorbehältlich der folgenden Vorschriften, ist jede Bestimmung in den Statuten oder in einem Vertrag mit der Gesellschaft oder sonstwie, ungültig, welche einen Direktor, Geschäftsführer oder Beamten der Gesellschaft, oder irgendeine Person, ob sie Beamter der Gesellschaft ist oder nicht, die von der Gesellschaft als Revisor angestellt ist, von jeder Haftbarkeit befreit oder ihr für den Fall einer Haftung Schadloshaltung zusichert, obwohl sie solche Haftbarkeit von Rechts wegen treffen würde wegen Fahrlässigkeit, Unterlassung, Pflichtverletzung oder Treubruch (breach of trust), deren sie sich in bezug auf die Gesellschaft schuldig macht.

Es wird bestimmt:

a) In bezug auf jede solche Bestimmung, welche in Kraft ist zur Zeit des Inkrafttretens dieses Gesetzes, ist dieser Paragraph nur anwendbar nach Ablauf einer Frist von sechs Monaten von diesem Datum an; und

b) dieser Paragraph soll in keiner Weise eine Person in ihrem Rechte auf Befreiung von der Haftpflicht oder auf Schadloshaltung beeinträchtigen, in bezug auf irgend etwas, was sie getan oder unterlassen hat, während eine solche Bestimmung in Kraft war;

c) ungeachtet irgendwelcher Vorschrift dieses Paragraphen, kann eine Gesellschaft, gestützt auf eine solche Bestimmung wie sie vorhin erwähnt wurde, einen Direktor, Geschäftsführer, Beamten oder Revisor wegen irgendwelcher Haftbarkeit schadlos halten, die ihn trifft, wenn er sich in irgendeinem Prozeß, handle es sich um ein Zivilverfahren oder um ein Strafverfahren, als Beklagter zu verteidigen hatte, der Urteilsspruch aber zu seinen Gunsten erfolgte, oder er freigesprochen wurde, oder daß er in Anwendung von § 273 dieses Gesetzes durch das Gericht von seiner Haftbarkeit entbunden wurde.

Vereinbarungen mit Gläubigern und Rekonstruktion.

(Arrangements and Reconstructions.)

Das Recht auf Vergleichsabschlüsse mit Gläubigern und Gesellschaftsmitgliedern.

153. — 1. Wenn ein Vergleich oder ein „arrangement" (siehe über die Bedeutung dieses Wortes unter Ziffer 5), zwischen einer Gesellschaft und ihren Gläubigern oder einer Klasse solcher Gläubiger oder zwischen der Gesellschaft und ihren Mitgliedern oder einer Klasse solcher Mitglieder vorgeschlagen wird, so kann das Gericht auf „summarischen" Antrag der Gesellschaft oder eines Gläubigers oder eines Mitgliedes der Gesellschaft oder, im Falle einer in Liquidation befindlichen Gesellschaft, des Liquidators, anordnen, daß eine Versammlung der Gläubiger oder einer Klasse der Gläubiger, oder der Mitglieder der Gesellschaft oder einer Klasse der Mitglieder in der vom Gericht angeordneten Weise einberufen wird.

2. Wenn eine Mehrheit der Interessenten, welche drei Viertel der Gläubiger oder einer Klasse der Gläubiger oder der Mitglieder oder einer Klasse von Mitgliedern darstellt, wie der besondere Fall gerade liegen mag, an der Versammlung anwesend ist und entweder persönlich oder durch bevollmächtigte Vertreter stimmt, mit einem Vergleiche oder einer Vereinbarung („arrangement", Definition siehe unter Ziffer 5 unten) einverstanden ist, soll der Vergleich oder die Vereinbarung, sofern sie durch das Gericht genehmigt wird, alle Gläubiger oder Mitglieder oder die besondere Klasse von Gläubigern oder Mitgliedern, sowie die

Gesellschaft oder bei einer in Liquidation befindlichen Gesellschaft den Liquidator und die Beitragspflichtigen der Gesellschaft binden.

3. Eine gerichtliche Verfügung, welche gestützt auf Ziffer 2 dieses Paragraphen erlassen wird, soll keine Wirkung haben, solange nicht eine Abschrift davon an den Registerführer zur Eintragung übergeben wurde. Eine Abschrift einer jeden derartigen Verfügung ist jeder Abschrift der Gründungsurkunde der Gesellschaft beizuheften, welche die Gesellschaft nach Erlaß der Order ausgibt, oder im Falle einer Gesellschaft, welche kein „Memorandum" hat, an deren Stelle jeder in der genannten Zeit herausgegebenen Abschrift der Urkunde, welche die Konstituierung der Gesellschaft begründet oder bestimmt.

4. Wenn eine Gesellschaft es unterläßt, den Vorschriften von Ziffer 3 dieses Paragraphen nachzukommen, so verfallen die Gesellschaft und jeder fehlbare Beamte der Gesellschaft in eine Buße von höchstens £ 1 für jede Abschrift, die entgegen diesen Vorschriften verfaßt ist.

5. Im Sinne dieses Paragraphen bedeutet der Ausdruck Gesellschaft („company") eine Gesellschaft, welche gemäß diesem Gesetz liquidiert werden kann, und der Ausdruck „arrangement" schließt in sich eine Reorganisation des Aktienkapitals der Gesellschaft durch Consolidation (Zusammenfassung) von Aktien verschiedener Klassen oder durch Teilung von Aktien in Aktien von verschiedenen Klassen oder auf beide Arten.

Vorschriften zur Erleichterung der Rekonstruktion und Fusion von Gesellschaften.

154. — 1. Wenn gestützt auf den vorausgegangenen Paragraphen an das Gericht ein Begehren gestellt wird auf Genehmigung eines Vergleiches oder eines „Arrangement" zwischen einer Gesellschaft und solchen Personen, wie sie in jenem Paragraphen genannt sind, und dem Gerichte nachgewiesen ist, daß der Vergleich oder die Vereinbarung vorgeschlagen wird zum Zwecke oder in Verbindung mit einem Rekonstruktionsplan einer oder mehrerer Gesellschaften oder der Fusion von zwei oder mehreren Gesellschaften, und daß danach das Ganze oder ein Teil der Unternehmung oder des Vermögens einer Gesellschaft (der transferor company, d. h. der übertragenden Gesellschaft) an eine andere Gesellschaft (the transferee company, die übernehmende Gesellschaft) übertragen werden soll, so kann das Gericht entweder durch die Order, welche den Vergleich oder die Vereinbarung genehmigt, oder irgendeine spätere Order, folgende Anordnungen treffen:

a) die Übertragung des Ganzen oder eines Teiles der Unternehmung und des Vermögens oder der Verpflichtungen einer übertragenden Gesellschaft an die übernehmende Gesellschaft;
b) die der übernehmenden Gesellschaft obliegende Zuteilung oder Übereignung von Aktien, Schuldverschreibungen, Versicherungsverträgen oder anderen ähnlichen Interessen bei jener Gesellschaft, welche nach dem Vergleich oder der Vereinbarung durch jene Gesellschaft an eine Person oder für eine Person zugeteilt oder übereignet werden müssen;
c) die Fortführung irgendeines anhängigen Prozesses für oder gegen die übertragende Gesellschaft auf die übernehmende Gesellschaft;
d) die Auflösung einer übertragenden Gesellschaft ohne Liquidationsverfahren;
e) Verfügungen mit Fristansetzungen und unter Bedingungen, wie sie das Gericht angemessen erachtet in bezug auf Personen, welche dem Vergleich oder der Vereinbarung nicht zustimmen;
f) weitere Verfügungen, die nötig werden, um die Rekonstruktion oder Fusion mit voller Wirksamkeit durchzuführen.

2. Wenn eine solche Order gemäß diesem Paragraphen die Übertragung von Vermögen oder Verbindlichkeiten vorschreibt, so sollen solches Vermögen und solche Verbindlichkeiten gestützt auf die Order auf die übernehmende Gesellschaft übertragen werden und solches Vermögen wird, wenn die gerichtliche Verfügung

es so bestimmt, frei von jeder Belastung, wenn solche nach dem Vergleich oder der Vereinbarung nicht mehr wirksam sein soll.

3. Wenn eine solche Order ergeht, so muß die Gesellschaft, auf welche sie Bezug hat, eine offizielle Abschrift davon dem Registerführer für Gesellschaften eingeben, und zwar innerhalb 7 Tagen nach Erlaß der Order. Kommt eine Gesellschaft dieser Verpflichtung nicht nach, so verfallen sie und jeder fehlbare Beamte der Gesellschaft einer Versäumnisbuße.

4. In diesem Paragraphen schließt das Wort „property" Vermögen, Rechte und Befugnisse jeder Art ein, und der Ausdruck „liabilities" schließt duties (Zölle und Abgaben) in sich.

5. Trotz der Bestimmungen von Ziffer 3 der section 120, schließt der Ausdruck „company" in Paragraph 153 nur companies im Sinne einer „company" nach diesem Gesetz ein.

Recht auf Erwerb von Aktien nicht zustimmender Aktionäre.

155. — 1. Wenn ein Plan oder ein Vertrag zur Übertragung von Aktien oder irgendeiner Klasse von Aktien einer Gesellschaft (in diesem Paragraphen „transferor company", übertragende Gesellschaft genannt) an eine andere Gesellschaft, sei es eine solche im Sinne dieses Gesetzes oder eine andere (in diesem Gesetz „transferee company", übernehmende Gesellschaft genannt) innerhalb 4 Monate nachdem die Offerte der übernehmenden Gesellschaft durch Aktionäre der übertragenden Gesellschaft, welche wenigstens neun Zehntel (gemessen nach dem Werte) der Aktien vertreten, genehmigt ist, so kann die übernehmende Gesellschaft jederzeit innerhalb 2 Monaten nach Ablauf genannter 4 Monate in der vorgeschriebenen Art jedem nicht zustimmenden Aktionär davon Kenntnis geben, daß sie seine Aktien zu erwerben wünscht, und wenn eine solche Mitteilung erfolgt ist, so ist die übernehmende Gesellschaft berechtigt und verpflichtet, diese Aktien unter solchen Bedingungen zu erwerben, wie nach dem Plane oder dem Vertrag die Aktien der zustimmenden Aktionäre an die übernehmende Gesellschaft übertragen werden sollen, es sei denn, daß das Gericht auf ein Gesuch des nichtzustimmenden Aktionärs, das er innerhalb eines Monats einzureichen hätte, gerechnet vom Tage an, da ihm die Mitteilung gemacht wurde, es für angezeigt erachtet, eine anderslautende Verfügung zu treffen.

Wurde ein solches Projekt oder ein solcher Vertrag vor dem Inkrafttreten dieses Gesetzes angenommen, so kann das Gericht auf das innerhalb zweier Monate nach Inkrafttreten dieses Gesetzes gestellte Begehren der übernehmenden Gesellschaft diese ermächtigen, die in diesem Paragraphen erwähnte Mitteilung jederzeit innerhalb 14 Tagen nach Erlaß der gerichtlichen Order zu machen, und dieser Paragraph soll entsprechend Anwendung finden, mit der Ausnahme, daß die Bedingungen, zu welchen die Aktien des nicht zustimmenden Aktionärs erworben werden sollen, das Gericht bestimmt, das nicht an die Bestimmungen des Projektes oder Vertrages gebunden ist.

2. Wenn eine Mitteilung von der übernehmenden Gesellschaft gemäß diesem Paragraphen ergangen ist und das Gericht trotz des Begehrens des nicht zustimmenden Aktionärs keine gegenteilige Verfügung getroffen hat, so muß die übernehmende Gesellschaft nach Ablauf einer Frist von einem Monat, vom Zeitpunkt der Mitteilung an, oder wenn dann noch ein Begehren des nicht zustimmenden Aktionärs beim Gericht anhängig ist, nach Erledigung dieser Pendenz, eine Abschrift der Mitteilung an die übertragende Gesellschaft schicken und der übertragenden Gesellschaft den Betrag oder eine andere Leistung entrichten, die den Preis vertritt, der von der übernehmenden Gesellschaft für die Aktien zu bezahlen ist, welche sie berechtigt ist, gestützt auf diesen Paragraphen, zu erwerben, und die übertragende Gesellschaft muß darauf die übernehmende Gesellschaft als Inhaber dieser Aktien im Register eintragen.

3. Beträge, welche die übertragende Gesellschaft gemäß diesen Paragraphen erhielt, müssen auf ein besonderes Bankkonto einbezahlt werden, und solche Beträge und jede andere so erhaltene Gegenleistung ist von jener Gesellschaft als Treuhänderin (on trust) zugunsten der verschiedenen Personen zu halten, welche ein Recht an den Aktien hatten, in bezug auf welche die genannten Beträge oder eine andere Gegenleistung eingegangen sind.

4. In diesen Paragraphen schließt der Ausdruck „dissenting shareholder" (nichtzustimmender Aktionär) einen Aktionär in sich, welcher es unterlassen hat oder sich weigerte, seine Aktien an die übernehmende Gesellschaft entsprechend dem Plane oder dem Vertrag zu übertragen.

Fünfter Teil.

Liquidation.

I. Einleitung.

Arten der Liquidation.

Arten der Liquidation.

156. — 1. Die Liquidation einer Gesellschaft kann sein, entweder:

a) eine gerichtliche Liquidation; oder

b) eine freiwillige Liquidation; oder

c) eine Liquidation unter Aufsicht des Gerichts.

2. Die Liquidationsbestimmungen dieses Gesetzes finden, sofern sich nicht das Gegenteil ergibt, auf jede der drei Arten der Liquidation Anwendung.

Beitragspflichtige (Contributories).

Haftung gegenwärtiger und früherer Mitglieder.

157. — 1. Im Falle der Liquidation einer Gesellschaft soll jedes gegenwärtige und frühere Mitglied verpflichtet sein, zu dem Vermögen der Gesellschaft bis zu einem Betrage beizusteuern, der hinreichend ist für die Zahlung ihrer Schulden und Verbindlichkeiten und der Kosten, Gebühren und Auslagen der Liquidation, und für die Ausgleichung der Rechte der Beitragspflichtigen untereinander, vorbehältlich der Bestimmungen von Ziffer 2 dieses Paragraphen und der folgenden Vorschriften:

a) Kein früheres Mitglied soll verpflichtet sein, zu dem Vermögen der Gesellschaft beizusteuern, wenn es mindestens 1 Jahr vor der Liquidation oder früher aufgehört hat, Mitglied zu sein;

b) kein früheres Mitglied soll verpflichtet sein, an Schulden oder Verbindlichkeiten beizusteuern, die nach seinem Austritt entstanden sind;

c) kein früheres Mitglied soll verpflichtet sein, zu dem Vermögen der Gesellschaft beizusteuern, es sei denn, daß das Gericht der Ansicht ist, daß die gegenwärtigen Mitglieder nicht imstande sind, die von ihnen auf Grund dieses Gesetzes geforderten Beiträge zu entrichten;

d) in dem Falle einer company limited by shares (einer reinen Aktiengesellschaft) soll von keinem Mitglied ein Beitrag gefordert werden, der den etwa noch unbezahlten Betrag der Aktien, für welchen jenes als gegenwärtiges oder früheres Mitglied haftbar ist, übersteigt;

e) in dem Falle einer Gesellschaft limited by guarantee soll von keinem Mitglied ein Beitrag gefordert werden, der den Beitrag an das Vermögen der Gesellschaft überschreitet, den es für den Fall der Liquidation zu zahlen sich verpflichtete;

f) nichts in diesem Gesetz soll irgendeine in einer Versicherungspolizze oder einem anderen Vertrage enthaltene Bestimmung ungültig machen, durch welche die Haftung einzelner Mitglieder auf Grund einer solchen Polizze oder eines solchen Vertrages beschränkt wird, oder wodurch auf Grund einer solchen Polizze oder eines solchen Vertrages nur das Betriebskapital der Gesellschaft allein haftbar gemacht wird;

g) kein irgendeinem Mitglied der Gesellschaft in seiner Mitgliedeigenschaft als Dividende, Gewinn oder sonstwie geschuldeter Betrag soll im Falle einer Konkurrenz zwischen ihm und einem anderen Gläubiger der Gesellschaft, der nicht Mitglied der Gesellschaft ist, als eine jenem Mitgliede zahlbare Schuld der Gesellschaft gelten; aber jede solche Summe kann für den Zweck der schließlichen Ausgleichung der Rechte der Beitragspflichtigen untereinander in Rechnung gestellt werden.

2. Bei der Liquidation einer Gesellschaft mit beschränkter Haftung soll ein früherer oder gegenwärtiger Direktor oder Geschäftsführer, dessen Haftpflicht nach diesem Gesetz unbeschränkt ist, zusätzlich zu seiner etwaigen Verpflichtung, als ordentliches Mitglied beizusteuern, verpflichtet sein, weitere Beiträge zu leisten, wie wenn er zur Zeit des Beginnes der Liquidation Mitglied einer Gesellschaft mit unbeschränkter Haftung gewesen wäre; vorausgesetzt jedoch folgendes:

a) Ein früherer Direktor oder Geschäftsführer der Gesellschaft soll nicht verpflichtet sein, einen solchen weiteren Beitrag zu leisten, falls er sein Amt bereits 1 Jahr vor Beginn der Liquidation oder früher aufgegeben hat;

b) ein früherer Direktor oder Geschäftsführer soll nicht verpflichtet sein, solchen weiteren Betrag in bezug auf eine Schuld oder Verbindlichkeit der Gesellschaft, welche nach seinem Ausscheiden aus seinem Amte eingegangen wurde, zu leisten;

c) vorbehältlich der Statuten der Gesellschaft soll ein Direktor oder Geschäftsführer nicht verpflichtet sein, solchen weiteren Beitrag zu leisten, sofern nicht das Gericht den Beitrag für notwendig hält, um die Schulden und Verbindlichkeiten der Gesellschaft und die Kosten, Gebühren und Auslagen der Liquidation zu begleichen.

3. Bei der Liquidation einer Gesellschaft limited by guarantee mit einem Aktienkapital soll jedes Mitglied verpflichtet sein, den auf seine Aktien noch nicht einbezahlten Betrag beizusteuern, und zwar zusätzlich zu dem Betrage, welchen er sich verpflichtet hat, an das Vermögen der Gesellschaft im Falle ihrer Liquidation zu leisten.

Bedeutungen des Wortes „Beitragspflichtiger“ (contributory).

158. Der Ausdruck „Beitragspflichtiger“ (contributory) bezieht sich auf jede Person, die im Falle der Liquidation der Gesellschaft verpflichtet ist, zu dem Vermögen der Gesellschaft beizusteuern; er soll auch in dem zur Ermittelung der beitragspflichtigen Personen eingeleiteten Verfahren und in jedem Verfahren, das der schließlichen Feststellung solcher Personen vorausgeht, jede Person einschließen, deren Eigenschaft als Beitragspflichtiger behauptet wird.

Rechtliche Natur der Verpflichtungen des Beitragspflichtigen.

159. Die Verpflichtung einer Person, zu dem Vermögen der Gesellschaft im Falle der Liquidation beizutragen, soll die Wirkung haben, daß eine Schuld (in England eine speciality debt) sofort mit der Haftung dieser Person entsteht, aber erst zahlbar wird, wenn die später erwähnten Einforderungen aus einer solchen Haftung erfolgen.

Beitragspflichtige im Falle des Todes eines Mitgliedes.

160. — 1. Wenn ein Beitragspflichtiger, entweder bevor oder nachdem er auf die Liste der Beitragspflichtigen gesetzt ist, stirbt, so sollen seine personal representatives (d. h. der Testamentsvollstrecker oder der vom Gericht eingesetzte Erbschaftsverwalter), und „the heirs and legatees of heritage of his heritable estate“ (Erben und Vermächtnisnehmer) in Schottland, im ordentlichen Wege der Erbschaftsverwaltung in Erfüllung der Verpflichtungen des gestorbenen Beitragspflichtigen zum Vermögen der Gesellschaft beisteuern, und sollen entsprechend selbst als Beitragspflichtige gelten.

2. Wenn die „personal representatives" auf die Liste der Beitragspflichtigen gesetzt werden, so brauchen die Erben und die mit Legaten bedachten Personen nicht hinzugefügt zu werden, es sei denn, daß das Gericht es für angezeigt erachtet.

3. Wenn in England die personal representatives einer Verfügung auf Geldzahlung nicht entsprechen, so können Maßnahmen getroffen werden zur Übernahme der Verwaltung des Vermögens des verstorbenen Beitragspflichtigen und zur Zahlung des geschuldeten Geldes daraus.

Beitragspflichtige im Falle des Konkurses des Mitgliedes.

161. Wenn ein Beitragspflichtiger, entweder bevor oder nachdem er auf die Liste der Beitragspflichtigen gesetzt ist, in Konkurs fällt,

1. so soll sein Konkursverwalter (the trustee in bankruptcy) für alle Zwecke der Liquidation Vertreter eines solchen Gemeinschuldners und entsprechend Beitragspflichtiger sein. Er kann verhalten werden, die Anmeldung der Forderung von Beträgen, die vom Gemeinschuldner zufolge seiner Verpflichtung zum Vermögen der in Liquidation begriffenen Gesellschaft beizusteuern, geschuldet werden, im Konkurs zuzulassen oder solche Beträge aus der Konkursmasse zu zahlen; und
2. gegen das Vermögen des Konkursiten kann der Betrag seiner Schuld aus zukünftigen Einforderungen (calls) ebenso geltend gemacht werden, wie aus bereits erfolgten.

Bestimmungen in bezug auf verheiratete Frauen.

162. — 1. Der Ehemann einer beitragspflichtigen Frau, welche vor dem Inkrafttreten des Gesetzes „The Married Women's Property Act, 1882" oder des „Married Women's Property (Scotland) Act, 1881", die Ehe einging, ist während des Bestehens der Ehe verpflichtet, in derselben Höhe wie die Frau an das Vermögen der Gesellschaft Beiträge zu leisten, zufolge der Haftung, welche sich auf Aktien bezieht, die sie vor jenem Zeitpunkt erworben hat und wozu sie verpflichtet wäre, auch wenn sie nicht geheiratet hätte, und er soll entsprechend Beitragspflichtiger sein.

2. Vorbehaltlich der vorhergehenden Bestimmungen soll keine Bestimmung dieses Gesetzes die Vorschriften des Married Women's Property Act, 1882, oder des Married Women's Property (Scotland) Act, 1881, berühren.

II. Gerichtliche Liquidation.

Zuständigkeit.

Zuständigkeit zur Liquidation von eingetragenen Gesellschaften.

163. — 1. Der High Court ist zuständig für die Liquidation von Gesellschaften, die in England eingetragen sind.

2. Im Falle einer Gesellschaft, deren eingetragener Sitz innerhalb der Jurisdiktion des Chancery-Gerichtes des County Palatine of Durham liegt, ist das Palatine-Gericht neben dem High Court zur Liquidation von Gesellschaften zuständig.

3. Wenn der volleinbezahlte oder als vollbezahlt kreditierte Betrag des Kapitals einer Gesellschaft £ 10000 nicht übersteigt, soll der County Court des Distrikts, wo der eingetragene Geschäftssitz der Gesellschaft liegt, vorbehaltlich der Bestimmungen dieses Paragraphen, konkurrierende Gerichtsbarkeit mit dem High Court haben.

4. Wenn eine Gesellschaft für den Betrieb von Bergwerken im Gebiete der Zinngruben gegründet ist, und nicht nachgewiesen wird, daß sie einen Bergwerksbetrieb außerhalb der Grenzen der Zinngruben unterhält oder außerhalb dieser Grenzen ein anderes Unternehmen betreibt oder einen Vertrag für einen solchen Betrieb oder ein solches Unternehmen geschlossen hat, so soll das Gericht, welches

die Gerichtsbarkeit im Zinngrubenbezirk ausübt, welches immer der Kapitalbetrag der Gesellschaft sein mag und wo immer der eingetragene Geschäftssitz der Gesellschaft gelegen ist, neben dem High Court für Gesellschaftsliquidationen zuständig sein.

5. Der Lord-Kanzler kann durch Verfügung einem County Court die ihm durch dieses Gesetz verliehene Zuständigkeit entziehen, und für die Zwecke einer solchen Zuständigkeit dessen Distrikt oder einen Teil davon jedem anderen County Court anschließen und eine solche Verfügung widerrufen oder abändern.

Bei Ausübung seiner Befugnisse nach diesem Paragraphen soll der Lord-Kanzler dafür sorgen, daß ein County Court keine Gerichtsbarkeit nach diesem Gesetz hat, wenn er nicht zu derselben Zeit für Konkurssachen zuständig ist. Eine auf Grund dieses Paragraphen gemachte Bestimmung soll die Gerichtsbarkeit oder Befugnis eines County Court, welche diesem auf Grund des Stannaries Jurisdiction (Abolition) Act, 1896, übertragen sind, nicht berühren.

6. Jedes Gericht, welches nach diesem Gesetze für die Liquidation einer Gesellschaft zuständig ist, soll für die Zwecke dieser Zuständigkeit alle Befugnisse des High Court besitzen und jeder ordentliche Beamte des Gerichts soll alle Pflichten ausüben, welche ein Beamter des High Court auf Grund einer richterlichen Verfügung oder sonstwie in bezug auf die Liquidation einer Gesellschaft ausüben darf.

7. Keine Bestimmung dieses Paragraphen soll ein Verfahren deshalb ungültig machen, weil es vor einem unzuständigen Gericht vor sich ging.

8. Im Sinne dieses Paragraphen bedeutet der Ausdruck „registered office“ den Platz, der am längsten der eingetragene Geschäftssitz der Gesellschaft während der unmittelbar dem Begehren auf Liquidation vorausgegangenen 6 Monate war.

Geschäftsverteilung im High Court.

164. — 1. Vorbehaltlich irgendwelcher Order, erlassen gestützt auf die §§ 57 oder 60 A des Supreme Court of Judicature (Consolidation) Act, 1925, und unbeschadet des Rechtes, Verfügungen zu treffen in bezug auf Überweisung an andere Gerichte, gestützt auf dieses Gesetz, soll die Gerichtsbarkeit des High Court für die Liquidation von Gesellschaften in England, gestützt auf dieses Gesetz, wie der Lord-Kanzler von Zeit zu Zeit durch allgemeine Verfügungen anordnen mag, von dem Richter oder den Richtern der Chancery-Abteilung des High Court, welche der Lord-Kanzler zu diesem Zwecke bezeichnen kann, ausgeübt werden, oder von dem Richter oder von den Richtern, welche zur Zeit die Gerichtsbarkeit des High Court in Konkurssachen ausüben.

2. Der Lord-Kanzler kann bezügliche Weisungen entweder allgemein oder in bezug auf bestimmte Klassen von Fällen erlassen.

3. Es können allgemeine Gerichtsverordnungen (general rules) in bezug auf die Ausübung der genannten Gerichtsbarkeit des High Court erlassen werden.

Übertragung von Fällen von einem Gericht an das andere und „statement of case“ durch den County Court.

165. — 1. Die Liquidation einer Gesellschaft oder ein hierzu gehöriges Verfahren kann jederzeit und in jeder Lage und entweder auf Antrag einer der beteiligten Parteien oder ohne solchen von einem Gericht an ein anderes Gericht verwiesen werden, oder kann von dem Gericht, vor welchem das Verfahren begonnen hat, fortgesetzt werden, obgleich es nicht das Gericht ist, vor welchem das Verfahren hätte begonnen werden sollen.

2. Die durch die vorhergehenden Bestimmungen dieses Paragraphen gegebenen Befugnisse zur Überweisung können vorbehaltlich und gemäß der allgemeinen Verfügungen vom Lord-Kanzler oder von jedem auf Grund dieses Gesetzes zuständigen Richter des High Court, oder, in jedem Fall, in welchem die Gerichtsbarkeit eines anderen Gerichts in Frage kommt, von dem Richter dieses Gerichtes ausgeübt werden.

3. Wenn in einem Liquidationsverfahren vor einem County Court sich eine Frage erhebt, welche alle bei dem Verfahren beteiligten Parteien, oder welche eine derselben und der Richter in erster Instanz durch den High Court entschieden wissen wollen, so soll der Richter die Tatsachen in der Form eines „special case for the opinion of the High Court" darstellen und daraufhin den „special case" und die Akten dem High Court zur Entscheidung übermitteln[1].

Zuständigkeit zur Liquidation in Schottland.

166. — 1. Der Court of Session ist für die Liquidation von Gesellschaften, die in Schottland registriert sind, zuständig.

2. Wenn der Court of Session keine Sitzungen abhält (zur Ferienzeit, invacation), so kann die Gerichtsbarkeit, die ihm durch diesen Paragraphen zugewiesen ist, durch den Lord Ordinary on the Bills ausgeübt werden.

3. Wenn der Betrag des einbezahlten oder als einbezahlt geltenden Aktienkapitals £ 10000 nicht übersteigt, so hat das Gericht des Sheriffs des Sheriffs-Bezirkes, in welchem der eingetragene Geschäftssitz der Gesellschaft liegt, konkurrierende Gerichtsbarkeit für Gesellschaftsliquidationen mit dem Court of Session.

Es wird bestimmt:

a) Der Court of Session kann, wenn es ihm mit Rücksicht auf den Betrag des Vermögens der Gesellschaft angezeigt erscheint, ein Liquidationsbegehren, das bei ihm eingegangen ist, an irgendein Sheriff-Gericht überweisen, oder aber anordnen, daß ein solches Begehren, wenn es dem Sheriff-Court zugestellt wurde, an den Court of Session übermittelt werde; und

b) der Court of Session kann auch anordnen, daß ein solches Liquidationsbegehren, das an ein Sheriff-Gericht gerichtet war, von diesem an ein anderes Sheriff-Gericht überwiesen werde; und

c) bei einer Liquidation vor einem Sheriff-Court ist es zulässig, daß dieses über irgendeine Rechtsfrage, welche in diesem Verfahren entsteht, die Meinung des Court of Session einholt.

4. Im Sinne dieses Paragraphen meint der Ausdruck „registered office" den Platz, wo der eingetragene Geschäftssitz der Gesellschaft während der unmittelbar dem Begehren auf Liquidation vorausgegangenen 6 Monate am längsten war.

Überweisung von Liquidationen in Schottland an den Lord Ordinary.

167. Wenn der Court of Session eine Liquidationsverfügung erläßt, so kann er, wenn er dies für angezeigt hält jederzeit, jedes weitere Verfahren in der Liquidation einem ständig amtenden Lord Ordinary überweisen und dann soll dieser alle Rechte der Gerichtsbarkeit des Gerichts in bezug auf die Liquidation ausüben.

Der Lord Ordinary kann über eine jede Frage, welche im Verlaufe der Liquidation entstehen mag, sich an das Gericht wenden.

Fälle der möglichen gerichtlichen Liquidation einer Gesellschaft.

Gründe gerichtlicher Liquidation.

168. Eine Gesellschaft kann gerichtlich liquidiert werden:

1. Wenn dieGesellschaft durch Sonderbeschluß bestimmt hat, daß die Gesellschaft gerichtlich liquidiert werden soll;
2. wenn der Bericht über die Gründung (statutory report) dem Registerführer nicht eingereicht oder die erste Generalversammlung (the statutory meeting) nicht abgehalten wird (vgl. § 113);

[1] Wie bei einem Schiedsgericht kann der Richter, sei es aus eigenem Entschluß oder auf Verlangen einer Partei, eine Rechtsfrage als a special case (man spricht auch von a consultive case) for the opinion of the Court bezeichnen und diese dem oberen Gericht zu seiner Ansichtsäußerung, also zu einem Gutachten, unterbreiten. Bis letztere eintrifft, wird der untere Richter den eigenen Spruch aufschieben. Zuständig zur Abgabe solcher Gutachten ist der Divisional Court der King's Bench Division. Eine Berufung gegen dieses Gutachten ist ausgeschlossen.

3. wenn die Gesellschaft nicht innerhalb eines Jahres nach ihrer Inkorporierung den Geschäftsbetrieb beginnt oder den Geschäftsbetrieb für ein ganzes Jahr einstellt;
4. wenn die Mitgliederzahl im Falle einer Privatgesellschaft auf weniger als zwei und im Falle einer anderen Gesellschaft auf weniger als sieben gesunken ist;
5. wenn die Gesellschaft unfähig ist, ihre Schulden zu zahlen;
6. wenn das Gericht die Liquidation der Gesellschaft für gerecht und angemessen hält.

Begriff der Zahlungsunfähigkeit (inability to pay debts).

169. Eine diesem Gesetz unterliegende Gesellschaft soll als unfähig gelten, ihre Schulden zu zahlen:

1. wenn ein Gläubiger, dem die Gesellschaft eine £ 50 übersteigende fällige Summe schuldet, durch eine Klage oder sonstwie der Gesellschaft an ihrem eingetragenen Geschäftssitz eine Aufforderung zugestellt hat, die so geschuldete Summe zu zahlen, und die Gesellschaft während eines Zeitraumes von 3 Wochen darauf es unterließ, den Betrag zu zahlen oder eine Sicherheit zu geben oder einen Vergleich für die angemessene Befriedigung des Gläubigers zu bieten; oder
2. wenn in England oder in Nord-Irland irgendeine Zwangsvollstreckung auf Grund eines gerichtlichen Entscheides (judgement, decree or order) zugunsten des Gläubigers einer Gesellschaft ganz oder teilweise ergebnislos blieb; oder
3. wenn in Schottland die gesetzliche Frist zur Zahlung einer vollstreckbaren Urteilsforderung oder eines vollstreckbaren eingetragenen Schuldscheines oder eines eingetragenen Protestes verstrichen ist, ohne daß Zahlung erfolgte; oder
4. wenn dem Gerichte der Nachweis geliefert ist, daß die Gesellschaft zahlungsunfähig ist. Bei der Festsetzung dieser Zahlungsunfähigkeit soll das Gericht die bedingten und zu gewärtigenden Schulden in Betracht ziehen.

Das Begehren auf Liquidation und seine Wirkung.

Das Liquidationsbegehren.

170. — 1. Ein Begehren auf Liquidation soll in der Form einer „Petition" erfolgen, und vorbehaltlich der Bestimmungen dieses Paragraphen, entweder durch die Gesellschaft oder durch einen oder mehrere Gläubiger (einschließlich eines bedingten oder voraussichtlichen Gläubigers oder mehrerer solcher Gläubiger) einen oder mehrere Beitragspflichtige oder durch alle oder durch einige dieser Parteien, zusammen oder gesondert, gestellt werden[1].

Es wird dabei bestimmt:

a) Ein Beitragspflichtiger soll nicht zur Stellung des Liquidationsbegehrens berechtigt sein:

α) wenn nicht die Zahl der Mitglieder bei einer Privatgesellschaft unter zwei oder im Falle einer anderen Gesellschaft unter sieben gesunken ist, oder

β) wenn nicht die Aktien, auf welche sich die Beitragspflicht bezieht oder einige davon ihm entweder ursprünglich zugeteilt oder wenigstens 6 Monate hindurch während der letzten 18 Monate vor Beginn der Liquidation in seinem Besitz und auf seinen Namen eingetragen waren oder durch den Tod eines früheren Besitzers auf ihn übergegangen sind;

[1] Beitragspflichtiger, contributory, ist der Aktionär dann, wenn er aus seiner Aktie, welche nicht voll einbezahlt ist, noch die Verpflichtung zu einer weiteren Einzahlung hat. Contributory, also beitragspflichtig, ist auch diejenige Person, welche eine Garantie für das Gesellschaftskapital übernommen hat. Siehe oben § 158.

b) ein Begehren auf Liquidation einer Gesellschaft bei Nichteinreichung des ersten Berichts an den Registerführer (statutory report) oder Nichtabhaltung der ersten Generalversammlung (statutory meeting) darf nur von einem Aktionär, nicht von einer anderen Person, und nicht vor Ablauf von 14 Tagen nach dem letzten Tage, an dem die Versammlung hätte abgehalten werden sollen, gestellt werden; und

c) das Gericht soll das Begehren auf Liquidation durch einen bedingten oder zukünftigen Gläubiger nicht prüfen, solange nicht solche Sicherheit für die Kosten gegeben wurde, die das Gericht für angemessen hält, und solange nicht dem Gericht nachgewiesen ist, daß es sich um einen prima-facie-Fall handelt.

2. Wenn eine Gesellschaft freiwillig unter Aufsicht des Gerichts in England liquidiert wird, kann ein Begehren auf gerichtliche Liquidation durch den dem Gericht zugeteilten amtlichen Sachwalter (official receiver) oder durch eine andere, gestützt auf die anderen Bestimmungen dieses Paragraphen berechtigte Person erfolgen; aber das Gericht soll auf das Begehren keine Liquidationsverfügung erlassen, solange nicht nachgewiesen ist, daß die freiwillige Liquidation oder die Liquidation unter Aufsicht des Gerichts mit Rücksicht auf die Interessen der Gläubiger oder Beitragspflichtigen nicht fortgesetzt werden kann.

3. Wenn, gestützt auf die Bestimmungen dieses Teiles des Gesetzes, eine Person als Ehemann einer beitragspflichtigen Frau selbst auch beitragspflichtig ist, und wenn während der gesamten 6 Monate oder eines Teiles davon, erwähnt unter a α von Ziffer 1 dieses Paragraphen, eine Aktie im Besitze der Ehefrau oder auf ihren Namen eingetragen war oder auf den Namen eines Treuhänders für die Frau oder für den Ehemann, so soll die Aktie für die Zwecke dieses Paragraphen so beurteilt werden, als ob sie im Besitz des Ehemannes und in seinem Namen eingetragen gewesen wäre.

Befugnis des Gerichts nach Anhörung des Begehrens.

171. — 1. Nach Anhörung des Begehrens auf Liquidation kann das Gericht dasselbe abweisen oder die Verhandlung bedingt oder unbedingt vertagen, oder jede vorläufige oder sonstige Verfügung erlassen, die es für richtig hält; jedoch soll das Gericht eine Liquidationsverfügung nicht aus dem einen Grunde allein ablehnen, weil die Aktiven der Gesellschaft für einen Betrag verpfändet sind, der diesen Aktiven gleichkommt oder höher ist oder weil die Gesellschaft keine Aktiven hat.

2. Wenn das Begehren aus dem Grunde eingereicht ist, weil unterlassen wurde, den ersten Bericht (statutory report) einzureichen oder die erste Generalversammlung gleich nach der Gründung (the statutory meeting) abzuhalten, so kann das Gericht

a) anstatt eine Liquidationsverfügung zu treffen, anordnen, daß der statutarische Bericht einzureichen ist oder eine Versammlung stattfinden soll; und

b) daß die Kosten durch diejenigen Personen zu zahlen sind, die nach der Ansicht des Gerichts für die Unterlassung verantwortlich sind.

Befugnis zur Einstellung oder Aufhebung eines gegen die Gesellschaft schwebenden Verfahrens.

172. Zu jeder Zeit nach Einreichung eines Liquidationsbegehrens und vor einer Liquidationsverfügung kann die Gesellschaft oder ein Gläubiger oder Beitragspflichtiger:

a) wenn eine Klage oder ein Prozeß gegen die Gesellschaft vor dem High Court oder Court of Appeal in England oder Nord-Irland schwebt, beim Gericht, vor welchem die Klage oder der Prozeß schwebt, Einstellung des Prozesses beantragen; und

b) wenn eine andere Klage oder ein anderes Verfahren gegen die Gesellschaft schwebt, bei dem für die Liquidation der Gesellschaft zuständigen Gericht beantragen, das Verfahren zu sistieren, und das Gericht, bei welchem der Antrag gestellt wird, kann je nach der Sachlage das Verfahren unter den ihm geeignet erscheinenden Bedingungen einstellen.

Ungültigkeit von Verfügungen über das Vermögen nach Beginn des Liquidationsverfahrens.

173. Bei einem gerichtlichen Liquidationsverfahren ist jegliche Verfügung über Vermögen der Gesellschaft (eingeschlossen things in action)[1], und jede Übertragung von Aktien oder Änderung im Mitgliederbestand der Gesellschaft, vorgenommen nach dem Beginn der Verfahrens, ungültig, es sei denn, daß das Gericht anders verfügt.

Gewisse Beschlagnahmen, Zwangsverwaltung und Zwangsvollstreckungen sind nichtig.

174. — 1. Wenn eine Gesellschaft, die in England eingetragen ist, gerichtlich liquidiert wird, so soll jede Beschlagnahme, Zwangsverwaltung, Pfändung oder Zwangsvollstreckung, welche nach Beginn der Liquidation gegen das Vermögen der Gesellschaft vorgenommen worden ist, in jeder Hinsicht nichtig sein.

2. Die Vorschriften dieses Paragraphen sollen, soweit sie sich auf irgendwelche Grundstücke oder Mobilien (any estate or effects) der Gesellschaft in England gelegen beziehen, Anwendung finden auf eine in Schottland eingetragene Gesellschaft, gleich wie in dem Falle einer in England eingetragenen Gesellschaft.

Beginn der Liquidation.

Beginn der gerichtlichen Liquidation.

175. — 1. Wenn vor Einreichung des Begehrens auf gerichtliche Liquidation ein Beschluß der Gesellschaft gefaßt wurde, die Gesellschaft freiwillig zu liquidieren, so soll die Liquidation so beurteilt werden, als ob sie am Tage der Beschlußfassung begonnen hätte, und alle Maßnahmen, welche bei der freiwilligen Liquidation getroffen wurden, sollen gültig sein, es sei denn, daß das Gericht bei Nachweis von Betrug oder Irrtum anderswie verfügt.

2. In jedem anderen Fall wird als Beginn der Liquidation das Datum der Einreichung des Liquidationsbegehrens angenommen.

Folgen der Liquidationsverfügung.

Abschrift der Liquidationsverfügung an den Registerführer.

176. Wenn ein gerichtlicher Beschluß ergangen ist, welcher die Liquidation verfügt, so muß eine Abschrift davon oder was sonst vorgeschrieben sein mag, sofort dem Registerführer für Gesellschaften eingereicht werden, der sie in seinen Büchern vorzumerken hat.

Einstellung von Prozessen nach Erlaß der Liquidationsverfügung.

177. Wenn eine Liquidationsverfügung erfolgte oder ein provisorischer Liquidator ernannt wurde, so darf kein Rechtsstreit gegen die Gesellschaft fortgeführt oder begonnen werden, es sei denn mit Erlaubnis des Gerichts und unter den Bedingungen, die es anordnen mag.

Wirkung der Liquidationsverfügung.

178. Eine Liquidationsverfügung soll zugunsten aller Gläubiger und aller Beitragspflichtigen der Gesellschaft in derselben Weise wirken, wie wenn sie auf das gemeinschaftliche Begehren eines Gläubigers und eines Beitragspflichtigen erlassen wäre.

Der amtliche Sachwalter (official receiver) im englischen Liquidationsverfahren.

Der amtliche Sachwalter (official receiver) in Konkursen als „receiver" f. Liquidationen.

179. — 1. Für die Zwecke dieses Gesetzes, soweit es sich auf die gerichtliche Liquidation von Gesellschaften in England bezieht, meint der Ausdruck „amtlicher Sachwalter" (official receiver) den beim Gericht für Konkurssachen zugeteilten amtlichen Sachwalter oder, wenn mehrere solche Sachwalter vorhanden sind, denjenigen unter ihnen, welchen das Handelsamt bezeichnen mag, oder, wenn kein solcher Verwalter vorhanden ist, einen für diesen Zweck vom Handelsamt ernannten Beamten.

---

[1] „Things in action" oder „choses in action" sind die immateriellen Rechtsgüter, wie Urheber-, Patent-, Warenzeichen- und Musterschutzrechte, Vertragsrechte, Schadenersatzansprüche usw.

2. Jeder solcher Beamte soll für die Zwecke der ihm, gestützt auf dieses Gesetz, obliegenden Aufgaben den Titel „amtlicher Sachwalter" (official receiver) haben.

Wahl des amtlichen Sachwalters durch das Gericht.

180. Wenn es im Falle der gerichtlichen Liquidation einer Gesellschaft in England dem Gericht für die angemessenste und finanziell beste Durchführung der Liquidation wünschenswert erscheint, daß irgendein anderer Beamter (officer) als diejenige Person, die nach dem vorausgehenden Paragraphen „amtlicher Sachwalter" wäre, zum amtlichen Sachwalter bestellt wird, so kann das Gericht einen solchen anderen Beamten für dieses Amt bezeichnen, und die so gewählte Person soll im Sinne dieses Gesetzes als „amtlicher Sachwalter" behandelt werden.

Bericht über die Vermögenslage der Gesellschaft an den amtlichen Sachwalter.

181. — 1. Wenn das Gericht in England eine Liquidationsverfügung getroffen oder einen provisorischen Liquidator ernannt hat, und selbst nicht anders verfügt, so muß für den official receiver eine Aufstellung über die Geschäftslage der Gesellschaft in vorgeschriebener Form und durch eidesstattliche Versicherung (affidavit) beglaubigt, angefertigt werden. Diese Aufstellung muß die Aktiven, Schulden und Verbindlichkeiten, die Namen, Wohnorte und Berufe der Gläubiger, die von ihnen etwa besessenen Sicherheiten, die Daten, an denen sie die Sicherheiten erhielten, und solch weitere und andere Auskünfte bekanntgeben, wie es vorgeschrieben ist oder wie es vom amtlichen Sachwalter verlangt werden mag.

2. Die Aufstellung muß durch eine oder mehrere Personen, welche Direktoren sind, und durch die Person, die zur maßgebenden Zeit Sekretär oder sonst Hauptbeamter der Gesellschaft ist, überreicht und beglaubigt werden oder durch solche Personen, die weiter unten unter dieser Ziffer angeführt sind und welche der amtliche Sachwalter (official receiver), vorbehältlich der Anweisung des Gerichts zur Einreichung und Beglaubigung der Aufstellung auffordern kann, nämlich:

a) Personen, welche Direktoren oder Beamte der Gesellschaft sind oder waren;
b) Personen, die an der Gründung der Gesellschaft zu irgendeiner Zeit innerhalb eines Jahres vor dem maßgebenden Datum teilgenommen haben;
c) Personen, die bei der Gesellschaft angestellt sind oder innerhalb des erwähnten Jahres angestellt waren und nach der Ansicht des amtlichen Sachwalters in der Lage sind, die gewünschten Auskünfte zu geben;
d) Personen, die im erwähnten Jahre Beamte oder Angestellte einer Gesellschaft waren, welche ihrerseits selbst Beamtin der Gesellschaft war oder ist, auf welche sich die Aufstellung bezieht(?).

3. Der Bericht muß binnen 14 Tagen vom maßgebenden Datum an[1] oder innerhalb solcher erstreckter Frist, wie sie der amtliche Sachwalter oder das Gericht aus besonderen Gründen festsetzen können, vorgelegt werden.

4. Jeder Person, welche die Aufstellung und die eidesstattliche Versicherung gemäß diesem Paragraphen abfaßt oder an deren Abfassung teilnimmt, sollen durch den amtlichen Sachwalter oder durch den provisorischen Liquidator aus dem Vermögen der Gesellschaft solche Kosten und solche Auslagen zugebilligt und bezahlt werden, die bei Vorbereitung und Herstellung der Aufstellung und der eidesstattlichen Versicherung entstanden und die nach Ansicht des amtlichen Sachwalters, vorbehaltlich einer Berufung an das Gericht, angemessen sind.

5. Wenn eine Person ohne vernünftige Entschuldigung gegen die Bestimmungen dieses Paragraphen fehlt, so soll sie für jeden Tag solcher Verfehlung eine £ 5 nicht übersteigende Geldstrafe verwirken.

6. Jede Person, die sich schriftlich als Gläubiger oder Beitragspflichtiger der Gesellschaft ausweist, soll zu jeder angemessenen Zeit gegen Zahlung der vorgeschriebenen Gebühr selbst oder durch einen Bevollmächtigten berechtigt sein, die auf Grund dieses Paragraphen eingereichte Aufstellung einzusehen und sich eine Abschrift oder einen Auszug daraus geben zu lassen.

[1] Über das „maßgebende Datum" siehe unten Ziffer 8.

7. Eine Person, die sich wahrheitswidrig als Gläubiger oder Beitragspflichtiger so ausgibt, macht sich der Mißachtung des Gerichts (contempt of court) schuldig und soll auf Antrag des Liquidators oder amtlichen Sachwalters entsprechend bestraft werden.

8. In diesem Paragraphen bedeutet der Ausdruck „the relevant date“ (der maßgebende Zeitpunkt) im Falle der Wahl eines provisorischen Liquidators das Datum seiner Ernennung, und mangels einer solchen Wahl, das Datum der gerichtlichen Liquidationsverfügung.

Bericht des amtlichen Sachverwalters.

182. — 1. Wenn eine Liquidationsverfügung erlassen ist, so soll der amtliche Verwalter sobald als möglich nach Empfang der Aufstellung über die Vermögenslage, die nach dem vorausgegangenen Paragraphen übergeben werden muß, oder im Falle, da das Gericht beschließt, daß keine solche Aufstellung einzureichen ist, sobald als möglich nach dem Datum der gerichtlichen Verfügung, dem Gericht einen vorläufigen Bericht übermitteln, und zwar

a) über den Betrag des ausgegebenen, gezeichneten und eingezahlten Kapitals und über den geschätzten Betrag der Aktiven und Passiven; und
b) wenn die Gesellschaft überschuldet ist, über die Gründe der Überschuldung; und
c) darüber, ob nach seiner Ansicht eine weitere Untersuchung über etwas, das sich auf die Gründung, Bildung oder das Fehlschlagen der Gesellschaft oder ihre Geschäftsführung bezieht.

2. Der amtliche Verwalter kann, wenn er dies für zweckmäßig hält, einen weiteren Bericht oder weitere Berichte anfertigen über die Weise, in welcher die Gesellschaft gegründet wurde, und darüber, ob nach seiner Ansicht bei Gründung oder Bildung der Gesellschaft von irgend jemand oder seit ihrer Gründung in bezug auf die Gesellschaft durch einen Direktor oder anderen Beamten der Gesellschaft ein Betrug begangen wurde, und über alle anderen Fragen, welche nach seiner Ansicht wünschenswerterweise zur Kenntnis des Gerichts gebracht werden sollen.

3. Wenn der amtliche Sachwalter in irgendeinem solchen weiteren Berichte feststellt, daß nach seiner Ansicht ein Betrug begangen wurde, wie dies vorhin erwähnt wurde, so hat das Gericht die in den §§ 216 und 217 dieses Gesetzes erwähnten weiteren Kompetenzen.

Liquidatoren.

Ernennung von Liquidatoren.

183. Zur Durchführung der Liquidation einer Gesellschaft und zur Besorgung solcher Aufgaben, die das Gericht verlangen mag, kann es einen Liquidator oder mehrere Liquidatoren ernennen.

Wahl und Befugnisse eines provisorischen Liquidators.

184. — 1. Vorbehältlich der Bestimmungen dieses Paragraphen kann das Gericht einen Liquidator provisorisch zu jeder Zeit nach Eingang des Liquidationsbegehrens ernennen.

2. Wenn das Verfahren in England durchgeführt wird, so kann die Wahl des provisorischen Liquidators jederzeit vor der Liquidationsverfügung erfolgen und zu diesem Amt kann entweder der „official receiver“ (der amtliche Sachwalter, d. h. der ordentliche Konkursverwalter) oder irgendeine andere geeignete Person ernannt werden.

3. Geht das Verfahren in Schottland vor sich, so kann die Ernennung des provisorischen Liquidators zu jeder Zeit vor der ersten Wahl von Liquidatoren geschehen.

4. Wenn ein Liquidator provisorisch durch das Gericht ernannt wird, so kann das Gericht in der Verfügung, durch welche er gewählt wird, seine Befugnisse genau festsetzen und beschränken.

185. Folgende Vorschriften gelten in bezug auf die Folgen einer gerichtlichen Liquidationsverfügung in England: Wahl, Titel usw. der Liquidatoren in England.

1. Der amtliche Sachwalter wird zufolge seines Amtes provisorischer Liquidator und hat so lange als solcher zu handeln, bis er oder eine andere Person Liquidator wird und in der Lage ist, als solcher zu handeln.
2. Der amtliche Sachwalter soll getrennte Versammlungen der Gläubiger und Beitragspflichtigen der Gesellschaft einberufen, um zu beschließen, ob an das Gericht das Begehren auf Ernennung eines Liquidators an Stelle eines amtlichen Verwalters zu stellen ist.
3. Das Gericht kann jede Wahl und jede Verfügung treffen, um eine solche Entscheidung wirksam zu machen, und wenn die Beschlüsse der Versammlung der Gläubiger und der Beitragspflichtigen in bezug auf die erwähnte Frage auseinandergehen, so soll das Gericht über die Meinungsverschiedenheit entscheiden und eine Verfügung treffen, die es geeignet hält.
4. Wenn vom Gericht kein Liquidator ernannt wird, so hat der amtliche Sachwalter (the official receiver) als Liquidator der Gesellschaft zu amten.
5. Der amtliche Sachwalter ist auch im Falle einer Vakanz zufolge seines Amtes Liquidator.
6. Wenn eine andere Person als der amtliche Sachwalter Liquidator ist, soll er mit dem Titel „the liquidator" bezeichnet werden, der amtliche Sachwalter aber wenn er Liquidator ist, mit dem Titel „the official receiver and liquidator" der Gesellschaft, für die er ernannt ist, nicht aber mit seinem persönlichen Namen.

186. Wenn bei einer gerichtlichen Gesellschaftsliquidation in England eine andere Person als der amtliche Sachwalter zum Liquidator gewählt ist, so gilt folgendes: Bestimmungen, wenn eine andere Person als der amtliche Sachwalter zum Liquidator ernannt ist.

1. Diese Person ist nicht fähig, als Liquidator zu handeln, solange sie ihre Ernennung nicht dem Registerführer für Gesellschaften bekanntgegeben hat und in der vorgeschriebenen Weise nach dem Wunsche des Handelsamtes Sicherheit geleistet hat.
2. Diese Person muß dem amtlichen Sachwalter solche Auskunft geben und Zutritt und Erleichterungen für die Prüfung von Büchern und Urkunden der Gesellschaft und im allgemeinen solche Hilfe gewähren, wie es verlangt wird, um jenem Beamten zu ermöglichen, seine Aufgabe gemäß diesem Gesetz zu erfüllen.

187. Folgende Bestimmungen gelten in bezug auf gerichtliche Gesellschaftsliquidationen in Schottland: Bestimmungen in bezug auf Liquidatoren in Schottland.

1. Das Gericht soll bestimmen, ob und welche Sicherheit vom Liquidator bei seiner Wahl gegeben werden muß.
2. Ein Liquidator soll mit dem Titel „the official liquidator" der besonderen Gesellschaft bezeichnet werden, bezüglich welcher er gewählt ist, und nicht bei seinem persönlichen Namen.
3. Wenn eine gerichtliche Verfügung zur Liquidation einer Gesellschaft unter gerichtlicher Aufsicht (supervision), und darauf eine Verfügung für gerichtliche Liquidation erfolgte, so kann das Gericht durch die letzterwähnte Verfügung oder eine spätere eine Person ernennen, welche dann Liquidator ist, sei es provisorisch oder beständig, und entweder allein oder mit einer anderen Person zusammen.

188. — 1. Ein durch das Gericht ernannter Liquidator kann sein Amt aufgeben oder vom Gericht abgesetzt werden. Allgemeine Bestimmungen in bezug auf Liquidatoren.

2. Wenn eine andere Person als der official receiver zum Liquidator ernannt wurde, so soll sie ein festes Salär oder eine Vergütung bekommen, die in Prozenten besteht oder anderswie geartet ist, so wie es das Gericht anordnet, und wenn

mehrere solche Personen als Liquidatoren ernannt wurden, so soll deren Vergütung unter sie in einem solchen Verhältnis verteilt werden, wie das Gericht es anordnet.

3. Eine frei gewordene Stelle eines gerichtlich ernannten Liquidators soll wieder durch das Gericht ausgefüllt werden.

4. Wenn mehrere Liquidatoren vom Gericht ernannt wurden, so hat das Gericht zu sagen, ob alle Handlungen, die nach diesem Gesetz von einem Liquidator vorzunehmen sind, durch einen allein oder durch alle oder durch mehrere zu besorgen sind.

5. Vorbehältlich der Vorschriften von § 278 dieses Gesetzes sollen die Handlungen eines Liquidators gültig sein trotz allfälliger Mängel, welche nachträglich in bezug auf seine Ernennung oder seine Qualifikation entdeckt werden.

Aufbewahrung des Gesellschaftsvermögens.

189. — 1. Wenn eine Liquidationsverfügung erlassen oder wenn ein provisorischer Liquidator ernannt wurde, so soll der Liquidator oder der provisorische Liquidator, wie immer der Fall liegen mag, alles Vermögen, das der Gesellschaft gehört oder zu gehören scheint, unter seine Obhut oder Kontrolle nehmen.

2. Bei einer gerichtlichen Liquidation in Schottland soll alles Vermögen der Gesellschaft, solange kein Liquidator ernannt ist, als unter der Obhut des Gerichts befindlich gelten.

Übertragung des Vermögens auf den Liquidator.

190. Wenn eine Gesellschaft gerichtlich liquidiert wird, so kann das Gericht auf Begehren des Liquidators durch eine Verfügung anordnen, daß das ganze Vermögen der Gesellschaft oder ein Teil davon, welcher Art es immer sein mag, auf den offiziellen Namen des Liquidators übertragen wird, und darauf soll das Vermögen, auf welches sich die gerichtliche Verfügung bezieht, entsprechend übertragen sein. Der Liquidator kann, nachdem er solche Sicherheit gegeben hat, wie sie das Gericht für angemessen erachtet, auf seinen offiziellen Namen jede Klage oder anderes rechtliche Verfahren einleiten, und in jedem Verfahren Interessen verteidigen, welche sich auf dieses Vermögen beziehen und deren Einbringung oder Verteidigung im Interesse der Liquidation der Gesellschaft liegt.

Befugnisse des Liquidators.

191. — 1. Der Liquidator bei einer gerichtlichen Liquidation hat das Recht, mit Genehmigung entweder des Gerichts oder des Aufsichtsausschusses (committee of inspection)

a) jede Klage einzubringen oder die Verteidigung in jedem Prozesse zu übernehmen oder andere gerichtliche Verfahren im Namen und für Rechnung der Gesellschaft durchzuführen;

b) das Geschäft der Gesellschaft fortzuführen, soweit es im Interesse einer günstigen Liquidation ist;

c) einen Rechtsanwalt (solicitor) oder Rechtsvertreter (law agent) zu ernennen, damit dieser ihm in der Ausführung seiner Aufgaben beistehe;

d) irgendwelche Gläubigerklassen vollständig zu befriedigen;

e) irgendwelche Vergleiche oder Vereinbarungen mit Gläubigern abzuschließen, oder mit Personen, welche behaupten, Gläubiger zu sein, oder welche Forderungen haben oder solche zu haben behaupten, seien es gegenwärtige oder zukünftige, unbedingte oder bedingte, liquide oder Entschädigungsforderungen gegenüber der Gesellschaft oder für welche die Gesellschaft haftbar gemacht werden kann;

f) Vergleiche abzuschließen in bezug auf alle beitragspflichtigen Beträge (calls) und die Verpflichtung zu solchen, und alle Forderungen (claims), gegenwärtige und zukünftige, unbedingte und bedingte, liquide und Entschädigungsansprüche bestehend, oder wahrscheinlich bestehend zwischen der Gesellschaft und einem Beitragspflichtigen, oder einem wahrscheinlichen Beitragspflichtigen, oder einem anderen Schuldner oder einer Person, die voraussichtlich der Gesellschaft gegenüber haftbar wird, und alle Fragen, die irgendwie das Vermögen oder die Liquidation der Gesellschaft berühren, zu vereinbarenden Bedingungen zu entscheiden, und jede Deckung zu empfangen bei der Löschung einer solchen Zahlungspflicht, solcher Haftung oder solchen Anspruches, und diesbezüglich eine Saldoquittung zu geben.

2. Der Liquidator in einem gerichtlichen Liquidationsverfahren hat die Befugnisse (ohne Genehmigung):

a) das unbewegliche und bewegliche Vermögen und things in action[1] der Gesellschaft im Wege öffentlicher Versteigerung oder eines privaten Vertrages zu verkaufen, und zwar mit der Befugnis, das ganze Vermögen an eine Person oder an eine Gesellschaft im ganzen zu übertragen oder es in getrennten Teilen zu verkaufen;

b) im Namen der Gesellschaft und für sie alle Handlungen vorzunehmen und alle gesiegelten Urkunden, Quittungen und anderen Urkunden auszustellen und für diesen Zweck, wenn es nötig ist, das Geschäftssiegel zu benutzen;

c) im Konkurse, bei Zahlungsunfähigkeit oder bei Sequestration[2] eines Beitragspflichtigen jede Beitragsforderung als besondere Forderung gegen den Insolventen oder Konkursiten geltend zu machen, um im gleichen Verhältnis mit den übrigen Gläubigern befriedigt zu werden;

d) im Namen der Gesellschaft und für sie Wechsel und Eigenwechsel zu ziehen, zu akzeptieren, auszustellen und zu indossieren, und zwar mit Bezug auf die Haftung der Gesellschaft mit gleicher Wirkung, wie wenn der Wechsel oder Eigenwechsel von der oder für die Gesellschaft im Verlaufe ihres Geschäftsbetriebes gezogen, angenommen, ausgestellt oder indossiert worden wäre;

e) die etwa erforderlichen Gelder gegen Verpfändung von Vermögen der Gesellschaft zu erheben;

f) unter seinem amtlichen Namen die Erbschaftsverwaltung der Hinterlassenschaft eines verstorbenen Beitragspflichtigen zu übernehmen und unter seinem amtlichen Namen alles Nötige zu tun zur Erlangung der Zahlung von Geld, das von einem Beitragspflichtigen oder seinem Vermögen geschuldet wird, und was auf den Namen der Gesellschaft nicht gut geschehen kann; in allen solchen Fällen soll das geschuldete Geld als dem amtlichen Verwalter selbst geschuldet gelten, um ihn instand zu setzen, die letters of administration, d. h. die Nachlaßverwaltung zu verlangen oder solches Geld einzutreiben[3];

g) einen Vertreter zu bestellen in bezug auf jedes Geschäft, welches zu besorgen der Liquidator selbst nicht in der Lage ist;

h) alle solchen anderen Handlungen vorzunehmen, welche für die Liquidation und die Vermögensverteilung der Gesellschaft notwendig erscheinen.

3. Die Ausübung der dem Liquidator in einer gerichtlichen Liquidation durch diesen Paragraphen übertragenen Befugnisse untersteht der Aufsicht des Gerichts und jeder Gläubiger oder Beitragspflichtige kann in bezug auf die Ausübung oder beabsichtigte Ausübung dieser Befugnisse Begehren an das Gericht stellen.

4. Im Falle einer Liquidation in Schottland kann das Gericht in der Verfügung anordnen, daß der amtliche Liquidator, wenn kein Aufsichtsausschuß

---

[1] Siehe Fußnote S. 178.

[2] „Sequestration" liegt dann vor, wenn der Eigentümer einer Liegenschaft vorübergehend zugunsten des Gläubigers in der Ausübung seiner Rechte beschränkt wird, indem der Gläubiger wegen rückständiger Zinsen berechtigt wird, sei es selbst oder durch den sheriff, an Stelle des Eigentümers die Gewinne aus der Liegenschaft einzuziehen (Mietzinse usw.).

[3] Über die letters of administration siehe CURTI: Englands Privat- und Handelsrecht **1**, 218.

besteht, irgendwelche der unter litt. a) oder litt. b) von Ziffer 1 dieses Paragraphen genannten Befugnisse ohne Genehmigung oder Mitwirkung des Gerichts ausüben kann.

5. In einer gerichtlichen Liquidation in Schottland soll der Liquidator, vorbehalten die allgemeinen Prozeßverordnungen, dieselben Befugnisse wie ein trustee on a bankrupt estate (ein Konkursverwalter) haben.

Ausübung und Kontrolle der Befugnisse des Liquidators.

192. — 1. Vorbehaltlich der Bestimmungen dieses Gesetzes soll der Liquidator einer Gesellschaft, welche in England gerichtlich liquidiert wird, bei der Verwaltung des Eigentums der Gesellschaft und seiner Verteilung unter ihre Gläubiger Rücksicht auf alle Weisungen nehmen, die durch einen in der Generalversammlung gefaßten Beschluß der Gläubiger oder Beitragspflichtigen oder durch den Aufsichtsausschuß erteilt werden; und alle so in einer Generalversammlung gegebenen Anweisungen der Gläubiger oder Beitragspflichtigen sollen im Falle einer Meinungsverschiedenheit den vom Aufsichtsausschuß gegebenen Anordnungen vorgehen.

2. Der Liquidator kann Generalversammlungen der Gläubiger oder Beitragspflichtigen anberaumen, um ihre Wünsche festzustellen; er soll ferner verpflichtet sein, auf solche Tage Versammlungen einzurufen, welche die Gläubiger oder Beitragspflichtigen durch Beschluß entweder in der den Liquidator ernennenden Versammlung oder sonstwie bestimmen mögen; aber auch dann, wenn er hierzu schriftlich von einem Zehntel der Gläubiger (nach dem Werte ihrer Interessen) oder der Beitragspflichtigen aufgefordert wird.

3. Der Liquidator kann in der vorgeschriebenen Weise in bezug auf einzelne Fragen, die sich bei der Liquidation ergeben, an das Gericht gelangen.

4. Vorbehaltlich der Bestimmungen dieses Gesetzes soll der Liquidator bei der Verwaltung des Vermögens und seiner Verteilung unter die Gläubiger sein eigenes bestes Ermessen entscheiden lassen.

5. Wenn eine Person durch eine Handlung oder Entscheidung des Liquidators beeinträchtigt wird, so kann sie an das Gericht gelangen, und das Gericht kann die Handlung oder Entscheidung, über welche Beschwerde geführt wird, bestätigen, aufheben oder abändern oder ergänzen oder beschränken, und solche Verfügung erlassen, wie es sie für angemessen hält.

Bücher, zu führen vom Liquidator in England.

193. Jeder Liquidator einer Gesellschaft, die gerichtlich liquidiert wird, soll in vorgeschriebener Form gehörige Bücher führen, in welche er solche Eintragungen oder Protokolle über die Verhandlungen der Versammlungen und über solche anderen Dinge veranlaßt, wie es vorgeschrieben werden mag; jeder Gläubiger oder Beitragspflichtige kann, vorbehaltlich der Aufsicht des Gerichts, persönlich oder durch seinen Vertreter Einsicht in diese Bücher nehmen.

Zahlungen des Liquidators in England an die Bank.

194. — 1. Jeder Liquidator einer in gerichtlicher Liquidation befindlichen Gesellschaft in England soll in solcher Weise und zu solchen Zeiten, wie das Handelsamt unter Mitwirkung des Schatzamtes anordnen mag, die von ihm eingenommenen Gelder zugunsten des Gesellschaftsliquidationskontos bei der Bank von England einzahlen, und das Handelsamt soll ihm eine Bescheinigung über den Empfang von so einbezahltem Gelde geben.

Weist jedoch der Aufsichtsausschuß dem Handelsamt überzeugend nach, daß es für den Fortbetrieb des Geschäftes der Gesellschaft oder zur Erlangung von Darlehen oder aus einem anderen Grunde für die Gläubiger oder Beitragspflichtigen vorteilhaft ist, daß der Liquidator bei einer anderen Bank ein Konto unterhält, so soll das Handelsamt auf Antrag des Aufsichtsausschusses den Liquidator ermächtigen, seine Ein- und Auszahlungen bei der vom Ausschuß gewählten Bank vorzunehmen; und hierauf sollen diese Zahlungen in der vorgeschriebenen Form gemacht werden.

2. Wenn ein solcher Liquidator zu irgendeiner Zeit länger als 10 Tage mehr als £ 50 oder mehr als einen Betrag, wie ihm das Handelsamt in besonderen Fällen

zurückzubehalten erlaubt, zurückbehält, so soll er, sofern er nicht die Zurückbehaltung zur Zufriedenheit des Handelsamtes begründet, den so zuviel zurückbehaltenen Betrag mit 20 % jährlich verzinsen und soll sich die Streichung seines Gehaltes oder solchen Teils desselben gefallen lassen müssen, wie es das Handelsamt für richtig hält, und soll vom Handelsamt seines Amtes entsetzt werden und verpflichtet sein, alle durch sein Zuwiderhandeln entstandenen Ausgaben zu zahlen.

3. Kein Liquidator einer Gesellschaft, welche gerichtlich liquidiert wird, darf irgendwelche von ihm als Liquidator vereinnahmte Beträge auf sein Privatkonto einzahlen.

Revision der Abrechnungen des Liquidators.

195. — 1. Jeder Liquidator einer Gesellschaft, welche gerichtlich liquidiert wird, soll zu den Zeiten, welche vorgeschrieben werden mögen, aber nicht weniger als zweimal jährlich, solange er sein Amt bekleidet, an das Handelsamt oder die von ihm angegebene Stelle, eine Abrechnung über die Eingänge und Zahlungen senden, die er als Liquidator gemacht oder erhalten hat.

2. Die Abrechnung soll in zwei Exemplaren und in der vorgeschriebenen Form angefertigt und in der für eine statutory declaration[1] vorgeschriebenen Form beglaubigt werden.

3. Das Handelsamt soll die Abrechnung prüfen lassen, und für den Zweck soll der Liquidator das Handelsamt mit solchen Belegen und Auskünften versehen, wie sie das Handelsamt verlangen mag; auch kann das Handelsamt zu jeder Zeit die Vorlegung und Prüfung der von dem Liquidator geführten Bücher oder Konten verlangen.

4. Wenn die Abrechnung geprüft worden ist, so soll eine Abschrift davon dem Handelsamt eingereicht und dort aufbewahrt werden; die andere Abschrift soll dem Gericht eingereicht werden. Beide Abschriften liegen für jeden Gläubiger oder jeden Interessenten zur Einsicht offen.

5. Das Handelsamt soll die Abrechnung oder einen Auszug aus derselben nach der Revision drucken lassen und eine gedruckte Abschrift der Abrechnung oder eines Auszuges durch die Post an jeden Gläubiger und Beitragspflichtigen senden.

Aufsicht des Handelsamts über Liquidatoren in England.

196. — 1. Das Handelsamt soll von der Geschäftsführung der Liquidatoren von Gesellschaften, welche auf Grund einer gerichtlichen Verfügung liquidiert werden, Kenntnis nehmen, und für den Fall, daß ein solcher Liquidator nicht getreu seine Pflichten erfüllt und gehörig alle ihm zur Erfüllung seiner Pflichten durch Gesetz, Verordnungen oder sonstwie auferlegten Vorschriften beachtet, oder wenn diesbezüglich beim Handelsamt eine Beschwerde eines Gläubigers oder Beitragspflichtigen eingeht, soll das Handelsamt die Sachlage prüfen und die ihm geeignet erscheinenden Schritte ergreifen.

2. Das Handelsamt kann jederzeit verlangen, daß der Liquidator einer Gesellschaft, die gerichtlich in England liquidiert wird, auf jede ihm gestellte Anfrage Auskunft gibt, und kann, wenn es dies für geeignet hält, beim Gericht den Antrag stellen, den Liquidator oder irgendeine andere in der Liquidation beschäftigte Person unter Eid einzuvernehmen.

3. Das Handelsamt kann auch eine Prüfung der Bücher und Belege des Liquidators anordnen.

Entlastung der Liquidatoren in England.

197. — 1. Wenn der Liquidator einer Gesellschaft, die gerichtlich in England liquidiert wird, alles Vermögen der Gesellschaft oder so viel davon, als nach seiner Ansicht ohne nutzlose Verzögerung der Liquidation liquidiert werden kann, liquidiert hat, und die etwa vorhandene Schlußdividende unter die Gläubiger verteilt und die Rechte der Beitragspflichtigen untereinander ausgeglichen und den etwa verbleibenden Überrest an sie herausgegeben hat, oder wenn er zurückgetreten oder seines Amtes entsetzt wurde, so soll das Handelsamt auf seinen

[1] „statutory declaration“ ist eine Art eidesstattlicher Versicherung.

Antrag einen Bericht über seine Abrechnungen anfertigen lassen und, wenn der Liquidator allen Begehren des Handelsamtes nachgekommen ist, den Bericht und jeden Einspruch prüfen, der erhoben wurde durch einen Gläubiger oder Beitragspflichtigen, oder eine Person, welche ein Interesse daran hat, daß dem Liquidator keine Entlastung erteilt wird, und das Handelsamt soll entweder die Entlastung erteilen oder versagen, jedoch vorbehaltlich einer Berufung an den High Court.

2. Wenn die Entlastung eines Liquidators verweigert wird, kann das Gericht auf Antrag eines Gläubigers oder eines Beitragspflichtigen oder einer daran interessierten Person eine ihm angemessen erscheinende Verfügung erlassen, die den Liquidator für die Folgen einer Handlung oder Unterlassung, die er pflichtwidrig verschuldet haben mag, haftbar erklären kann.

3. Eine den Liquidator entlastende Verfügung des Handelsamtes befreit ihn von jeder Haftung, die ihn bezüglich irgendeiner Handlung oder Unterlassung bei der Verwaltung der Gesellschaftsgeschäfte oder sonst in seiner Eigenschaft als Liquidator treffen könnte. Eine solche Verfügung kann jedoch beim Nachweis, daß sie durch Betrug oder durch Unterdrückung oder Verheimlichung einer wesentlichen Tatsache erlangt ist, widerrufen werden.

4. Wenn der Liquidator nicht früher zurückgetreten ist oder abgesetzt wurde, so soll seine Entlastung wie ein Rücktritt von seinem Amt wirksam sein.

Aufsichtsausschüsse.

(Committees of Inspection.)

Versammlungen der Gläubiger und Beitragspflichtigen zur allfälligen Bestellung eines committee of inspection.

198. — 1. Wurde eine gerichtliche Liquidationsverfügung in England erlassen, so ist es die Aufgabe der besonderen getrennten Versammlungen der Gläubiger und der Beitragspflichtigen, die zu diesem Zwecke einberufen werden, zu beschließen, ob ein Begehren an das Gericht eingereicht werden soll zur Bestellung eines Liquidators an Stelle des amtlichen Sachwalters, und um ferner zu beschließen, ob nicht an das Gericht das Begehren gestellt werden soll, ein Committee of Inspection (Aufsichtsausschuß) zu ernennen, das mit dem Liquidator handeln soll und zu bestimmen, wer die Mitglieder dieses Committee sein sollen.

2. Wenn eine Liquidationsverfügung durch das Gericht in Schottland erlassen wurde, so soll der Liquidator getrennte Versammlungen der Gläubiger und der Beitragspflichtigen einberufen, um zu beschließen, ob nicht an das Gericht ein Begehren gerichtet werden soll zur Ernennung eines Committee of Inspection und wer die Mitglieder desselben sein sollen.

Es wird dabei bestimmt, daß, wenn die Liquidationsverfügung getroffen wurde wegen Zahlungsunfähigkeit der Gesellschaft, der Liquidator keine Versammlung der Beitragspflichtigen einberufen muß.

3. Das Gericht kann irgendwelche Wahl treffen und eine Verfügung erlassen, um einen solchen Beschluß zur Ausführung zu bringen. Besteht dabei ein Widerspruch zwischen den Beschlüssen der Versammlungen der Mitglieder und der Beitragspflichtigen in bezug auf die vorerwähnten Fragen, so soll das Gericht die Differenz entscheiden und eine solche Verfügung treffen, die es angemessen erachtet.

Konstituierung und Verfahren des Committee of Inspections.

199. — 1. Ein gemäß diesem Gesetz ernanntes Committee of inspection soll aus Gläubigern und Beitragspflichtigen der Gesellschaft oder deren Bevollmächtigen bestehen, und zwar in solcher Zusammensetzung, wie dies durch die Versammlungen der Gläubiger und Beitragspflichtigen oder im Falle von Meinungsverschiedenheit durch das Gericht bestimmt werden mag.

Wenn in Schottland eine Liquidationsverfügung erlassen wurde, weil eine Gesellschaft zahlungsunfähig geworden ist, so soll der Ausschuß aus Gläubigern bestehen oder deren generalbevollmächtigten Vertretern.

2. Der Aufsichtsausschuß soll zu den von ihm festgesetzten Terminen und mangels einer solchen Festsetzung wenigstens einmal im Monat, eine Versammlung abhalten; außerdem kann der Liquidator oder jedes Mitglied des Ausschusses, wenn und wann er dies für notwendig hält, ebenfalls eine Versammlung des Ausschusses einberufen.

3. Der Ausschuß kann, gestützt auf einen Mehrheitsbeschluß seiner in der Versammlung anwesenden Mitglieder, tätig sein, wenn in der Versammlung mehr als die Hälfte seiner Mitglieder anwesend ist.

4. Ein Mitglied des Ausschusses kann durch eine schriftliche, von ihm unterschriebene und dem Liquidator eingegebene Mitteilung zurücktreten.

5. Wenn ein Mitglied des Ausschusses in Konkurs fällt, oder mit seinen Gläubigern einen Vergleich oder eine sonstige Vereinbarung abschließt, oder ohne Erlaubnis der Mitglieder des Ausschusses, die zusammen mit ihm, je nach der Sachlage, die Gläubiger oder Beitragspflichtigen vertreten, an fünf aufeinanderfolgenden Versammlungen des Ausschusses nicht teilnimmt, soll es seines Amtes verlustig gehen.

6. Ein Mitglied des Ausschusses kann durch einen ordentlichen Beschluß der Gläubigerversammlung oder der Beitragspflichtigen, je nachdem es jene oder diese vertritt, abgesetzt werden. Die Versammlung muß aber 7 Tage vorher unter Angabe des Gegenstandes der Versammlung einberufen worden sein.

7. Wenn das Amt eines Ausschußmitgliedes frei wird, so muß der Liquidator sofort eine Versammlung der Gläubiger oder der Beitragspflichtigen, so wie es der Sachlage entsprechen mag, einberufen, um die Lücke auszufüllen; und die Versammlung kann durch Beschluß zur Ausfüllung der Lücke denselben Gläubiger oder Beitragspflichtigen wieder wählen oder einen neuen Gläubiger oder Beitragspflichtigen.

8. Die verbleibenden Mitglieder des Ausschusses können, vorausgesetzt, daß nicht weniger als zwei Mitglieder bleiben, ihre Tätigkeit trotz irgendeiner im Ausschuß eingetretenen Lücke fortsetzen.

Befugnisse des Handelsamtes in England, wenn kein Aufsichtsausschuß bestellt ist.

200. Wenn in einem Liquidationsverfahren in England kein Aufsichtsausschuß bestellt ist, so kann das Handelsamt auf Begehren des Liquidators jede Handlung vornehmen oder jede Anweisung oder Erlaubnis erteilen, zu welcher dieses Gesetz einen Aufsichtsausschuß ermächtigt oder verpflichtet.

Erweiterte Befugnisse des Aufsichtsausschusses in Schottland.

201. Im Falle eines Liquidationsverfahrens in Schottland soll der Aufsichtsausschuß in Erweiterung der Rechte und Pflichten, die ihm durch dieses Gesetz zugewiesen sind, solche Rechte und Pflichten von commissioners einer Konkursmasse haben, wie sie durch die allgemeinen Verordnungen den Aufsichtsausschüssen zugewiesen sind.

Allgemeine Befugnisse des Gerichts im Falle gerichtlicher Liquidation.

Befugnis des Gerichts, das Liquidationsverfahren einzustellen.

202. — 1. Das Gericht kann zu jeder Zeit nach Erlaß einer Liquidationsverfügung auf Antrag des Liquidators oder des amtlichen Sachwalters oder eines Gläubigers oder Beitragspflichtigen, und nachdem ein das Gericht zufriedenstellender Nachweis geliefert ist, daß jedes auf die Liquidation sich beziehende Verfahren eingestellt werden sollte, einen Beschluß fassen, durch welchen das Verfahren entweder gänzlich oder für eine bestimmte Zeit eingestellt wird, und zwar unter solchen Bedingungen, wie es sie für angemessen erachtet.

2. Bei einem solchen Begehren kann das Gericht vor seiner Verfügung vom offiziellen Sachwalter verlangen, daß er dem Gericht einen Bericht über Tatsachen erstattet, die nach seiner Meinung zur Beurteilung des Begehrens wesentlich sind.

Feststellung der Liste der Beitragspflichtigen und Verwendung des Vermögens.

203. — 1. So schnell wie möglich nach Erlaß der Liquidationsverfügung soll das Gericht eine Liste der Beitragspflichtigen aufstellen, unter Wahrung der Befugnis, das Mitgliederverzeichnis in allen Fällen, wo eine Berichtigung auf Grund dieses Gesetzes erforderlich ist, zu berichtigen, und es soll veranlassen, daß das Vermögen der Gesellschaft flüssig gemacht und zur Berichtigung ihrer Verbindlichkeiten verwendet wird.

Das Gericht kann auf die Aufstellung einer Liste der Beitragspflichtigen verzichten, wenn es der Ansicht ist, daß Aufforderungen zur Einzahlung an die Beitragspflichtigen und eine Ausgleichung der Rechte nicht nötig sind.

2. Beim Festsetzen der Liste der Beitragspflichtigen muß das Gericht unterscheiden zwischen Personen, welche beitragspflichtig in eigenem Rechte sind, und Personen, welche beitragspflichtig als Vertreter von anderen oder für die Schulden anderer haftbar sind.

Auslieferung von Vermögensstücken an den Liquidator.

204. Das Gericht kann jederzeit nach Erlaß einer Liquidationsverfügung von jedem Beitragspflichtigen für die Zeit, da er auf der Liste der Beitragspflichtigen steht, und von jedem Treuhänder, receiver, Bankier, Vertreter oder Beamten der Gesellschaft verlangen, daß er dem Liquidator alles Geld, jedes Vermögensstück, oder Bücher und Schriften, die in seiner Hand sind und auf welche die Gesellschaft prima facie ein Recht hat, bezahle, ausliefere, übergebe oder übertrage und zwar sofort oder innerhalb der vom Gericht bestimmten Frist.

Zahlung von Schulden der Beitragspflichtigen und Zulassung von Aufrechnung.

205. — 1. Das Gericht kann jederzeit nach Erlaß der Liquidationsverfügung jeder der zur Zeit auf der Liste der Beitragspflichtigen stehenden Person durch Verfügung aufgeben, in der in der Verfügung bezeichneten Weise jedes von ihr oder von dem Vermögen der von ihr vertretenen Person geschuldete Geld zu zahlen über das Geld hinaus, das von ihr oder der vertretenen Person zufolge von Beitragseinforderungen (calls) geschuldet wird.

2. Das Gericht kann bei Erlaß einer solchen Verfügung

a) in dem Fall, daß es sich um eine Gesellschaft mit unbeschränkter Haftung handelt (an unlimited company) einem solchen Beitragspflichtigen erlauben, mit allen, aus einem mit der Gesellschaft abgeschlossenen selbständigen Rechtsgeschäfte oder Vertrage ihm oder der von ihm vertretenen Vermögensmasse geschuldeten Beträgen, aber mit keinem ihm als Mitglied der Gesellschaft als Dividende oder Gewinnbeteiligung geschuldeten Betrage, aufzurechnen, und

b) im Falle einer Gesellschaft mit beschränkter Haftung (a limited company) jedem Direktor oder Geschäftsführer, dessen Haftung unbeschränkt ist, oder seiner Erbschaftsmasse, dieselbe Erlaubnis gewähren.

3. Im Falle einer jeden Gesellschaft, gleichgültig, ob sie beschränkte Haftung oder unbeschränkte Haftung hat, kann einem Beitragspflichtigen erlaubt werden, alles ihm von der Gesellschaft geschuldete Geld, welcher Art diese Schuld auch sein mag, gegen jede spätere Einforderung aufzurechnen, wenn alle Gläubiger vollständig bezahlt sind.

Befugnis des Gerichts, Einforderungen zu machen.

206. — 1. Das Gericht kann jederzeit nach Erlaß der Liquidationsverfügung und bevor oder nachdem es die Hinlänglichkeit (sufficiency) der Aktiven der Gesellschaft festgestellt hat, Einforderungen (calls) machen, und deren Bezahlung von allen oder einigen der zur Zeit auf der Liste der Beitragspflichtigen befindlichen Beitragspflichtigen bis zum Betrage ihrer Haftbarkeit verlangen, um die zur Zahlung der Schulden der Gesellschaft und der Kosten, Gebühren und Auslagen der Liquidation und zur Ausgleichung der Beitragspflichtigen untereinander erforderlich erscheinenden Beträge zu zahlen. Das Gericht kann zur Zahlung der Einforderungsbeträge eine Verfügung erlassen.

2. Erfolgt eine solche Einforderung, so kann das Gericht die Wahrscheinlichkeit berücksichtigen, daß einige der Beitragspflichtigen, an welche die Einforderung ergangen ist, teilweise oder gänzlich auf die erfolgte Einforderung nicht zahlen.

Einzahlung von Geldern, die an die Gesellschaft geschuldet werden, bei der Bank.

207. — 1. Das Gericht kann jedem Beitragspflichtigen, Käufer oder anderem Schuldner der Gesellschaft aufgeben, das geschuldete Geld bei der Bank von England oder irgendeiner ihrer Zweigniederlassungen auf das Konto des amtlichen Liquidators, anstatt an den Liquidator selbst einzuzahlen, und eine solche Verfügung kann in derselben Weise vollstreckt werden, wie wenn die Zahlung an den Liquidator angeordnet worden wäre.

2. Alle Gelder und Wertpapiere, die im Falle einer gerichtlichen Liquidation bei der Bank von England oder eines ihrer Zweiginstitute einbezahlt oder abgeliefert sind, sollen in jeder Hinsicht den Verfügungen des Gerichts unterworfen sein.

Gerichtliche Verfügung an den Beitragspflichtigen bildet zwingenden Beweis.

208. — 1. Jede von dem Gericht gegen einen Beitragspflichtigen erlassene Verfügung soll, vorbehaltlich jedes Rechtes der Berufung, schlüssigen Beweis liefern, daß das in dieser Verfügung als geschuldet erscheinende oder zur Zahlung verlangte Geld tatsächlich geschuldet wird.

2. Alle damit zusammengehörigen in solcher Verfügung festgestellten Punkte sollen als gegen jedermann und für jedes Verfahren als richtig festgestellt gelten, jedoch mit der Ausnahme, daß bei einem gegen das Vermögen (his heritable estate) eines verstorbenen Beitragspflichtigen eingeleiteten Verfahren in Schottland eine solche Verfügung nur prima facie Beweis zum Zweck der Beschlagnahme bildet, es sei denn, daß seine Erben oder Vermächtnisnehmer sich zur Zeit des Erlasses der Verfügung auf der Liste der Beitragspflichtigen befanden.

Ernennung eines besonderen Geschäftsführers in England.

209. — 1. Wenn bei Verfahren in England der amtliche Sachwalter (the official receiver) Liquidator, wenn auch nur provisorischer, der Gesellschaft wird, so kann er, wenn er überzeugt ist, daß die Natur des Vermögens oder des Geschäftsbetriebes der Gesellschaft oder die Interessen der Gläubiger oder Beitragspflichtigen im allgemeinen die Bestellung eines besonderen Vermögensverwalters oder Geschäftsführers für die Gesellschaft (statt seiner Person) erfordern, dies beim Gericht beantragen. Das Gericht kann auf einen solchen Antrag auf eine von ihm bestimmte Zeit einen besonderen Geschäftsführer für das Vermögen oder das Geschäft ernennen, und zwar mit solchen Befugnissen, einschließlich denjenigen, die dem Sachwalter oder Geschäftsführer zukommen, wie sie ihm vom Gericht übertragen werden.

2. Der besondere Geschäftsführer soll in der Weise Sicherheit leisten und Rechnung legen, wie es das Handelsamt anordnen mag.

3. Der besondere Geschäftsführer soll eine durch das Gericht festzusetzende Vergütung erhalten.

Befugnis, die Gläubiger auszuschließen, die ihre Forderungen nicht innerhalb gewisser Zeit nachweisen.

210. Das Gericht kann einen bestimmten Tag oder bestimmte Tage festsetzen, an oder bis zu denen Gläubiger der Gesellschaft ihre Forderungen geltend zu machen haben (to prove their debts), widrigenfalls sie bei einer Vermögensverteilung ausgeschlossen sind, solange sie ihre Forderungen nicht nachgewiesen haben.

Ausgleichung der Rechte der Beitragspflichtigen.

211. Das Gericht soll die Rechte der Beitragspflichtigen untereinander ausgleichen und einen sich etwa ergebenden Überschuß unter den hierzu berechtigten Personen verteilen.

Einsichtnahme der Bücher durch Gläubiger und Beitragspflichtige.

212. Das Gericht kann jederzeit nach Erlaß der Liquidationsverfügung eine weitere Verfügung treffen auf Einsichtnahme der Bücher und Papiere der Gesellschaft durch Gläubiger und Beitragspflichtige, wie es ihm angemessen erscheint, und alle Bücher und Papiere, die im Besitz der Gesellschaft sind, können durch die

Gläubiger und Beitragspflichtigen entsprechend der gerichtlichen Verfügung, aber nicht anders, eingesehen werden.

Gerichtliche Anordnung der Zahlung der Kosten der Liquidation.

213. In dem Fall, daß das Vermögen nicht zur Deckung der Verbindlichkeiten ausreicht, kann das Gericht eine Verfügung treffen, wonach es zur Zahlung der Kosten, Gebühren und Auslagen der Liquidation verwendet wird und zwar in der Rangordnung, die dem Gericht richtig erscheint.

Befugnis des Gerichts, Personen vorzuladen, die im Verdacht stehen, Vermögensstücke der Gesellschaft zu besitzen.

214. — 1. Das Gericht kann jederzeit nach der Ernennung eines provisorischen Liquidators oder nach dem Erlaß einer Liquidationsverfügung, jeden Beamten der Gesellschaft oder jede Person, die im Verdacht steht oder von der feststeht, daß sie Vermögen der Gesellschaft in ihrem Besitz hat, oder von der man annimmt, daß sie Schuldner der Gesellschaft ist, oder jede Person, die das Gericht für fähig hält, über die Gründung, den Geschäftsbetrieb, über einzelne Geschäfte oder über Vermögen der Gesellschaft Auskunft zu geben, vorladen.

2. Das Gericht kann eine solche Person mündlich oder im Wege schriftlicher Fragestellung hierüber vernehmen und kann ihre Antworten niederschreiben und von ihr unterzeichnen lassen.

3. Das Gericht kann von einer solchen Person die Vorlegung aller in ihrer Verfügungsgewalt befindlichen und auf die Gesellschaft bezüglichen Bücher und Schriftstücke verlangen. Wenn sie jedoch an den von ihr vorgelegten Büchern oder Schriftstücken ein Retentionsrecht geltend macht, so soll die Vorlegung dieses Retentionsrecht nicht beeinträchtigen; und das Gericht soll bei der Liquidation befugt sein, alle auf dieses Retentionsrecht bezüglichen Fragen zu entscheiden.

4. Wenn eine so vorgeladene Person, nachdem ihr ein angemessener Betrag für ihre Auslagen angeboten ist, sich weigert, zu der bestimmten Zeit vor Gericht zu erscheinen (und keinen dem Gericht zur Zeit der Sitzung bekanntgegebenen und von ihr zugelassenen rechtlichen Entschuldigungsgrund hat), so kann das Gericht sie verhaften lassen und Vorführung zum Verhör vor das Gericht veranlassen.

Teilnahme des Direktors an Versammlungen der Gläubiger usw. in Schottland.

215. Bei der gerichtlichen Liquidation in Schottland, hat das Gericht die Befugnis, die Teilnahme von Direktoren und anderen Beamten der Gesellschaft an jeder Versammlung der Gläubiger oder der Beitragspflichtigen oder eines Aufsichtsausschusses zu verlangen, damit sie über den Handel, die Geschäfte oder das Vermögen der Gesellschaft Auskunft geben.

Befugnis, in England, ein öffentliches Verhör von Gründern, Direktoren anzuordnen.

216. — 1. Wenn in England eine gerichtliche Liquidationsverfügung ergangen ist und der amtliche Sachwalter gemäß diesem Gesetz einen weiteren Bericht erstattet hat, in welchem er angibt, daß nach seiner Ansicht bei Gründung oder Bildung der Gesellschaft durch irgendeine Person oder seit ihrer Gründung in bezug auf die Gesellschaft durch einen Direktor oder einen anderen Beamten ein Betrug begangen wurde, so kann das Gericht nach Prüfung des Berichts anordnen, daß diese Person, Direktor oder Beamter der Gesellschaft vor dem Gericht an einem zu diesem Zweck von dem Gericht festgesetzten Tage erscheinen soll, um öffentlich über die Gründung oder Bildung oder über die Geschäftsführung und seine Handlungsweise als Direktor oder Beamter der Gesellschaft verhört zu werden.

2. Der amtliche Sachwalter soll an dem Verhör teilnehmen und kann für diesen Zweck, wenn er hierzu durch das Handelsamt besonders ermächtigt ist, einen Solicitor mit oder ohne Barrister zuziehen.

3. Der Liquidator, wenn der amtliche Sachwalter nicht Liquidator ist, wie auch jeder Gläubiger und Beitragspflichtige können am Verhör entweder persönlich oder vertreten durch einen Solicitor oder Barrister teilnehmen.

4. Das Gericht kann an die zu verhörende Person die ihm geeignet erscheinenden Fragen stellen.

5. Die zu verhörende Person soll unter Eid verhört werden und verpflichtet sein, alle Fragen zu beantworten, die das Gericht stellt oder erlauben mag.

6. Die zu verhörende Person soll vor Einvernahme auf ihre eigenen Kosten mit einer Abschrift des Berichts des amtlichen Sachwalters versehen werden und berechtigt sein, bei einem solchen Verhör ebenfalls auf ihre Kosten einen Solicitor mit oder ohne einen Barrister zuzuziehen, der berechtigt sein soll, an die zu verhörende Person solche Fragen zu stellen, wie sie das Gericht für angemessen halten mag, um diese Person instand zu setzen, von ihr gegebene Antworten zu erklären oder einzuschränken.

Wenn irgendeine solche Person vom Gericht verlangt, von allen gegen sie erhobenen oder behaupteten Anschuldigungen freigesprochen zu werden, so ist der amtliche Sachwalter verpflichtet, an der Verhandlung über dieses Begehren zu erscheinen und das Gericht auf alles aufmerksam zu machen, was dem amtlichen Sachwalter wesentlich erscheint. Nachdem das Gericht jeglichen Beweis erhoben oder Zeugen einvernommen hat, welche durch den amtlichen Verwalter angerufen worden sind, kann es das Begehren gutheißen und dem Gesuchsteller Ersatz der Kosten nach seinem freien Ermessen zubilligen.

7. Über das Verhör soll ein schriftliches Protokoll angefertigt und der zu verhörenden Person vorgelesen und von ihr unterzeichnet werden und kann später ihr gegenüber als Beweismittel gebraucht werden. Das Protokoll soll auch zu jeder angemessenen Zeit zur Einsichtnahme der Gläubiger oder Beitragspflichtigen der Gesellschaft offenstehen.

8. Das Gericht kann, wenn es dies für angemessen hält, das Verhör jederzeit vertagen.

9. Eine Einvernahme gemäß diesem Paragraphen kann, wenn das Gericht es so anordnet, vorbehaltlich der allgemeinen Verordnungen, vor jedem Richter eines County Courts oder jedem Beamten des Supreme Court, welcher official referee, master, oder „registrar" in Konkurssachen ist, oder vor jedem district registrar des High Court, der für diesen Zweck vom Lord-Kanzler ernannt ist oder im Falle, daß Gesellschäften durch einen Palatine Court liquidiert werden, vor einem registrar dieses Gerichts, vorgenommen werden und die Befugnisse des Gerichts aus diesem Paragraphen können von der Person ausgeübt werden, vor welcher das Verhör stattfindet.

Befugnisse in England, Personen, die sich eines Betrugs schuldig gemacht haben, als Geschäftsführer abzusetzen.

217. — 1. Wenn in England eine gerichtliche Liquidationsverfügung erlassen wurde und der amtliche Sachwalter einen weiteren Bericht gemäß diesem Gesetz eingereicht hat mit der Erklärung, daß nach seiner Ansicht eine Person, die an der Gründung oder Bildung der Gesellschaft beteiligt war, einen Betrug begangen hat, oder dies der Fall ist in bezug auf einen Direktor oder anderen Beamten in bezug auf die Gesellschaft seit ihrer Gründung, so kann das Gericht auf Begehren des amtlichen Sachwalters anordnen, daß die angeschuldigte Person, Direktor oder Beamter — es sei denn mit besonderer Bewilligung des Gerichts — nicht mehr Direktor sein darf, noch auch irgendwie, sei es direkt oder indirekt, ein Interesse nehmen oder teilnehmen darf an der Geschäftsführung der Gesellschaft, und zwar für eine Zeit, welche 5 Jahre nicht übersteigt, gerechnet vom Datum des Berichts an, wie dies in der gerichtlichen Verfügung näher bestimmt sein mag.

2. Der amtliche Sachwalter muß, wenn er die Absicht hat, ein Begehren gestützt auf Ziffer 1 zu stellen, der des Betrugs beschuldigten Person Kenntnis von seiner Absicht geben, und ihr eine Frist von 10 Tagen (vor der gerichtlichen Verhandlung) gewähren, und diese Person kann an der Gerichtsverhandlung erscheinen und Zeugnis ablegen oder Zeugen anrufen.

3. Der amtliche Sachwalter ist verpflichtet, an der Versammlung über sein Begehren zu erscheinen, um das Gericht auf alles aufmerksam zu machen, was ihm wesentlich erscheint, und er kann selbst Zeugnis ablegen oder Zeugen anrufen.

4. Wenn irgend jemand eine gerichtliche Verfügung, die gestützt auf diesen Paragraphen erlassen wird, übertritt, so soll er in bezug auf jede Übertretung durch

Urteilsspruch zu Gefängnis von höchstens 2 Jahren oder in summarischem Verfahren zu Gefängnis von höchstens 6 Monaten oder zu einer Buße von höchstens £ 100 oder sowohl zu Gefängnis als Buße verurteilt werden.

5. Die Bestimmungen dieses Paragraphen gelten auch, wenn die in Frage kommende Person sich eines kriminellen Vergehens zufolge der Tatsachen schuldig gemacht hat, welche den Grund zur gerichtlichen Verfügung bilden.

Befugnis, einen Beitragspflichtigen, der sich seiner Pflicht entziehen will, zu verhaften.

218. Wenn begründeter Verdacht besteht, daß ein Beitragspflichtiger im Begriffe ist, das Vereinigte Königreich zu verlassen oder anderswie sich einer Verfolgung zu entziehen oder irgendwelche Teile seines Vermögens auf die Seite zu schaffen oder zu verbergen, in der Absicht, der Zahlung auf erfolgte Einforderung (call) zu entgehen, oder sich eines Verhörs in bezug auf die Angelegenheiten der Gesellschaft zu entziehen, so kann das Gericht vor oder nach der Liquidationsverfügung anordnen, daß der Beitragspflichtige verhaftet wird, und seine Bücher, Papiere und sein bewegliches Vermögen beschlagnahmt werden, und der Arrest des Vermögens und der Person des Beitragspflichtigen aufrechterhalten wird, solange als das Gericht es anordnet.

Erweiterte Befugnisse des Gerichts.

219. Alle durch dieses Gesetz dem Gericht verliehenen Befugnisse gelten zusätzlich und nicht in Beschränkung irgendwelcher anderer bestehenden Befugnisse zur Prozeßeinleitung gegen einen Beitragspflichtigen oder einen Schuldner der Gesellschaft zum Zwecke der Erlangung von Einforderungen oder irgendwelcher anderer Beträge.

Überweisung gewisser Befugnisse des Gerichts an den Liquidator in England.

220. Es können allgemeine gerichtliche Verordnungen erlassen werden, die es ermöglichen oder verlangen, daß alle oder einige der durch dieses Gesetz dem Gericht in England zukommenden Befugnisse und Pflichten von dem Liquidator als Beamten des Gerichts unter der Aufsicht des Gerichts ausgeübt und erfüllt werden sollen. Dies bezieht sich auf folgende Befugnisse:

1. zur Feststellung der Wünsche der Gläubiger und Beitragspflichtigen Versammlungen derselben abzuhalten und zu leiten;
2. die Liste der Beitragspflichtigen aufzustellen und das Mitgliederregister, wenn dies verlangt wird, zu berichtigen und das Gesellschaftsvermögen flüssig zu machen;
3. die Zahlung von Geld, Ablieferung, Übergabe, Übertragung von Vermögensstücken, Büchern und Papieren an den Liquidator zu verlangen;
4. Einforderungen (calls) zu machen;
5. eine Zeit zu bestimmen, innerhalb welcher Forderungen und sonstige Ansprüche geltend gemacht und nachgewiesen werden müssen.

Der Liquidator darf jedoch nicht ohne besondere Erlaubnis des Gerichts das Mitgliederregister berichtigen und nicht ohne besondere Erlaubnis des Gerichts oder Genehmigung des Aufsichtsausschusses Einforderungen (calls) machen.

Auflösung der Gesellschaft.

221. — 1. Wenn eine Gesellschaft völlig liquidiert ist, soll das Gericht eine Verfügung erlassen, daß die Gesellschaft vom Tage dieser Verfügung an aufgelöst ist, und die Gesellschaft soll dementsprechend aufgelöst sein.

2. Eine so erlassene Verfügung soll vom amtlichen Liquidator dem Registerführer mitgeteilt werden, der dementsprechend in seinen Büchern die Auflösung der Gesellschaft vormerken muß.

3. Wenn der Liquidator den Vorschriften dieses Paragraphen nicht nachkommt, so soll er für jeden Tag der Zuwiderhandlung eine £ 5 nicht übersteigende Buße verwirken.

Vollstreckung von gerichtlichen Verfügungen und Berufung gegen sie.

222. — 1. Wenn in Schottland durch eine gerichtliche Verfügung die Liquidation beschlossen wurde, so haben die Liquidatoren eine von ihnen beglaubigte Liste der Beitragspflichtigen mit Angabe ihrer Adresse und der geschuldeten Beiträge dem Gerichte einzureichen. Darauf wird das Gericht eine Verfügung erlassen, durch welche säumige Beitragspflichtige gezwungen werden, den geschuldeten Betrag nebst 5 % Zinsen von dem Zeitpunkt der Verfügung an bis zur Zahlung in derselben Weise und mit derselben Wirkung zu zahlen, wie wenn sie gesondert eingewilligt hätten, sich in das Vollstreckungsregister eintragen zu lassen.

Befugnis in Schottland Beitragspflichtige zur Zahlung aufzufordern.

2. Eine solche gerichtliche Verfügung kann sofort ausgefertigt werden. Wenn nicht Sicherheit oder Hinterlegung geleistet wird, darf ohne besondere Erlaubnis des Gerichts keine Stundung zugelassen werden.

223. — 1. Eine zum Zwecke oder im Laufe der Liquidation von dem Gerichte in England erlassene Verfügung soll in Schottland und Nord-Irland von den Gerichten vollstreckt werden können, die für eine solche Gesellschaft zuständig gewesen wären, wenn sie in Schottland oder Nord-Irland eingetragen wäre, und zwar in allen Beziehungen in derselben Weise, wie wenn die Verfügung von diesen Gerichten erlassen wäre.

Vollstreckung von Verfügungen im Liquidationsverfahren im ganzen Vereinigten Königreich.

2. In gleicher Weise können Verfügungen, „interlocutors" und „decrees" eines schottischen Gerichts zum Zwecke oder im Laufe der Liquidation, in England und Nord-Irland durch die Gerichte vollstreckt werden, die für eine solche Gesellschaft zuständig gewesen wären, wenn sie in jenem Teil des Vereinigten Königsreichs eingetragen wäre, wo die Verfügung vollstreckt werden soll, und dies in allen Beziehungen in derselben Weise, wie wenn die Verfügung durch jene Gerichte erfolgt wäre.

3. Wenn ein Gericht um die Vollstreckung einer von einem anderen Gericht erlassenen Verfügung, „interlocutor" oder „decree", ersucht wird, so muß eine amtliche Abschrift der Verfügung, des „interlocutory" oder des „decree" dem zuständigen Beamten des um Vollstreckung ersuchten Gerichts vorgelegt werden, und die Vorlage einer solchen amtlichen Abschrift soll beweiskräftig sein für die Existenz der richterlichen Entscheidung. Darauf hat das ersuchte Gericht die verlangten Schritte zur Vollstreckung zu tun, wie wenn es selbst die Verfügung usw. erlassen hätte.

224. — 1. Vorbehältlich der Bestimmungen dieses Paragraphen und der Gerichtsverordnungen soll eine Berufung gegen irgendeine Verfügung oder Entscheidung im Verfahren der gerichtlichen Liquidation einer Gesellschaft in Schottland gemäß diesem Gesetz in gleicher Weise und zu denselben Bedingungen erfolgen wie eine Berufung gegen irgendeine Verfügung oder Entscheidung des Gerichts in Fällen seiner ordentlichen Jurisdiktion.

Berufung gegen Verfügungen in Schottland.

2. In bezug auf Verfügungen oder Urteile, die in Schottland von dem Lord Ordinary on the Bills in Vacation (während der Ferien) erlassen sind, gilt folgendes:

a) Keine auf Grund der Bestimmungen des ersten Teiles des achten Anhanges dieses Gesetzes erlassenen Verfügungen oder Urteile sollen einer Nachprüfung, Abänderung, eines Aufschubs oder einer Vollstreckungseinstellung unterliegen; und

b) jede andere Verfügung oder jedes andere Urteil (mit einer unten erwähnten Ausnahme) soll der Nachprüfung nur auf Grund einer innerhalb von 14 Tagen vom Datum der Verfügung oder des Urteils an in der üblichen Form eingereichten „reclaiming note" (Berufungsnotiz) unterliegen.

Doch sollen die im zweiten Teil des achten Anhanges dieses Gesetzes erwähnten Verfügungen oder Urteile, vom Datum dieser Verfügungen oder Urteile an gerechnet, trotz einer gegen sie eingereichten Berufung ausgeführt werden und wirksam sein, solange das Gericht über die Berufung nicht entschieden hat.

3. Die Verfügungen oder Urteile, die in Schottland durch den ständigen Lord Ordinary (ordentlichen Richter), an den die Liquidation überwiesen wurde, ausgesprochen werden, sollen ebenfalls nur auf Grund einer in der gewöhnlichen Form eingereichten Berufungsnote, eingereicht, innerhalb 14 Tagen vom Tage der Verfügung oder des Urteils an, nachgeprüft werden. Wenn jedoch eine Berufung während der Sitzungsperiode nicht eingereicht ist, so sollen die Bestimmungen dieses Paragraphen in bezug auf Verfügungen oder Urteile Anwendung finden, die vom Lord Ordinary on the Bills in vacation (während der Ferien) ausgesprochen werden.

4. Keine Bestimmung dieses Paragraphen soll die Vorschriften dieses Gesetzes in bezug auf „decrees" in Schottland zur Zahlung auf Einforderungen in einer freiwilligen oder unter Aufsicht des Gerichts geführten Liquidation berühren.

III. Freiwillige Liquidation.
(Voluntary Winding Up.)

Beschlüsse über die freiwillige Liquidation und ihr Beginn.

Voraussetzungen, unter denen die freiwillige Liquidation zulässig ist.

225. — 1. Eine Gesellschaft kann freiwillig liquidiert werden:

a) Wenn die für die Dauer der Gesellschaft durch die Statuten etwa festgesetzte Zeit abgelaufen ist, oder wenn etwa ein Ereignis eintritt, bei dessen Eintreten die Gesellschaft nach den Statuten aufgelöst werden soll und die Gesellschaft in einer Generalversammlung einen Beschluß auf freiwillige Liquidation der Gesellschaft gefaßt hat,

b) wenn die Gesellschaft durch Sonderbeschluß beschließt, die Gesellschaft freiwillig zu liquidieren,

c) wenn die Gesellschaft einen außerordentlichen Beschluß des Inhalts gefaßt hat, daß die Gesellschaft wegen ihrer Schulden ihre Geschäfte nicht fortsetzen kann, und daß es ratsam ist, sie zu liquidieren.

2. In diesem Gesetz bedeutet der Ausdruck „a resolution for voluntary winding up" (ein Beschluß zur freiwilligen Liquidation) einen Beschluß, der gefaßt wurde gemäß den Bestimmungen von Ziffer 1 dieses Paragraphen.

Bekanntgabe des Liquidationsbeschlusses.

226. — 1. Wenn eine Gesellschaft die freiwillige Liquidation der Gesellschaft beschlossen hat, so muß sie darüber eine Bekanntgabe in der Gazette erlassen und zwar innerhalb 7 Tagen von der Beschlußfassung an.

2. Unterläßt dies die Gesellschaft, so verfällt sie und jeder fehlbare Beamte der Gesellschaft in eine Versäumnisbuße. Im Sinne dieser Ziffer 2 ist auch der Liquidator der Gesellschaft als Beamter der Gesellschaft zu beurteilen.

Beginn der freiwilligen Liquidation.

227. Die freiwillige Liquidation beginnt mit dem Datum der Beschlußfassung darüber.

Wirkungen der freiwilligen Liquidation.

Wirkung der freiwilligen Liquidation auf Geschäft und Status der Gesellschaft.

228. Wenn eine Gesellschaft freiwillig liquidiert wird, soll sie vom Beginn der Liquidation an ihre Geschäfte einstellen, ausgenommen diejenigen, die für eine günstige Liquidation nötig sind.

Die rechtliche Natur der Gesellschaft als Korporation (juristische Person) und die Korporationsbefugnisse der Gesellschaft dauern indessen trotz irgendwelcher entgegenstehender Bestimmungen der Statuten fort, bis sie aufgelöst ist.

Ungültigkeit von Übertragungen nach dem Beginn der Liquidation.

229. Jede Übertragung von Aktien, soweit sie nicht von dem Liquidator oder mit dessen Zustimmung geschieht, und jede Veränderung im Mitgliederbestand der Gesellschaft, nach dem Beginn der Liquidation vorgenommen, ist ungültig.

Erklärung der Zahlungsfähigkeit.

230. — 1. Wenn die freiwillige Liquidation vorgeschlagen wird, so können die Direktoren der Gesellschaft oder wenn mehr als zwei Direktoren vorhanden sind, die Mehrheit derselben, an einer Versammlung der Direktoren eine Erklärung, und zwar eine statutory declaration, erlassen — es hat dies vor dem Datum der Einladung zur Versammlung zu geschehen, an welcher der Gesellschaft die Liquidation vorgeschlagen wird —, welche dahin lautet, daß sie eine vollständige Prüfung der Geschäfte der Gesellschaft vorgenommen haben, und darauf zur Ansicht gekommen sind, daß die Gesellschaft in der Lage ist, ihre Schulden vollständig innerhalb einer Frist von höchstens 12 Monaten vom Beginn der Liquidation an zu zahlen. Formelle Erklärung der Zahlungsfähigkeit beim Vorschlag einer freiwilligen Liquidation.

2. Eine solche Erklärung ist aber für die Zwecke dieses Gesetzes nur dann gültig, wenn sie dem Registerführer für die Gesellschaften vor dem oben unter 1 erwähnten Datum abgegeben wird.

3. Eine Liquidation, für welche eine diesem Paragraphen entsprechende Erklärung gemacht und eingereicht ist, wird in diesem Gesetz als „a members' voluntary winding up“ (eine freiwillige Liquidation durch die Mitglieder) bezeichnet, und im Falle eine solche Erklärung nicht gemacht und abgegeben ist, als „a creditors' voluntary winding up“ (eine freiwillige Liquidation durch die Gläubiger).

Bestimmungen in bezug auf „a Members' Voluntary Winding Up“.
(Freiwillige Liquidation nach erfolgter Erklärung der Zahlungsfähigkeit.)

231. Die Vorschriften der in diesem Gesetz folgenden nächsten 5 Paragraphen finden auf die freiwillige Liquidation durch die Mitglieder (nach erfolgter Erklärung der Zahlungsfähigkeit) Anwendung. Vorschriften in bezug auf eine freiwillige Liquidation der Mitglieder.

232. — 1. Die Gesellschaft muß in einer Generalversammlung einen oder mehrere Liquidatoren wählen, um die Geschäfte zu liquidieren und das Vermögen der Gesellschaft zu verteilen, und hat auch die Vergütung an die Liquidatoren festzusetzen. Befugnis der Gesellschaft die Vergütung der Liquidatoren zu bestimmen.

2. Nach erfolgter Wahl eines Liquidators nehmen alle Befugnisse der Direktoren ein Ende, ausgenommen so weit als die Gesellschaft in der Generalversammlung, oder der Liquidator mit Fortdauer derselben einverstanden sind.

233. — 1. Wenn die Stelle eines gewählten Liquidators durch Tod, Rücktritt oder sonstwie frei geworden ist, so kann die Gesellschaft in ihrer Generalversammlung, vorbehältlich irgendwelcher Vereinbarung mit den Gläubigern, die Stelle wieder besetzen. Befugnis die freigewordene Stelle eines Liquidators zu besetzen.

2. Zu diesem Zwecke kann die Generalversammlung durch einen Beitragspflichtigen oder, wenn mehrere Liquidatoren vorhanden sind, durch die verbleibenden Liquidatoren einberufen werden.

3. Die Versammlung muß in der in diesem Gesetz und in den Statuten vorgeschriebenen Weise abgehalten werden oder aber in der Weise, wie das Gericht auf das Begehren eines Beitragspflichtigen oder verbleibender Liquidatoren entscheiden mag.

234. — 1. Wenn eine Gesellschaft freiwillig liquidieren will oder in einer solchen Liquidation begriffen ist und ihr Geschäft oder Vermögen im ganzen oder teilweise an eine andere Gesellschaft übertragen oder verkauft werden soll, ob dies nun eine Gesellschaft im Sinne dieses Gesetzes sei oder nicht (in diesem Paragraphen genannt „the transferee company“ [die übernehmende Gesellschaft]), so kann der Liquidator der ersterwähnten Gesellschaft (in diesem Paragraphen genannt „the transferor company“), wenn ihm durch einen Sonderbeschluß der Gesellschaft Befugnis der Liquidatoren als Gegenleistung für den Verkauf von Vermögen der Gesellschaft Aktien usw. anzunehmen.

entweder eine Generalvollmacht oder eine Vollmacht zum Abschluß einer besonderen Vereinbarung übertragen worden ist, als Entgelt oder teilweises Entgelt für die Übertragung oder den Verkauf Aktien, Policen oder andere ähnliche Anteile (interests) der übernehmenden Gesellschaft zum Zweck der Verteilung unter die Mitglieder der übertragenden Gesellschaft in Empfang nehmen oder er kann irgendeine andere Vereinbarung treffen, nach der die Mitglieder der übertragenden Gesellschaft anstatt Geld, Aktien, Policen oder andere ähnliche Anteile zu empfangen, oder auch zusätzlich hierzu, an dem Gewinn der erwerbenden Gesellschaft teilnehmen oder irgendeine andere Vergütung von ihr erhalten.

2. Ein gestützt auf diesen Paragraphen vorgenommener Verkauf oder eine bezügliche Vereinbarung bindet die Mitglieder der übertragenden Gesellschaft.

3. Wenn ein Mitglied der übertragenden Gesellschaft, das dem gefaßten Sonderbeschluß nicht zugestimmt hat, in einem an den Liquidator adressierten und am eingetragenen Geschäftssitze der Gesellschaft innerhalb 7 Tage nach dem Datum des Sonderbeschlusses übergebenen Schriftstück seine Opposition zu einem solchen Sonderbeschluß bekanntgibt, so kann es verlangen, daß der Liquidator entweder davon absteht, den Sonderbeschluß auszuführen, oder den diesem Mitglied gehörenden Anspruch zu einem Preise kauft, welcher durch Vertrag festgesetzt wird, oder durch einen in diesem Paragraphen vorgesehenen Schiedsspruch.

4. Wenn der Liquidator sich entschließt, den Anteil des Mitgliedes zu kaufen, so muß der Kaufpreis vor Auflösung der Gesellschaft bezahlt und so flüssig gemacht werden, wie es durch einen Sonderbeschluß bestimmt werden mag.

5. Ein Sonderbeschluß für die Zwecke dieses Paragraphen soll nicht deshalb ungültig sein, weil er vor oder gleichzeitig mit einem Beschluß auf freiwillige Liquidation oder auf die Wahl von Liquidatoren gefaßt wurde; aber, wenn innerhalb 1 Jahres ein die gerichtliche Liquidation oder die Liquidation unter Aufsicht des Gerichts anordnende Verfügung erlassen wird, so ist der Sonderbeschluß bis zur Genehmigung durch das Gericht unwirksam.

6. Für die Zwecke eines Schiedsspruches in bezug auf diesen Paragraphen sollen die Vorschriften des Companies Clauses Consolidation Act, 1845, oder im Falle einer Liquidation in Schottland des (schottischen) Companies Clauses Consolidation Act, 1845, über die Beilegung von Streitigkeiten durch Schiedsspruch als Teil dieses Gesetzes gelten; bei Auslegung dieser Vorschriften soll dieses Gesetz gelten, und das Wort „die Company" soll die übertragende Gesellschaft bedeuten und jede gestützt auf jene Vorschriften von dem Sekretär oder zwei Direktoren vorzunehmende Ernennung kann vom Liquidator, oder, wenn mehr als ein Liquidator vorhanden ist, von zwei oder mehreren Liquidatoren vorgenommen werden.

Pflicht des Liquidators zur Einberufung einer Generalversammlung.

235. — 1. Wenn die Liquidation länger als 1 Jahr dauert, muß der Liquidator eine Generalversammlung der Gesellschaft am Ende des ersten Jahres seit Beginn der Liquidation und am Ende jedes folgenden Jahres oder so schnell darauf, wie es angemessen sein mag, berufen und einer solchen Versammlung über sein Tun und Handeln Rechenschaft ablegen, ebenso wie über die Durchführung der Liquidation während des vorhergehenden Jahres.

2. Wenn der Liquidator gegen die Vorschrift dieses Paragraphen fehlt, so verwirkt er eine Buße von höchstens £ 10.

Schluß-Generalversammlung und Auflösung.

236. — 1. Wenn die Liquidation gänzlich durchgeführt ist, muß der Liquidator eine Rechnungslegung über die Liquidation aufstellen, in welcher er zeigt, wie die Liquidation durchgeführt und über das Vermögen der Gesellschaft verfügt worden ist; hierauf muß er eine Generalversammlung der Gesellschaft einberufen, um ihr die Abrechnung vorzulegen und Aufklärungen darüber zu geben.

2. Die Versammlung muß durch Anzeige in der Gazette mit Angabe der Zeit, des Ortes und der Zwecke einberufen, und die Anzeige mindestens 1 Monat vor der Versammlung veröffentlicht werden.

3. Binnen 1 Woche nach der Versammlung muß der Liquidator dem Registerführer für Gesellschaften eine Abschrift der Abrechnung schicken und ihm einen Bericht eingeben über die Abhaltung der Versammlung und des Datums. Werden die Abschrift oder der Bericht nicht entsprechend dieser Ziffer eingegeben, so verfällt der Liquidator in eine Buße von höchstens £ 5 für jeden Tag seiner Unterlassung.

Wenn ein quorum an der Versammlung nicht anwesend ist, so soll der Liquidator anstatt des vorhin erwähnten Berichts einen Bericht darüber erstatten, daß die Versammlung gehörig einberufen war, daß aber kein quorum anwesend war, und nach Einreichung des Berichts soll es so gehalten werden, wie wenn die Vorschriften dieser Ziffer in bezug auf den Bericht eingehalten wären.

4. Wenn der Registerführer die Abrechnung und einen der vorhin erwähnten Berichte erhalten hat, muß er sie sofort eintragen, und nach Ablauf von 3 Monaten seit der Eintragung des Berichts soll die Gesellschaft als aufgelöst gelten.

Das Gericht kann auf Begehren des Liquidators oder irgendeiner Person, welche interessiert erscheint, eine Verfügung erlassen, durch welche es das Datum, an welchem die Auflösung der Gesellschaft wirksam werden soll, so lange aufschiebt, als es dem Gerichte angemessen erscheinen mag.

5. Die Person, auf deren Begehren eine gerichtliche Verfügung gemäß diesem Paragraphen erlassen wurde, muß innerhalb 7 Tagen nach dem Datum der Verfügung dem Registerführer eine offizielle Abschrift der Verfügung zur Eintragung einreichen, und wenn dies nicht geschieht, so soll diese Person eine Buße von höchstens £ 5, berechnet auf jeden Tag der Unterlassung, verwirken.

Vorschriften für eine Creditors' Voluntary Winding Up.

(Freiwillige Liquidation ohne vorangegangene Solvenzerklärung durch die Gläubiger.)

237. Die Vorschriften in den nächstfolgenden acht Paragraphen dieses Gesetzes sollen auf eine freiwillige Liquidation der Gläubiger (d. h. eine freiwillige Liquidation ohne vorausgegangene Erklärung der Zahlungsfähigkeit) Anwendung finden.

Vorschriften für die „Creditors' Voluntary Winding up".

238. — 1. Die Gesellschaft soll eine Versammlung ihrer Gläubiger einberufen und zwar auf den Tag, an welchem der Liquidationsbeschluß auf freiwillige Liquidation erfolgen soll oder auf den darauffolgenden Tag und die Einladung zur Gläubigerversammlung soll gleichzeitig mit der Einladung zur erwähnten Generalversammlung auf die Post gegeben werden.

Versammlung der Gläubiger.

2. Die Gesellschaft hat die Einladung zur Gläubigerversammlung einmal in der Gazette und wenigstens einmal in 2 Lokalzeitungen erscheinen zu lassen, die im Distrikt des eingetragenen Geschäftssitzes oder am Hauptgeschäftsplatz der Gesellschaft ausgegeben werden.

3. Die Direktoren der Gesellschaft müssen

a) der Gläubigerversammlung eine genaue Aufstellung über die Geschäftslage mit einer Gläubigerliste und dem geschätzten Betrage ihrer Forderungen vorlegen;

b) einen der Direktoren als Vorsitzenden der Gläubigerversammlung bezeichnen.

4. Wenn die Versammlung der Gesellschaft, in welcher der Liquidationsbeschluß beantragt wird, verschoben und der Beschluß in einer späteren Versammlung gefaßt wird, so ist jeder Beschluß, der an einer Gläubigerversammlung, gestützt auf Ziffer 1 dieses Paragraphen, ergeht, wirksam, wie wenn er unmittelbar nach dem Liquidationsbeschluß erfolgt wäre.

5. Bei Verletzung der Vorschriften
   a) durch die Gesellschaft in bezug auf die Ziffern 1 und 2 dieses Paragraphen;
   b) durch die Direktoren der Gesellschaft in bezug auf Ziffer 3 dieses Paragraphen;
   c) durch irgendeinen Direktor der Gesellschaft in bezug auf Ziffer 4 dieses Paragraphen

werden die Gesellschaft, die Direktoren oder der Direktor, wie der Fall liegen mag, straffällig, und zwar zu einer Buße von höchstens £ 100, und im Falle einer Verfehlung der Gesellschaft verwirkt jeder fehlbare Beamte der Gesellschaft die gleiche Buße.

Wahl eines Liquidators.

239. Die Gläubiger und die Gesellschaft können an ihren separaten Versammlungen (erwähnt in § 238) eine Person zum Liquidator ernennen mit der Aufgabe, die Geschäfte zu liquidieren und die Aktiven der Gesellschaft zu verteilen. Wenn die Gläubiger und die Gesellschaft verschiedene Personen ernennen, soll die von den Gläubigern gewählte Person Liquidator sein und wenn die Gläubiger keinen Liquidator wählen, so ist die von der Gesellschaft gewählte Person Liquidator.

Wenn verschiedene Personen gewählt wurden, so kann jeder Direktor, jeder Aktionär (Mitglied) oder jeder Gläubiger innerhalb 7 Tagen seit der Wahl durch die Gläubiger, dem Gericht beantragen, daß die durch die Gesellschaft als Liquidator ernannte Person Liquidator sein soll, sei es allein oder gemeinsam mit der durch die Gläubiger ernannten Person, oder daß das Gericht einen anderen Liquidator an Stelle des von den Gläubigern gewählten, ernennt.

Bestellung eines Aufsichtsausschusses (committee of inspection).

240. — 1. Die Gläubiger können an der (in § 238) erwähnten oder einer späteren Versammlung, sofern sie es angezeigt erachten, einen Aufsichtsausschuß (committee of inspection) von nicht mehr als 5 Personen wählen und nach einer solchen Wahl kann die Gesellschaft, sei es an der Versammlung, welche die Liquidation beschließt, oder an einer späteren Generalversammlung, eine solche Anzahl von Personen als Mitglieder des Ausschusses ernennen, die sie angezeigt erachtet, aber nicht mehr als fünf.

Sollten die Gläubiger, wenn sie es angezeigt erachten, beschließen, daß alle oder ein Teil der Personen, die so durch die Gesellschaft gewählt wurden, nicht Mitglieder des Aufsichtsausschusses sein sollen, so sind nach einem solchen Beschluß die darin erwähnten Personen — es sei denn, daß das Gericht anders verfügt — nicht befähigt, als Mitglieder des Ausschusses tätig zu sein, und auf ein Begehren an das Gericht, gestützt auf diese Vorschrift, kann das Gericht, wenn es dies für angezeigt erachtet, andere Personen als Mitglieder des Ausschusses erwählen an Stelle der im Beschluß erwähnten.

2. Vorbehaltlich der Bestimmungen dieses Paragraphen und allgemeiner Prozeßverordnungen, gelten die Vorschriften der §§ 199 (ausgenommen Ziffer 1) und 201 dieses Gesetzes in bezug auf den Aufsichtsausschuß, der bei einer gerichtlichen Liquidation gewählt wird.

Festsetzung der Vergütung an Liquidatoren, Beendigung der Befugnisse der Direktoren.

241. — 1. Der Aufsichtsausschuß, oder wenn kein solcher besteht, die Gläubiger, können die Vergütung festsetzen, die dem Liquidator oder den Liquidatoren zu bezahlen ist.

2. Bei der Wahl des Liquidators hören alle Befugnisse der Direktoren auf, soweit nicht der Aufsichtsausschuß, oder in seiner Ermangelung die Gläubiger die Fortdauer gutheißen.

Ausfüllung der Lücke bei Wegfall eines Liquidators.

242. Fällt ein Liquidator wegen Tod, Rücktritt, oder aus sonst einem Grunde weg, so füllen die Gläubiger die Lücke wieder aus, oder, sofern es sich um einen vom Gericht gewählten Liquidator handelt, das Gericht.

Anwendung von Paragraph 234 auf eine „creditors' voluntary winding up" freiwillige Liquidation ohne vorausgegangene Solvenzerklärung.

243. Die Vorschriften von § 234 dieses Gesetzes gelten im Falle einer freiwilligen Liquidation ohne vorausgegangene Solvenzerklärung (creditors' voluntary winding up) gleichwie im Falle der anderen freiwilligen Liquidation (d. h. der members' voluntary winding up), bei welcher eine Solvenzerklärung abgegeben worden ist, aber mit der Abänderung, daß die Befugnisse des Liquidators, gestützt auf den erwähnten Paragraphen, nicht ausgeübt werden dürfen ohne Zustimmung entweder des Gerichts oder des Aufsichtsausschusses.

Pflicht des Liquidators, Generalversammlungen und Versammlungen der Gläubiger am Ende eines jeden Jahres einzuberufen.

244. — 1. Wenn eine Liquidation mehr als 1 Jahr dauert, so muß der Liquidator eine Generalversammlung der Gesellschaft und eine Versammlung der Gläubiger am Ende des ersten Jahres seit Beginn der Liquidation einberufen, ebenso jedes darauffolgende Jahr oder sobald es nachher angemessen erscheinen mag. Dabei hat der Liquidator über seine Geschäftsführung und den Gang der Liquidation während des vorausgegangenen Jahres Bericht zu erstatten.

2. Wenn der Liquidator dieser Verpflichtung nicht nachkommt, so verfällt er in eine Buße von höchstens £ 10.

Schlußversammlung und Auflösung.

245. — 1. Sobald die Geschäfte der Gesellschaft vollständig liquidiert sind, soll der Liquidator eine Abrechnung über die Liquidation abfassen, aus welcher sich ergibt, wie die Liquidation durchgeführt und über das Vermögen der Gesellschaft verfügt wurde. Darauf soll er eine Generalversammlung der Gesellschaft und eine Versammlung der Gläubiger einberufen, um ihnen den Bericht vorzulegen und jede Erklärung darüber abzugeben.

2. Jede dieser Versammlungen muß durch Publikation in der amtlichen Zeitung (Gazette) erfolgen, wobei die Zeit, der Ort und der Zweck derselben anzugeben ist. Die Publikation hat wenigstens einen Monat vor der Versammlung zu geschehen.

3. Innerhalb einer Woche nach den Versammlungen und wenn die Versammlungen nicht am gleichen Tag stattfanden, nach dem Datum der letztgehaltenen Versammlung, muß der Liquidator dem Registerführer für Gesellschaften eine Abschrift der Abrechnung einschicken und ebenso einen Bericht über die Abhaltung der Versammlungen mit Angabe der Zeit, und wenn der Liquidator sich nicht dementsprechend verhält, so ist er mit einer Buße von höchstens £ 5 zu bestrafen für jeden Tag, da er in Versäumnis ist.

Wenn an einer dieser Versammlungen das quorum nicht gegeben ist, so soll der Liquidator statt des Berichts über die Versammlung einen Bericht erstatten, der dahin lautet, daß die Versammlung gehörig einberufen war, daß aber das quorum nicht anwesend war, und wenn er diesen Bericht erstattet hat, so hat er seine Pflicht der Berichterstattung hinreichend erfüllt.

4. Wenn der Registerführer im Besitz der vorhin erwähnten Abrechnung und der Berichte über die Versammlungen ist, soll er sie sofort eintragen, worauf nach Ablauf einer Frist von 3 Monaten seit dieser Eintragung die Gesellschaft als aufgelöst zu gelten hat.

Das Gericht kann auf Begehren des Liquidators oder irgendeiner anderen Person, die ein Interesse daran hat, eine Verfügung treffen, nach welcher das Datum, von welchem an die Auflösung der Gesellschaft wirksam werden soll, so lange hinausgeschoben wird, als dies das Gericht angemessen erachtet.

5. Die Person, auf deren Begehren eine Verfügung, gestützt auf diesen Paragraphen, erlassen wird, ist verpflichtet, innerhalb 7 Tagen nach Erlaß der Verfügung dem Registerführer eine amtliche Abschrift (office copy) der Order for Registration (der Eintragungsverfügung) einzureichen, und wenn dies unterlassen wird, so soll diese Person eine Buße von höchstens £ 5 für jeden Tag der Unterlassung verwirken.

Vorschriften, anwendbar auf jede Art freiwilliger Liquidation.

Vorschriften für jede Art freiwilliger Liquidation.

246. Die Vorschriften, welche in den neun folgenden Paragraphen dieses Gesetzes enthalten sind, müssen auf jede Art freiwilliger Liquidation angewendet werden, ob es sich um eine members' oder eine creditors' winding up handle (d. h. eine Liquidation mit oder ohne vorausgegangene Solvenzerklärung).

Verteilung des Vermögens der Gesellschaft.

247. Vorbehaltlich der Bestimmungen dieses Gesetzes in bezug auf vorzugsweise Zahlungen muß das Vermögen der Gesellschaft bei der Befriedigung der Gläubiger pari passu (im Verhältnis) und, wenn die Gläubiger befriedigt sind, unter die Mitglieder gemäß ihren Rechten und Ansprüchen an die Gesellschaft verteilt werden, es sei denn in den Statuten anders bestimmt.

Rechte und Pflichten des Liquidators bei freiwilliger Liquidation.

248. — 1. Der Liquidator kann

a) im Falle einer members' voluntary winding up (freiwillige Liquidation mit vorausgegangener Solvenzerklärung) bei einem zustimmenden außerordentlichen Beschluß der Gesellschaft, und im Falle der creditors' voluntary winding up (ohne vorausgegangene Solvenzerklärung) mit Zustimmung entweder des Gerichts oder des Aufsichtsausschusses, alle Befugnisse ausüben, welche litt. d, e und f von Ziffer 1 des § 191 dieses Gesetzes einem Liquidator bei einer gerichtlichen Liquidation geben;

b) ohne besondere Zustimmung alle übrigen Befugnisse ausüben, welche dem Liquidator durch dieses Gesetz im Falle einer gerichtlichen Liquidation zustehen;

c) die richterliche Befugnis ausüben, die darin besteht, eine Liste der Beitragspflichtigen aufzustellen, und diese Liste soll prima facie Beweis für die Verpflichtung der darin als beitragspflichtig erwähnten Personen bilden;

d) die richterliche Befugnis ausüben, Geldeinforderungen (calls) an die Aktionäre zu richten;

e) Generalversammlungen der Gesellschaft einberufen, um von der Gesellschaft durch Sonderbeschluß oder durch außerordentlichen Beschluß eine Genehmigung zu erlangen oder für andere Zwecke, die er angemessen erachtet.

2. Der Liquidator soll die Schulden der Gesellschaft bezahlen und die Rechte der Beitragspflichtigen unter sich in Ordnung bringen.

3. Wenn mehrere Liquidatoren ernannt sind, so können die vom Gesetz gegebenen Befugnisse durch einen oder durch mehrere unter ihnen ausgeübt werden, wie dies zur Zeit ihrer Wahl bestimmt werden mag oder in Ermangelung einer solchen Bestimmung durch wenigstens zwei.

Befugnis des Gerichts zur Wahl und zur Absetzung eines Liquidators.

249. — 1. Wenn aus irgendeinem Grunde kein Liquidator tätig ist, so kann das Gericht einen solchen ernennen.

2. Das Gericht kann nach erfolgter Prüfung (on cause shown) einen Liquidator absetzen und einen anderen an seiner Stelle ernennen.

Bekanntgabe der Wahl des Liquidators.

250. — 1. Der Liquidator muß innerhalb 21 Tagen nach seiner Wahl dem Registerführer seine Wahl zur Eintragung bekanntgeben, und zwar in der vom Handelsamt vorgeschriebenen Form.

2. Wenn es der Liquidator unterläßt, so verfällt er in eine Buße von höchstens £ 5 für jeden Tag der Versäumnis.

Bindende Vereinbarungen mit Gläubigern.

251. — 1. Jede Vereinbarung (arrangement) zwischen der Gesellschaft, welche im Begriffe ist in Liquidation zu treten oder sich in Liquidation befindet, und ihren Gläubigern soll, vorbehaltlich des Berufungsrechtes nach diesem Paragraphen, für die Gesellschaft bindend sein, wenn sie durch außerordentlichen Beschluß angenommen wurde, und für die Gläubiger, wenn drei Viertel der Zahl und nach dem Wert der von ihnen vertretenen Forderungen zugestimmt haben.

2. Jeder Gläubiger oder Beitragspflichtige kann innerhalb 3 Wochen vom Zustandekommen der Vereinbarung an dagegen beim Gericht Berufung einlegen, und das Gericht kann die Vereinbarung, wie es ihm angemessen erscheint, verbessern, ändern oder bestätigen.

252. — 1. Der Liquidator oder ein jeder Beitragspflichtige oder Gläubiger kann an das Gericht ein Begehren richten, daß es über Fragen entscheide, welche sich im Laufe der Liquidation der Gesellschaft ergeben oder daß es selbst alle oder einzelne Befugnisse ausübe in bezug auf die Geltendmachung von Einforderungen oder in bezug auf irgendwelche andere Dinge, bezüglich welcher das Gericht Befugnisse auszuüben hätte, wenn die Gesellschaft gerichtlich liquidiert würde.

Begehren an das Gericht, über bestimmte Fragen zu entscheiden und selbst Befugnisse der Liquidatoren auszuüben.

2. Wenn das Gericht der Ansicht ist, daß die Entscheidung über die gestellte Frage oder die verlangte Ausübung solcher Befugnisse recht und billig ist, so kann es ganz oder teilweise dem Begehren entsprechen zu solchen Bedingungen, wie es dieselben angemessen findet und eine ihm angemessen erscheinende Verfügung treffen.

253. — 1. Wenn das Gericht auf Begehren des Liquidators einer in Liquidation befindlichen in Schottland eingetragenen Gesellschaft, es so anordnet, so kann kein Prozeß gegen die Gesellschaft angehoben oder durchgeführt werden, ausgenommen mit Bewilligung des Gerichts und unter solchen Bedingungen, wie sie das Gericht bestimmt.

Befugnisse des Gerichts in Schottland zur Einstellung von Verfahren gegen die Gesellschaft.

2. Die Bestimmung dieses Paragraphen berührt indessen in keiner Weise die Prozeßpraxis oder die Befugnisse des Gerichts, welche unmittelbar vor dem Inkrafttreten dieses Gesetzes in bezug auf die Sistierung von Prozessen gegen eine Gesellschaft galten, die in England eingetragen ist und sich bereits im Liquidationsstadium befand.

254. Alle während der Liquidation entstandenen Kosten, Gebühren und Auslagen, einschließlich der Vergütung der Liquidatoren, sollen mit dem Vorrang vor allen anderen Ansprüchen aus dem Vermögen der Gesellschaft bezahlt werden.

Kosten der freiwilligen Liquidation.

255. Die Liquidation einer Gesellschaft soll das Recht eines Gläubigers oder Beitragspflichtigen (contributory), die Gesellschaft gerichtlich liquidieren zu lassen, nicht ausschließen, aber im Falle des Begehrens eines Beitragspflichtigen muß das Gericht der Ansicht sein, daß die Rechte der Beitragspflichtigen durch eine freiwillige Liquidation beeinträchtigt würden.

Vorbehalt der Rechte der Gläubiger und Beitragspflichtigen.

IV. Liquidation unter Aufsicht des Gerichts.
(Winding up subject to Supervision of Court.)

256. Wenn eine Gesellschaft beschlossen hat, in eine freiwillige Liquidation einzutreten, so kann das Gericht durch eine Verfügung anordnen, daß die freiwillige Liquidation fortgesetzt werden soll, aber vorbehaltlich solcher Aufsicht des Gerichts und solchem Rechte der Gläubiger, Beitragspflichtigen und Anderer, an das Gericht Begehren zu stellen und im allgemeinen unter solchen Voraussetzungen und Bedingungen, wie das Gericht sie anordnen mag.

Befugnis des Gerichts, Liquidation unter Aufsicht des Gerichts anzuordnen.

257. Ein Begehren, daß eine freiwillige Liquidation unter Aufsicht des Gerichts fortgesetzt werden soll, um dem Gericht Zuständigkeit zu verleihen, soll als ein Begehren auf gerichtliche Liquidation beurteilt werden.

Wirkung des Begehrens auf Liquidation unter Aufsicht des Gerichts.

258. Eine Liquidation unter Aufsicht des Gerichts soll für die Zwecke der §§ 173 und 174 dieses Gesetzes als eine gerichtliche Liquidation beurteilt werden.

Anwendung von §§ 173 und 174 auf Liquidation unter Aufsicht des Gerichts.

259. — 1. Wenn eine Verfügung auf Liquidation unter Aufsicht des Gerichts erlassen wird, so kann das Gericht in dieser oder in einer späteren Verfügung einen weiteren Liquidator ernennen.

Befugnis des Gerichts zur Ernennung oder Absetzung von Liquidatoren.

2. Jeder so durch das Gericht ernannte Liquidator hat dieselben Befugnisse und dieselben Verpflichtungen und in allen Beziehungen dieselbe Stellung, wie

wenn er gewählt worden wäre, entsprechend den Vorschriften dieses Gesetzes in bezug auf die Wahl von Liquidatoren bei einer freiwilligen Liquidation.

3. Das Gericht kann solche durch das Gericht ernannte Liquidatoren oder früher eingesetzte Liquidatoren absetzen und eine durch solche Absetzung, durch Tod oder Rücktritt entstandene Lücke ausfüllen.

Wirkung einer die Liquidation unter Aufsicht des Gerichts anordnenden Verfügung.

260. — 1. Wenn eine die Liquidation unter Aufsicht des Gerichts anordnende Verfügung erlassen ist, so kann der Liquidator, vorbehaltlich etwaiger durch das Gericht auferlegter Beschränkungen, alle seine Befugnisse ohne Genehmigung oder Mitwirkung des Gerichts in derselben Weise ausüben, wie wenn die Gesellschaft freiwillig liquidiert würde.

Die Befugnisse, wie sie unter litt. d, e und f von Ziffer 1 des § 191 dieses Gesetzes angeführt sind, dürfen durch den Liquidator nur mit Zustimmung des Gerichts ausgeübt werden oder in dem Falle, da vor der gerichtlichen Liquidationsverfügung die Liquidation eine freiwillige Liquidation der Gläubiger (d. h. ohne Abgabe einer Solvenzerklärung) war, nur mit der Zustimmung entweder des Gerichts oder des Aufsichtsausschusses.

2. Eine Liquidation unter Aufsicht des Gerichts ist keine gerichtliche Liquidation im Sinne der Bestimmungen dieses Gesetzes, welche in Schedule IX (Anhang IX dieses Gesetzes) angeführt sind, aber mit der vorhin erwähnten Ausnahme muß eine gerichtliche Verfügung zur Liquidation unter Aufsicht des Gerichts für alle Zwecke wie eine gerichtliche Verfügung zur gerichtlichen Liquidation beurteilt werden.

Wenn die Gerichtsentscheidung auf Liquidation unter Aufsicht des Gerichts in bezug auf eine creditor's voluntary winding up (d. h. einer freiwilligen Liquidation ohne vorausgegangene Solvenzerklärung) erfolgte, so soll diese Entscheidung für die Zwecke von § 199 (ausgenommen Ziffer 1 jenes Paragraphen) und § 201 dieses Gesetzes als eine gerichtliche Verfügung auf gerichtliche Liquidation beurteilt werden, ausgenommen den Fall, daß allgemeine Prozeßvorschriften die Anwendung jener Paragraphen bei einer freiwilligen Liquidation ausschließen.

V. Vorschriften für alle Arten von Liquidationen.

Anmeldung und Rang der Forderungen.

Anmeldung der Forderungen.

261. In jedem Falle einer Liquidation (vorbehältlich der Anwendung des Konkursrechtes gemäß den Bestimmungen dieses Gesetzes im Falle zahlungsunfähiger Gesellschaften) sollen alle Schulden, die beim Eintritt einer Bedingung zahlbar sind, und alle Forderungen, ob sie fällig oder zukünftig, bedingt oder unbedingt sind, ob sie liquid sind oder Schadenersatzansprüche in noch nicht festgestellter Höhe, gegen die Gesellschaft in der Weise geltend gemacht werden können, daß der Wert solcher Schulden oder Ansprüche, die lediglich bedingt sind oder auf Schadenersatz gehen oder aus irgendeinem anderen Grunde keinen sicheren Wert haben, soweit wie es möglich ist in angemessener Weise geschätzt werden soll.

Anwendung der Vorschriften über Konkurs auf die Liquidation zahlungsunfähiger englischer Gesellschaften.

262. Bei der Liquidation einer zahlungsunfähigen in England eingetragenen Gesellschaft, sollen in bezug auf die bezüglichen Rechte der gesicherten und ungesicherten Gläubiger und der anmeldbaren Forderungen und der Bewertung von Renten und zukünftigen und bedingten Forderungen dieselben Verordnungen Anwendung finden und beachtet werden, welche nach dem jeweilig in Kraft befindlichen Konkursrecht in England in bezug auf das Vermögen von in Konkurs geratenen Personen Anwendung finden; und alle Personen, die in einem solchen Falle berechtigt wären, ihre Forderungen anzumelden und aus den Aktiven der Gesellschaft Dividenden zu erhalten, können an der Liquidation teilnehmen und solche Ansprüche gegen die Gesellschaft erheben, wozu sie, gestützt auf diesen Paragraphen, berechtigt sind.

263. Bei der Liquidation einer in Schottland eingetragenen Gesellschaft sollen die folgenden Bestimmungen des Bankruptcy (Scotland) Act, 1913, gelten, nämlich: Rangordnung der Forderungen in Schottland.

a) die Vorschriften von §§ 45—62 in bezug auf das Stimmrecht und die Rangordnung bei Dividendenverteilung;

b) die §§ 96 und 105, die sich auf die Berechnung der Majoritäten und Unterbrechung der Verjährung beziehen,

soweit sie vereinbar mit diesem Gesetz sind, und sollen in gleicher Weise angewendet werden, wie sie gelten für die Beschlagnahme von Vermögen des Konkursiten, jedoch soll für diesen Zweck der Ausdruck „Sequestration" „Liquidation", der Ausdruck „Treuhänder" „Liquidator", der Ausdruck „Sheriff" „Gericht" und „Konkursit" „Gesellschaft" bedeuten, mit allen andern notwendigen Abänderungen.

264. — 1. Bei der Liquidation sind vor allen anderen Forderungen mit Vorzugsrecht zu zahlen: Bevorrechtigte Forderungen.

a) alle Kirchen- oder sonstigen Ortsabgaben, welche von der Gesellschaft an dem vorhererwähnten Zeitpunkte geschuldet werden und welche innerhalb der diesem Zeitpunkte vorausgegangenen 12 Monate fällig und zahlbar waren, sowie alle abgeschätzten Steuern, Grund-, Vermögens- oder Einkommenssteuern, für welche die Gesellschaft bis zum 5. April unmittelbar vor diesem Datum eingeschätzt war, und welche im ganzen die Einschätzungen eines Jahres nicht übersteigen;

b) alle Gehälter oder Löhne (auch wenn sie ganz oder teilweise in Provisionen bezogen) von Angestellten oder Bediensteten für Dienste, welche sie der Gesellschaft während der letzten 4 Monate vor dem maßgebenden Datum geleistet haben, sofern sie £ 50 nicht übersteigen;

c) alle Löhne eines Handwerkers oder Arbeiters, welche £ 25 nicht übersteigen, gleichgültig, ob dieselben für Zeit- oder Stückarbeit bezahlt werden, und zwar für Dienste, die der Gesellschaft während der letzten 2 Monate vor dem maßgebenden Zeitpunkte geleistet sind.

Jedoch soll ein solcher Arbeiter, wenn er einen Vertrag zur Zahlung eines Teiles seines Lohnes in einer runden Summe am Ende seines Dienstjahres eingegangen ist, in bezug auf eine ganze solche Summe oder einen Teil davon, der nach der Entscheidung des Gerichts, gestützt auf den Vertrag nach der Dienstzeit bis zu dem maßgebenden Zeitpunkt verhältnismäßig geschuldet wird, ein Vorzugsrecht haben;

d) alle nach dem Workmen's Compensation Act, 1925, (d. h. aus Betriebsunfällen und aus Betriebskrankheiten) vor dem erwähnten Datum geschuldeten Beträge, sofern die Liquidation der Gesellschaft nicht bloß zum Zweck einer Rekonstruktion oder Fusion mit einer anderen Gesellschaft freiwillig erfolgt, und wenn nicht die Gesellschaft zu Beginn der Liquidation mit einer Versicherungsgesellschaft einen Vertrag hatte, nach welchem alle, gestützt auf § 7 jenes Gesetzes, bis zu Beginn der Liquidation entstandenen Entschädigungsforderungen auf den Arbeiter übergehen;

e) wenn nicht die Gesellschaft bloß zum Zwecke der Rekonstruktion oder Fusion mit einer anderen Gesellschaft in freiwillige Liquidation getreten ist: alle Beträge, welche von der Gesellschaft in ihrer Eigenschaft als Arbeitgeberin irgendeiner Person geschuldet werden und welche in den letzten 12 dem relevanten Zeitpunkt vorangegangenen Monaten fällig waren und sich auf folgende Gesetze beziehen:

α) die National Health Insurance Acts, 1924—1928; oder

β) den Widow's Orphans' and Old Age Contributory Pensions Act, 1925; oder

γ) die Unemployment Insurance Acts, 1920—1929.

2. Wenn eine solche Entschädigung nach dem Workmen's Compensation Act, 1925, eine wöchentliche Zahlung ist, so soll der geschuldete Betrag für die Zwecke von litt. d der Ziffer 1 dieses Paragraphen als der Betrag der runden Summe genommen werden, für welche die wöchentliche Bezahlung, wenn rückzahlbar (ablösbar, redeemable), zurückbezahlt werden könnte, wenn der Arbeitgeber ein Gesuch zu diesem Zwecke gestützt auf das genannte Gesetz einreichen würde.

3. Erfolgte irgendeine Zahlung an Löhnen oder Salären an irgendeinen Angestellten, Dienstboten, Arbeiter im Dienste der Gesellschaft aus Geld, das von irgendeiner Person für diesen Zweck vorgestreckt wurde, so soll diese Person im Liquidationsverfahren ein Vorrecht für die betreffende Summe haben und soll ganz ausbezahlt werden bis auf den Betrag, zu welchem jener Angestellte, Dienstbote, Arbeiter oder Landarbeiter ein Vorrecht in der Liquidation hätte beanspruchen können.

4. Die vorstehenden Forderungen sollen

a) untereinander gleich rangieren und voll ausbezahlt werden, sofern nicht die Aktiven zu ihrer Deckung ungenügend sind, in welchem Falle sie im gleichen Verhältnis zueinander vermindert werden sollen;

b) im Falle einer in England eingetragenen Gesellschaft, soweit die Aktiven der Gesellschaft ungenügend sind, um die allgemeinen Gläubiger derselben zu befriedigen, vor den Forderungen der Schuldverschreibungsinhaber auf Grund einer von der Gesellschaft geschaffenen schwebenden Belastung (floating charge) bevorrechtigt sein und aus jedem in dieser Belastung mit inbegriffenen oder ihr unterworfenen Vermögen befriedigt werden.

5. Vorbehaltlich der Zurückhaltung derjenigen Summen, welche für die Kosten und Auslagen der Liquidation nötig sind, sollen die vorstehenden Forderungen sofort bezahlt werden, soweit die Aktiven zu ihrer Berichtigung ausreichen, und im Falle von Schulden, für welche das Vorzugsrecht durch litt. e der Ziffer 1 dieses Paragraphen gegeben ist, darf kein formeller Beweis (formal proof) verlangt werden, ausgenommen soweit durch allgemeine Prozeßvorschriften dies vorgeschrieben ist.

6. Für den Fall, daß ein Hauseigentümer, Landlord (Verpächter) oder eine andere Person irgendwelches Vermögen der Gesellschaft innerhalb der letzten 3 Monate vor der Liquidationsverfügung mit Beschlag belegt hat, haben die Forderungen, welchen, gestützt auf diesen Paragraphen, bevorzugte Befriedigung gewährt wird, ein erstes Pfandrecht an den so mit Beschlag belegten Vermögensobjekten oder an ihrem Verkaufserlös.

In bezug auf Geld, das auf Grund eines solchen Pfandrechtes bezahlt wird, haben der Hauseigentümer oder jene andere Person dieselben Vorzugsrechte wie die Person, an welche die Zahlung erfolgt.

7. In diesem Paragraphen bedeutet der Ausdruck „maßgebender Zeitpunkt" (relevant date):

a) im Falle einer Gesellschaft, deren gerichtliche Liquidation zwangsweise verfügt ist und die vorher keine freiwillige Liquidation begonnen hatte, den Zeitpunkt der Liquidationsverfügung, und

b) in jedem anderen Falle den Beginn der Liquidation.

Wirkung der Liquidation auf ältere und andere Transaktionen.

Betrügerische Bevorzugung.

265. — 1. Eine Übertragung, Verpfändung, Lieferung von Waren, Zahlung, Zwangsvollstreckung oder eine andere sich auf das Vermögen beziehende Handlung, die, wenn sie durch eine Einzelperson oder gegen eine Einzelperson gemacht oder vorgenommen wäre, im Falle seines Konkurses als ungehörige oder betrügerische Bevorzugung beurteilt würde, soll, wenn sie durch eine oder gegen eine

Gesellschaft vorgenommen wurde, im Falle der Liquidation einer solchen Gesellschaft als eine betrügerische Bevorzugung von Gläubigern beurteilt werden und demgemäß ungültig sein.

2. Für die Zwecke dieses Paragraphen soll der Beginn der Liquidation so beurteilt werden, daß er dem Datum der Einreichung des Konkursbegehrens bei einer Einzelperson entspricht.

3. Eine Übertragung oder Abtretung ihres ganzen Vermögens an Treuhänder zugunsten aller ihrer Gläubiger durch die Gesellschaft soll in jeder Beziehung ungültig sein.

4. Bei der Anwendung dieses Paragraphen auf Schottland schließt der Ausdruck „fraudulent preference" (betrügerische Bevorzugung) jede Veräußerung oder jeden Vorzug, welche zufolge Gesetz oder zufolge des gemeinen Rechtes wegen der Zahlungsunfähigkeit oder notour bankruptcy anfechtbar sind, in sich, und der Ausdruck „bankruptcy petition" (Konkursbegehren) hat die Bedeutung von „petition for sequestration".

Wirkung einer schwebenden Belastung (floating charge).

266. Wenn eine Gesellschaft liquidiert wird, so ist eine schwebende Belastung (floating charge) des Unternehmens oder des Vermögens der Gesellschaft, welche in den letzten 6 Monaten vor Beginn der Liquidation begründet wurde, ungültig, sofern nicht bewiesen wird, daß die Gesellschaft unmittelbar nach Begründung der Belastung zahlungsfähig war.

Gültig ist auch eine Verpfändung, die als Gegenleistung für einen bar einbezahlten Betrag (nebst 5 % jährlichen Zinsen) gegeben wurde, wenn die Verpfändung bei dieser Zahlung oder gleich nachher erfolgte.

Verzicht auf belastetes Vermögen bei Liquidationen in England.

267. — 1. Wenn irgendein Teil des Vermögens einer Gesellschaft, welche liquidiert wird, aus Land irgendwelcher Art besteht, mit belastenden Verträgen, aus Aktien oder Stockvermögen von Gesellschaften, aus unvorteilhaften Verträgen oder aus anderen Vermögensstücken, welche unverkäuflich sind oder nicht sofort verkäuflich, weil es ihren Besitzer zu belastenden Handlungen verpflichtet, oder zur Zahlung irgendeiner Geldsumme, so kann der Liquidator der Gesellschaft, trotzdem er sich bemüht hat, es zu verkaufen oder es in seinen Besitz genommen hat, oder irgendwelche Handlung in Ausübung des Eigentumrechtes daran vorgenommen hat, mit Zustimmung des Gerichts und vorbehaltlich der Vorschriften dieses Paragraphen durch eine von ihm unterzeichnete schriftliche Erklärung jederzeit binnen 12 Monaten seit Beginn der Liquidation oder binnen einer vom Gericht bewilligten längeren Frist, auf das Vermögen Verzicht leisten.

Es wird dabei bestimmt, daß, wenn solches Vermögen nicht innerhalb eines Monats seit Beginn der Liquidation dem Liquidator zur Kenntnis gekommen ist, das Recht auf Verzichtleistung, das dieser Paragraph gibt, jederzeit innerhalb von 12 Monaten ausgeübt werden kann seit der Zeit, da er davon Kenntnis erlangte, oder innerhalb einer vom Gericht gewährten längeren Frist.

2. Die Verzichtleistung soll vom Tag der Verzichtleistung an die Rechte, Interessen und Verpflichtungen der Gesellschaft und das Vermögen der Gesellschaft in bezug auf das angegebene Vermögen beendigen, aber keineswegs, ausgenommen soweit es für die Befreiung der Gesellschaft und ihres Vermögens von Verbindlichkeiten nötig ist, die Rechte oder Verpflichtungen anderer Personen berühren.

3. Das Gericht kann vor oder bei Gewährung der Verzichtleistung solche Mitteilungen an interessierte Personen verlangen und solche Bedingungen für seine Zustimmung auferlegen und überhaupt eine solche Verfügung treffen, als sie ihm angezeigt erscheinen.

4. Der Liquidator ist nicht berechtigt, Verzicht auf Vermögen zu leisten (gemäß diesem Paragraphen), wenn von solchen Personen, die ein Interesse daran haben, ein Gesuch gestellt wurde, zu entscheiden, ob er Verzicht leisten wolle

oder nicht, und der Liquidator nicht binnen 28 Tagen vom Eingang des Gesuches an oder binnen einer vom Gericht verlängerten Frist dem Gesuchsteller bekanntgab, daß er die Absicht hat, zwecks Genehmigung des Verzichtes an das Gericht zu gelangen. Wenn der Liquidator nach Eingang eines solchen Gesuches nicht innerhalb der genannten Frist oder einer weiteren Frist auf den Vertrag Verzicht leistet, so soll angenommen werden, daß die Gesellschaft ihn angenommen hat.

5. Das Gericht kann auf das Gesuch einer Person, die (gegenüber dem Liquidator) aus einem Vertrag mit der Gesellschaft berechtigt oder verpflichtet ist, durch eine Verfügung den Vertrag unter der Bedingung aufheben, daß an eine oder von einer Partei Schadenersatz wegen der Nichterfüllung des Vertrages bezahlt werden muß oder wie es sonst das Gericht für richtig findet; und jede solche Person kann den ihr zufolge dieser Verfügung geschuldeten Schadenersatz als eine Forderung im Liquidationsverfahren geltend machen.

6. Das Gericht kann auf das Gesuch irgendeiner Person, welche Ansprüche am Vermögen hat, auf das der Liquidator Verzicht leistete, oder welche eine Verpflichtung in bezug auf dieses Vermögen hat, von welcher das Gesetz trotz dieses Verzichtes nicht befreit, nach eventueller Einvernahme von Zeugen eine gerichtliche Verfügung treffen, zufolge welcher das Vermögen an Personen übertragen wird, die hierzu berechtigt erscheinen, oder welchen es billigerweise ausgeliefert werden soll zur Kompensation dieser Verpflichtung, wie sie vorhin erwähnt wurde, oder an einen Treuhänder für ihn, und unter solchen Bedingungen, wie dies das Gericht für angemessen hält, und, gestützt auf eine solche Verfügung, soll solches Vermögen auf die vorhin erwähnte Person übertragen werden ohne förmlichen Übertragungsakt („conveyance") oder ohne eigentliche Abtretung („assignment").

Wenn das Vermögen, auf welches der Liquidator verzichtet, von der Art einer leasehold (Pacht) ist, so soll das Gericht keine vesting order (Übertragungsverfügung) zugunsten irgendeiner Person, die Ansprüche an die Gesellschaft geltend macht, erlassen, weder zugunsten eines under-lessee (Unterpächters), noch auch zugunsten eines mortgagee by demise (Hypothekarschuldners), inbegriffen ein chargee by way of legal mortgage, d. h. einer Person, die von Gesetzes wegen Hypothekarschuldner ist, ausgenommen mit der Bestimmung, daß diese Person

a) die gleichen Verpflichtungen (liabilities and obligations) zu tragen hat, wie die Gesellschaft sie nach dem lease-Verhältnis (Pachtverhältnis) in bezug auf das Vermögen (Grundeigentum) zu Beginn der Liquidation hatte, oder
b) wenn das Gericht es für angezeigt findet, mit solchen Verpflichtungen, wie sie von dieser Person hätten übernommen werden müssen, wenn die lease (die Pacht) auf diese Person abgetreten worden wäre

und in beiden Fällen (je nach den Umständen), wie wenn die lease (Pacht) nur das Vermögen (das Grundstück), das in der Übertragungsverfügung (vesting order) enthalten ist, eingeschlossen hätte, und jeder Hypothekarschuldner (mortgagee) oder under-lessee (Unterpächter), der es ablehnt, eine Übertragungsverfügung unter solchen Bedingungen anzunehmen, soll von jedem Anspruch auf jede Sicherheit auf das Vermögen (das Grundstück, property) ausgeschlossen sein; und wenn keine Person, welche Ansprüche an die Gesellschaft erhebt, bereit wäre, eine Verfügung unter solchen Bedingungen anzunehmen, so soll das Gericht berechtigt sein, das Vermögen, die Liegenschaft und den Anspruch der Gesellschaft an diesem Vermögen (Liegenschaft) auf irgendeine Person zu übertragen, die entweder persönlich oder als Vertreter haftbar ist (in a representative character), entweder allein oder gemeinsam mit der Gesellschaft, die Vertragsverpflichtungen des lessee (des Pächters) im lease-Vertrag (Pachtvertrag) zu übernehmen hat, frei und entbunden von allen Besitzesrechten, Pfändern und Ansprüchen, welche die Gesellschaft daran bestellt hat.

7. Irgendeine Person, welche durch eine Verzichtleistung (disclaimer) gemäß diesem Paragraphen benachteiligt ist, soll als Gläubiger der Gesellschaft betrachtet werden im Betrage des Schadens und kann demgemäß den Betrag als eine Forderung im Liquidationsverfahren geltend machen.

8. Dieser Paragraph ist nicht anwendbar auf Liquidationen in Schottland.

Beschränkung der Rechte der Gläubiger in bezug auf Zwangsvollstreckung oder Pfändung gegenüber Gesellschaften, die in England liquidiert werden.

268. — 1. Wenn ein Gläubiger gegen bewegliche Sachen oder Grundstücke einer Gesellschaft eine Zwangsvollstreckung erwirkt hat oder irgendeine Forderung, die der Gesellschaft geschuldet wird, mit Beschlag belegt hat, und die Gesellschaft wird nachher liquidiert, so darf er den Erlös aus der Zwangsvollstreckung oder der Beschlagnahme nicht gegenüber dem Liquidator in der Liquidation der Gesellschaft zurückbehalten, sofern die Zwangsvollstreckung oder die Beschlagnahme nicht vor dem Beginn der Liquidation beendigt war.

Es wird indessen bestimmt:

a) Wenn ein Gläubiger Kenntnis hatte von der Einberufung einer Versammlung, an welcher ein Beschluß über die freiwillige Liquidation vorgeschlagen wird, so soll der Tag, an welchem der Gläubiger diese Kenntnis erlangte, für die Zwecke der vorausgegangenen Vorschrift an Stelle des Datums des Beginns der Liquidation gesetzt werden; und

b) eine Person, welche in gutem Glauben von dem Sheriff Sachen der Gesellschaft kauft, bezüglich welcher eine Zwangsvollstreckung angehoben war, kann in allen Fällen einen guten Rechtstitel auf dieselben gegen den Liquidator geltend machen.

2. Für die Zwecke dieses Paragraphen ist eine Zwangsvollstreckung in bezug auf bewegliche Sachen vollständig durchgeführt durch die Beschlagnahme und den Verkauf; und die Beschlagnahme einer Forderung ist vollständig durchgeführt mit Eingang der Zahlung; und eine Zwangsvollstreckung gegen ein Grundstück soll als durchgeführt gelten durch die Beschlagnahme (seizure) und im Falle eines equitable interest mit der Bezeichnung eines receiver.

3. In diesem Paragraphen schließt der Ausdruck „goods“ (bewegliche Sachen) alle chattels personal und der Ausdruck „sheriff“ jeden Beamten in sich, der mit der Zwangsvollstreckung, gestützt auf einen writ oder gestützt auf einen anderen Ausweis, beauftragt ist.

4. Dieser Paragraph findet keine Anwendung auf Liquidationen in Schottland.

Pflichten des Sheriff (des Vollstreckungsbeamten) in bezug auf Sachen, die er zur Vollstreckung an sich genommen.

269. — 1. Wenn irgendwelche Sachen einer Gesellschaft zur Vollstreckung herangezogen worden, sind und vor ihrem Verkauf oder vor der Durchführung der Vollstreckung durch Zahlung des ganzen in Betracht kommenden Schuldbetrages dem Sheriff die Mitteilung zugestellt wurde, daß ein provisorischer Liquidator gewählt wurde oder daß eine Liquidationsverfügung erlassen wurde oder die freiwillige Liquidation beschlossen wurde, so muß der Sheriff auf Verlangen die einzelnen Vermögensstücke, Sachen und Geld, welche er an sich genommen oder zur Befriedigung des Gläubigers erhalten hat, dem Liquidator ausliefern. Für die Kosten der Vollstreckung besteht aber ein erstes Pfandrecht auf solchen zur Auslieferung gelangten Sachen und Geldern, und der Liquidator kann diese Vermögensstücke oder einen hinreichenden Teil davon verkaufen, um dieses Pfandrecht zu befriedigen.

2. Wenn zufolge einer Zwangsvollstreckung, gestützt auf ein Urteil, für einen Betrag von mehr als £ 20 Vermögensstücke der Gesellschaft verkauft wurden oder zur Verhütung des Verkaufs Geld bezahlt wurde, so soll der Sheriff den Betrag der Kosten der Vollstreckung von dem erzielten Kaufpreisbetrag oder dem einbezahlten Gelde abziehen und den Saldo während 14 Tagen behalten. Wenn ihm innerhalb dieser Frist die Mitteilung zugestellt wird, daß ein Liquidations-

begehren gegen die Gesellschaft eingegeben ist oder eine Versammlung einberufen wurde, welche über die freiwillige Liquidation der Gesellschaft entscheiden soll und eine bezügliche gerichtliche Entscheidung oder der Beschluß über die Liquidation der Gesellschaft zustande kam, wie immer der Fall liegen mag, so muß der Sheriff den Saldo dem Liquidator auszahlen, der gegenüber dem vollstreckenden Gläubiger berechtigt ist, ihn zurückzubehalten (to retain it as against the execution creditor).

3. In § 269 schließt der Ausdruck „goods" alle chattels personal (s. Curti, Englands Privat- und Handelsrecht I, S. 207) und der Ausdruck „sheriff" jeden Beamten in sich, welcher mit der Zwangsvollstreckung, gestützt auf einen writ oder other process (andere vollstreckbare Urkunde), beauftragt ist.

4. Dieser Paragraph findet keine Anwendung auf Zwangsvollstreckungen in Schottland.

Wirkung der Zwangsvollstreckung binnen 60 Tagen vor der Liquidation einer Gesellschaft in Schottland oder von Vermögen einer englischen Gesellschaft.

270. — 1. Bei der Liquidation einer Gesellschaft, die in Schottland eingetragen ist, sollen folgende Vorschriften maßgebend sein:

a) Die Liquidation soll am Tage des Beginnes einem Arrest mit sich daran anschließender Zuschlagsverfügung und einer vollzogenen oder vollendeten gerichtlichen Überweisung in das Vermögen des Schuldners gleichstehen; kein Arrest und keine Überweisung in Vermögen der Gesellschaft, die in den letzten 60 Tagen vor Beginn der Liquidation stattgefunden haben, sollen wirksam sein. Solches Vermögen oder der bei seinem Verkauf erzielte Preis muß dem Liquidator ausgeliefert werden.

Jeder Zwangsvollstreckungsgläubiger, welcher vor dem Zeitpunkt der Beschlußfassung über eine solche Liquidation oder eines Liquidationsantrages einen Arrest oder eine Überweisung erwirkt hat und in vorstehender Weise der durch diese Zwangsvollstreckung gegebenen Rechte verlustig geht, soll jedoch in bezug auf die bei einer solchen Zwangsvollstreckung von ihm in gutem Glauben eingegangenen Auslagen bevorzugte Befriedigung aus einem solchen Vermögen erlangen können.

b) Die Liquidation soll an dem oben genannten Datum einer Zuschlagsverfügung in das unbewegliche Vermögen der Gesellschaft zur Zahlung ihrer gesamten Schulden nebst den an dem genannten Zeitpunkt angewachsenen Zinsen gleichstehen. Hierdurch sollen jedoch solche Vorzugsrechte und Sicherheiten an dem unbeweglichen Vermögen, wie sie an dem genannten Zeitpunkt bestanden und gültig und unanfechtbar sind, und das unten erwähnte Recht, Befriedigung aus dem unbeweglichen Vermögen zu erlangen, nicht berührt werden.

c) Die Vorschriften der §§ 108—113 und 116 des schottischen Konkursgesetzes von 1913 sollen, soweit sie mit diesem Gesetze vereinbar sind, auf die Verwertung des unbeweglichen Vermögens, welches durch solche dingliche Rechte und Sicherheiten belastet ist, Anwendung finden. Für die Zwecke dieses Gesetzes sollen die Worte „Sequestration" und „Treuhänder", welche in den genannten Paragraphen des schottischen Konkursgesetzes vorkommen, „Liquidation" und „Liquidator" bedeuten; ferner soll der Ausdruck „Lord Ordinary or the Court" das Gericht in dem durch dieses Gesetz für Schottland geltenden Sinn bedeuten.

d) Eine Zwangsvollstreckung in das unbewegliche Vermögen, welche nicht 60 Tage vor dem obenerwähnten Zeitpunkte durch Verkauf wirksam gemacht worden ist, soll nur in dem unten bezeichneten Umfange dem Liquidator gegenüber gültig sein:

Kein Gläubiger jedoch, welcher ein dem Recht des Liquidators vorgehendes Recht an unbeweglichen Vermögen besitzt, soll an der Vollstreckung desselben nach dem oben genannten Zeitpunkte verhindert sein. Eine solche Zwangsvollstreckung in das unbewegliche Vermögen soll jedoch dem Liquidator gegenüber lediglich für die Zinsen des laufenden halben Jahres und des demselben unmittelbar vorhergehenden Jahres gültig sein.

2. Die Vorschriften dieses Paragraphen müssen, soweit sie sich auf irgendwelche Grundstücke oder anderes Vermögen der Gesellschaft in Schottland gelegen beziehen, auf den Fall einer in England eingetragenen Gesellschaft so angewendet werden, wie bei einer in Schottland eingetragenen Gesellschaft.

Vergehen vor oder während der Liquidation.

Vergehen von Beamten einer in Liquidation befindlichen Gesellschaft.

271. — 1. Irgendeine Person, die früher oder zur gegenwärtigen Zeit Direktor, Geschäftsführer oder Beamter der Gesellschaft war oder ist, die zur Zeit der Begehung eines Vergehens im Liquidationsstadium steht, sei es eine freiwillige Liquidation oder eine gerichtliche oder unter der Aufsicht des Gerichts, oder einer Gesellschaft, die nachträglich zufolge gerichtlicher Verfügung liquidiert werden muß, oder nachträglich einen Beschluß auf freiwillige Liquidation faßt, macht sich eines Vergehens in folgenden Fällen schuldig:

a) Wenn eine solche Person nicht nach ihrem besten Wissen und Glauben vollständig und getreu dem Liquidator alles Vermögen, das bewegliche und unbewegliche der Gesellschaft, bekanntgibt, und nicht sagt wie und zu wessen Gunsten und gegen welche Gegenleistung und wann die Gesellschaft über irgendeinen Teil desselben verfügte, ausgenommen solche Teile, über welche sie im ordentlichen Geschäftsbetriebe verfügte; oder

b) dem Liquidator nicht alle solchen Teile des beweglichen und unbeweglichen Vermögens der Gesellschaft ausliefert, die in ihrer Verwahrung oder unter ihrer Kontrolle stehen, und welche sie von Rechts wegen abzuliefern hat; oder

c) dem Liquidator nicht alle Bücher und Papiere einliefert, die in ihrer Verwahrung oder unter ihrer Kontrolle stehen und der Gesellschaft gehören, und welche sie von Rechts wegen abzuliefern hat; oder

d) während 12 Monaten vor dem Beginn der Liquidation oder jederzeit nachher irgendeinen Vermögensteil der Gesellschaft im Werte von £ 10 oder mehr verheimlicht, oder irgendwelche Schuld oder Forderung der Gesellschaft verschweigt; oder

e) innerhalb von 12 Monaten vor dem Beginn der Liquidation oder jederzeit nachher betrügerischerweise irgendeinen Teil des Vermögens im Werte von £ 10 oder mehr beseitigt; oder

f) in einer Aufstellung, welche Bezug auf die Geschäfte der Gesellschaft hat, eine wesentliche Unterlassung begeht; oder

g) in Kenntnis oder im Glauben, daß eine nicht bestehende Forderung von irgendeiner Person zur Liquidation angemeldet wurde, während einer Frist eines Monats es unterläßt, den Liquidator darüber zu informieren; oder

h) nach dem Beginn des Liquidationsverfahrens die Vorlage von Büchern oder Papieren, die sich auf das Vermögen oder auf die Geschäfte der Gesellschaft beziehen, verhindert; oder

i) innerhalb 12 Monaten vor Beginn der Liquidation oder jederzeit später Bücher oder Papiere, welche sich auf das Vermögen oder die Geschäfte der Gesellschaft beziehen, verheimlicht, zerstört, ändert oder fälscht oder bei einer solchen Handlung mitwissend ist; oder

j) innerhalb 12 Monaten vor Beginn der Liquidation oder jederzeit später irgendeinen falschen Eintrag in die Bücher oder in ein Schriftstück macht, welches Bezug hat auf das Vermögen oder die Geschäfte der Gesellschaft, oder daran mitschuldig ist; oder

k) innerhalb 12 Monaten vor Beginn der Liquidation oder jederzeit später Urkunden, welche das Vermögen oder die Geschäfte der Gesellschaft betreffen, betrügerischerweise beiseite schafft oder ändert, oder daran mitschuldig ist; oder

l) nach dem Beginn der Liquidation oder an einer Versammlung der Gläubiger der Gesellschaft innerhalb 12 Monaten vor dem Beginn der Liquidation zu Lasten irgendeines Teiles des Gesellschaftsvermögens nicht existierende Verluste oder Ausgaben in den Büchern in Rechnung zu bringen versucht;

m) innerhalb der 12 dem Beginn der Liquidation vorausgegangenen Monate oder später durch falsche Angaben oder einen anderen Betrug irgendwelches Vermögensstück für die Gesellschaft auf Kredit erhielt, welches die Gesellschaft nachher dann nicht bezahlte; oder

n) innerhalb 12 Monaten vor dem Beginn der Liquidation oder jederzeit später, unter der falschen Vorgabe, daß die Gesellschaft ihre Geschäfte fortführe, auf Kredit irgendein Vermögensstück erhielt, das die Gesellschaft nachher nicht bezahlte; oder

o) innerhalb 12 Monaten vor dem Beginn der Liquidation oder jederzeit später irgendwelche Vermögensstücke der Gesellschaft verpfändete, versetzte oder darüber verfügte, welche die Gesellschaft auf Kredit erhalten, aber nicht bezahlt hat, es sei denn, daß das Verpfänden, das Versetzen oder die Verfügung darüber im ordentlichen Geschäftsbetrieb der Gesellschaft erfolgte; oder

p) schuldig ist irgendwelcher falschen Angaben oder anderen Betruges, um die Zustimmung der Gesellschaftsgläubiger oder eines jeden einzelnen derselben zu einer Vereinbarung zu erlangen, die Bezug hat auf die Geschäfte der Gesellschaft oder auf die Liquidation.

Wer sich so verhält, ist eines misdemeanour (Vergehens) schuldig und muß in den Fällen der Vergehen, die in den Paragraphen m, n und o dieser Ziffer 1 erwähnt werden, nach Schuldigerklärung mit Zuchthaus auf höchstens 5 Jahre bestraft werden oder im summarischen Verfahren mit Gefängnis von höchstens 12 Monaten. Im Falle irgendeines anderen Vergehens soll er durch Urteil zu Gefängnis verurteilt werden von höchstens 2 Jahren oder im summarischen Verfahren zu Gefängnis von höchstens 12 Monaten.

Es wird dabei bestimmt, daß der Angeschuldigte der Strafe entgehen kann, wenn er bei den Vergehen von litt. a, b, c, d, f, n und o beweist, daß er nicht die Absicht hatte zu betrügen, und bei einem Vergehen von litt. h, i und j, daß er nicht die Absicht hatte, den Stand der Geschäfte der Gesellschaft zu verheimlichen oder das Recht unwirksam zu machen.

2. Wenn eine Person irgendein Vermögensstück verpfändet, versetzt oder darüber verfügt, unter Umständen, welche ein Vergehen nach litt. o von Ziffer 1 dieses Paragraphen bedeuten, so soll jede Person, welche solches Vermögen in Pfand nimmt oder anderswie erhält, obwohl sie weiß, daß es als Pfand oder als Versatzstück gegeben wurde oder daß unter solchen Umständen, wie sie oben aufgeführt sind, darüber verfügt wurde, ist eines Vergehens (misdemeanor) schuldig und soll nach Überführung

a) in England in gleicher Weise bestraft werden, wie wenn sie das Vermögen in Empfang genommen hätte, obgleich ihr bekannt war, es unter Umständen bekommen zu haben, die ein Vergehen bedeuten;

b) in Schottland *on conviction on indictment* zu Zuchthaus für eine Zeit von höchstens 7 Jahren oder *on summary conviction* zu Gefängnis von höchstens 6 Monaten oder zu einer Buße von höchstens £ 100, oder sowohl zu Gefängnis als zu Buße zu bestrafen.

3. Für die Zwecke dieses Paragraphen soll der Ausdruck „director" jede Person in sich schließen, nach deren Anweisungen oder Instruktionen die Direktoren zu handeln gewohnt waren.

272. Wenn ein Direktor, Geschäftsführer oder andere Beamte oder ein Beitragspflichtiger einer Gesellschaft, die in Liquidation ist, Bücher, Papiere, Schriftstücke oder Wertpapiere zerstört, beschädigt, ändert oder fälscht, oder eine falsche oder betrügerische Eintragung in ein Register, in Rechnungsbücher oder in eine einer anderen Gesellschaft gehörige Urkunde macht in der Absicht, eine Person zu täuschen oder zu betrügen, oder hieran teilnimmt, macht er sich eines Vergehens (misdemeanour) schuldig und soll mit Gefängnis bis zu 2 Jahren mit oder ohne harte Arbeit (hard labour) bestraft werden.

Strafe bei Fälschung der Bücher.

273. Wenn irgendeine Person, die zur Zeit der Begehung des angeführten Vergehens Direktor, Geschäftsführer oder anderer Beamte einer Gesellschaft war, deren gerichtliche Liquidation nachher vom Gericht angeordnet wurde oder welche nachher einen Beschluß auf freiwillige Liquidation faßte,

Betrug von Beamten der Gesellschaft, in Liquidation.

a) mit falschen Behauptungen oder irgendwie anders betrügerisch eine Person veranlaßt hat, der Gesellschaft Kredit zu geben;
b) mit Absicht, Gläubiger der Gesellschaft zu betrügen, ein Geschenk gemacht oder veranlaßt hat, oder eine Übertragung oder eine Belastung oder eine Zwangsvollstreckung gegen Vermögen der Gesellschaft veranlaßt hat oder daran mitgewirkt hat;
c) mit der Absicht, Gläubiger der Gesellschaft zu betrügen, irgendeinen Vermögensteil verborgen oder weggeschafft hat, und zwar nach oder innerhalb 2 Monaten vor Erlaß eines Urteils gegen die Gesellschaft, auf welches Zahlung ausblieb, oder einer gerichtlichen Verfügung zur Auszahlung von Geld,

macht sich eines „misdemeanour" schuldig und soll on conviction on indictment mit Gefängnis von höchstens 2 Jahren bestraft werden, oder on summary conviction mit Gefängnis von höchstens 12 Monaten.

274. — 1. Wenn es sich erweist, daß eine Gesellschaft, welche liquidiert wird, keine richtige Buchführung hatte in der Zeit von 2 Jahren vor dem Beginn der Liquidation, so soll jeder Direktor, Geschäftsführer oder andere Beamte der Gesellschaft, der an der Unterlassung Teil hatte oder sie begünstigt hat, on conviction on indictment mit Gefängnis von höchstens einem Jahre bestraft werden, oder on summary conviction mit Gefängnis von höchstens 6 Monaten, es sei denn, daß er nachweist, daß er ehrlich handelte oder daß das Geschäft unter solchen Umständen geführt wurde, welche die Unterlassung entschuldbar machen.

Haftung, wenn keine richtigen Bücher geführt wurden.

2. Für die Zwecke dieses Paragraphen wird angenommen, daß keine genügenden Bücher geführt wurden, wenn keine solchen Bücher oder Rechnungen vorlagen, welche notwendig sind, um die Transaktionen und die finanzielle Lage des Gewerbes oder Geschäftes der Gesellschaft darzutun und zu erklären, einschließlich Bücher, welche Eintragungen von Tag zu Tag mit den genügenden einzelnen Angaben über alles eingegangene und ausgegebene Bargeld enthalten, und wenn das Gewerbe oder das Geschäft mit Waren zu tun hatte, Aufstellungen der jährlichen Inventuraufnahme und (ausgenommen im Fall des Warenverkaufs im ordentlichen Detailverkauf) von allen verkauften und gekauften Waren, mit genauer Angabe der Waren und der Käufer und Verkäufer, so daß es möglich ist, diese Waren, Käufer und Verkäufer festzustellen.

275. — 1. Wenn sich beim Liquidationsverfahren ergibt, daß irgendein Geschäft ausgeführt wurde, um Gesellschaftsgläubiger zu betrügen oder Gläubiger einer anderen Person oder für irgendeinen betrügerischen Zweck, so kann das Gericht auf Begehren des amtlichen Sachwalters oder des Liquidators oder irgendeines Gläubigers oder Beitragspflichtigen der Gesellschaft, wenn es angemessen er-

Haftung des Direktors bei betrügerischem Handel.

scheint, erklären, daß jeder frühere oder gegenwärtige Direktor der Gesellschaft, welcher wissentlich in der angegebenen Weise an dem in Frage stehenden Geschäft teilnahm, persönlich verantwortlich ist ohne irgendwelche Einschränkung der Haftbarkeit für alle oder einzelne der Schulden oder andere Verbindlichkeiten der Gesellschaft, so wie es das Gericht verfügt.

2. Wenn das Gericht irgendeine solche Erklärung abgibt, so kann es weitere, ihm angemessen erscheinende Weisungen erteilen, um einer solchen Erklärung Geltung zu verschaffen, insbesondere, indem es irgendeine Forderung des Direktors an die Gesellschaft beschlagnahmt oder Arrest legt auf irgendwelche Hypothek oder ein anderes Pfand oder einen anderen Anspruch des Direktors am Gesellschaftsvermögen oder auf Aktiven der Gesellschaften, die auf ihn übertragen wurden, oder solcher Arrest kann auch ausgeübt werden gegenüber jeder Gesellschaft oder Person, die ihn vertritt oder irgendeiner Person, die als Zessionar (assignee, Rechtsnachfolger) von dem Direktor oder durch ihn solches Vermögen im Besitz hat. Das Gericht kann von Zeit zu Zeit weitere Verfügungen erlassen, die ihm notwendig erscheinen, um einen solchen Arrest zur zwangsweisen Vollstreckung zu bringen.

Für die Zwecke dieser Ziffer 2 schließt der Ausdruck „assignee" jede Person in sich, welcher oder zu deren Gunsten durch die Direktoren oder den Direktor eine Forderung, ein Anspruch, eine Hypothek oder ein Pfand oder irgendwelcher Anteil erstellt, ausgegeben oder übertragen wurde, schließt aber nicht in sich eine Person, die solche Rechte erworben hat gegen gültige Gegenleistung (valuable consideration) — mit Ausschluß der consideration, die in der Heirat besteht — in gutem Glauben und ohne Kenntnis der Tatsachen, derentwegen die gerichtliche Erklärung erfolgte.

3. Wenn irgendein Geschäft der Gesellschaft in solcher Absicht ausgeführt wurde, wie es unter Ziffer 1 dieses Paragraphen erwähnt ist, so ist jeder Direktor der Gesellschaft, der wissentlich daran teilnimmt, nach Schuldigerklärung zu Gefängnis bis auf 1 Jahr zu bestrafen.

4. Das Gericht kann in bezug auf eine Person, gegen welche die unter Ziffer 1 erwähnte Erklärung erfolgte, oder welche wegen eines Vergehens gemäß Ziffer 3 verurteilt wurde, eine Verfügung treffen, wonach diese Person ohne besondere gerichtliche Bewilligung nicht Direktor einer Gesellschaft sein darf, noch irgendwie direkt oder indirekt sich an der Geschäftsführung einer Gesellschaft während einer Zeitdauer von höchstens 5 Jahren seit dem Tage der Erklärung oder der Verurteilung an beteiligen darf, und wenn eine solche Person gegen diese gerichtliche Verfügung verstößt, so wird sie wegen jeder Übertretung straffällig und soll zu Gefängnis bis auf 6 Monate oder zu einer Buße bis auf £ 500 oder zu beiden Strafen zusammen verurteilt werden.

In dieser Ziffer bedeutet der Ausdruck „court" (Gericht) in bezug auf eine Verfügung das Gericht, das die Erklärung abgab oder das Gericht, durch welches die in Frage stehende Person verurteilt wurde, und in bezug auf die gerichtliche Bewilligung ein Gericht, das für die Liquidation der Gesellschaft zuständig ist.

5. Für die Zwecke dieses Paragraphen soll der Ausdruck „director" jede Person in sich schließen, nach deren Weisungen und Instruktionen die Direktoren der Gesellschaft zu handeln gewohnt waren.

6. Die Vorschriften dieses Paragraphen gelten ungeachtet der Möglichkeit, daß die in Frage stehenden Personen kriminell haftbar sein können in bezug auf die Tatsachen, gestützt auf welche die „Erklärung" erfolgte, und wenn die „Erklärung" gemäß Ziffer 1 dieses Paragraphen im Falle der Liquidation einer Gesellschaft in England erfolgte, so soll sie wie ein Endurteil (final judgment) im Sinne von litt. g der Ziffer 1 von § 1 des Bankruptcy Act von 1914 beurteilt werden.

7. Der amtliche Sachwalter oder der Liquidator sind verpflichtet, vor Gericht zu erscheinen bei der Verhandlung über das Gesuch, das sich auf Ziffer 4 dieses Paragraphen stützt, und bei der Verhandlung über das Gesuch, das gemäß dieser Ziffer oder gemäß Ziffer 1 dieses Paragraphen eingereicht wurde, können der Sachwalter oder der Liquidator selbst Zeugnis ablegen oder Zeugen anrufen.

Befugnis des Gerichtes, Direktoren usw., die sich eines Vergehens schuldig gemacht haben, zur Entschädigung zu verurteilen.

276. — 1. Wenn sich im Laufe der Liquidation einer Gesellschaft ergibt, daß irgendeine Person, die an der Gründung oder Bildung der Gesellschaft teilgenommen hat, sei es ein früherer oder ein gegenwärtiger Direktor, Geschäftsführer oder Liquidator oder irgendein Beamter der Gesellschaft, Geld mißbräuchlich verwendet oder für sich behalten hat oder haftbar wird wegen irgendwelchen Geldes oder Vermögens der Gesellschaft oder Vertrauensmißbrauches oder Bruches der Treuhandverpflichtung in bezug auf die Gesellschaft, so kann das Gericht auf Antrag des amtlichen Sachwalters oder des Liquidators oder irgendeines Gläubigers oder Beitragspflichtigen, das Verhalten des Gründers, Direktors, Geschäftsführers, Liquidators oder Beamten untersuchen und ihn zwingen, das Geld zurückzuzahlen oder das Vermögen oder einen Teil davon zurückzuerstatten mit solchen Zinsen, wie das Gericht es angemessen erachtet oder auch solche Beträge als Entschädigung an die Gesellschaft zu bezahlen, bezüglich welcher mißbräuchliche Verwendung, Vertrauensbruch oder Treuhandbruch vorliegt.

2. Diese Vorschrift soll auch Anwendung finden, wenn das Vergehen derart ist, daß sich der Fehlbare für dieses Vergehen auch strafrechtlich zu verantworten hat.

3. Wenn bei einer Liquidation in England eine gerichtliche Verfügung zur Zahlung von Geld, gestützt auf diesen Paragraphen ergangen ist, so soll diese gerichtliche Entscheidung als ein final judgment (Endurteil) im Sinne von litt. g Ziffer 1 des § 1 Bankruptcy Act, 1914, gelten.

Strafrechtliche Verfolgung fehlbarer Beamten und Mitglieder der Gesellschaft.

277. — 1. Wenn das Gericht bei einer gerichtlichen Liquidation oder bei einer unter Aufsicht des Gerichts erfolgten Liquidation zur Ansicht kommt, daß irgendein früherer oder gegenwärtiger Direktor, Geschäftsführer oder andere Beamte oder irgendein Mitglied der Gesellschaft eines kriminellen Vergehens in bezug auf die Gesellschaft schuldig ist, so kann das Gericht, entweder auf Begehren einer an der Liquidation interessierten Person oder von sich aus, den Liquidator anweisen,

a) in einer Liquidation in England selbst strafrechtlich gegen den Fehlbaren vorzugehen oder Anzeige an die Staatsanwaltschaft (the Director of Public Prosecutions) zu erstatten;

b) im Falle einer Liquidation in Schottland, Anzeige beim Lord Advocate einzugeben.

2. Wenn der Liquidator im Verlaufe einer freiwilligen Liquidation zur Ansicht gelangt, daß ein früherer oder gegenwärtiger Direktor, Geschäftsführer oder anderer Beamter oder irgendein Mitglied der Gesellschaft eines kriminellen Vergehens in bezug auf die Gesellschaft schuldig ist, so soll er im Falle einer Liquidation in England dem Staatsanwalt (Director of Public Prosecutions) und in Schottland dem Lord Advocate darüber Bericht erstatten und diesen Beamten solche Auskunft geben und Gelegenheit zur Untersuchung und Einsichtnahme, und zur Herstellung von Abschriften aller Urkunden, welche im Besitze oder unter der Kontrolle des Liquidators sind und Bezug haben auf die in Frage stehende Angelegenheit, wie sie jene Beamten verlangen mögen.

3. Wenn gemäß Ziffer 2 dem Beamten der Staatsanwaltschaft Bericht erstattet ist, so kann er, wenn er es für angemessen hält, dem Handelsamt die Sache zu weiterer Untersuchung übermitteln, und diese kann, wenn es angezeigt erscheint, an das Gericht das Begehren stellen, eine Verfügung zu erlassen, durch welche das Handelsamt oder irgendeine Person bezeichnet wird, damit sie alle die-

jenigen Befugnisse zur Untersuchung der Geschäfte der Gesellschaft erhält, welche durch dieses Gesetz für den Fall der gerichtlichen Liquidation vorgesehen sind.

4. Wenn, gestützt auf einen Bericht, der Staatsanwalt (Director of Public Prosecutions) gemäß Ziffer 2 dieses Paragraphen zur Ansicht kommt, daß kein Fall für ein Vorgehen des Staatsanwaltes vorliege, so soll er den Liquidator entsprechend informieren und darauf soll dieser, vorbehaltlich vorausgehender Zustimmung des Gerichts, selbst das Verfahren gegen den Fehlbaren einleiten.

5. Wenn das Gericht im Laufe einer freiwilligen Liquidation zur Ansicht kommt, daß irgendein früherer oder gegenwärtiger Direktor, Geschäftsführer oder anderer Beamter in der vorhin erwähnten Weise sich schuldig gemacht hat, und wenn kein Bericht über diese Sache vom Liquidator dem Beamten der Staatsanwaltschaft (Director of Public Prosecutions) oder dem Lord Advocate, nach Ziffer 2 dieses Paragraphen eingegeben worden ist, so kann das Gericht auf Begehren der an der Liquidation interessierten Personen von sich aus den Liquidator anweisen, einen solchen Bericht zu erstatten, und ein solcher Bericht gemäß den Bestimmungen dieses Paragraphen soll gleich wirksam sein, wie ein Bericht gestützt auf Ziffer 2 dieses Paragraphen.

6. Wenn nach erfolgter Berichterstattung der Beamte der Staatsanwaltschaft gemäß diesem Paragraphen zur Ansicht gelangt, daß Grund zur strafrechtlichen Verfolgung vorliegt, ferner, daß es im öffentlichen Interesse liegt, daß die Strafuntersuchung durch ihn selbst vorgenommen werde, so soll er entsprechend das Verfahren einleiten und der Liquidator, wie auch jeder frühere und gegenwärtige Beamte und Vertreter der Gesellschaft (mit Ausnahme des Angeschuldigten) sind verpflichtet, ihm alle für das Strafverfahren erforderliche Hilfe zu gewähren, welche sie vernünftigerweise gewähren können.

Im Sinne dieser Ziffer 6 schließt der Ausdruck „agent“ (Vertreter) in Verbindung mit einer Gesellschaft auch den Bankier oder Rechtsanwalt (solicitor) der Gesellschaft in sich und jede Person, welche bei der Gesellschaft als Revisor (auditor) gearbeitet hat, ob es nun ein Beamter der Gesellschaft ist oder nicht.

7. Wenn irgendeine Person es unterläßt, die in Ziffer 6 dieses Paragraphen verlangte Hilfe zu gewähren, so kann das Gericht auf Antrag der Staatsanwaltschaft anordnen, daß diese Person die verlangte Hilfe gewähre, und wenn ein solches Begehren gestellt wurde in bezug auf einen Liquidator, so kann das Gericht anordnen, daß die Kosten des Begehrens vom Liquidator persönlich getragen werden, es sei denn, es komme zur Ansicht, daß die Unterlassung darauf zurückzuführen ist, daß der Liquidator nicht genügend Vermögen der Gesellschaft in der Hand hatte, um die verlangte Hilfe zu gewähren.

8. Das Handelsamt kann mit Zustimmung des Schatzamtes anordnen, daß alle oder ein Teil der vom Liquidator ordnungsgemäß gemachten Kosten und Auslagen (gestützt auf diesen Paragraphen) bezahlt werden sollen als Auslagen, die dem Handelsamt nach diesem Gesetz in bezug auf die Liquidation von Gesellschaften in England erwachsen sind und Ziffer 3 von Paragraph 13 des Economy (Miscellaneous Provisions) Act, 1926, soll entsprechend anwenbar sein.

Vorbehaltlich irgendeiner Anordnung, die sich auf diese Ziffer 8 stützt und vorbehaltlich irgendwelcher Hypotheken und Pfänder (Belastungen) des Vermögens der Gesellschaft und vorbehaltlich aller Schulden, welche ein Vorzugsrecht haben zufolge § 264 dieses Gesetzes, müssen alle die so erwähnten Kosten und Auslagen aus dem Aktivvermögen der Gesellschaft bezahlt werden, und zwar mit Vorzugsrecht gegenüber allen anderen Schulden, welche daraus bezahlt werden.

Ergänzende Vorschriften über Liquidationen.

278. — 1. Ein body corporate (eine juristische Person) ist nicht fähig, zum Liquidator einer Gesellschaft ernannt zu werden, weder in einer gerichtlichen, noch einer unter Aufsicht des Gerichts stehenden Liquidation, und jede Wahl in Übertretung dieser Vorschrift ist ungültig.

Unfähigkeit zum Amte eines Liquidators.

2. Dagegen ist es zulässig, daß ein body corporate als Liquidator einer Gesellschaft handelt, wenn seine Wahl vor dem 3. August 1928 getroffen wurde, während es in anderen Fällen einer Buße von höchstens £ 100 verfällt.

3. Bei der Anwendung dieses Paragraphen in Schottland schließt der Ausdruck „body corporate" nicht eine „firm" (partnership) in sich.

279. — 1. Wenn ein Liquidator, welcher in der Einreichung oder Abfassung irgendeines Berichtes, einer Rechnung oder einer andern Urkunde oder in der Bekanntgabe einer Mitteilung, welche er nach Gesetz zu besorgen hätte, sich einer Unterlassung schuldig macht und das Versäumte nicht innerhalb 14 Tagen, nachdem ihm eine bezügliche Aufforderung zugestellt wird, nachholt, kann das Gericht auf Begehren eines Beitragspflichtigen oder Gläubigers der Gesellschaft oder des Registerführers eine Verfügung erlassen, welche den Liquidator anweist, den Fehler innerhalb der in der Verfügung anberaumten Frist gutzumachen.

Gerichtlicher Befehl an den Liquidator zur Erfüllung seiner Pflicht in bezug auf Berichte usw.

2. Eine solche gerichtliche Verfügung kann bestimmen, daß die Kosten, die auf dieses Begehren Bezug haben, durch den Liquidator zu tragen sind.

3. Dieser Paragraph hindert keineswegs ein Vorgehen, welches eine Bestrafung des fehlbaren Liquidators nach sich zieht.

280. — 1. Wenn eine Gesellschaft liquidiert wird, ob gerichtlich oder unter Aufsicht des Gerichts oder freiwillig, so muß jede Faktur, jede Order für Warenlieferungen und jeder Geschäftsbrief, welcher durch die Gesellschaft oder für die Gesellschaft oder vom Liquidator oder von einem Sachwalter oder Geschäftsführer des Vermögens der Gesellschaft ausgegeben wird, und dies eine Urkunde ist, auf welcher oder in welcher der Name der Gesellschaft steht, eine Notiz enthalten, aus der sich ergibt, daß die Gesellschaft in Liquidation steht.

Bekanntgabe der Liquidation einer Gesellschaft.

2. Bei Übertretung der Bestimmung dieses Paragraphen verfällt die Gesellschaft und jeder Direktor, Geschäftsführer, Sekretär oder jeder andere Beamte der Gesellschaft und jeder Liquidator der Gesellschaft, jeder Sachwalter oder Geschäftsführer, welcher wissentlich und vorsätzlich die Übertretung veranlaßt oder duldet, in eine Buße von £ 20.

281. — 1. Im Falle einer gerichtlichen Liquidation einer in England eingetragenen Gesellschaft oder einer creditors' voluntary winding up einer solchen Gesellschaft (also ohne vorausgegangene Solvenzerklärung), sollen folgende Urkunden von den gesetzlichen Stempelgebühren befreit sein:

Keine Stempelgebühren für gewisse Urkunden einer in Liquidation befindlichen Gesellschaft.

a) jede Übertragungsurkunde, die sich ausschließlich auf freehold- oder leasehold-Grundstücke bezieht, oder auf ein Hypothekarpfand, ein anderes Pfand oder andere Belastung an unbeweglichem oder beweglichem Vermögen, das einen Teil der Aktiven der Gesellschaft bildet und das nach Errichtung der Übertragungsurkunde, sei es nach gemeinem Recht oder nach Billigkeitsrecht Aktivvermögen der Gesellschaft ist oder bleibt (siehe auch unten Ziffer 8); und

b) jede Vollmacht, jeder writ, order, certificate, affidavit, bond oder andere Urkunden oder Schriftstücke, welche sich ausschließlich auf das Vermögen einer in Liquidation befindlichen Gesellschaft beziehen oder Bezug haben auf irgendein Verfahren betreffend eine solche Liquidation.

2. Im Falle solcher Liquidationen, wie sie oben angeführt sind, von Gesellschaften, die in Schottland eingetragen sind, sollen folgende Urkunden von den gesetzlichen Stempelgebühren befreit sein:

a) jede Übertragung (conveyance) von Eigentum, die sich ausschließlich bezieht auf Vermögen, das einen Teil der Aktiven der Gesellschaft ausmacht und welches nach der Errichtung der Übertragungsurkunde ganz oder teilweise Vermögen ist, das den Gläubigern der Gesellschaft zukommt; und

b) jede Vollmacht, Geschäftsauftrag, factory, oath, affidavit, articles of roup or sale, submission, decree arbitral[1] und jede andere Urkunde und jedes andere Schriftstück, die sich nur auf das Vermögen der Gesellschaft beziehen; und

c) jede gesiegelte Urkunde oder jedes Schriftstück, das einen Teil des Verfahrens der Liquidation bildet.

3. In Ziffer 1 dieses Paragraphen schließt der Ausdruck „assurance“ (Übertragungsurkunde) die Formen von deed, conveyance, assignment und surrender in sich und in Ziffer 2 dieses Paragraphen der Ausdruck „conveyance“ assignation, instrument, discharge, writing und deed[2].

Die Bücher der Gesellschaft bilden Beweis.

282. Wenn eine Gesellschaft liquidiert wird, so bilden alle Bücher und Papiere der Gesellschaft und der Liquidatoren, auch für die Beitragspflichtigen unter sich, prima-facie-Beweis der Richtigkeit aller Tatsachen, welche darin verbucht werden.

Verfügung über die Bücher und Papiere der Gesellschaft.

283. — 1. Wenn eine Gesellschaft liquidiert wird und im Begriffe steht, aufgelöst zu werden, so kann über die Bücher und Papiere der Gesellschaft und des Liquidators wie folgt verfügt werden:

a) Im Falle einer Liquidation durch das Gericht oder unter Aufsicht des Gerichtes kann das Gericht die bezügliche Anweisung erteilen;

b) im Falle einer members' voluntary winding up (freiwillige Liquidation nach vorausgegangener Solvenzerklärung), so wie die Gesellschaft durch außerordentlichen Beschluß bestimmt und im Falle einer creditors' voluntary winding up (freiwillige Liquidation ohne vorausgegangene Solvenzerklärung), so wie der Aufsichtsausschuß bestimmt oder, mangels eines solchen, so wie die Gläubiger der Gesellschaft bestimmen.

2. Nach Ablauf von 5 Jahren vom Zeitpunkt der Auflösung an soll die Gesellschaft oder sollen die Liquidatoren oder Personen, denen solche Bücher, Abrechnungen oder Urkunden zur Verwahrung anvertraut sind, nicht mehr aus dem Grunde verantwortlich sein, daß diese oder einige von ihnen nicht der Partei oder den Parteien, die ein Interesse an ihnen behaupten, vorgelegt werden können.

3. In allgemeinen Prozeßvorschriften kann das Handelsamt ermächtigt werden, für eine bestimmte Zeit (aber nicht mehr als 5 Jahre seit der Auflösung der Gesellschaft) so wie es das Handelsamt angezeigt erachtet, die Zerstörung der Bücher und Papiere der liquidierten Gesellschaft zu verhindern, und jedem Gläubiger oder Beitragspflichtigen Gelegenheit zu geben, beim Handelsamt Vorstellungen zu machen und an das Gericht Berufung einzulegen gegen jede Anordnung, welche durch das Handelsamt in dieser Beziehung getroffen werden mag.

4. Wenn irgendeine Person in Übertretung irgendeiner allgemeinen Verordnung handelt, die sich auf diesen Paragraphen stützt oder auf eine bezügliche Verfügung des Handelsamtes, so soll sie eine Buße von höchstens £ 100 verwirken.

---

[1] factory: Rechnung, oath: Eid, affidavit: eidesstattliche Versicherung, submission und decree arbitral: Schiedssprüche.

[2] deed bedeutet gesiegelte Urkunde, conveyance Übertragungsurkunde, assignment Abtretung, surrender Verzicht, assignation Abtretung, instrument Urkunde (Wertpapier), discharge Entlastung (Décharge), writing Schriftstück.

284. — 1. Wenn die Liquidation einer Gesellschaft nicht innerhalb eines Jahres nach ihrem Beginn beendet wird, so muß der Liquidator der Gesellschaft in festzusetzenden Perioden bis zum Schluß der Liquidation an den Registerführer für Gesellschaften Aufstellungen senden, welche über das Verfahren und den Stand der Liquidation die vorgeschriebenen Angaben enthalten.

Auskunftserteilung bei schwebenden Liquidationen.

2. Jede Person, welche sich schriftlich als Gläubiger oder Beitragspflichtiger der Gesellschaft ausgibt, soll selbst oder durch ihren Vertreter berechtigt sein, zu allen angemessenen Zeiten gegen Zahlung der angemessenen Gebühr die Aufstellungen einzusehen und eine Abschrift hiervon oder einen Auszug daraus zu verlangen.

3. Wenn ein Liquidator diesem Paragraphen zuwiderhandelt, so soll er verpflichtet sein, für jeden Tag der Unterlassung eine £ 50 nicht übersteigende Buße zu zahlen. Eine Person, welche sich jedoch wahrheitswidrig als Gläubiger oder Beitragspflichtiger ausgibt, macht sich der Mißachtung des Gerichts (contempt of court) schuldig und muß auf Antrag des Liquidators oder amtlichen Sachwalters demgemäß bestraft werden.

285. — 1. Wenn eine Gesellschaft in England liquidiert wurde und sich aus der an den Registerführer gemäß § 284 geschickten Aufstellung oder sonstwie ergibt, daß ein Liquidator einer Gesellschaft Geld in seinen Händen oder in seiner Verfügungsgewalt hat, das nicht beanspruchte oder unverteilte Aktiven der Gesellschaft darstellt, die 6 Monate nach dem Zeitpunkt ihres Einganges nicht beansprucht oder verteilt sind, so soll es der Liquidator sofort an den Gesellschaftsliquidationskonto bei der Bank von England einzahlen und für so einbezahltes Geld zu der vorgeschriebenen Quittung berechtigt sein, die ihm als wirksame Entlastung dient.

Nicht beanspruchte Vermögensteile in England sind auf das „Gesellschaften-Liquidationskonto“ einzuzahlen.

2. Für den Zweck der Sicherung und Einkassierung von Geld, das gestützt auf diesen Paragraphen bei der Bank von England einzahlbar ist, können durch dieselbe Behörde dieselben Befugnisse ausgeübt werden, wie gestützt auf § 153 der Konkursordnung von 1914 für den Zweck der Sicherung und Einkassierung der in jenem Paragraphen erwähnten Beträge, Aktiven und Dividenden.

3. Jede Person, die behauptet, auf Geld, das auf Grund dieses Paragraphen an die Bank von England eingezahlt ist, einen Anspruch zu haben, kann beim Handelsamt dessen Auszahlung beantragen, und das Handelsamt kann auf Grund einer Bescheinigung des Liquidators, daß jene Person berechtigt ist, dieser eine Zahlungsanweisung über die geschuldete Summe geben.

4. Jede Person, welche mit der gestützt auf diesen Paragraphen getroffenen Entscheidung des Handelsamtes nicht zufrieden ist, kann Berufung an den High Court einlegen.

286. Wenn eine Gesellschaft in Schottland liquidiert worden ist und im Begriff steht, aufgelöst zu werden, so soll der Liquidator bei einer „joint stock bank of issue“ in Schottland (welche keine Bank sein darf, von welcher der Liquidator Teilhaber, Geschäftsführer, Vertreter oder Kassierer ist) auf den Namen des Gerichtsbuchhalters (Accountant of Court) den ganzen Betrag der nicht reklamierten Dividenden und nicht beanspruchten oder unverteilbaren Saldobeträge hinterlegen und die Empfangsscheine für diese Hinterlagen sollen dem Buchhalter des Gerichts übergeben werden, und die Bestimmungen des schottischen Konkursgesetzes vom Jahre 1913, soweit sie mit vorliegendem Gesetz vereinbar sind, sollen mit den notwendigen Änderungen auf die Beträge Anwendung finden, welche, gestützt auf diesen Paragraphen, auf einer Bank hinterlegt sind, in gleicher Weise wie sie Geltung haben für die Beträge, welche gestützt auf jenes Gesetz hinterlegt sind.

Nicht beanspruchte Dividenden in Schottland auf der Bank zu hinterlegen.

287. Wenn nach Inkrafttreten dieses Gesetzes ein Beschluß an einer vertagten Versammlung von Gläubigern oder Beitragspflichtigen der Gesellschaft gefaßt wurde, so soll der Beschluß für alle Zwecke als an dem Tage gefaßt gelten, an dem er wirklich gefaßt wurde, keineswegs aber an einem früheren Zeitpunkte.

Beschlüsse an vertagten Versammlungen.

Ergänzende Befugnisse des Gerichts.

Versammlungen zur Feststellung der Wünsche der Gläubiger und Beitragspflichtigen.

288. — 1. Das Gericht kann in allen Fragen, die sich auf die Liquidation beziehen, den Wünschen der Gläubiger und Beitragspflichtigen der Gesellschaft Rechnung tragen, soweit sie ihm genügend nachgewiesen sind, und das Gericht kann, wenn es dies für geeignet hält, zur Feststellung dieser Wünsche Versammlungen der Gläubiger oder Beitragspflichtigen in solcher Weise einberufen, abhalten und leiten lassen wie es das Gericht anordnet und eine Person als Vorsitzenden einer solchen Versammlung ernennen mit der Pflicht, ihr Ergebnis dem Gericht mitzuteilen.

2. Im Falle von Gläubigern soll auf den Wert der einem jeden Gläubiger zustehenden Forderung Rücksicht genommen werden.

3. Im Falle von Beitragspflichtigen soll auf die Anzahl der einem jeden Beitragspflichtigen durch dieses Gesetz oder durch die Statuten zukommenden Stimmen Rücksicht genommen werden.

Amtliche Notiznahme der Unterschrift der Beamten.

289. In allen Prozessen, welche nach diesem Teil des Gesetzes geführt werden, sollen alle Gerichte, Richter und Personen, welche in diesen gerichtlichen Verfahren handeln, sowie alle gerichtlichen und Administrativ-Beamten eines jeden Gerichts, von Amts wegen Notiz nehmen von der Unterschrift eines jeden Beamten des High Court oder jedes County Courts in England oder des Court of Session oder des Sheriff-Gerichts in Schottland oder des High Court in Nord-Irland, ebenso wie von dem amtlichen Siegel oder dem Stempel der verschiedenen Bureaus des High Court in England oder Nord-Irland oder des Court of Session, welche jeder Urkunde angeheftet oder aufgedruckt wird, die gemäß den Bestimmungen dieses Teils des Gesetzes ausgegeben oder unterzeichnet wird, ebenso wie von ihren amtlichen Abschriften.

Besonderer Auftrag zur Beweisaufnahme.

290. — 1. Die Richter der County Courts in England, die mehr als 20 Meilen vom Hauptpostamt entfernt ihren Sitz haben, und in Nord-Irland der Richter des High Court, der in Konkurssachen zuständig ist, und County Court-Richter und Recorders, und die Sheriffs von Counties in Schottland, sollen commissioners (Ersuchungsrichter) sein, um, gestützt auf dieses Gesetz, Beweise aufzunehmen, wenn eine Gesellschaft in England oder Schottland liquidiert wird. Das Gericht kann die ganze oder teilweise Zeugeneinvernahme gestützt auf dieses Gesetz an irgendeine Person übertragen, welche hier als Ersuchungsrichter bezeichnet wird, obgleich sie außerhalb der Gerichtsbarkeit des Gerichtes ihr Amt ausübt, das die Liquidationsverfügung erließ.

2. Jeder Ersuchungsrichter hat, zusätzlich zu den Befugnissen, die er als Richter von County Courts oder als Konkursrichter, County Court-Richter, Recorder oder Sheriff ausübt, in der ihm so übertragenen Angelegenheit dieselben Befugnisse zur Vorladung und Einvernahme von Zeugen, oder auf Vorlegung oder Auslieferung von Urkunden, oder zur Bestrafung von Übertretungen durch Zeugen, und die Zubilligung von Kosten und Auslagen an die Zeugen, wie das Gericht, das die Liquidationsverfügung erließ.

3. Die so vorgenommene Einvernahme soll zurückgeschickt oder es soll darüber berichtet werden an das Gericht, das die Verfügung erließ, und zwar so, wie dieses Gericht es angeordnet hat.

Das Gericht kann die Einvernahme von Personen in Schottland anordnen.

291. — 1. Das Gericht kann in Schottland eine jede zur Zeit in Schottland weilende Person, sei es, daß sie Beitragspflichtiger der Gesellschaft ist oder nicht, über das Vermögen, den Handelsbetrieb und die Geschäfte einer in Liquidation befindlichen Gesellschaft oder irgendeiner Person, welche beitragspflichtig ist, soweit die Gesellschaft zufolge deren Beitragspflicht ein Interesse daran hat, einvernehmen lassen.

2. Die Verfügung, die eine solche Einvernahme anordnet oder das bezügliche Gesuch, soll dem Sheriff des County übermittelt werden, wo die zu verhörende Person wohnhaft ist oder sich zur Zeit aufhält, und der Sheriff soll eine solche Person zu der in der Ladung angegebenen Zeit unter Eid als Zeugen oder als Inhaber einer Urkunde zur Vorlegung von Büchern oder Papieren, die in deren Besitz oder Verfügungsgewalt sind, vorladen.

3. Der Sheriff kann eine solche Einvernahme mündlich oder durch schriftliche Fragestellung vornehmen und soll darüber schriftlich in üblicher Form dem Gerichte berichten, und er soll auch, wenn dies verlangt wird, mit dem Berichte die Originale der vorgelegten Bücher und Papiere übersenden, wie sie durch die Verfügung gefordert und bezeichnet sind, sonst aber die durch den Sheriff beglaubigten erforderlichen Abschriften und Auszüge.

4. Wenn eine so vorgeladene Person zu der bestimmten Zeit und an dem angegebenen Orte nicht erscheint oder die Aussage oder die verlangte Vorlegung verweigert, so soll der Sheriff gegen eine solche Person als Zeugen oder Inhaber von Urkunden einschreiten, und wenn sie nicht erscheint oder sich weigert, auszusagen oder die Vorlegung zu machen, so kann gegen sie nach dem Gesetze Schottlands vorgegangen werden.

5. Der Sheriff soll zu den Gebühren und der Zeuge zu der Entschädigung berechtigt sein, zu welchen Sheriffs, wenn sie durch den Court of Sessions als Untersuchungsrichter bezeichnet werden, und zu welchen Zeugen und Inhaber von Urkunden in entsprechenden Fällen nach dem Recht und der Praxis von Schottland berechtigt sind.

6. Wenn von dem Zeugen gegenüber dem Sheriff, sei es wegen seiner Unzuständigkeit (Unfähigkeit) als Zeuge einvernommen zu werden, oder wegen seiner Nichtverpflichtung, die Urkunde vorzulegen, oder aus einem anderen Grunde eine Einwendung erhoben wird, so kann der Sheriff, wenn er es für angemessen hält, eine solche Einwendung dem Gerichte berichten und die Einvernahme des Zeugen aussetzen, bis über die Einwendung durch das Gericht entschieden ist.

Kosten der Bewilligung zur Prozeßführung gegen in Liquidation befindliche Gesellschaften in Schottland.

292. — 1. Wenn irgendeinem Begehren um Bewilligung zur Führung eines Prozesses oder anderen Verfahrens gegen die Gesellschaft, welche in Schottland liquidiert wird, nicht widersprochen wird oder vom Gericht die Bewilligung erteilt wird, so sollen die Kosten eines solchen Begehrens der Forderung des Klägers oder des Gesuchstellers gegen die Gesellschaft beigefügt werden.

2. Doch soll die Vorschrift dieses Paragraphen keineswegs die Praxis oder die Befugnisse des Gerichts berühren, wie sie unmittelbar vor dem Beginn dieses Gesetzes in bezug auf die Kosten eines Gesuches auf Prozeßführung oder Durchführung eines Verfahrens gegen eine Gesellschaft bestanden, welche in England liquidiert wird.

Affidavits (eidesstattliche Versicherungen) usw. im Vereinigten Königreich und in den Dominions.

293. — 1. Ein Affidavit, das gemäß den Bestimmungen oder für die Zwecke dieses Teiles des Gesetzes im Vereinigten Königreich beschworen werden muß oder anderswo innerhalb der Dominions Seiner Majestät, kann in Großbritannien und Irland vor irgendeinem Gericht, einem Richter oder einer durch das Gesetz zur Entgegennahme oder Aufnahme eidesstattlicher Versicherungen, Bestätigungen oder Erklärungen ermächtigten Person, oder einem Konsul oder Vizekonsul in dem außerhalb den Diminions liegenden Auslande beschworen werden.

2. Alle Gerichte, Richter, Ersuchungsrichter und richterlich tätige Personen sollen von Amts wegen Kenntnis von dem Siegel oder dem Stempel oder der Unterschrift (je nach der Sachlage) eines solchen Gerichts, Richters, einer solchen Person, eines solchen Konsuls oder Vizekonsuls nehmen, die an eine solche eidesstattliche Versicherung (affidavit) oder an eine andere für diese Zwecke dieses Teils des Gesetzes benutzte Urkunde angeheftet, beigefügt ist oder mit denen sie unterschrieben werden.

Vorschriften über die Auflösung.

Befugnis des Gerichtes, die Auflösung der Gesellschaft ungültig zu erklären.

294. — 1. Wenn eine Gesellschaft aufgelöst worden ist, so kann das Gericht jederzeit binnen 2 Jahren nach dem Zeitpunkt der Auflösung auf einen zu diesem Zweck von den Liquidatoren der Gesellschaft oder einer anderen daran interessierten Person gemachten Antrag eine Verfügung unter den dem Gericht angemessen erscheinenden Bedingungen erlassen, in welcher die Nichtigkeit der Auflösung erklärt wird. Hierauf können solche Schritte unternommen werden, die möglich gewesen wären, wenn die Gesellschaft nicht aufgelöst worden wäre.

2. Die Person, auf deren Begehren die gerichtliche Verfügung erlassen wurde, muß binnen 7 Tagen nach dieser Verfügung oder innerhalb einer weitern vom Gericht erlaubten Frist, dem Registerführer für Gesellschaften zur Eintragung eine amtliche Abschrift der gerichtlichen Verfügung zustellen; im Falle der Unterlassung verfällt sie in eine Buße von höchstens £ 5 für jeden Tag der Unterlassung.

Befugnis des Registerführers Gesellschaften vom Register zu streichen, wenn sie nicht mehr tätig sind.

295. — 1. Wenn der Registerführer berechtigten Grund zu der Annahme hat, daß eine Gesellschaft keine Geschäfte betreibt oder untätig ist, so kann er bei der Gesellschaft in einem durch die Post gesandten Brief anfragen, ob sie noch Geschäfte betreibt oder tätig ist.

2. Wenn der Registerführer hierauf nicht innerhalb eines Monats nach Absendung des Briefes eine Antwort erhält, so soll er innerhalb von 14 Tagen nach Ablauf des Monats an die Gesellschaft durch die Post einen eingeschriebenen Brief übersenden, welcher auf den ersten Brief Bezug nimmt und mitteilt, daß der Registerführer keine Antwort erhalten hat und daß, wenn der zweite Brief innerhalb eines Monats vom Tage seiner Datierung unbeantwortet bleiben sollte, eine Bekanntmachung in der Gazette veröffentlicht werden wird, in welcher er die Absicht bekanntgibt, die Streichung des Namens der Gesellschaft vom Register herbeizuführen.

3. Wenn der Registerführer entweder von der Gesellschaft die Antwort erhält, daß sie keine Geschäfte betreibt oder nicht mehr tätig ist, oder wenn er innerhalb eines Monats nach Absendung des zweiten Briefes keine Antwort erhält, so kann er in der Gazette eine Bekanntmachung veröffentlichen und an die Gesellschaft einsenden, daß nach Ablauf von 3 Monaten, vom Datum der Bekanntmachung an, der Name der in ihr erwähnten Gesellschaft, sofern nicht ein Grund für das Gegenteil nachgewiesen wird, vom Register gestrichen und die Gesellschaft aufgelöst sein soll.

4. Wenn im Falle der Liquidation einer Gesellschaft der Registerführer angemessenen Grund zu der Annahme hat, daß entweder kein Liquidator tätig ist, oder daß die Geschäfte der Gesellschaft vollständig liquidiert sind und die vom Liquidator anzufertigenden Berichte in 6 aufeinanderfolgenden Monaten nicht angefertigt worden sind, soll der Registerführer eine Bekanntgabe in der Gazette veröffentlichen und an die Gesellschaft oder den Liquidator senden, wie sie in Ziffer 3 vorgesehen ist.

5. Nach Ablauf der in der Bekanntmachung erwähnten Frist kann der Registerführer, sofern nicht vorher von der Gesellschaft ein Grund für das Gegenteil nachgewiesen wird, den Namen einer solchen Gesellschaft vom Register streichen; er soll eine Bekanntmachung hiervon in der Gazette veröffentlichen und nach Veröffentlichung der vorerwähnten Bekanntmachung soll die Gesellschaft, deren Name so gestrichen ist, aufgelöst sein. Jedoch soll

a) die allfällige Haftung eines jeden Direktors, geschäftsführenden Beamten und Mitgliedes der Gesellschaft fortdauern und geltend gemacht werden können, wie wenn die Gesellschaft nicht aufgelöst worden wäre; und

b) nichts in dieser Ziffer 5 soll die Befugnis des Gerichts beeinträchtigen, eine Gesellschaft zu liquidieren, deren Name aus dem Register gestrichen wurde.

6. Wenn eine Gesellschaft oder eines ihrer Mitglieder oder ein Gläubiger durch eine Streichung der Gesellschaft aus dem Register sich beeinträchtigt fühlt, so kann das Gericht auf das Begehren der Gesellschaft oder eines ihrer Mitglieder oder eines Gläubigers vor Ablauf von 20 Jahren von der Veröffentlichung in der Gazette an, wenn zu seiner Überzeugung nachgewiesen wird, daß die Gesellschaft zur Zeit der Löschung Geschäfte betrieb oder tätig war, oder daß es sonstwie gerecht ist, so zu verfahren, die Wiedereintragung des Namens der Gesellschaft in das Register anordnen und wenn eine amtliche Abschrift der gerichtlichen Verfügung zur Eintragung in das Register eingereicht wurde, soll die Gesellschaft derart als fortbestehend gelten, wie wenn ihr Name niemals gelöscht worden wäre; und das Gericht kann in seiner Verfügung solche Anordnungen treffen und solche Bestimmungen machen, wie es ihm gerecht erscheint, um die Gesellschaft und alle anderen Personen möglichst in dieselbe Lage zu versetzen, wie wenn der Name der Gesellschaft niemals gelöscht worden wäre.

7. Eine Mitteilung, die, gestützt auf diesen Paragraphen, an einen Liquidator gesandt werden muß, kann an seinen letztbekannten Geschäftsplatz adressiert werden, und ein Brief oder eine Mitteilung an eine Gesellschaft, gestützt auf diesen Paragraphen, kann an ihren eingetragenen Geschäftssitz adressiert werden, oder, wenn kein Geschäftssitz eingetragen worden ist, an einen Direktor oder Beamten der Gesellschaft, oder, wenn dem Registerführer kein Name und keine Adresse eines Direktors oder Beamten der Gesellschaft bekannt ist, an alle Personen, welche die Gründungsurkunde unterschrieben haben, an die in der Gründungsurkunde angegebene Adresse.

Vermögen der aufgelösten Gesellschaft bona vacantia (herrenloses Gut).

296. Wenn eine Gesellschaft aufgelöst ist, soll das ganze Vermögen und alle irgendwelche Rechte, die von der Gesellschaft unmittelbar vor ihrer Auflösung besessen oder für sie zu Treuhand gehalten wurden (eingeschlossen leasehold property, keineswegs aber Vermögen, das von der Gesellschaft als Treuhänderin für eine andere Person gehalten wurde), vorbehältlich und unpräjudizierlich irgendwelcher Verfügung, welche jederzeit vom Gericht gemäß §§ 294 und 295 dieses Gesetzes ergehen kann, als bona vacantia (herrenloses Gut) beurteilt werden und soll dementsprechend der Krone oder dem Herzogtum Lancaster oder dem Herzog von Cornwall gehören, und es soll mit diesem Vermögen gleich verfahren werden wie bei anderem herrenlosen Gut, das als bona vacantia der Krone, dem Herzogtum Lancaster oder dem Herzog von Cornwall zufällt.

Besondere Vorschriften für Stannaries (Zinngruben).

Pfändung einer Forderung eines Beitragspflichtigen bei Liquidationen durch das Zinngrubengericht.

297. Wenn mehrere Gesellschaften von dem die Zinngrubengerichtsbarkeit ausübenden und unter dieser Gerichtsbarkeit handelnden Gericht gerichtlich liquidiert oder unter dessen Aufsicht liquidiert werden und der Richter der Ansicht ist, daß eine Person, welche Beitragspflichtiger einer dieser Gesellschaften ist, auch Gläubiger einer der anderen Gesellschaften ist, so kann der Richter (wenn er es nach einer Prüfung für geeignet hält) anordnen, daß die Forderung, wenn sie anerkannt wird, gepfändet und die Zahlung daraus an den Gläubiger für eine gewisse Zeit als Sicherheit für die Zahlung derjenigen Einforderungen aufgeschoben wird, welche im Laufe der Liquidation zugunsten derjenigen Gesellschaft, deren Beitragspflichtiger er ist, fällig werden; dieser Betrag soll zu einer solchen Zahlung in gehöriger Weise verwendet werden.

Jedoch soll ein solcher Pfändungsbeschluß keine Forderung, welche die so verschuldete Gesellschaft im Wege der Aufrechnung, Gegenforderung oder sonstwie gegen den Gläubiger geltend machen kann, oder irgendein Zurückbehaltungsrecht oder Pfandrecht einer dritten Person an der Forderung beeinträchtigen.

Vorzugszahlungen in Zinngrubenfällen.

298. Die Anwendung der Bestimmungen dieses Gesetzes in bezug auf bevorrechtigte Zahlungen auf Gesellschaften im Gebiete der Zinngruben soll mit folgenden Änderungen stattfinden:

1. Im Falle eines Angestellten oder Bediensteten einer solchen Gesellschaft soll das durch dieses Gesetz gegebene Vorrecht in bezug auf Lohn und Salär nur für 3 Monate, anstatt für 4 Monate bestehen und soll auf den Generalvertreter Geschäftsführer, Zahlmeister oder Sekretär keine Anwendung finden;
2. aller Lohn eines in oder bei einem Bergwerk angestellten Bergmanns, Handwerkers oder Arbeiters, einschließlich des gesamten Verdienstes eines Bergmanns aus Akkord- oder sonstiger Arbeit oder als Gedingnehmer oder sonstwie, aber nicht mehr als der einem Dreimonatslohn entsprechende Betrag, soll zu den Zahlungen gehören, welche gemäß diesem Gesetze als bevorrechtigte Forderungen gelten.

3. Die folgenden Schulden müssen vom Liquidator sofort mit Vorzugsrecht vor allen Kosten bezahlt werden, ausgenommen (im Falle einer gerichtlichen Liquidation) die Kosten der Liquidation und die damit im Zusammenhang stehenden Kosten, soweit sie nach der Ansicht des Gerichts ordnungsgemäß sind, und ebenso mit Vorzugsrecht gegenüber allen Forderungen von Grundpfandgläubigern, von Gläubigern, bei welchen gepfändet wurde, oder anderen Personen mit Ausnahme der Ansprüche der Angestellten und Bediensteten in bezug auf Lohn und Salär:

a) der bei Beginn der Liquidation unbezahlte Lohn eines Bergwerksarbeiters, Handwerkers oder Feldarbeiters; und
b) alle diejenigen Beträge, welche in bezug auf Entschädigungen oder Haftpflicht gestützt auf den Workmen's Compensation Act, 1925, einem Bergwerksarbeiter oder seinen Angehörigen als Vorzugsanspruch nach litt. d Ziffer 1 des § 264 dieses Gesetzes zu bezahlen sind; und
c) alle weiteren Beträge, die einem Bergwerksarbeiter nach litt. e von Ziffer 1 jenes Paragraphen als Vorzugsforderungen zahlbar sind.

4. Vorbehaltlich der vorhin erwähnten Vorschriften kann das Gericht die Aktiven der Gesellschaft ganz oder teilweise mit Vorrecht vor allen Ansprüchen und allen bestehenden Verpfändungen und Belastungen für eine Summe verarrestieren, welche zur Zahlung der nach Ziffer 3 vorzugsberechtigten Schulden nebst Zinsen von nicht mehr als 5 % jährlich genügt. Diese Beschlagnahme kann zugunsten einer jeden Person erfolgen, welche den erforderlichen Betrag oder einen Teil desselben vorzuschießen bereit ist; und sobald als die erwähnte Summe vorgeschossen ist, sollen die erwähnten Schulden, soweit als der vorgeschossene Betrag reicht, und in solcher Reihenfolge, wie es das Gericht anordnet, bezahlt werden.

5. Die Vorschrift, nach welcher das Vorzugsrecht auch einer Person zukommt, welche Geld vorgestreckt hat, um Lohn- und Salärzahlungen zu ermöglichen, soll gelten unter Vorbehalt der in diesem Paragraphen enthaltenen Änderungen.

Bestimmungen über Bergwerksklubfonds.

299. — 1. Bei der Liquidation einer Gesellschaft im Gebiete der Zinngruben sollen Beiträge der Bergleute, Handwerker oder Arbeiter für einen Bergwerksklub oder einen Unfalls-, Kranken- oder Unterstützungsfonds nicht als Teil der Aktiven der Gesellschaft zur Zahlung ihrer Schulden verwendet werden, sondern sollen von dem Kassierer oder der sonst im Besitz des Fonds befindlichen Person dem Liquidator übergeben und von diesem gemäß den Statuten des Klubs verwendet werden.

2. Wenn die Gesellschaft in einer freiwilligen Liquidation begriffen ist, so hat eine Person, welche an solchen Beiträgen oder solchem Fonds berechtigt zu sein behauptet, dasselbe Recht wie der Liquidator, das Gericht auf Erlaß von Anordnungen anzugehen oder um über jede in dieser Sache entstehende Frage zu entscheiden.

Zentrale Konten.

300. — 1. Ein Konto, genannt „the Companies Liquidation Account“ (Gesellschaft-Liquidationskonto) muß vom Handelsamt bei der Bank von England gehalten werden, und alles Geld, das vom Handelsamt in bezug auf das Verfahren nach diesem Gesetz in bezug auf die Liquidation von Gesellschaften in England eingenommen wird, muß in dieses Konto einbezahlt werden. Das Liquidationskonto der Gesellschaften.

2. Alle Auszahlungen aus Geld, welches für das Handelsamt diesem Gesellschaften-Liquidationskonto gutgeschrieben ist, sollen in der vorgeschriebenen Weise durch die Bank von England erfolgen.

301. — 1. Wenn der zugunsten des Gesellschaften-Liquidationskontos sich ergebende Kassensaldo den Betrag übersteigt, welcher nach Ansicht des Handelsamtes zur Zeit erforderlich ist, um Anforderungen, die an die Gesellschaftsvermögen gestellt werden, zu entsprechen, so soll das Handelsamt hiervon dem Schatzamt Mitteilung machen und den ganzen Überschuß oder einen Teil davon, so wie es das Schatzamt verlangt, an das Schatzamt zugunsten des Kontos überweisen, welches das Schatzamt bestimmen mag; das Schatzamt kann diese Beträge oder einen Teil davon zugunsten des genannten Kontos in Staatspapieren anlegen. Anlage überschüssiger Gelder.

2. Wenn ein Teil des so angelegten Geldes nach Meinung des Handelsamtes nötig ist, um Anforderungen, die an die Gesellschaftsvermögen gemacht werden, zu entsprechen, so soll das Handelsamt dem Schatzamt den so geforderten Betrag mitteilen und das Schatzamt soll ihn hierauf an das Handelsamt zugunsten des Gesellschafts-Liquidationskontos zurückzahlen und kann für diesen Zweck so viel von den genannten Papieren verkaufen lassen, als notwendig ist.

3. Die Dividenden, die sich aus den gestützt auf diesen Paragraphen gemachten Anlagen ergeben, sollen in das Bankruptcy and Companies Winding-up (Fees)-Conto einbezahlt werden, das gestützt auf den Economy (Miscellaneous Provisions) Act, 1926, errichtet wurde.

302. — 1. Vom Handelsamt soll ein besonderes Konto über die Eingänge und Zahlungen bei der Liquidation jeder einzelnen Gesellschaft in England geführt werden, und wenn der sich zugunsten einer Gesellschaft ergebende Kassensaldo den Betrag übersteigt, der nach Ansicht des Aufsichtsausschusses zur Zeit erforderlich ist, um Anforderungen, die an das betreffende Gesellschaftsvermögen gemacht werden, zu entsprechen, so soll das Handelsamt auf Ersuchen des Ausschusses den nicht so erforderlichen Betrag in Staatspapieren anlegen, die dem genannten Konto zugunsten der genannten Gesellschaft gutgeschrieben werden. Besondere Konten über die besonderen Vermögen.

2. Wenn ein Teil des so angelegten Geldes nach Ansicht des Aufsichtsausschusses erforderlich ist, um Anforderungen an das Gesellschaftsvermögen zu entsprechen, so soll das Handelsamt auf Ersuchen des Ausschusses die so erforderliche Summe durch den Verkauf eines entsprechenden Teiles der genannten Papiere flüssig machen.

3. Die Dividenden, die sich auf Anlagen, gestützt auf diesen Paragraphen, ergeben, sollen der Gesellschaft gutgeschrieben werden.

4. Wenn der Kreditsaldo irgendeines Kontos der Gesellschaft £ 2000 übersteigt, und der Liquidator dem Handelsamt mitteilt, daß der Überschuß für die Zwecke der Liquidation nicht erforderlich ist, so soll die Gesellschaft von solchem Überschuß jährlich 2 % Zinsen beziehen.

Beamte.

303. — 1. Das Handelsamt kann mit Genehmigung des Schatzamtes solche Hilfsbeamte ernennen, wie sie das Handelsamt für die Durchführung dieses Teiles des Gesetzes benötigt, soweit England in Betracht kommt, und das Handelsamt kann alle so ernannten Personen auch entlassen. Beamte und Vergütung.

2. Das Handelsamt soll unter Mitwirkung des Schatzamtes anordnen, ob und welche Vergütung an irgendeinen Beamten des Handelsamtes oder an eine ihm beigegebene Person, die irgendwelche Arbeit gemäß diesem Gesetz in bezug auf Gesellschaftsliquidationen in England besorgt, zu zahlen ist und das Handelsamt kann eine solche Vergütung nach seinem Ermessen verändern, erhöhen oder herabsetzen.

Berichte der Beamten in englischen Liquidationen.

304. Die Beamten der bei der Liquidation von Gesellschaften tätigen Gerichte in England sollen dem Handelsamt solche Berichte über ihre Tätigkeit in den entsprechenden Gerichten und Ämtern zu solcher Zeit und in solcher Weise und in solcher Form einreichen, wie es vorgeschrieben werden mag; gestützt auf solche Berichte soll das Handelsamt Bücher anfertigen lassen, die gemäß den Anordnungen des Handelsamtes zur öffentlichen Einsichtnahme und für Nachforschungen offenstehen sollen.

Verordnungen und Gebühren.

Allgemeine Verordnungen und Gebühren bei Liquidationen.

305. — 1. Der Lord-Kanzler kann mit dem Vorsitzenden des Handelsamtes zur Ausführung dieses Gesetzes allgemeine Verordnungen über die Liquidation von Gesellschaften in England erlassen, und ebenso der Court of Session gestützt auf den Act of Sederunt, soweit Liquidationen in Schottland in Betracht kommen.

2. Alle Verordnungen, die sich auf diesen Paragraphen stützen, müssen innerhalb 3 Wochen, nachdem sie abgefaßt sind, dem dann zur Sitzung versammelten Parlament vorgelegt werden und, wenn es nicht versammelt ist, innerhalb 3 Wochen seit Beginn seiner nächsten Sitzungsperiode; und sie sollen dieselbe Wirkung haben, wie wenn sie Teile dieses Gesetzes wären.

3. Für jedes gemäß diesem Gesetz durchgeführte Verfahren in bezug auf Gesellschaftsliquidationen sollen solche Gebühren, wie sie der Lord-Kanzler mit Genehmigung des Schatzamtes anordnen mag, gezahlt werden. Das Schatzamt kann bestimmen, von wem und in welcher Weise sie eingezogen und wofür sie gebucht werden sollen.

Bei Festsetzung solcher Gebühren soll Rücksicht genommen werden auf die Vorschriften von § 14 des Economy (Miscellaneous Provisions) Act, 1926.

4. Alle Verordnungen und Anordnungen, die der Lord-Kanzler gestützt auf diesen Paragraphen erläßt, müssen durch die Behörde, die gerade zuständig ist, Verordnungen zu erlassen in bezug auf das Prozeßverfahren vor dem Chancery Court der County Palatine of Lancaster, angenommen werden und sie sollen nach erfolgter Annahme wirksam sein, und zwar soll das Wort „judge“ durch „vice-chancellor“ ersetzt werden, das Wort „master“ durch „registrar“, der Ausdruck „chambers of the judge“ und „judge's chambers“ durch die Worte „chamber of the registrar“ und alle Bestimmungen in bezug auf die Bezahlung der Beamten jenes Gerichts in bezug auf Verfahren gemäß diesem Gesetz sollen der Genehmigung des Chancellor of the Duchy and County Palatine of Lancaster vorbehalten sein.

Sechster Teil.

Sachwalter (receiver) und Geschäftsführer (manager).

Unfähigkeit eines body corporate zur Wahl als Sachwalter.

306. — 1. Ein body corporate ist nicht fähig, zum Sachwalter des Vermögens einer Gesellschaft ernannt zu werden.

2. Dieser Paragraph hindert aber ein body corporate nicht daran, als Sachwalter zu handeln, wenn seine Wahl getroffen wurde vor dem 3. August 1928. Von dieser Ausnahme abgesehen, soll ein body corporate, der als Sachwalter handelt, einer Buße von höchstens £ 100 verfallen.

3. Bei der Anwendung dieses Paragraphen in Schottland schließt der Ausdruck „body corporate" eine „firm" (partnership) nicht in sich.

307. Wenn ein Begehren an das Gericht gestellt wird, einen Sachwalter für die Schuldverschreibungsinhaber oder andere Gläubiger einer Gesellschaft, die gerichtlich in England liquidiert wird, zu bezeichnen, so kann der official receiver, der amtliche Sachwalter, hierzu ernannt werden.

Befugnis in England, den official receiver zum Sachwalter für Schuldverschreibungsinhaber oder andere Gläubiger zu wählen.

308. — 1. Wenn ein Sachwalter oder Geschäftsführer des Gesellschaftsvermögens ernannt ist, so müssen jede Faktur, jeder Warenbestellungsschein oder jeder Geschäftsbrief, die von der Gesellschaft oder für sie vom Sachwalter oder Geschäftsführer oder dem Liquidator ausgehen, auf welchen der Name der Gesellschaft erscheint, eine Bemerkung enthalten, daß ein Sachwalter oder Geschäftsführer ernannt ist.

Bekanntgabe des Sachwalters oder Geschäftsführers.

2. Bei Übertretung dieser Vorschrift soll jeder Direktor, Geschäftsführer, Sekretär oder andere Beamte, sowie jeder Liquidator der Gesellschaft, und jeder Sachwalter oder Geschäftsführer, der wissentlich und vorsätzlich die Übertretung veranlaßt oder gestattet, eine Buße von £ 20 verwirken.

309. Das Gericht kann auf Begehren des Liquidators einer Gesellschaft durch Verfügung den Betrag der Vergütung für jede Person festsetzen, die gestützt auf irgendeine Urkunde als Sachwalter oder Geschäftsführer des Vermögens der Gesellschaft ernannt wurde, und das Gericht kann von Zeit zu Zeit auf Begehren des Liquidators oder des Sachwalters oder Geschäftsführers jede solche Verfügung ändern oder ergänzen.

Befugnis des Gerichts, Vergütungen festzusetzen auf Antrag des Liquidators.

310. — 1. Jeder Sachwalter oder Geschäftsführer des Vermögens einer Gesellschaft, der auf Grund der in einer Urkunde enthaltenen Vollmachten ernannt ist, muß innerhalb eines Monates oder einer durch den Registerführer erstreckten längern Frist, nach Ablauf von 6 Monaten vom Datum seiner Ernennung an, und jedesmal einmal innerhalb der darauffolgenden Perioden von 6 Monaten, sowie innerhalb eines Monats, nachdem er aufgehört hat, als Sachwalter oder Geschäftsführer tätig zu sein, dem Registerführer einen in vorgeschriebener Form geschriebenen Auszug einreichen, aus dem sich seine Einnahmen und Zahlungen während der Zeit von 6 Monaten oder, wenn er, wie vorhin erwähnt, aufhört tätig zu sein, während der Zeit seit Ende der Periode, für welche der letzte Auszug gegeben wurde, bis zum Ende seines Amtes, und der Gesamtbetrag seiner Einnahmen und seiner Zahlungen während aller vorangegangenen Perioden seit seiner Ernennung ergeben.

Rechnungsablage von Sachwaltern und Geschäftsführern an Registerführer.

2. Jeder Verwalter oder Geschäftsführer, der diese Vorschriften nicht beachtet, soll mit einer Buße von höchstens £ 5 für jeden Tag des Verfehlens bestraft werden.

311. — 1. Wenn:

Aufforderung an den receiver, seine Pflicht zu erfüllen, Bericht zu erstatten usw.

a) Ein Sachwalter des Vermögens der Gesellschaft, der es unterlassen hat, einen Bericht, eine Rechnung oder eine andere Urkunde oder eine geschuldete Mitteilung zu überreichen, wozu er rechtlich verpflichtet ist, nicht innerhalb 14 Tagen, nachdem ihm eine bezügliche Aufforderung zugestellt wurde, den Fehler gutmacht, oder

b) wenn ein Sachwalter oder Geschäftsführer des Vermögens der Gesellschaft, welcher gestützt auf irgendeine Urkunde zu diesem Amt ernannt worden ist, nachdem er zu irgendeiner Zeit vom Liquidator hierzu aufgefordert worden ist, es unterläßt, gehörige Abrechnung über seine Einnahmen und Ausgaben einzureichen und dem Liquidator den an diesen zahlbaren Betrag auszuliefern,

so kann das Gericht auf bezügliches Begehren eine gerichtliche Verfügung erlassen, durch welche der Sachwalter oder Geschäftsführer angewiesen wird, das Versäumte innerhalb einer vom Gericht bestimmten Frist nachzuholen.

2. Im Falle einer jeden solchen oben unter litt. a Ziffer 1 erwähnten Unterlassung, kann von jedem Mitglied oder Gläubiger der Gesellschaft oder vom Registerführer für Gesellschaften ein Begehren auf Erlaß einer gerichtlichen Verfügung gestellt werden und diese soll bestimmen, daß alle Kosten, die mit dem Begehren zusammenhängen vom Sachwalter getragen werden, und daß im Falle irgendeiner solchen Übertretung, wie sie unter litt. b von Ziffer 1 erwähnt ist, das Begehren durch den Liquidator gestellt werden muß.

3. Dieser Paragraph soll in keiner Weise die Anwendung gesetzlicher Vorschriften hindern, nach denen für solche Unterlassungen, erwähnt in litt. a Ziffer 1 dieses Paragraphen, besondere Strafen vorgesehen sind.

Siebenter Teil.

Allgemeine Vorschriften über Eintragung (Registration).

Eintragungsämter in England und Schottland.

312. — 1. Für die Zwecke der Eintragung von Gesellschaften gemäß diesem Gesetz sollen in England und Schottland an den Orten, welche das Handelsamt für geeignet hält, Eintragungsämter errichtet werden.

2. Das Handelsamt kann Registerführer, Hilfsregisterführer, Angestellte und Dienstpersonal ernennen, wie es das Handelsamt für die Eintragung der diesem Gesetz unterliegenden Gesellschaften für nötig hält, und es kann in bezug auf die ihnen obliegenden Pflichten Verordnungen erlassen und die so ernannten Personen absetzen.

3. Die Gehälter der auf Grund dieses Gesetzes ernannten Personen sollen vom Handelsamt mit dem Schatzamt festgesetzt und aus dem vom Parlament bestimmten Geld bezahlt werden.

4. Das Handelsamt kann verlangen, daß das Amt des Gerichtsschreibers (registrar) des Gerichts, das in bezug auf die Liquidation von Gesellschaften die Zinngrubengerichtsbarkeit ausübt, eines der Ämter zur Eintragung von Gesellschaften innerhalb dieser Gerichtsbarkeit sein soll.

5. Das Handelsamt kann ein Siegel oder mehrere Siegel zur Beglaubigung von Urkunden, die für die Eintragung von Gesellschaften erforderlich sind oder sich auf sie beziehen, anfertigen lassen.

6. Wenn nach diesem Gesetz beim Registerführer für Gesellschaften oder von ihm irgendeine Handlung vorzunehmen ist, so muß sie, wenn nicht das Handelsamt etwas anderes anordnet, getan werden entweder bei oder durch den Registerführer für Gesellschaften in England oder Schottland oder in seiner Abwesenheit durch eine solche Person, die das Handelsamt hierzu ermächtigt.

Sollte das Handelsamt die Organisation der bestehenden Registerämter oder einige derselben ändern, so hat eine solche Handlung bei oder von einem solchen Beamten und an einem solchen Platze zu geschehen, wie dies das Handelsamt mit Rücksicht auf die örtliche Lage der Registerämter der Gesellschaften für die Eintragung bezeichnet.

Gebühren.

313. — 1. An den Registerführer sollen für die verschiedenen in der Tafel des zehnten Anhanges dieses Gesetzes erwähnten Maßnahmen, die dort näher bezeichneten verschiedenen Gebühren bezahlt werden.

2. Alle dem Registerführer gestützt auf dieses Gesetz gezahlten Gebühren sollen an das Schatzamt gezahlt werden.

Einsichtnahme, Vorlage und Beweiskraft der beim Registerführer aufbewahrten Urkunden.

314. — 1. Jede Person kann die von dem Registerführer für Gesellschaften aufbewahrten Urkunden einsehen; und für solche Einsichtnahme soll eine einen Schilling für jede Einsichtnahme nicht überschreitende Gebühr gezahlt werden, und jede Person kann ein Inkorporationszeugnis einer Gesellschaft oder eine Abschrift oder einen Auszug jeder anderen Urkunde oder jedes Teiles davon, durch den

Registerführer beglaubigt, verlangen, und für das Zeugnis, für eine beglaubigte Abschrift oder einen beglaubigten Auszug sollen solche Gebühren bezahlt werden, wie sie das Handelsamt festsetzt, jedoch nicht mehr als 5 s für das Inkorporationszeugnis und nicht mehr als 6 d für jede Seite (folio) einer beglaubigten Abschrift oder eines beglaubigten Auszuges.

Wenn eine Gesellschaft gemäß diesem Gesetz aufgelöst wurde, so kann der Registerführer jederzeit nach Ablauf von 2 Jahren vom Datum der Auflösung an, anordnen, daß alle Urkunden, die sich auf die Gesellschaft beziehen und in seinem Gewahrsam sind, nach dem Public Record Office gebracht werden, und Urkunden, bezüglich welcher eine solche Anordnung getroffen wurde, sollen so behandelt werden, wie dies den Vorschriften der Public Record Office Acts, 1838 bis 1898, und den darauf beruhenden Verordnungen entspricht.

2. Es darf keine Zustellung erfolgen, die darauf ausgeht, den Registerführer zu zwingen, in seinem Gewahrsam befindliche Urkunden herauszugeben, ohne daß das Gericht die Bewilligung hierzu erteilt, und jede solche Aufforderung muß eine Erklärung enthalten, daß sie mit der Bewilligung des Gerichts erfolgte.

3. Eine Abschrift oder ein Auszug irgendeiner Urkunde, die bei irgendeinem Registeramt für die Gesellschaften in England oder Schottland liegt und eingetragen wurde, und welche als eine getreue Abschrift von der Hand des Registerführers beglaubigt ist (dessen amtliche Stellung nicht nachgewiesen werden muß), soll in allen Prozessen in gleicher Weise Beweis bilden wie die Originalurkunde.

4. Bei Anwendung dieses Paragraphen in Schottland ist, wie in England, unter folio eine Seite mit 72 Worten zu verstehen.

Befehl an den Registerführer, Berichte zu erstatten.

315. — 1. Wenn eine Gesellschaft, die irgendwie eine Vorschrift dieses Gesetzes in bezug auf die Einreichung oder Zustellung irgendeines Berichtes, einer Abrechnung oder einer anderen Urkunde an den Registerführer nicht beachtet oder versäumt, ihm Kenntnis von irgendeiner Tatsache zu geben, so kann die Gesellschaft aufgefordert werden, innerhalb einer Frist von 14 Tagen das Versäumte nachzuholen, und wenn sie einer solchen ihr zugestellten Aufforderung keine Folge leistet, so kann das Gericht auf bezügliches Begehren irgendeines Mitgliedes oder Gläubigers der Gesellschaft oder des Registerführers eine gerichtliche Verfügung treffen, durch welche der Gesellschaft und jedem ihrer Beamten befohlen wird, innerhalb einer in der Verfügung angesetzten Frist die Unterlassung gutzumachen.

2. Jede solche gerichtliche Verfügung kann bestimmen, daß alle Kosten, die mit dem Begehren zusammenhängen, von der Gesellschaft oder von dem Beamten getragen werden, welcher an der Unterlassung schuld ist.

3. Die Vorschriften dieses Paragraphen sollen in keiner Weise die Anwendung irgendwelcher gesetzlicher Vorschrift hindern, die für die Gesellschaft oder ihre Beamten in bezug auf solche Unterlassungen Bestrafung vorsieht.

Achter Teil.

Anwendung des Gesetzes auf Gesellschaften, die unter früheren Gesetzen gebildet und eingetragen wurden.

Anwendung des Gesetzes auf Gesellschaften, die unter frühern Gesellschaftsgesetzen gebildet wurden.

316. Die Anwendung dieses Gesetzes auf bereits bestehende Gesellschaften findet in folgender Weise statt:

1. im Falle einer Gesellschaft mit beschränkter Haftung (limited company), welche keine Gesellschaft mit der Beschränkung auf ein garantiertes Kapital ist (also keine company limited by guarantee), wie wenn die Gesellschaft nach diesem Gesetz als eine Gesellschaft mit Beschränkung auf den Aktienbetrag (company limited by shares) gebildet und eingetragen worden wäre;

2. im Falle einer bis auf die Garantie haftenden Gesellschaft (a company limited by guarantee), wie wenn die Gesellschaft als eine company limited by guarantee gemäß diesem Gesetz gebildet und eingetragen worden wäre;
3. im Falle einer Gesellschaft, welche die beschränkte Haftung nicht kennt (a company other than a limited company), wie wenn die Gesellschaft gemäß diesem Gesetz als eine unbeschränkt haftende Gesellschaft (an unlimited company) gebildet und eingetragen worden wäre.

Dabei soll eine ausdrückliche oder stillschweigende Bezugnahme auf das Datum der Eintragung als das Datum ausgelegt werden, an welchem die Gesellschaft unter den Joint Stock Companies Acts, dem Companies Act, 1862, oder dem Companies (Consolidation) Act, 1908, eingetragen worden wäre, je nachdem der Fall liegt.

Anwendung des Gesetzes auf Gesellschaften, die unter frühern Gesellschaftsgesetzen eingetragen wurden.

317. Dieses Gesetz soll für jede unter der Herrschaft der Joint Stock Companies Acts, dem Companies Act, 1862, oder dem Companies (Consolidation) Act, 1908, eingetragene, aber nicht nach diesem Gesetz gebildete Gesellschaft gelten, in derselben Weise, wie dies in Teil IX dieses Gesetzes erklärt ist in bezug auf Gesellschaften, die eingetragen, aber nicht gemäß diesem Gesetz gebildet worden sind.

Die ausdrückliche oder stillschweigende Bezugnahme auf das Datum der Eintragung soll als eine Bezugnahme auf das Datum ausgelegt werden, an dem die Gesellschaft unter der Herrschaft der Joint Stock Companies Acts, dem Companies Act, 1862, oder dem Companies (Consolidation) Act, 1908, eingetragen wurde.

Anwendung des Gesetzes auf Gesellschaften, die unter den frühern Gesellschaftsgesetzen wieder eingetragen wurden.

318. Dieses Gesetz soll Anwendung finden auf unbeschränkt haftende Gesellschaften, die gestützt auf den Companies Act, 1879, oder § 75 des Companies (Consolidation) Act, 1908, als beschränkt haftend eingetragen wurden, und zwar in derselben Weise, wie dies bei unbeschränkt haftenden Gesellschaften der Fall ist, die nach diesem Gesetz als beschränkt haftende Gesellschaften eingetragen wurden.

Die ausdrückliche oder stillschweigende Bezugnahme auf das Datum der Eintragung soll ausgelegt werden als eine Bezugnahme auf das Datum, an welchem die Gesellschaft als Gesellschaft mit beschränkter Haftung, gestützt auf das erwähnte Gesetz oder den erwähnten Paragraphen, eingetragen wurde.

Gesellschaften, die unter den Joint Companies Acts eingetragen wurden.

319. — 1. Eine Gesellschaft, die eingetragen wurde unter der Herrschaft der Joint Stock Companies Acts kann ihre Aktien wie bisher übertragen lassen oder in solch anderer Weise, wie die Gesellschaft es anordnen mag.

2. Das Recht auf Abänderung der Statuten gemäß § 10 dieses Gesetzes muß im Falle einer unbeschränkt haftenden Gesellschaft, welche gemäß den Joint Stock Companies Acts gebildet und eingetragen wurde, ausgedehnt werden auf die Änderung irgendwelcher Vorschriften in bezug auf die Höhe des Kapitals oder seiner Verteilung auf Aktien, auch wenn diese Bestimmungen in der Gründungsurkunde (dem Memorandum) enthalten sind.

Ausschluß von Gesellschaften, die im Irischen Freistaat oder in Nord-Irland eingetragen sind.

320. Keine Vorschrift dieses Teils des Gesetzes soll für Gesellschaften gelten, welche im Irischen Freistaat oder in Nord-Irland eingetragen sind.

Neunter Teil.

Gesellschaften, die nicht nach diesem Gesetz gebildet sind, aber gleichwohl ermächtigt sind, sich nach diesem Gesetz einzutragen.

Gesellschaften, die der Eintragung fähig sind.

321. — 1. Mit Ausnahme und vorbehaltlich der in diesem Paragraphen enthaltenen Bestimmungen kann

a) jede Gesellschaft, die aus sieben oder mehr Mitgliedern besteht, und die am 2. November 1862 bereits bestand, einschließlich eine auf Grund der Joint Stock Companies Gesetze eingetragene Gesellschaft, und

b) eine später, nach dem genannten Datum, vor oder nach dem Inkrafttreten dieses Gesetzes auf Grund eines anderen Gesetzes oder auf Grund königlicher Verleihung (letters patent) gebildete Gesellschaft, oder eine Gesellschaft im Gebiete der Zinngruben oder sonst nach den Vorschriften des Gesetzes gehörig konstituierte Gesellschaft, sofern sie sieben oder mehr Mitglieder zählt,

jederzeit auf Grund dieses Gesetzes als Gesellschaft mit unbeschränkter Haftung oder als company limited by shares (eigentliche Aktiengesellschaft) oder als company limited by guarantee eingetragen werden. Die Eintragung soll nicht darum ungültig sein, weil sie mit Hinblick auf die Liquidation der Gesellschaft erfolgt ist.

Doch wird vorgeschrieben:

α) Keine Gesellschaft, eingetragen in irgendeinem Teil des Vereinigten Königreichs, gestützt auf den Companies Act, 1862, oder den Companies (Consolidation) Act, 1908, darf gestützt auf diesen Paragraphen eingetragen werden;

β) keine Gesellschaft, bei welcher die Haftung ihrer Mitglieder durch Parlamentsakt oder königliche Verleihung (letters patent) beschränkt ist, und welche keine Joint Stock Company ist, darf gestützt auf diesen Paragraphen eingetragen werden;

γ) keine Gesellschaft, bei der die Haftung ihrer Mitglieder durch Gesetz oder königliche Verleihung beschränkt ist, kann auf Grund dieses Paragraphen als Gesellschaft mit unbeschränkter Haftung oder als company limited by guarantee eingetragen werden;

δ) keine Gesellschaft, die nicht Joint Stock Company in dem später definierten Sinne ist, darf auf Grund dieses Paragraphen als company limited by shares eingetragen werden;

ε) keine Gesellschaft kann auf Grund dieses Paragraphen ohne Zustimmung einer Mehrheit ihrer Mitglieder eingetragen werden, die entweder persönlich, oder, wenn eine Vertretung durch die Statuten erlaubt ist, durch Bevollmächtigte an einer zu diesem Zweck anberaumten Generalversammlung anwesend waren;

ζ) wenn eine Gesellschaft, bei der die Haftung ihrer Mitglieder nicht durch Gesetz oder königliche Verleihung beschränkt ist, im Begriffe ist, sich als Gesellschaft mit beschränkter Haftung einzutragen, so muß die zur Zustimmung erforderliche Mehrheit aus mindestens dreiviertel der an der Generalversammlung persönlich anwesenden oder durch Bevollmächtigte vertretenen Mitglieder bestehen;

η) wenn eine Gesellschaft im Begriffe ist, sich als company limited by guarantee eintragen zu lassen, so muß die Zustimmung zu einer solchen Eintragung von einem Beschluß begleitet sein, welcher erklärt, daß ein jedes Mitglied sich im Falle der Liquidation der Gesellschaft während der Zeit seiner Mitgliedschaft oder des darauf folgenden Jahres verpflichtet, zur Zahlung der vor seinem Austritt eingegangenen Schulden und Verbindlichkeiten der Gesellschaft und der Kosten und Auslagen der Liquidation der Gesellschaft und für die Ausgleichung der Rechte der Beitragspflichtigen untereinander den eine bestimmte Summe nicht überschreitenden Betrag beizusteuern, welcher erforderlich sein mag.

2. Bei Zählung einer diesem Paragraphen entsprechenden Majorität soll, wenn Abstimmung nach Stimmen verlangt wird, auf die Zahl der Stimmen Rücksicht genommen werden, zu der jedes Mitglied gemäß den Vorschriften der Gesellschaft berechtigt ist.

Definition von Joint Stock Company (Aktiengesellschaft).

322. Für die Zwecke dieses Teiles des Gesetzes, soweit es sich auf die Eintragung von Gesellschaften als Companies limited by shares bezieht, ist eine Joint Stock Company (eine Aktiengesellschaft) eine solche Gesellschaft, die ein dauerndes voll einbezahltes Kapital oder Nominalkapital von festem Betrage hat, das in Aktien von festem Betrage eingeteilt oder als Stockvermögen gebildet und als solches übertragbar ist oder teilweise auf die eine Art, teilweise auf die andere Art eingeteilt oder gebildet ist, und welche auf dem Grundsatz beruht, daß ihre Mitglieder entweder Inhaber von Aktien oder von Stockvermögen sein müssen; und wenn eine solche Gesellschaft gemäß diesem Gesetz eingetragen ist, so soll sie als Company limited by shares beurteilt werden (vgl. oben S. 9).

Erfordernisse für Eintragung von Joint Stock Companies (Aktiengesellschaften).

323. Vor einer, gestützt auf diesen Teil des Gesetzes, erfolgenden Eintragung einer Aktiengesellschaft (Joint Stock Company) sollen dem Registerführer folgende Urkunden übergeben werden:

1. Eine die Namen, Adressen und Berufe aller Personen angebende Liste, welche an einem in der Liste genannten höchstens 6 volle Tage vor der Eintragung zurückliegenden Tag Mitglieder der Gesellschaft waren, unter zusätzlicher Angabe der von diesen Personen innegehaltenen Aktien oder Stockvermögen, und wenn diese Aktien numeriert sind, Angabe ihrer Nummern;
2. eine Abschrift jedes Parlamentsaktes, einer allfälligen königlichen Verleihungsurkunde (letters patent), einer Settlementsurkunde (deed of settlement)[1], eines Vertrages über Teilhaberschaft, Kostenbuchvorschriften (bei Minen: cost book regulations), oder einer anderen Urkunde, auf welcher die Konstitution oder die Organisation der Gesellschaft beruht; und
3. wenn die Gesellschaft sich als Gesellschaft mit beschränkter Haftung (limited company) eintragen will, eine Aufstellung mit folgenden Angaben:
   a) Das nominelle Aktienkapital und die Zahl der Aktien, in welche es eingeteilt ist, oder den Betrag des Stockvermögens, aus dem es besteht;
   b) die Zahl der übernommenen Aktien und den Betrag, der auf jede Aktie einbezahlt ist;
   c) den Namen der Gesellschaft mit dem Zusatz des Wortes „limited“ als letztes Wort;
   d) im Falle einer company limited by guarantee (Gesellschaft mit Garantiehaftung) den Beschluß, welcher den Betrag der Garantie nennt.

Erfordernisse für die Eintragung von companies (Gesellschaften), die nicht joint stock companies (Aktiengesellschaften) sind.

324. Vor der Eintragung, gestützt auf diesen Teil des Gesetzes irgendeiner Gesellschaft, welche nicht Aktiengesellschaft (joint stock company) ist, ist dem Registerführer zu übergeben:

1. Eine Liste mit den Namen, Adressen und Berufen der Direktoren oder anderer Geschäftsführer der Gesellschaft; und
2. eine Abschrift jedes Parlamentsaktes, einer königlichen Verleihungsurkunde (letters patent), einer Settlementsurkunde, eines Teilhabervertrages (contract of copartnery), Kostenbuchvorschriften (bei Minen), oder einer anderen Urkunde, auf welcher die Konstitution oder Organisation der Gesellschaft beruht; und
3. im Falle einer Gesellschaft, welche als company limited by guarantee, Gesellschaft mit Garantiehaftung, eingetragen zu werden wünscht, eine Abschrift des Beschlusses, welcher den Betrag der Garantie deklariert.

Beglaubigung der Aufstellungen von existing companies (vgl. § 380).

325. Die Liste der Mitglieder und Direktoren und die übrigen auf die Gesellschaft sich beziehenden Angaben, die dem Registerführer, gestützt auf diese Bestimmungen, einzugeben sind, müssen durch eine statutory declaration (eine Art

---

[1] Über den Begriff des deed of settlement siehe Fußnote § 334 unten.

eidesstattliche Versicherung) von zwei oder mehr Direktoren oder anderen Hauptbeamten der Gesellschaft beglaubigt sein.

326. Der Registerführer kann solchen Nachweis verlangen als nötig ist, um ihn davon zu überzeugen, daß die Gesellschaft, welche eingetragen sein will, eine Aktiengesellschaft (joint stock company) ist, wie sie vorhin definiert wurde. Beweiserhebung des Registerführers über die Natur der Gesellschaft.

327. Keine Gebühren sollen für die Eintragung, gestützt auf diesen Teil des Gesetzes, von einer Gesellschaft verlangt werden, wenn sie nicht als limited company (Gesellschaft mit beschränkter Haftung) eingetragen wird oder wenn vor ihrer Eintragung als limited company die Haftung der Mitglieder durch ein anderes Gesetz oder durch königliche Verleihungsurkunde (letters patent) beschränkt war. Befreiung gewisser Gesellschaften von Gebühren.

328. Wenn sich eine Gesellschaft gemäß diesem Teil des Gesetzes mit beschränkter Haftung eintragen läßt, muß das Wort „limited" einen Teil ihres Namens bilden und auch eingetragen werden. Zufügung von „Limited" an den Namen.

329. Nach Erfüllung der Eintragungsvorschriften dieses Teiles des Gesetzes und nach Zahlung der Gebühren, die gemäß dem zehnten Anhang (the Tenth Schedule) dieses Gesetzes zahlbar sind, muß der Registerführer ein von ihm unterschriebenes Zeugnis ausstellen, daß die Gesellschaft, welche die Eintragung nachsuchte, gestützt auf dieses Gesetz inkorporiert ist, und im Falle einer Gesellschaft mit beschränkter Haftung, daß die Haftung beschränkt ist und darauf soll die Gesellschaft als inkorporiert gelten; und eine so in Schottland inkorporierte Bankgesellschaft soll als eine durch Gesetz inkorporierte, konstituierte und etablierte Bank gelten. Eintragungszeugnis für existing companies (vgl. § 380).

330. Alles unbewegliche und bewegliche Vermögen (eingeschlossen things in action, d. h. alle anderen Vermögensrechte, wie Forderungen, Patentrechte, Markenrechte usw.), das am Tage der Eintragung einer Gesellschaft, gestützt auf diesen Teil des Gesetzes, gehört und ihr verliehen ist, soll ihr mit der Eintragung als inkorporierte Gesellschaft gemäß diesem Gesetz zustehen. Übergang des Vermögens der Gesellschaft.

331. Die Eintragung einer Gesellschaft, gestützt auf diesen Teil des Gesetzes, soll die Rechte und Verbindlichkeiten der Gesellschaft in bezug auf irgendeine vor der Eintragung eingegangene Verpflichtung oder vorher eingegangenen Vertrag nicht berühren. Vorbehalt für bestehende Verbindlichkeiten.

332. Alle Klagen und andere rechtlichen Verfahren, welche zur Zeit der Eintragung der Gesellschaft, gestützt auf diesen Teil des Gesetzes, für oder gegen die Gesellschaft anhängig sind, oder einen Beamten oder irgendein Mitglied der Gesellschaft betreffen, können in derselben Weise fortgesetzt werden, wie wenn die Eintragung nicht erfolgt wäre. Fortsetzung anhängiger Prozesse.

Doch darf keine Vollstreckung in das persönliche Vermögen irgendeines einzelnen Mitgliedes der Gesellschaft gestützt auf irgendeine gerichtliche Entscheidung (Urteil, decree oder Verfügung) eines solchen Verfahren erfolgen. Wenn aber das Vermögen der Gesellschaft ungenügend ist, um die Ansprüche aus solchen Entscheidungen zu befriedigen, so kann eine gerichtliche Liquidationsverfügung erlangt werden.

333. — 1. Wenn eine Gesellschaft, gestützt auf diesen Teil des Gesetzes, eingetragen ist, so gelten die folgenden Regeln: Wirkung der Eintragung nach diesem Gesetz.

2. Alle Bestimmungen, die in irgendeinem Gesetz oder in einer anderen Urkunde zum Zwecke der Konstituierung oder Organisation der Gesellschaft enthalten sind — darin inbegriffen ein von einer auf Garantie beschränkt haftenden Gesellschaft gefaßter Beschluß, der die Garantie deklariert — sollen als Bedingungen und Anordnungen der Gesellschaft in derselben Weise und mit derselben Wirkung beurteilt werden, wie wenn die Gesellschaft gestützt auf vorliegendes Gesetz gegründet worden wäre, und sie teilweise in einer eingetragenen Gründungsurkunde und der übrige Teil in den eingetragenen Statuten enthalten wären.

3. Alle Bestimmungen dieses Gesetzes sollen auf die Gesellschaft und ihre Mitglieder, Beitragspflichtige und Gläubiger in jeder Beziehung in derselben Weise Anwendung finden, wie wenn sie auf Grund dieses Gesetzes gebildet worden wäre; jedoch vorbehaltlich folgender Bestimmungen:

a) Tafel A soll nur Anwendung finden, wenn sie durch Sonderbeschluß angenommen worden ist;

b) die Bestimmungen dieses Gesetzes in bezug auf Numerierung der Aktien sollen auf solche Joint Stock-Gesellschaften, deren Aktien nicht numeriert sind, keine Anwendung finden;

c) vorbehaltlich der Bestimmungen dieses Paragraphen soll die Gesellschaft nicht befugt sein, eine in irgendeinem Parlamentsakt enthaltene, auf die Gesellschaft bezügliche Bestimmung zu ändern;

d) vorbehaltlich der Bestimmungen dieses Paragraphen soll die Gesellschaft nicht befugt sein, ohne Erlaubnis des Handelsamtes eine in einer königlichen Verleihungsurkunde (letters patent) enthaltene und auf die Gesellschaft bezügliche Bestimmung zu ändern;

e) die Gesellschaft soll nicht befugt sein, eine in einer königlichen Charter oder Verleihungsurkunde in bezug auf den Zweck der Gesellschaft enthaltene Bestimmung zu ändern;

f) im Falle der Liquidation der Gesellschaft soll in bezug auf die vor Eintragung entstandenen Schulden und Verbindlichkeiten jede Person beitragspflichtig sein, welche verpflichtet ist, eine vor Eintragung entstandene Schuld oder Verbindlichkeit der Gesellschaft oder in bezug auf eine solche Schuld oder Verbindlichkeit eine für die Ausgleichung der Rechte der Mitglieder untereinander erforderliche Summe oder die Kosten, Gebühren und Auslagen der Liquidation der Gesellschaft zu zahlen oder zu einer solchen Zahlung beizutragen, soweit sie sich auf solche Schulden und Verbindlichkeiten beziehen;

g) im Falle der Liquidation der Gesellschaft ist jeder Beitragspflichtige im Verlaufe der Liquidation verpflichtet, an das Vermögen der Gesellschaft alle Beträge zu zahlen, welche er zufolge seiner Haftbarkeit schuldet. Im Falle des Todes, des Konkurses oder der Zahlungsunfähigkeit eines Beitragspflichtigen oder der Verheiratung einer weiblichen Beitragspflichtigen gelten die Vorschriften dieses Gesetzes in bezug auf die Erbschaftsverwalter (in Schottland der Erben und Vermächtnisnehmer verstorbener Beitragspflichtiger), in bezug auf die Verwalter von Konkursen und von zahlungsfähigen Beitragspflichtigen, sowie in bezug auf die Verpflichtungen von Ehemännern und Ehefrauen.

4. Die Vorschriften dieses Gesetzes in bezug auf

a) die Eintragung einer unbeschränkt haftenden Gesellschaft als eine beschränkt haftende Gesellschaft;

b) die Befugnisse einer unbeschränkt haftenden Gesellschaft, bei der Eintragung als beschränkt haftende Gesellschaft den Nominalbetrag ihres Aktienkapitals zu erhöhen und zu bestimmen, daß ein Teil ihres Aktienkapitals nur im Falle einer Liquidation eingefordert werden darf;

c) die Befugnis einer beschränkt haftenden Gesellschaft, zu bestimmen, daß ein Teil ihres Aktienkapitals nur im Falle einer Liquidation eingefordert werden darf;

sollen zur Anwendung kommen trotz irgendwelcher Bestimmungen, die in einem Parlamentsakt einem royal charter (einer königlichen Verleihungsurkunde) oder in einer anderen Urkunde vorkommen, durch welche die Gründung und Organisation der Gesellschaft bestimmt ist.

5. Nichts in diesem Paragraphen soll einer Gesellschaft das Recht geben, irgendwelche Vorschriften zu ändern, die in irgendeiner Urkunde enthalten sind, durch welche die Gesellschaft konstituiert und organisiert wurde, und welche, wenn die Gesellschaft von Anfang an nach diesem Gesetz gegründet worden wäre, in der Gründungsurkunde wiedergegeben wären und deren Änderung durch dieses Gesetz nicht gestattet ist.

6. Keine Bestimmung dieses Gesetzes soll das Recht der Gesellschaft auf Änderung ihrer Verfassung oder Organisation beeinträchtigen, welches nach irgendeinem Parlamentsakt oder irgendeiner die Verfassung oder Organisation betreffenden Urkunde gegeben ist.

334. — [1].

Das Recht, an Stelle eines deed of settlement eine Gründungsurkunde (memorandum) und Statuten zu setzen.

1. Vorbehaltlich der Vorschriften dieses Paragraphen kann eine Gesellschaft, die gestützt auf diesen Teil des Gesetzes eingetragen ist, durch Sonderbeschluß die Form ihrer Verfassung ändern, indem sie an Stelle eines deed of settlement eine Gründungsurkunde und Statuten setzt.

2. Die Vorschriften dieses Gesetzes in bezug auf gerichtliche Genehmigung und Eintragung einer Änderung der Zwecke einer Gesellschaft sollen, soweit sie anwendbar sind, auf eine Änderung gestützt auf diesen Paragraphen mit folgenden Modifikationen gelten:

a) an Stelle der gedruckten Kopie der geänderten Gründungsurkunde, die dem Registerführer für Gesellschaften einzureichen ist, soll eine gedruckte Kopie der Ersatz-Gründungsurkunde und der Ersatz-Statuten treten; und

b) bei der Eintragung der Änderung, die vom Registerführer zu beglaubigen ist, sollen die Ersatz-Gründungsurkunde und die Ersatz-Statuten für die Gesellschaft in gleicher Weise gelten, wie wenn sie eine Gesellschaft wäre, welche gestützt auf das vorliegende Gesetz mit jener Gründungsurkunde und jenen Statuten eingetragen worden wäre, und das deed of settlement der Gesellschaft soll keine Geltung mehr für die Gesellschaft haben.

3. Eine Änderung, gestützt auf diesen Paragraphen, kann erfolgen mit oder ohne Änderung der Zwecke.

4. In diesem Paragraphen schließt der Ausdruck „deed of settlement" jeden Vertrag der Teilhaberschaft oder jede andere Urkunde in sich, die bestimmt war, der Gesellschaft eine Verfassung und Organisation zu geben, aber kein Parlamentsakt, keine royal charter, noch letters patent ist.

Befugnis des Gerichts, Prozesse zu sistieren oder zu verhindern.

335. Die Befugnisse des Gerichts in bezug auf Sistierung von gerichtlichen Verfahren und das Verbot der Änderung der Vermögenslage durch irgendein gerichtliches Vorgehen gegen eine Gesellschaft zu jeder Zeit nach Eingang des Liquidationsbegehrens und vor der gerichtlichen Liquidationsverfügung soll, im Falle einer Gesellschaft, die gestützt auf diesen Teil des Gesetzes eingetragen wurde, wenn das bezügliche Sistierungsbegehren durch einen Gläubiger erfolgt, auf Verfahren ausgedehnt werden, die gegen irgendeinen Beitragspflichtigen gerichtet sind (vgl. § 172).

Sistierung von Klagen nach einer Liquidationsverfügung.

336. Wenn eine Liquidationsverfügung in bezug auf eine Gesellschaft gestützt auf diesen Teil des Gesetzes erlassen wurde, so kann kein Prozeß gegen die Gesellschaft oder irgendeinen Beitragspflichtigen begonnen oder fortgeführt werden, soweit er sich auf irgendwelche Schuld der Gesellschaft bezieht, ausgenommen, wenn das Gericht die Bewilligung hierzu erteilt und unter den Bedingungen, welche das Gericht anordnet.

[1] Nach älteren Gesetzen konnte eine company gegründet werden durch eine Vereinbarung unter den Gesellschaftern in einer Urkunde, genannt „deed of settlement". Diese Urkunde schließt jeden Vertrag der Teilhaberschaft in sich (contract of copartnery), oder eine andere Urkunde, auf welcher die Konstitution und Organisation einer company beruhten, soweit es sich nicht um ein Gesetz, eine royal charter oder letters patent (d. h. königliche Verleihung) handelte.

Zehnter Teil.

Liquidation von nicht eingetragenen Gesellschaften.

Begriff von „nicht eingetragener Gesellschaft".

337. Für die Zwecke dieses Paragraphen des Gesetzes soll der Ausdruck „unregistered company" (nicht eingetragene Gesellschaft) in sich schließen jede Treuhandsparbank (trustee savings bank), gestützt auf den Trustee Savings Banks Act, 1863, und jede partnership, ob sie beschränkte Haftung hat oder nicht, jede Personenvereinigung (association) und jede „company" mit folgenden Ausnahmen:

1. Eine durch Parlamentsgesetz inkorporierte Eisenbahngesellschaft, soweit dies nicht anders bestimmt ist durch Vorschriften des Abandonment of Railways Act, 1850, und des Abandonment of Railways Act, 1869, und ergänzende Gesetze;
2. eine unter der Herrschaft der Joint-Stock-Companies Acts oder des Companies Act von 1862 oder des Company (Consolidation) Act von 1908 oder dieses Gesetzes in irgendeinem Teil des Vereinigten Königreichs eingetragene company;
3. eine partnership, Personenvereinigung (association) oder company, die aus weniger als 8 Mitgliedern besteht und keine ausländische partnership, Personenvereinigung oder company (Aktiengesellschaft) ist;
4. eine limited partnership, die in England oder Nord-Irland eingetragen ist.

Liquidation von nicht eingetragenen Gesellschaften.

338. — 1. Vorbehaltlich der Vorschriften dieses Teiles des vorliegenden Gesetzes, kann eine nicht eingetragene Gesellschaft gestützt auf dieses Gesetz liquidiert werden, und alle Vorschriften dieses Gesetzes in bezug auf Liquidation sollen darauf Anwendung finden, aber mit folgenden Ausnahmen und Zusätzen:

a) wenn eine nicht eingetragene Gesellschaft ihren hauptsächlichen Geschäftssitz in Nord-Irland hat, soll sie keineswegs gestützt auf diesen Teil des Gesetzes liquidiert werden, es sei denn, sie habe einen Hauptgeschäftsplatz in England oder Schottland oder in diesen beiden Ländern;

b) eine nicht eingetragene Gesellschaft soll für die Feststellung des für die Liquidation zuständigen Gerichts als in England oder Schottland eingetragen gelten, je nachdem sie ihren Hauptgeschäftsplatz in England oder Schottland hat, oder wenn sie einen solchen Platz in beiden Ländern hat, als in beiden Ländern eingetragen, und es soll der Hauptgeschäftsplatz desjenigen Teiles von Großbritannien, in welchem ein Verfahren gegen sie eingeleitet wurde, als eingetragener Geschäftssitz der Gesellschaft für alle Zwecke der Liquidation angenommen werden;

c) keine nicht eingetragene Gesellschaft darf nach diesem Gesetz freiwillig oder unter Aufsicht des Gerichts liquidiert werden;

d) die Voraussetzungen, unter welchen eine nicht eingetragene Gesellschaft liquidiert werden kann, sind folgende:

α) wenn die Gesellschaft aufgelöst ist oder den Geschäftsbetrieb eingestellt hat oder nur zum Zweck der Liquidation die Geschäfte fortführt;

β) wenn die Gesellschaft zahlungsunfähig geworden ist;

γ) wenn das Gericht der Ansicht ist, es sei recht und billig, daß die Gesellschaft liquidiert werde;

e) eine nicht eingetragene Gesellschaft soll für die Zwecke dieses Gesetzes dann als zahlungsunfähig gelten:

α) wenn ein Gläubiger, welchem die Gesellschaft mehr als £ 50 schuldet, eine von ihm unterschriebene Zahlungsaufforderung, sei es eine gerichtliche Vorladung oder anderswie, der Gesellschaft zugestellt hat, welche er an ihrem Hauptgeschäftsplatz, sei es einem Sekretär oder einem Direktor oder einem Hauptbeamten der Gesellschaft übergeben, oder in solcher Weise zugestellt hat, wie das Gericht es gutheißen oder veranlassen kann, und wenn die Gesellschaft innerhalb einer Frist von 3 Wochen nach der Zustellung der Zahlungsaufforderung es unterließ, den Betrag zu zahlen oder sicherzustellen oder sich zur Befriedigung des Gläubigers zu vergleichen;

β) wenn eine Klage oder ein anderes Verfahren gegen ein Mitglied wegen irgendeiner Schuld oder angeblichen Schuld der Gesellschaft, oder seiner selbst in seiner Eigenschaft als Mitglied eingereicht worden ist und der Gesellschaft in bezug auf diese Klage oder dieses Verfahren eine schriftliche Notifikation zugestellt wurde, welche an ihrem Hauptgeschäftsplatz oder an den Sekretär oder irgendeinen Direktor, Geschäftsführer oder Hauptbeamten der Gesellschaft abgegeben wurde, oder wenn die Zustellung in anderer vom Gericht gebilligter oder angeordneter Weise erfolgte und die Gesellschaft nicht innerhalb 10 Tagen nach der Zustellung der Notifikation zahlt, Sicherheit leistet, sich vergleicht, oder Sistierung der Klage oder des Verfahrens erwirkt, oder den einklagenden Gläubiger in befriedigender Weise in bezug auf das Verfahren und die daraus entstandenen Kosten, den Schaden und die Auslagen, schadlos hält;

γ) wenn in England oder Nord-Irland eine Pfändung oder eine andere auf einem Urteil, einem decree oder einer anderen Verfügung des Gerichts beruhenden Vollstreckungsmaßnahme zugunsten des Gläubigers gegen die Gesellschaft oder gegen eines ihrer Mitglieder in seiner Mitgliedeigenschaft oder gegen irgendeine Person, die als nomineller Beklagter für die Gesellschaft auftreten kann, für den Gläubiger erfolglos geblieben ist;

δ) wenn in Schottland die gesetzliche Frist, welche für die auf Grund einer vollstreckbaren Urteilsausfertigung oder einer vollstreckbaren Ausfertigung eines eingetragenen Schuldscheines oder eingetragenen Protestes zu leistende Zahlung gewährt ist, verstrichen ist, ohne daß Zahlung erfolgt ist;

ε) wenn dem Gericht auch sonst der Nachweis geleistet ist, daß die Gesellschaft unfähig ist, ihre Schulden zu zahlen;

f) das Gericht, das Gerichtsbarkeit für Liquidationen von Eisenbahngesellschaften nach dem Abandonment of Railways Act, 1850, und nach dem Abandonment Railways Act, 1869, und ihren Zusatzgesetzen hat, ist der High Court oder der Court of Session, je nachdem die Konzession für den Eisenbahnbau in England oder in Schottland gegeben wurde, und die besonderen Vorschriften der genannten Gesetze sollen auf die Liquidation Anwendung finden, aber indem die Verweisungen auf die Companies Acts, 1862, und 1867 durch Verweisungen auf das vorliegende Gesetz ersetzt werden sollen. Es wird dabei bestimmt, vorbehaltlich irgendeiner Verfügung, gestützt auf § 57 des Supreme Court of Judicature (Consolidation) Act, 1925, und unbeschadet der Befugnis, Übertragungsverfügungen nach jenem Gesetz zu erlassen, wonach die Gerichtsbarkeit des High Court nach dem vorliegenden Gesetz durch die Chancery Division dieses Gerichts ausgeübt werden und durch allgemeine Prozeßvorschriften die Ausübung der erwähnten Gerichtsbarkeit geregelt werden soll;

g) ein Antrag zur Liquidation einer Treuhändersparbank kann durch die Staatsschuldenkommissäre oder die auf Grund der Treuhänder-Sparbankgesetze 1887 ernannten Personen ebensogut als durch eine auf Grund der sonstigen Bestimmungen dieses Gesetzes zur Einreichung des Liquidationsantrages ermächtigte Person gestellt werden;

h) im Falle einer partnership mit beschränkter Haftung sollen die Bestimmungen dieses Gesetzes in bezug auf die Liquidation mit solchen etwaigen Abänderungen Anwendung finden, als sie durch Verordnungen des Lord Chancellors mit Konkurrenz des Vorsitzenden des Handelsamtes gemacht werden, und mit Ersetzung von „directors“ durch „general partners“.

2. Wenn eine außerhalb Großbritanniens inkorporierte Gesellschaft (company), welche Geschäfte in Großbritannien durchführte, mit der Führung solcher Geschäfte aufhört, so kann sie wie eine nicht eingetragene Gesellschaft, gestützt auf diesen Teil des Gesetzes, liquidiert werden, ungeachtet einer erfolgten Auflösung oder anderweitigen Beendigung ihrer Existenz als Gesellschaft (company), gestützt auf die Gesetze des Landes, nach welchen sie inkorporiert wurde.

3. Keine Vorschrift dieses vorliegenden Gesetzes soll die Wirksamkeit irgendwelcher anderen Gesetze berühren, welche Bestimmungen enthalten in bezug auf partnerships, associations oder companies (Aktiengesellschaften), welche wie eine company oder wie eine nicht eingetragene company liquidiert werden, selbst wenn diese andern Gesetze als solche durch das vorliegende Gesetz aufgehoben sind, jedoch mit der Ausnahme, daß Verweisungen solcher aufgehobener Gesetze als Verweisungen auf die entsprechenden Vorschriften des vorliegenden Gesetzes zu gelten haben.

Beitragspflichtige in der Liquidation nicht eingetragener Gesellschaften.

339. — 1. Im Falle der Liquidation einer nicht eingetragenen Gesellschaft soll jede Person als beitragspflichtig gelten, die schuldig ist, irgendwelche Schulden der Gesellschaft zu zahlen oder daran beizutragen oder in gleicher Weise an der Zahlung irgendwelcher Beträge anläßlich der Ausgleichung der Rechte der Mitglieder unter sich und an der Zahlung der Kosten und Auslagen der Gesellschaftsliquidation, ihren Beitrag zu leisten, und jeder Beitragspflichtige ist verpflichtet, an das Vermögen der Gesellschaft alle Beträge zu zahlen, die von ihm in bezug auf solche Haftbarkeit geschuldet sind.

Im Falle einer nicht eingetragenen Gesellschaft im Gebiet der Zinngruben ist ein früheres Mitglied nicht verpflichtet, an das Vermögen der Gesellschaft irgend etwas zu zahlen oder Beiträge zu leisten, wenn es wenigstens 2 Jahre vor der Einstellung des Bergwerkbetriebes oder vor dem Datum der Liquidationsverfügung aufgehört hat, Mitglied zu sein.

2. Im Falle des Todes, des Konkurses oder der Zahlungsunfähigkeit eines Beitragspflichtigen oder der Verheiratung einer beitragspflichtigen Frau gelten die Vorschriften dieses Gesetzes in bezug auf die personal representatives (Testamentsvollstrecker und Erbschaftsverwalter) (sowie die Erben und Vermächtnisnehmer Beitragspflichtiger in Schottland), die Konkursverwalter beitragspflichtiger Personen und die Haftung von Ehemännern und Ehefrauen.

Befugnis des Gerichts, Verfahren einzustellen.

340. Die Bestimmungen des Gesetzes in bezug auf die Sistierung (stay and restrain vgl. § 335) von Verfahren gegen die Gesellschaft zu jeder Zeit nach der Einreichung des Liquidationsbegehrens und vor Erlaß der Liquidationsverfügung sollen, falls im Falle einer nicht eingetragenen Gesellschaft das Begehren von einem Gläubiger gestellt wird, ausgedehnt werden auf Verfahren gegen irgendeinen Beitragspflichtigen.

Prozesse eingestellt durch eine Liquidationsverfügung.

341. Wenn eine Liquidationsverfügung bezüglich einer nicht eingetragenen Gesellschaft erlassen wurde, so darf keine Klage und kein anderes gerichtliches Verfahren gegen einen Beitragspflichtigen wegen einer Schuld der Gesellschaft eingeleitet oder fortgeführt werden, es sei denn mit ausdrücklicher Bewilligung des Gerichts und zu den vom Gericht festgesetzten Bedingungen.

Die Vorschriften von Teil X sind Ergänzungsvorschriften.

342. Die in diesem Teil des Gesetzes in bezug auf nicht eingetragene Gesellschaften getroffenen Bestimmungen sollen in Ergänzung und nicht in Beschränkung der in diesem Gesetz früher für die gerichtliche Liquidation vorgeschriebenen Bestimmungen gelten und das Gericht oder der Sachwalter können alle Befugnisse ausüben und sind zu allen solchen Handlungen berechtigt, wie dies für den Fall von Gesellschaften vorgesehen ist, die gemäß diesem Gesetz gebildet und eingetragen sind.

Doch soll eine nicht eingetragene Gesellschaft, ausgenommen für den Fall ihrer Liquidation, keineswegs als nach diesem Gesetz gebildete Gesellschaft gelten, und auch in dem erwähnten Ausnahmefall nur soweit dies durch diesen Teil des Gesetzes vorgeschrieben ist.

Elfter Teil.

Gesellschaften, welche außerhalb Großbritanniens inkorporiert sind, aber in Großbritannien Geschäfte betreiben.

343. Dieser Teil des Gesetzes gilt für alle Gesellschaften, welche außerhalb Großbritanniens inkorporiert sind und welche nach dem Inkrafttreten dieses Gesetzes einen Geschäftssitz in Großbritannien errichten und für alle Gesellschaften, welche außerhalb Großbritanniens inkorporiert sind und vor dem Inkrafttreten dieses Gesetzes einen Geschäftsplatz in Großbritannien hatten und bei Inkrafttreten des Gesetzes in Großbritannien beibehielten.

Gesellschaften, auf welche Teil XI Anwendung findet.

344. — 1. Jede außerhalb Großbritanniens inkorporierte Gesellschaft, welche nach Inkrafttreten dieses Gesetzes in Großbritannien einen Geschäftssitz errichtet, muß binnen eines Monats nach dieser Errichtung dem Registerführer für Gesellschaften folgende Urkunden einreichen:

Urkunden, dem Registerführer einzugeben von Gesellschaften, die Geschäfte in Großbritannien durchführen.

a) eine beglaubigte Abschrift der Charter, Statuten oder Gründungsurkunde der Gesellschaft und jeder anderen die Gründung der Gesellschaft vornehmenden oder sie bestimmenden Urkunde, und wenn die Urkunde nicht in englischer Sprache abgefaßt ist, eine beglaubigte Übersetzung derselben;
b) eine Liste der Direktoren der Gesellschaft;
c) die Namen und Adressen einer in dem Vereinigten Königreich wohnhaften Person oder mehrerer solcher Personen, welche für Rechtsstreitigkeiten und andere Benachrichtigungen, welche der Gesellschaft zuzustellen sind, als Zustellungsbevollmächtigte gelten sollen.

2. Die folgenden Gesellschaften, nämlich:
a) Gesellschaften, inkorporiert außerhalb Großbritanniens, welche vor dem 1. April 1909 einen Geschäftsplatz innerhalb Großbritanniens hatten und nach Inkrafttreten des Gesetzes beibehalten;
b) Gesellschaften, in Nord-Irland inkorporiert vor dem 1. Januar 1922, welche bei Inkrafttreten dieses Gesetzes einen Geschäftsplatz in Großbritannien hatten;
c) Gesellschaften, inkorporiert im Irischen Freistaat, welche vor dem 27. März 1923 einen Geschäftsplatz in Großbritannien hatten und bei Inkrafttreten des Gesetzes beibehielten;

sollen innerhalb eines Monats vom Inkrafttreten des Gesetzes an dem Registerführer für Gesellschaften die Urkunden und Angaben einreichen, welche oben unter Ziffer 1 genannt sind.

3. Gesellschaften, für welche dieser Teil des Gesetzes anwendbar ist, ausgenommen die Gesellschaften, welche unter Ziffer 1 und 2 dieses Paragraphen erwähnt sind, sollen, wenn sie bei Inkrafttreten dieses Gesetzes dem Registerführer die Urkunden und Angaben, welche unter litt. a, b und c von Ziffer 1 des § 274 des Companies (Consolidation) Act, 1908, mit seiner Ergänzung durch den Companies (Particulars as to directors) Act, 1917, nicht eingegeben haben, fortbestehen bleiben, vorbehältlich der Verpflichtung, jene Urkunden und Angaben entsprechend den Vorschriften der genannten Gesetze einzureichen.

Befugnis von Gesellschaften, welche in britischen Besitzungen inkorporiert sind, Grundeigentum zu besitzen.

345. Eine Gesellschaft, welche in einer britischen Besitzung inkorporiert ist, soll nach Einreichung folgender Urkunden die gleichen Rechte haben, Grundeigentum im Vereinigten Königreich zu besitzen, wie wenn sie gestützt auf dieses Gesetz inkorporiert wäre:

a) im Falle einer Gesellschaft, für welche Ziffer 1 oder Ziffer 2 des § 344 gilt, die Urkunden und Angaben, welche erwähnt werden unter litt. a, b und c von Ziffer 1 jenes Paragraphen;

b) im Falle einer anderen Gesellschaft, für welche dieser Teil des Gesetzes gilt, die Urkunden und Angaben, erwähnt unter litt. a, b und c von Ziffer 1 des § 274 des Companies (Consolidation) Act, 1908, ergänzt durch den Companies (Particulars as to directors) Act, 1917.

Keine Bestimmung dieses Paragraphen berührt das Recht einer Gesellschaft, Grundeigentum zufolge der Eintragung in Nord-Irland zu besitzen.

Bericht an den Registerführer über Änderungen an Urkunden usw.

346. Wenn irgendeine Gesellschaft, auf welche dieser Teil des Gesetzes Anwendung findet, irgendeine Änderung vornimmt in bezug auf

1. den Charter (die königliche Verleihungsurkunde), die Gründungsurkunde oder Statuten der Gesellschaft oder irgendeine solche Urkunde, wie sie früher erwähnt wurde; oder
2. die Direktoren der Gesellschaft oder die einzelnen Angaben, welche in der Liste der Direktoren aufzuführen sind; oder
3. die Namen oder Adressen von Personen, welche ermächtigt sind, Zustellungen für die Gesellschaft entgegenzunehmen,

so muß die Gesellschaft innerhalb der vorgeschriebenen Zeit dem Registerführer zur Eintragung einen Bericht zustellen, welcher die vorgeschriebenen Angaben in bezug auf die Änderung enthält.

Bilanz der Gesellschaft, welche Geschäfte in Großbritannien betreibt.

347. — 1. Jede Gesellschaft, für welche dieser Teil des Gesetzes gilt, muß in jedem Kalenderjahr eine Bilanz ausgeben und zwar in solcher Form und solche Angaben und Urkunden enthaltend, wie dies nach den Vorschriften dieses Gesetzes erforderlich wäre, wenn die Gesellschaft im Sinne dieses Gesetzes der Generalversammlung eine solche Bilanz vorlegen und eine Abschrift dieser Bilanz dem Registerführer zur Eintragung eingeben müßte.

2. Wenn eine solche Bilanz nicht in englischer Sprache geschrieben ist, so muß ihr eine beglaubigte Übersetzung ins Englische beigegeben werden.

Pflicht zur Bekanntgabe des Namens, der Art der Haftung (ob beschränkt) und des Landes der Inkorporation.

348. Jede Gesellschaft, auf welche dieser Teil des Gesetzes anwendbar ist, ist verpflichtet:

1. in jedem Prospekt, welcher zur Zeichnung für ihre Aktien oder Schuldverschreibungen in Großbritannien einlädt, das Land zu nennen, wo die Gesellschaft inkorporiert ist; und
2. sichtbar an jedem Platz, wo sie Geschäfte in Großbritannien betreibt, den Namen der Gesellschaft und des Landes, wo sie inkorporiert ist, anzubringen; und
3. den Namen der Gesellschaft und des Landes der Inkorporation in lesbaren Buchstaben am Kopfe aller Rechnungen und des Briefpapiers, sowie in allen Mitteilungen, Bekanntmachungen und anderen geschäftlichen Veröffentlichungen der Gesellschaft anzubringen; und
4. wenn die Haftung der Mitglieder der Gesellschaft beschränkt ist, diese Tatsache in jedem Prospekt, wie vorhin erwähnt, und auf allen Rechnungen und allen Briefköpfen, Mitteilungen und anderen geschäftlichen Veröffentlichungen der Gesellschaft in Großbritannien in lesbarer Schrift bekanntzugeben und an jedem Platze, wo sie Geschäfte betreibt, offen anzubringen.

Zustellungen an Gesellschaften, für welche Teil XI gilt.

349. Eine gerichtliche oder andere Mitteilung, welche für Zustellung an eine Gesellschaft bestimmt ist, auf welche dieser Teil des Gesetzes Anwendung findet, ist genügend zugestellt, wenn sie an die Person adressiert ist, deren Name dem

Registerführer entsprechend diesem Teil des Gesetzes bekanntgegeben wurde, und wenn sie an die Adresse der so genannten Person abgeliefert oder durch die Post zugesandt wurde.

Es wird dabei bestimmt, daß

1. wenn eine solche Gesellschaft es unterläßt, dem Registerführer den Namen und die Adresse einer in Großbritannien wohnenden Person bekanntzugeben, welche ermächtigt ist, Vorladungen oder Mitteilungen für die Gesellschaft in Empfang zu nehmen; oder
2. wenn zu irgendeiner Zeit alle Personen, deren Namen und Adressen eingegeben wurden, gestorben sind oder nicht mehr so, wie angegeben, wohnen, oder sich weigern, Vorladungen und Zustellungen für die Gesellschaft in Empfang zu nehmen,

so kann eine Urkunde in der Weise an die Gesellschaft so zugestellt werden, daß sie an irgendeinen Geschäftsplatz, welchen die Gesellschaft in Großbritannien hat, abgeliefert wird oder durch die Post zugesandt wird.

Ämter, wo die Urkunden einzureichen sind.

350. — 1. Jede Urkunde, welche eine Gesellschaft, die diesem Teil des Gesetzes unterworfen ist, dem Registerführer für Gesellschaften einreichen muß, ist dem Beamten des Registerbureaus in England oder Schottland einzureichen, je nachdem die Gesellschaft ihren Geschäftssitz in England oder Schottland hat, und wenn sie einen Geschäftssitz sowohl in England als in Schottland hat oder errichtet, so muß die Urkunde dem Registerführeramt von England und auch demjenigen von Schottland eingereicht werden, und die Verweisungen auf den Registerführer für Gesellschaften in diesem Teil des Gesetzes müssen entsprechend ausgelegt werden.

Es wird dabei bestimmt, daß nichts in diesem Teil des Gesetzes die Eingabe einer Urkunde an das Registeramt verlangt, wenn sie diesem Amte vor dem Inkrafttreten dieses Gesetzes eingereicht worden ist.

2. Wenn eine Gesellschaft, für welche dieser Teil des Gesetzes gilt, aufhört, einen Geschäftssitz in irgendeinem Teile Großbritanniens zu haben, so muß sie sofort von dieser Tatsache dem Registerführer dieses Teiles Kenntnis geben. Von dem Datum, da diese Mitteilung gemacht worden ist, hört die Verpflichtung der Gesellschaft, dem Registerführer irgendeine Urkunde einzugeben, auf.

Strafvorschriften.

351. Wenn eine Gesellschaft, auf welche dieser Teil des Gesetzes anwendbar ist, es unterläßt, eine der vorherstehenden Vorschriften dieses Teiles des Gesetzes zu erfüllen, so wird sie und jeder Beamte oder Vertreter der Gesellschaft bußfällig, und zwar zu einer Buße von höchstens £ 50 oder im Falle dauernder Übertretung von höchstens £ 5 für jeden Tag, da die Unterlassung andauert.

Auslegung von Teil XI.

352. Im Sinne dieses Teiles des Gesetzes bedeuten:

der Ausdruck „certified“: beglaubigt als getreue Abschrift oder als getreue Übersetzung in vorgeschriebener Weise;

der Ausdruck „director“ in bezug auf eine Gesellschaft schließt in sich jede Person, nach deren Anweisungen und Instruktionen die Direktoren zu handeln gewohnt sind;

der Ausdruck „place of business“ schließt in sich ein Bureau für Aktienübertragung und Aktieneintragung;

der Ausdruck „prospectus“ hat dieselbe Bedeutung, wie wenn er gebraucht wäre in bezug auf eine Gesellschaft (company), welche gestützt auf dieses Gesetz inkorporiert ist.

Besondere Bestimmungen in bezug auf Gesellschaften, die auf den Kanal-Inseln oder der Isle of Man inkorporiert sind.

Verpflichtung der Gesellschaften auf den Kanalinseln oder der Isle of Man, Urkunden dem Registerführer einzugeben.

353. Wenn eine Gesellschaft, inkorporiert auf den Kanalinseln oder auf der Isle of Man

1. nach dem Inkrafttreten dieses Gesetzes einen Geschäftssitz in England oder Schottland errichtet; oder
2. vor dem Inkrafttreten dieses Gesetzes errichtet hatte und ihn nachher beibehält,

so sollen alle Vorschriften dieses Gesetzes, nach welchen Urkunden dem Registerführer einzugeben sind (ausgenommen die Vorschriften, welche Zahlung von Gebühren in bezug auf die Eintragung der Gesellschaft betreffen), in gleicher Weise auf die Gesellschaft Anwendung finden, wie wenn sie in England oder Schottland eingetragen wäre, und wenn die Gesellschaft Geschäftssitze in England und in Schottland errichtet, wie wenn die Gesellschaft an beiden Orten eingetragen wäre.

Im Falle einer Gesellschaft, welche einen Geschäftssitz vor dem Inkrafttreten dieses Gesetzes errichtet hatte, laufen die Fristen für die Einlieferung der Urkunden von dem Datum des Inkrafttretens des Gesetzes an.

Zwölfter Teil.

Beschränkung des Verkaufs und des Angebots von Aktien zum Kauf.

Prospekte von ausländischen Gesellschaften mit Angebot zur Zeichnung oder zum Ankauf von Aktien.

354. — 1. Es ist verboten:

a) irgendeinen Prospekt in Großbritannien auszugeben, in Verkehr zu setzen oder zu verteilen, der zur Zeichnung von Aktien oder Schuldverschreibungen einer Gesellschaft einlädt, die außerhalb Großbritanniens inkorporiert ist, ob die Gesellschaft einen Geschäftsplatz in Großbritannien hat oder nicht, wenn nicht:

   α) Vor der Ausgabe, dem Inverkehrsetzen oder der Verteilung des Prospektes in Großbritannien eine Abschrift davon, Beglaubigung durch den Vorsitzenden und zwei andere Direktoren der Gesellschaft, daß das geschäftsführende Organ damit einverstanden ist, dem Registerführer für Gesellschaften eingereicht ist;

   β) der Prospekt auf der Vorderseite bemerkt, daß die Abschrift so eingereicht wurde;

   γ) der Prospekt datiert ist;

   δ) der Prospekt auch sonst den Erfordernissen dieses Teiles des Gesetzes entspricht; oder

b) an irgendeine Person in Großbritannien ein Formular für das Gesuch auf Zuteilung von Aktien oder Schuldverschreibungen einer solchen Gesellschaft oder geplanten Gesellschaft auszugeben, wenn das Formular nicht mit einem Prospekt übergeben wird, der den Anforderungen dieses Teiles des Gesetzes entspricht.

Es wird jedoch bestimmt, daß diese Vorschriften keine Anwendung finden, wenn nachgewiesen wird, daß das Gesuchsformular ausgegeben wurde in Verbindung mit einer in gutem Glauben erfolgten Einladung an eine Person, in ein underwriting agreement[1] in bezug auf die Aktien oder Schuldverschreibungen einzutreten.

---

[1] Über die Bedeutung des underwriting agreement siehe S. 23.

2. Dieser Paragraph findet keine Anwendung, wenn es sich um die Ausgabe eines Prospektes oder eines Zeichnungsformulars über Aktien oder Schuldverschreibungen an gegenwärtige Mitglieder oder gegenwärtige Schuldverschreibungsinhaber der Gesellschaft handelt, gleichgültig, ob ein Bewerber für diese Aktien oder Schuldverschreibungen das Recht hat, zugunsten einer anderen Person zu verzichten oder nicht. Vorbehaltlich dieser Bestimmung soll dieser Paragraph aber für Prospekte und Zeichnungsformulare gelten, ob sie mit Bezugnahme auf die Gründung einer Gesellschaft oder erst später ausgegeben werden.

3. Eine Urkunde, durch welche Aktien oder Schuldverschreibungen einer außerhalb Großbritanniens inkorporierten Gesellschaft dem Publikum zum Kauf angeboten werden, soll für die Zwecke dieses Paragraphen als von der Gesellschaft ausgegebener Prospekt gelten, falls sie gemäß § 38 dieses Gesetzes auch so beurteilt würde, wenn die betreffende Gesellschaft eine solche im Sinne dieses Gesetzes wäre.

4. Das Anbieten von Aktien oder Schuldverschreibungen zur Zeichnung oder zum Kaufe an irgendeine Person, deren ordentliches Geschäft oder ein Teil des ordentlichen Geschäfts im Kauf oder Verkauf von Aktien oder Schuldverschreibungen besteht, sei es als Geschäftsherr oder als Vertreter, soll nicht als eine Offerte an das Publikum im Sinne dieses Gesetzes gelten.

5. § 37 dieses Gesetzes soll auf jeden Prospekt ausgedehnt werden, auf welchen dieser Paragraph (354) Anwendung findet.

6. Jede Person, welche wissentlich verantwortlich ist für die Übertretung von § 354, das Inverkehrbringen oder die Verteilung irgendeines Prospekts oder für die Ausgabe irgendeines Formulars mit dem Begehren auf Zuteilung von Aktien oder Schuldverschreibungen, verwirkt eine Buße von höchstens £ 5.

7. In diesem und dem nächsten Paragraphen haben die Ausdrücke „prospectus“, shares (Aktien) und „debentures“ (Schuldverschreibungen) dieselbe Bedeutung, wie wenn sie Bezug hätten auf eine nach diesem Gesetz inkorporierte Gesellschaft.

Erfordernisse des Prospekts.

355. — 1. Ein Prospekt muß in Befolgung dieses Teiles des Gesetzes und in Ergänzung der Vorschriften von § 354, Ziffer 1, lit. a, litt. β und γ folgenden Inhalt haben:

a) er muß über Folgendes Angaben enthalten:

α) den Zweck der Gesellschaft;

β) die Urkunde, durch welche die Gesellschaft konstituiert oder die Konstitution bestimmt wird;

γ) die Gesetze oder die Vorschriften, welche Gesetzeskraft haben, nach welchen die Inkorporierung der Gesellschaft erfolgte (Bemerkung: regelmäßig die Gründungsurkunde [das memorandum], doch kann die Inkorporierung auch durch königliche Charter oder anderswie [namentlich im Auslande] erlangt sein);

δ) eine Adresse in Großbritannien, wo die erwähnte Urkunde, die Gesetze und Vorschriften oder Abschriften davon eingesehen werden können oder beglaubigte Übersetzungen davon, wenn sie in fremder Sprache abgefaßt sind;

ε) das Datum und das Land der Inkorporierung;

ζ) ob die Gesellschaft einen Geschäftsplatz in Großbritannien hat, und wenn dies der Fall ist, die Adresse des Hauptbureaus in Großbritannien;

wobei bestimmt wird, daß die oben unter litt. α, β, γ und δ erwähnten Angaben wegfallen, wenn es sich um einen Prospekt handelt, der später ausgegeben wurde als zwei Jahre nach dem Datum, da die Gesellschaft berechtigt war, mit den Geschäften zu beginnen.

b) Vorbehaltlich der Vorschriften dieses Paragraphen (355) sind die Angaben erforderlich, welche in Teil I des vierten Anhangs (ausgenommen Ziffer 1) angegeben sind und die Berichte (reports), welche in Teil II jenes Anhangs wiedergegeben sind, jedoch vorbehaltlich der Vorschriften von Teil III jenes Anhangs.

Es wird bestimmt:

α) wenn ein Prospekt in einer Zeitungsanzeige veröffentlicht wird, so genügt es als Angabe der Zwecke, wenn der Hauptzweck angegeben wird, für welchen die Gesellschaft gegründet wurde; und

β) soll in Ziffer 3 von Teil I des Anhanges IV die Verweisung auf die Statuten ersetzt werden durch eine Verweisung auf die Konstitution der Gesellschaft; und

γ) Ziffer 1 von Teil III jenes Anhangs soll so wirksam sein, wie wenn die Verweisung auf die Gründungsurkunde (das Memorandum) dort ausgelassen wäre.

2. Jede Bestimmung, welche von einem Zeichner von Aktien oder Schuldverschreibungen verlangt, daß er auf Erfüllung eines der Erfordernisse dieses Paragraphen (355) Verzicht leiste oder ihm die Kenntnis irgendeines Vertrags, einer Urkunde oder anderer Dinge zumutet, die nicht besonders im Prospekt erwähnt sind, soll nichtig sein.

3. Wenn einem in diesem Paragraphen aufgestellten Erfordernis nicht entsprochen wird, kann weder ein Direktor noch irgendeine andere für den Prospekt verantwortliche Person wegen der Unterlassung oder Zuwiderhandlung haftbar gemacht werden, wenn folgende Umstände vorliegen:

a) wenn er nachweist, daß ihm die nicht mitgeteilten Tatsachen unbekannt waren; oder

b) wenn er beweist, daß die Unterlassung auf einen „ehrlichen Irrtum“ (a honest mistake) von seiner Seite zurückzuführen ist; oder

c) wenn die Unterlassung nach der Ansicht des Gerichts unwesentlich war oder die Umstände sonst so waren, daß das Gericht sie als entschuldbar erachtet.

Es wird bestimmt, daß der Mangel einer Angabe in bezug auf die Erfordernisse, die in Ziffer 15 von Teil I des vierten Anhangs dieses Gesetzes angeführt sind, weder einen Direktor noch eine andere Person wegen dieses Mangels haftbar macht, es sei denn nachgewiesen, daß er Kenntnis von den nicht bekanntgegebenen Tatsachen hatte.

4. Keine Bestimmung dieses Paragraphen beschränkt oder vermindert die Haftbarkeit, welche eine Person abgesehen von diesem Paragraphen nach allgemeinem Recht oder nach diesem Gesetze trifft.

Beschränkungen des Angebots von Aktien zur Zeichnung oder zum Verkauf.

356. — 1. Es ist jedermann verboten, von Haus zu Haus zu gehen, um Aktien zur Zeichnung oder zum Kauf anzubieten. In dieser Ziffer 1 schließt der Ausdruck „Haus“ keineswegs Geschäftsräume für Geschäftszwecke in sich.

2. Abgesehen von spätern Bestimmungen dieser Ziffer 2 ist es verboten, an irgendeine Person aus dem Publikum eine schriftliche Offerte in bezug auf irgendwelche Aktien zu richten (wenn diese Person nicht eine solche ist, deren ordentliches Geschäft oder ein Teil davon im Kauf und Verkauf von Aktien besteht, sei es als Geschäftsführer oder als Vertreter), es sei denn die Offerte von einer geschriebenen Aufstellung begleitet (unterzeichnet von der Person, welche die Offerte macht und datiert) mit allen denjenigen Angaben, welche den Erfordernissen dieses Paragraphen entsprechen oder im Falle einer außerhalb Großbritanniens inkorporierten Gesellschaft, von einer solchen Aufstellung oder von einem Prospekt, der den Bestimmungen dieses Teiles des Gesetzes entspricht.

Die Vorschriften dieser Ziffer 2 sind nicht anwendbar:

a) wenn die Aktien, auf welche sich die Offerte bezieht, an einer anerkannten Effektenbörse in Großbritannien kotiert oder zum Handel zugelassen sind, und die Offerte dies bemerkt und die Börse nennt; oder

b) wenn die Aktien, auf welche sich die Offerte bezieht, Aktien sind, welche die Gesellschaft zugeteilt hat oder sich verpflichtet hat, sie zuzuteilen mit der Absicht, sie dem Publikum zum Kauf anzubieten; oder

c) wenn die Offerte ausschließlich an Personen erfolgte, mit welchen derjenige, der die Offerte macht, regelmäßig ordentliche Geschäfte abschließt, die sich auf den Kauf und Verkauf von Aktien beziehen.

3. Die oben verlangte geschriebene Aufstellung soll nichts anderes enthalten als die Angaben, die durch diesen Paragraphen verlangt werden, und soll nicht in Buchstaben geschrieben sein, die kleiner oder weniger lesbar sind als irgendwelche andere Buchstaben, die in der Offerte oder in irgendeiner Urkunde stehen, welche damit zugeschickt werden.

4. Die erwähnte Aufstellung muß über folgende Punkte Angaben enthalten:

a) Ob die Person, welche die Offerte macht, als Geschäftsherr oder Vertreter handelt, und wenn dies als Vertreter geschieht, welches der Name des vertretenen Geschäftsherrn und seine Adresse in Großbritannien ist, wo er eingeklagt werden kann;

b) das Datum, an welchem die Inkorporation der Gesellschaft erfolgte, und das Land, wo dies geschah und die Adresse ihres eingetragenen Geschäftssitzes oder Hauptgeschäftsplatzes in Großbritannien;

c) das autorisierte Aktienkapital der Gesellschaft, und den Betrag davon, welcher emittiert wurde, die Aktienklassen, auf welche es verteilt ist, und die Rechte jeder Klasse der Aktionäre in bezug auf das Kapital, die Dividenden und das Stimmrecht;

d) die Dividenden, die durch die Gesellschaft an jede Klasse der Aktionäre während eines jeden der drei der Offerte unmittelbar vorausgegangenen Geschäftsjahre bezahlt wurden, und wenn für die einzelnen Aktienklassen keine Dividenden bezahlt wurden, eine Feststellung darüber;

e) den Gesamtbetrag der Schuldverschreibungen, welche durch die Gesellschaft ausgegeben wurden, und welche am Tage der Aufstellung noch ausstehend sind, zusammen mit dem dafür bezahlten Zinsfuß;

f) die Namen und die Adressen der Direktoren;

g) ob die offerierten Aktien voll einbezahlt sind oder nicht, und zu welcher Höhe;

h) ob die Aktien an irgendeiner anerkannten Effektenbörse in Großbritannien oder anderswo kotiert oder zum Handel zugelassen worden sind, und wenn dies nicht der Fall ist, eine Feststellung darüber, daß sie nicht an der Börse kotiert, noch auch zum Handel zugelassen sind;

i) wenn sich die Offerte auf irgendwelche Rechte (units)[1] an Aktien bezieht, Angaben der Namen und Adressen der Personen, auf welche die bezüglichen Aktien übertragen sind, das Datum und die Parteien einer Urkunde, in welcher die Bedingungen genannt sind, zu welchen diese Aktien gehalten werden, und eine Adresse in Großbritannien, wo diese Urkunde oder eine Abschrift davon eingesehen werden kann.

In dieser Ziffer 4 bedeutet der Ausdruck „company“ (Gesellschaft) die Gesellschaft, durch welche die Aktien, auf welche sich die Aufstellung bezieht, ausgegeben wurden oder ausgegeben werden sollen.

---

[1] Betr. „units“ vgl. unten Ziffer 7.

5. Wenn irgendeine Person in Übertretung dieses Paragraphen handelt oder eine andere Person hierzu veranlaßt, so ist sie zu bestrafen, und zwar mit Gefängnis auf eine Zeit bis auf 6 Monate oder zu einer Buße bis auf £ 200 oder sowohl zu Gefängnis als auch zu Buße; im Falle einer zweiten oder jeder weitern Übertretung zu Gefängnis auf eine Zeit von höchsten 12 Monaten oder zu einer Buße bis auf £ 500 oder sowohl zu Gefängnis als zu Buße.

6. Wenn eine Person, die der Übertretung dieses Paragraphen überführt wurde, „a company" (regelmäßig eine Aktiengesellschaft) (sei es im Sinne dieses Gesetzes oder sonst) ist, so ist jeder Direktor und jeder Beamter, der mit der Geschäftsführung zu tun hat, in gleicher Weise der Übertretung schuldig, wenn er nicht beweist, daß die Handlung, welche eine Übertretung darstellt, ohne seine Zustimmung und ohne seine Kenntnis erfolgte.

7. In diesem Paragraphen bedeutet das Wort „shares" (Aktien) — es sei denn, daß der Text es anders verlangt — die Aktien einer „company", sei es eine Gesellschaft nach diesem Gesetz oder nicht, und schließt in sich „debentures" (Schuldverschreibungen, Obligationen) und „units", und das Wort „units" bedeutet jedes Recht oder Interesse (wie immer genannt) an einer Aktie, und für den Zweck dieses Paragraphen geht es nicht an, jemanden im Verhältnis zu einer Gesellschaft nicht als Angehörigen des Publikums zu betrachten, lediglich weil er Inhaber von Aktien der Gesellschaft oder Käufer von Waren der Gesellschaft ist.

8. Wenn jemand in England überführt wurde, eine Offerte in Übertretung der Vorschriften dieses Paragraphen gemacht zu haben, so kann das Gericht, von welchem er verurteilt wird, verfügen, daß jeder Vertrag, der zufolge der Offerte abgeschlossen wurde, ungültig ist, und wenn das Gericht eine solche Verfügung trifft, weitere Anordnungen treffen, die es für die Rückzahlung des Geldes oder die Rückübertragung der Aktien angezeigt erachtet.

Wenn das Gericht eine Verfügung, gestützt auf diese Ziffer 8 erläßt, so ist dagegen eine Berufung an den High Court möglich.

Dreizehnter Teil.

Verschiedenes.

Verbot der „partnership" von mehr als zwanzig Mitgliedern.

Verbot der partnership von mehr als zwanzig Mitgliedern.

357. Keine Gesellschaft (company), association oder partnership, welche aus mehr als 20 Personen besteht, darf für den Betrieb irgendwelchen Geschäftes (es handle sich denn um ein Bankgeschäft), das die Erzielung von Gewinnen durch sie oder durch die einzelnen Mitglieder zum Zwecke hat, gegründet werden, wenn sie nicht als company (Aktiengesellschaft) gemäß den Vorschriften dieses Gesetzes eingetragen ist, oder gegründet wurde gestützt auf ein anderes Parlamentsgesetz oder auf königliche Verleihung durch „letters patent", oder eine Gesellschaft ist, die an Bergwerken der Zinngruben beteiligt ist, und der Gerichtsbarkeit des Gerichts unterworfen ist, das für die Zinngruben Zuständigkeit hat.

Vorschriften in bezug auf Banken.

Verbot der partnership für Bank-Gesellschaften von mehr als zehn Mitgliedern.

358. Keine company (Aktiengesellschaft), Personenvereinigung (association) oder partnership darf gegründet werden mit der Teilnahme von mehr als zehn Personen zum Zwecke der Durchführung von Bankgeschäften, es sei denn, daß diese Vereinigung als company (Aktiengesellschaft) gestützt auf dieses Gesetz oder gestützt auf einen anderen Parlamentsakt oder königliche Verleihung (letters patent) gegründet werde.

359. — 1. Jede Bankgesellschaft, die schon am 7. August 1862 bestand, sich aber als company mit beschränkter Haftung eintragen lassen will, muß wenigstens 30 Tage vor solcher Eintragung durch persönliche Übergabe der Mitteilung oder durch Postbestellung an die letztbekannte Adresse, jeder Person, welche bei ihr ein Bankkonto hat, von der Absicht der Eintragung als Gesellschaft mit beschränkter Haftung Kenntnis geben.

Bei Eintragung einer Bank-Gesellschaft mit beschränkter Haftung sind die Kunden zu benachrichtigen.

2. Wenn die Gesellschaft es unterläßt, die durch diesen Paragraphen geforderte Nachricht zu geben, so soll das Eintragungszeugnis als Gesellschaft mit beschränkter Haftung zwischen ihr und dieser Person keine Wirkung haben, soweit das Konto bis zur Zeit einer solchen Mitteilung in Betracht kommt, jedoch nicht in weiterem Umfange und nicht in anderer Weise.

360. — 1. Eine gestützt auf dieses Gesetz als Gesellschaft mit beschränkter Haftung eingetragene Notenbank ist in bezug auf ihre Noten nicht zu beschränkter Haftung berechtigt; ihre Mitglieder sollen in bezug auf ihre Noten in derselben Weise haftbar bleiben, wie wenn sie als Gesellschaft mit unbeschränkter Haftung eingetragen wäre.

Unbeschränkte Haftung einer Notenbank in bezug auf ihre Noten.

Im Falle, daß die allgemeinen Aktiven der Gesellschaft bei der Liquidation nicht ausreichen, die Forderungen sowohl der Noteninhaber als auch der allgemeinen Gläubiger zu befriedigen, sollen die Mitglieder nach Befriedigung der übrigbleibenden Ansprüche der Noteninhaber verpflichtet sein, zur Zahlung der Forderungen der allgemeinen Gläubiger eine Summe beizutragen, welche der von den Noteninhabern aus den allgemeinen Aktiven der Gesellschaft empfangenen Summe gleichkommt.

2. Für die Zwecke dieses Paragraphen bedeutet der Ausdruck „die allgemeinen Aktiven der Gesellschaft", die Aktiven, welche sowohl zur Befriedigung der allgemeinen Gläubiger als auch der Noteninhaber verwertbar sind.

3. Eine gestützt auf dieses Gesetz als Gesellschaft mit beschränkter Haftung eingetragene Notenbank soll berechtigt sein, auf ihren Noten zu vermerken, daß sich die beschränkte Haftung nicht auf ihre Noten bezieht, und daß die Mitglieder in bezug auf die Noten in derselben Weise haftbar sind, wie wenn sie als Gesellschaft mit unbeschränkter Haftung eingetragen wäre.

361. — 1. Wenn eine Gesellschaft, welche Bankgeschäfte betreibt, dem Registerführer in gehöriger Weise den Jahresbericht eingeschickt hat, welcher von § 108 dieses Gesetzes verlangt wird und ihm eine Aufstellung der Namen der verschiedenen Plätze beigegeben hat, wo sie Geschäfte betreibt, so ist die Gesellschaft nicht verpflichtet:

Vorrechte von Banken, mit Jahresberichten.

a) zur Abgabe irgendwelcher Berichte an die Commissioners of Inland Revenue gemäß den Vorschriften des Country Bankers Act, 1826, des Bankers (Scotland) Act, 1826, § 21 des Bank Charter Act, 1844, oder von § 13 des Bank Notes (Scotland) Act, 1845; und

b) sie soll als eine „bank" und „bankers" im Sinne des Bankers' Books Evidence Act, 1879 beurteilt werden.

2. Die Tatsache der in gehöriger Weise erfolgten Einreichung von Jahresbericht und Aufstellungen kann in jedem rechtlichen Verfahren durch ein Zeugnis des Registerführers bewiesen werden.

Verschiedene Übertretungen (vgl. Anhang XI, S. 295).

362. Wer in einem Bericht, einem Zeugnis, einer Bilanz oder in irgendeiner anderen Urkunde, welche für die Zwecke dieses Gesetzes, wie einzeln ausgeführt im elften Anhang, verlangt werden, absichtlich in bezug auf wesentliche Punkte eine falsche Angabe macht, obschon er weiß, daß sie falsch ist, macht sich eines Vergehens (a misdemeanour) schuldig, und soll nach Schuldigerklärung in Schott-

Strafe bei falschen Angaben.

land zu einer Freiheitsstrafe bis auf 2 Jahre, mit oder ohne „hard labour" (harter Arbeit) verurteilt werden und im Falle summarischer Verurteilung in England oder Schottland zu einer Freiheitsstrafe bis auf 4 Monate, mit oder ohne Zwangsarbeit, in jedem Falle zu einer Buße, sei es an Stelle oder zusätzlich der erwähnten Freiheitsstrafe.

Jedoch soll

a) die Buße, welche auf Grund summarischer Verurteilung ausgesprochen wird, £ 100 nicht übersteigen;

b) keine Bestimmung dieses Paragraphen die Vorschriften des Perjury Act, 1911, berühren.

Bestrafung in Schottland wegen Meineid.

363. Wenn in Schottland jemand, bei Befragung auf Eid, zulässig zufolge dieses Gesetzes oder in irgendeinem affidavit (eidesstattliche Versicherung) oder in einer Erklärung anläßlich einer Liquidation einer Gesellschaft oder sonstwie in bezug auf Dinge, welche sich auf dieses Gesetz beziehen, vorsätzlich und in gemeiner Weise falsches Zeugnis ablegt, so soll er wegen Meineides bestraft werden.

Strafe für widerrechtliche Benutzung des Wortes „limited".

364. Wenn eine Person oder Personen Handel oder Geschäfte unter irgendeinem Namen oder Titel betreiben, dessen letztes Wort „limited" oder irgendeine Abkürzung oder Nachahmung dieses Wortes ist, so sollen solche Personen, es sei denn, daß sie gehörig mit beschränkter Haftung inkorporiert sind, für jeden Tag, an welchem solcher Name oder Titel benutzt worden ist, eine £ 5 nicht übersteigende Geldstrafe verwirken.

Allgemeine Vorschriften bei Übertretungen.

„Default fines" (Versäumnisbußen), „officer in default".

365. — 1. Wenn in irgendeiner Bestimmung dieses Gesetzes vorgeschrieben ist, daß eine Gesellschaft und irgendein Beamter der Gesellschaft, welcher „in default" (der Unterlassung oder Übertretung fehlbar) ist, mit einer „default fine" (Versäumnisbuße) zu bestrafen ist, so soll die Gesellschaft und jeder solche Beamte für jeden Tag, da er gegen die bezügliche Gesetzesvorschrift fehlt, oder die Verweigerung oder die Übertretung andauert, eine Buße verwirken, welche denjenigen Betrag nicht übersteigt, welcher in der bezüglichen Vorschrift genannt ist, oder, wenn der Bußenbetrag nicht genannt ist, welche den Betrag von £ 5 nicht übersteigt.

2. In den bezüglichen Bestimmungen, welche über den fehlbaren Beamten eine Buße oder eine „penalty" (Bestrafung) verhängen, bedeutet der Ausdruck „officer who is in default" jeden Direktor, Geschäftsführer, Sekretär oder einen anderen Beamten der Gesellschaft, der wissentlich und vorsätzlich die erwähnte Unterlassung, Weigerung oder Übertretung, welche in der betreffenden Vorschrift erwähnt ist, veranlaßt oder zuläßt.

Verfahren bei Bußenverfügungen.

366. Alle Übertretungen, welche nach diesem Gesetz mit einer Buße bestraft werden, können gestützt auf die Summary Jurisdiction Acts beurteilt werden.

Verwendung von Bußen.

367. Das Gericht, das gemäß diesem Gesetz eine Geldstrafe auferlegt, kann bestimmen, daß diese ganz oder zum Teil zur Zahlung der Kosten des Verfahrens oder zur Belohnung derjenigen Person, auf deren Anzeige oder deren Vorgehen eine solche Geldstrafe auferlegt worden ist, verwendet wird: vorbehaltlich einer so gegebenen Anordnung sollen alle Geldstrafen auf Grund dieses Gesetzes trotz irgendeiner entgegenstehenden Bestimmung eines anderen Gesetzes, an das Schatzamt einbezahlt werden.

Vorbehalt für private Rechtsverfolgung.

368. Keine Bestimmung dieses Gesetzes, die sich auf Strafverfahren durch die Staatsanwaltschaft (the Director of Public Prosecutions) bezieht, soll irgendwelche private Person davon ausschließen, solche Verfahren einzuleiten oder durchzuführen.

369. Wenn ein Verfahren gegen irgendeine Person, gestützt auf dieses Gesetz, durch die Staatsanwaltschaft eingeleitet ist (the Director of Public Prosecutions oder the Lord Advocate), so gibt keine Bestimmung dieses Gesetzes das Recht, irgendeine Person, die als Solicitor für den Angeschuldigten gehandelt hat, zu veranlassen, daß sie Mitteilungen, die ihr unter dem Siegel des Berufsgeheimnisses gemacht wurden, bekanntgebe. Vorbehalt für das Berufsgeheimnis des Solicitors (Anwalt).

Zustellung von Urkunden und prozessualen Mitteilungen.

370. — 1. Eine Urkunde kann einer Gesellschaft in der Weise zugestellt werden, daß sie am eingetragenen Geschäftssitz der Gesellschaft abgegeben oder ihr dorthin durch die Post zugeschickt wird. Zustellung von Urkunden an Gesellschaften.

2. Wenn eine Gesellschaft, die in Schottland eingetragen ist, in England Geschäfte betreibt, so kann irgendein gerichtliches Aktenstück der Gesellschaft zugestellt werden, indem es an ihrem Hauptgeschäftsplatz in England abgegeben oder ihr dorthin durch die Post zugeschickt wird, versehen mit der Adresse des Geschäftsführers oder anderer ersten Beamten der Gesellschaft in England.

3. Wenn ein solches Aktenstück einer Gesellschaft zugestellt wird, gestützt auf Ziffer 2 dieses Paragraphen, so soll die Person, welche die Zustellung veranlaßt, eine Abschrift davon durch die Post an den eingetragenen Geschäftssitz der Gesellschaft senden.

371. Wenn eine Gesellschaft mit beschränkter Haftung in einem Rechtsstreit Kläger ist, so kann jeder in dieser Sache zuständige Richter, wenn es auf Grund eines glaubhaften Zeugnisses wahrscheinlich erscheint, daß, wenn der Beklagte mit seiner Verteidigung durchdringt, das Vermögen der Gesellschaft zur Zahlung seiner Kosten nicht ausreichen wird, Stellung einer hinreichenden Sicherheit für solche Kosten verlangen und kann bis zur Stellung einer solchen Sicherheit das weitere Verfahren einstellen. Prozeßkosten bei gewissen beschränkt haftenden Gesellschaften.

372. — 1. Wenn in einem Verfahren wegen Fahrlässigkeit, Unterlassung, Pflichtverletzung, oder Treuhandbruch gegen irgendeine Person, auf welche dieser Paragraph anwendbar ist, das Gericht nach Prüfung des Falles zur Überzeugung gelangt, daß jene Person zwar in bezug auf ihre Nachlässigkeit, Unterlassung, diePflichtverletzung oder den Treuhandbruch schuldig ist, richtig, daß sie aber ehrlich und vernünftig gehandelt hat, und daß bei Berücksichtigung aller Umstände des Falles, eingeschlossen diejenigen bei ihrer Wahl, billigerweise eine Entschuldigung für diese Übertretung gegeben erscheint, so kann das Gericht dieser Person Befreiung von der Verantwortung gewähren, sei es ganz oder teilweise, und zwar unter solchen Bedingungen, wie sie das Gericht angemessen erachtet. Entlastung (Wiederherstellung) durch das Gericht.

2. Wenn irgendeine Person, auf welche dieser Paragraph Anwendung findet, Grund hat, zu befürchten, daß in bezug auf irgendeine Nachlässigkeit, eine Unterlassung, eine Pflichtverletzung oder einen Treuhandbruch, gegen sie vorgegangen wird, so kann sie an das Gericht gelangen, um die erwähnte Befreiung zu erhalten, und das Gericht hat bei einem solchen Begehren die gleiche Befugnis, gemäß diesem Paragraphen die Befreiung zu gewähren, wie sie ein Gericht hat, bei welchem gegen jene Person Klage wegen einer jener Übertretungen vorgebracht worden ist.

3, Wenn irgendein Fall, auf welchen Ziffer 1 dieses Paragraphen anwendbar ist, vor einem Richter mit Geschworenen verhandelt wird, so kann der Richter nach erfolgter Beweisaufnahme, den Fall ganz oder teilweise der Behandlung durch die Geschworenen entziehen und sofort direkt ein Urteil zugunsten des Angeschuldigten sprechen, unter solcher Kostenauflage und sonst, wie er es für richtig hält.

4. Zu den Personen, auf welche dieser Paragraph Anwendung findet, gehören:

a) die Direktoren einer Gesellschaft;

b) die Geschäftsführer einer Gesellschaft;

c) die Beamten einer Gesellschaft;

d) Personen, welche von der Gesellschaft in Dienst genommen wurden als Revisoren, ob sie Beamte der Gesellschaft sind oder nicht.

Zwangsvollstreckung von gerichtlichen Verfügungen.

373. Gerichtliche Verfügungen (orders) des High Court, gestützt auf dieses Gesetz, können in gleicher Weise vollstreckt werden, wie in Prozessen, welche bei diesem Gericht anhängig sind.

Prozeßverordnungen von Schottland.

374. — 1. Der Court of Session kann, gestützt auf den Act of Sederunt, Verordnungen über das Verfahren erlassen, das auf diesem Gesetz beruht, und vor dem Court of Session oder vor einem Sheriffgericht, eingeschlossen Berufungen gegen das Sheriffgericht, vor sich geht.

2. Die Befugnis, die sich auf diesen Paragraphen stützt, bezieht sich auch auf Verordnungen über Kosten und Gebühren.

Gerichtsbarkeit des Zinngrubengerichts.

375. — 1. Im Falle einer der Gerichtsbarkeit der Zinngruben unterliegenden Gesellschaft soll das Gericht, welches die Zinngrubengerichtsbarkeit ausübt, dieselbe Gerichtsbarkeit haben und dieselben Befugnisse ausüben, wie sie das Gericht des Vice-Warden der Zinngruben vor Inkrafttreten des Gesetzes betreffend die Abschaffung des Zinngrubengerichts 1896 (the Stannaries Court [Abolition] Act, 1896) durch Gewohnheit, Gebrauch oder Gesetz im Falle von nicht inkorporierten Gesellschaften besessen hat, jedoch nur insoweit, als sich dies mit den Bestimmungen dieses Gesetzes und mit der Verfassung der Gesellschaft, wie sie durch dieses Gesetz bestimmt oder erfordert werden, vereinigen läßt.

2. Um solcher Gerichtsbarkeit volle Wirkung beizulegen, sollen jede von dem erwähnten Gericht ausgehende Zustellung, sowie alle Verfügungen, Verordnungen, Anträge, Benachrichtigungen, Haftbefehle und Ladungen, die nach der Praxis des Gerichts einer Gesellschaft, gleichgültig, ob sie eingetragen oder nicht eingetragen ist, oder irgendeinem Mitglied oder Beitragspflichtigen oder irgendeinem Beamten, Bevollmächtigten, Direktor, Geschäftsführer oder Angestellten derselben zugestellt werden müssen oder können, in irgendeinem Teile von England ohne besondere Anordnung des Gerichts zu diesem Zwecke zugestellt werden können oder auf besondere Anordnung und auf Grund solcher Bedingungen in irgendeinem Teile der Britischen Inseln zugestellt werden können, wie es das Gericht für richtig hält.

Jedoch soll keine solche Zustellung außerhalb der Grenzen der Zinngrubengerichte in einer gemeinrechtlichen Klage ohne besondere Anordnung des Gerichts, welche auf Grund eines Berichtes über die Art und den Gegenstand der Klage zu erfolgen hat, gemacht werden.

3. Alle Verfügungen (decrees), Beschlüsse und Urteile des erwähnten Gerichts können in derselben Weise wie die Verfügungen, Beschlüsse und Urteile des Gerichts des Vice-Warden der Zinngruben vor seiner Aufhebung, gleichgültig, ob innerhalb oder außerhalb der Zinngruben, vollstreckt werden.

Allgemeine Bestimmungen über das Handelsamt (Board of Trade).

Jahresbericht des Handelsamtes.

376. Das Handelsamt soll jedes Jahr einen allgemeinen Jahresbericht über alle Angelegenheiten, welche dieses Gesetz betreffen, ausarbeiten und den beiden Häusern des Parlamentes vorlegen.

Beglaubigung von Urkunden.

377. Jede Bewilligung des Handelsamtes, Genehmigung oder Lizenz, welche auf Grund dieses Gesetzes vom Handelsamt gegeben werden kann, kann vom Hauptsekretär oder Hilfssekretär des Handelsamtes oder einer hierzu vom Präsidenten des Handelsamtes ermächtigten Person unterschrieben werden.

Verfügungen (orders) und Zeugnisse des Handelsamtes.

378. — 1. Alle Urkunden, welche Verfügungen oder Zeugnisse des Handelsamtes in Anwendung dieses Gesetzes sind und mit dem Siegel des Handelsamtes versehen sein müssen oder gesiegelt sein müssen durch einen Sekretär oder einen

Hilfssekretär des Handelsamtes oder irgendeine andere Person, welche zu diesem Zwecke vom Vorsitzenden des Handelsamtes ermächtigt wurde, sollen als Beweismittel entgegengenommen werden und als Verfügungen und Zeugnisse des Handelsamtes beurteilt werden ohne weiteren Beweis, es sei denn das Gegenteil nachgewiesen.

2. Ein Zeugnis, welches vom Vorsitzenden des Handelsamtes unterzeichnet ist und bezeugt, daß irgendeine Verfügung erlassen, ein Zeugnis ausgegeben oder eine Handlung getan wurde, ist eine Verfügung, ein Zeugnis oder eine Handlung des Handelsamtes und bildet schlüssigen Beweis über die Tatsache, welche so bezeugt ist.

379. — 1. Das Handelsamt kann Tafel A, das Formular im siebenten Anhang (Seventh Schedule) und die Gebührentafel im zehnten Anhang (Tenth Schedule) dieses Gesetzes ändern, in der Weise, daß der Betrag der Gebühren zahlbar an den Registerführer gemäß dem erwähnten zehnten Anhang nicht erhöht wird, und er kann auch Änderungen oder Ergänzungen vornehmen in bezug auf die Tafeln B, C, D und E des ersten Anhanges (First Schedule), und die Formulare im zweiten und sechsten Anhang (Second and Sixth Schedule) dieses Gesetzes.

Befugnis „Tafeln" („tables") und Formulare zu ändern.

2. Jede solche Tafel oder solches Formular sind, wenn sie geändert werden, in der London-Gazette zu veröffentlichen und sollen dann die gleiche Rechtskraft haben, wie wenn sie in einem Anhange dieses Gesetzes enthalten wären. Doch kann keine vom Handelsamt in Tafel A vorgenommene Änderung oder Streichung gegenüber einer Gesellschaft, welche vor der Änderung oder Streichung eingetragen wurde, rechtswirksam sein.

Auslegung.

380. — 1. In diesem Gesetz haben, wenn im Text nicht etwas anderes verlangt wird, die folgenden Ausdrücke die nebenstehend gegebene Bedeutung, nämlich:

Auslegung.

„Annual return", „Jahresbericht", heißt der Bericht einer Gesellschaft, deren Kapital in Aktien zerlegt ist, und welcher verlangt wird von § 108, und der Bericht, welchen eine Gesellschaft, deren Kapital nicht in Aktien zerlegt ist, nach § 109 zu erstatten hat;

„Articles", Statuten, Satzungen, sind die Statuten einer Gesellschaft in ihrer ursprünglichen Gestalt, aber auch abgeändert durch Spezialbeschluß, einschließlich, soweit sie sich auf die Gesellschaften beziehen, die Anordnungen, welche in Tafel B des Anhanges zum Joint Stock Companies Act, 1856, angeführt sind oder in Tafel A des ersten Anhanges zum Companies Act, 1862, oder in jener Tafel abgeändert zufolge § 71 des letzterwähnten Gesetzes oder in Tafel A im ersten Anhang zum Companies (Consolidation) Act, 1908, oder in jener Tafel, abgeändert zufolge § 118 des letzterwähnten Gesetzes oder in Tafel A des ersten Anhanges des vorliegenden Gesetzes;

„Book and paper" und „book or paper", Bücher und Schriftstücke, schließen Abrechnungen, gesiegelte Urkunden (deeds), Schriftstücke und andere Urkunden in sich;

„Company" ist eine Gesellschaft (company) gebildet und eingetragen gemäß diesem Gesetz oder eine „existing company".

„Existing Company" ist eine Gesellschaft, welche gebildet und eingetragen wurde gemäß den Joint Stock Companies Acts, dem Companies Act, 1862, oder dem Companies (Consolidation) Act, 1908, schließt jedoch nicht in sich eine Gesellschaft eingetragen nach den genannten Gesetzen in Nord-Irland oder dem Irischen Freistaat;

„Company within the stannaries", „Gesellschaft im Gebiete der Zinngruben" ist eine Gesellschaft, welche am Betriebe von Bergwerken im Gebiete von Zinngruben beteiligt ist oder hierfür gebildet ist;

„The court“, „das Gericht“, genannt in bezug auf Gesellschaften, heißt das Gericht, welches Gerichtsbarkeit in bezug auf die Liquidation von Gesellschaften ausübt;

„The court exercising the stannaries jurisdiction“, das Gericht, welches die Gerichtsbarkeit im Bezirk der Zinngruben ausübt, in bezug auf irgendein Verfahren, meint das Gericht, welches die Gerichtsbarkeit ausübt, die früher ausgeübt wurde durch das Gericht des Vice-Warden der Zinngruben;

„Debenture“, Schuldverschreibung, schließt Schuldverschreibungsstock (debenture stock), bonds (Schuldscheine) und jedes andere Wertpapier (securities) der Gesellschaft ein, ob sie das Vermögen der Gesellschaft belasten oder nicht;

„Director“, Direktor, schließt jede Person in sich, welche die Stellung eines Direktors bekleidet, gleichgültig unter welchem Namen;

„Document“, Urkunde, schließt in sich Aufforderungen, Vorladungen, gerichtliche Verfügungen und andere gerichtliche Schriftstücke, sowie Register (Bücher);

„The Gazette“ meint, soweit Gesellschaften in Betracht kommen, welche in England eingetragen sind, the London Gazette, und in bezug auf Gesellschaften, die in Schottland eingetragen sind, the Edinburgh Gazette;

„General rules“ heißen die allgemeinen Verordnungen, erlassen, gestützt auf § 305 dieses Gesetzes, und schließt Formulare in sich;

„Joint Stock Companies Acts“ sind der Joint Stock Companies Act, 1886, die Joint Stock Companies Acts, 1856, 1857, und der Joint Stock Banking Companies Act, 1857, und das Gesetz, das die Bildung von Joint Stock Banking Companies nach dem Grundsatz beschränkter Haftung ermöglicht oder eines oder mehrere dieser Gesetze, wie dies im einzelnen Fall zutreffend ist; aber dieser Ausdruck schließt nicht in sich das Gesetz, welches im achten Jahre der Regierung der Königin Victoria, chapter 110, erlassen wurde mit dem Titel „An Act for the Registration, Incorporation, and Regulation of Joint Stock Companies“;

„Memorandum“ heißt die Gründungsurkunde einer Personenvereinigung oder einer „company“ in ursprünglicher Form oder wie sie zufolge irgendeiner gesetzlichen Bestimmung abgeändert wurde;

„Prescribed“, vorgeschrieben, bedeutet in bezug auf die Vorschriften dieses Gesetzes über die Liquidation von Gesellschaften solche, welche durch allgemeine Verordnungen vorgeschrieben werden, und in bezug auf die anderen Vorschriften dieses Gesetzes, die vom Handelsamt erlassenen Vorschriften;

„Prospectus“, Prospekt, ist jeder Prospekt, jede Mitteilung, jedes Rundschreiben, jedes Inserat oder jede andere Einladung, welche dem Publikum zur Zeichnung oder zum Kauf irgendwelche Aktien oder Schuldverschreibungen der Gesellschaft anbietet;

„Real and personal“, dinglich und „beweglich“, ist in bezug auf Schottland gleichbedeutend mit „heritable and moveable“;

„The registrar of companies“, der Registerführer für Gesellschaften, oder wenn gebraucht in bezug auf die Eintragung von Gesellschaften „the registrar“, der Registerführer, meint den Registerführer oder einen anderen Beamten, der, gestützt auf dieses Gesetz, das Amt der Eintragung von Gesellschaften in England oder Schottland oder in den Zinngrubengebieten besorgt;

„Share“, Aktie, ist der Anteil am Aktienkapital der Gesellschaft und schließt auch Stockvermögen, stock, in sich, ausgenommen, wenn ausdrücklich oder stillschweigend zwischen stock und shares ein Unterschied gemacht ist;

„Table A“ ist die Tafel A im ersten Anhang (First Schedule) dieses Gesetzes.

2. Wenn in diesem Gesetz von einer Person gesprochen wird, nach deren Anweisungen und Instruktionen die Direktoren der Gesellschaft zu handeln gewohnt sind, so fallen darunter keineswegs Personen, auf deren bloßen Ratschlag, gestützt auf ihre besonderen beruflichen Kenntnisse, die Direktoren gehandelt haben.

Aufhebung und Beibehaltung älterer Gesetzesbestimmungen, kurzer Titel und Inkrafttreten des Gesetzes.

381. — 1. Die gesetzlichen Bestimmungen, welche im ersten Teil des zwölften Anhanges zu diesem Gesetze erwähnt sind, werden hiermit gestrichen, als dahingefallen erklärt, und zwar in dem in der dritten Kolonne jenes Teiles bezeichneten Umfang. Aufhebung von Gesetzen.

2. Unbeschadet der Bestimmungen von § 38 des Interpretation Act (Auslegungsgesetzes), 1889, gelten folgende Bestimmungen:

a) Keine dieser Streichungen soll Bezug haben auf irgendeine Order in Council (Kabinettsorder), order (Verfügung), rule (Verordnung), regulation (Vorschriften), Gebührentarif, Ernennungen, Liegenschaftenübertragung (conveyance), Hypothekarpfand, gesiegelte Urkunde oder Vereinbarung, Beschlüsse, Anweisungen, Prozeßverfahren, Urkunden, welche zustande kamen gestützt auf frühere gesetzliche Vorschriften, welche sich auf die Gesellschaft beziehen, sondern jede solche Order in Council usw. muß, wenn sie in Geltung war bei Inkrafttreten dieses Gesetzes, fortfahren wirksam zu sein, und soweit sie nach dem vorliegenden Gesetz zustande kam, soll sie so wirksam sein, wie wenn sie gestützt auf das vorliegende Gesetz geschaffen worden wäre.

   Es wird bestimmt, daß jede Verordnung (rule), welche gemäß § 238 des Companies (Consolidation) Act, 1908 erlassen wurde, so beurteilt wird, daß sie mit Bezug auf eine Gebührenverordnung des High Court nach § 213 des Supreme Court of Judicature (Consolidation) Act, 1925, erfolgte und in bezug auf andere Materien, vor High Court nach § 99 jenes Gesetzes, und im Falle einer Verordnung über das Verfahren vor dem Gericht, das die Gerichtsbarkeit im Zinngrubengebiet ausübt, gemäß § 164 des County Courts Act, 1888;

b) jede Urkunde, welche auf eine frühere Gesetzesbestimmung über die Gesellschaften verweist, soll so ausgelegt werden, wie wenn die Verweisung sich auf eine korrespondierende Bestimmung dieses Gesetzes beziehen würde;

c) jede Person, welche zu irgendeinem Amt erwählt wurde, gestützt auf eine frühere gesetzliche Bestimmung, die sich auf Gesellschaften bezog, soll so behandelt werden, wie wenn sie zu jenem Amte ernannt worden wäre nach den Bestimmungen dieses Gesetzes;

d) jedes Register (Buch), welches nach früheren Gesetzen, die sich auf Gesellschaften beziehen, geführt wurde, soll so beurteilt werden, wie wenn es ein Teil des Registers wäre, das nach den korrespondierenden Bestimmungen dieses Gesetzes gehalten werden muß;

e) alle funds (Fonds) und Konti, welche entsprechend diesem Gesetz errichtet werden, sollen so beurteilt werden, wie wenn sie die Fortsetzung der korrespondierenden funds und Konti wären, die unter früheren gesetzlichen Bestimmungen errichtet wurden, die sich auf Gesellschaften bezogen.

3. In diesem Paragraphen bedeutet der Ausdruck „former enactment relating to companies" (frühere gesetzliche Bestimmung, die sich auf Gesellschaften bezieht) eine gesetzliche Bestimmung, welche durch dieses Gesetz oder den Companies (Consolidation) Act, 1908, aufgehoben wurde.

Savings (nichtaufgehobene Vorschriften).

382. Dieses Gesetz soll in keiner Weise Einfluß haben auf folgende Rechtsvorschriften:

1. die Inkorporation irgendeiner Gesellschaft, welche gestützt auf eine gesetzliche Bestimmung eingetragen wurde, die hier aufgehoben wurde;
2. Tafel B im Anhang des Joint Stock Companies Act, 1856, oder irgendeinen Teil davon, soweit sie auf Gesellschaften Anwendung findet, welche beim Inkrafttreten dieses Gesetzes schon bestanden;
3. Tafel B des ersten Anhanges des Companies Act, 1862, oder eines Teiles davon, ob er ursprünglich in jenem Anhang enthalten war oder abgeändert wurde, gestützt auf § 71 jenes Gesetzes, soweit sie Gesellschaften betrifft, welche beim Inkrafttreten dieses Gesetzes bestanden;
4. Tafel A des ersten Anhanges des Companies (Consolidation) Act, 1908, oder irgendeinen Teil davon, sei es in ihrer ursprünglichen Form oder mit der Abänderung zufolge von § 118 jenes Gesetzes, soweit dieses Anwendung findet auf Gesellschaften, die bei Inkrafttreten dieses Gesetzes schon bestanden;
5. die gesetzlichen Bestimmungen im zweiten Teil des zwölften Anhanges dieses Gesetzes, welche gesetzliche Vorschriften in Kraft bleiben gemäß § 205 des Companies Act, 1862;
6. die Befugnis einer Gesellschaft, ihre Gründungsurkunde gestützt auf § 3 des Mortgage Debenture Act, 1865, zu ändern;
7. die Bestimmungen von § 5 des Trade Union Act, 1871;

   Die Verweisung in jenem Paragraphen auf die Companies Acts, 1862 und 1867, soll wie eine Verweisung auf dieses Gesetz gelesen werden.

Gesellschaftsliquidationen, die vor dem Inkrafttreten dieses Gesetzes begonnen wurden.

383. Die Bestimmungen dieses Gesetzes in bezug auf Liquidation sollen auf keine Gesellschaft Anwendung finden, deren Liquidation vor Inkrafttreten dieses Gesetzes begonnen hat; eine jede solche Gesellschaft soll in derselben Weise, mit denselben Folgen liquidiert werden, wie wenn dieses Gesetz nicht bestände und für die Zwecke der Liquidation soll das Gesetz oder die Gesetze, unter welchen die Liquidation begonnen hat, volle Rechtskraft behalten.

Anwendung auf Irland.

384. — 1. Keine Bestimmung dieses Gesetzes, ausgenommen die Bestimmungen, welche sich ausdrücklich auf Gesellschaften beziehen, welche in Nord-Irland oder außerhalb von Großbritannien eingetragen oder inkorporiert sind, soll Anwendung finden auf Gesellschaften, welche in Nord-Irland eingetragen oder inkorporiert sind.

2. Keine Bestimmung dieses Gesetzes, es sei denn ausdrücklich bemerkt, ändert das Recht ab, das in Nord-Irland zur Zeit des Inkrafttretens dieses Gesetzes in Kraft war.

Kurzer Titel und Inkrafttreten des Gesetzes.

385. — 1. Dieses Gesetz kann „Companies Act, 1929," genannt werden.

2. Dieses Gesetz soll in Kraft treten am ersten Tag, auf welchen der König durch Orders in Council gemäß Ziffer 4 des § 118 des Companies Act, 1928, alle Vorschriften dieses Gesetzes in Kraft erklärt[1].

---

[1] Nach der Order in Council vom 5. Juli 1929 tritt das Gesetz mit dem 1. November 1929 in Kraft.

Anhänge (Schedules).

Erster Anhang (First Schedule).

Tafel A. §§ 8, 115, 338, 379, 380.

Organisatorische Regeln (Mustervorschriften für Statuten; regulations) für die Verwaltung einer Company Limited by Shares

(einer eigentlichen Aktiengesellschaft, deren Vermögen in Aktien zerlegt ist und bei welcher die Haftung der einzelnen Gesellschafter nur bis auf die Höhe der Aktien geht).

Einleitung.

1. In diesen Mustervorschriften (regulations) bedeutet:

„Das Gesetz" (the Act) den Companies Act, 1929 (das Gesetz über die Gesellschaften vom Jahre 1929).

Wenn auf eine Vorschrift des Gesetzes verwiesen wird, so handelt es sich um eine Vorschrift, wie sie jeweilen gerade, vielleicht in abgeänderter Form, Gesetzeskraft hat.

Sofern im Gesetz nichts anderes gesagt ist, haben die Ausdrücke des Gesetzes solche Bedeutung, wie sie in diesem Gesetz definiert sind oder gesetzlich in Kraft sind zur Zeit, da diese Mustervorschriften für die Gesellschaft bindend werden.

Aktien.

2. Vorbehaltlich der etwaigen Bestimmungen der Gründungsurkunde der Gesellschaft und unbeschadet etwaiger Sonderrechte, welche bereits auf die Inhaber bestehender Aktien übertragen sind, kann jede Aktie mit solchen Vorzugs-, Gründer- oder sonstigen Sonderrechten oder solchen Beschränkungen, sei es hinsichtlich der Dividende, des Stimmrechts, der Rückzahlung des Aktienkapitals oder sonstwie geschaffen werden, wie die Gesellschaft von Zeit zu Zeit durch Sonderbeschluß bestimmen mag, und jede Vorzugsaktie (preference share) kann gestützt auf einen Sonderbeschluß zu solchen Bedingungen ausgegeben werden, wie die Gesellschaft sie für den Rückkauf dieser Vorzugsaktien bestimmt.

3. Wenn zu irgendeiner Zeit das Aktienkapital in verschiedene Klassen von Aktien eingeteilt ist, so können die mit einer Klasse verbundenen Rechte (sofern nicht durch die Ausgabebedingungen der Aktien dieser Klasse etwas anderes bestimmt ist) mit schriftlicher Zustimmung der Inhaber von Dreiviertel der ausgegebenen Aktien dieser Klasse oder mit der Genehmigung eines außerordentlichen in einer besonderen Generalversammlung der Inhaber dieser Klasse von Aktien gefaßten Beschlusses geändert werden. Auf jede solche besondere Generalversammlung finden die hinsichtlich der Generalversammlungen gegebenen Bestimmungen dieser Statuten (mutatis mutandis) Anwendung, jedoch mit der Maßgabe, daß das notwendige quorum zwei Personen betragen soll, welche mindestens einen Drittel der ausgegebenen Aktien dieser Klasse vertreten müssen, und daß jeder Aktionär oder bevollmächtigte Vertreter eine Abstimmung nach Aktienstimmen (a poll) verlangen kann.

4. Jede Person, deren Namen als Mitglied in das Mitgliedsregister eingetragen ist, ist unentgeltlich zu einer unter dem Geschäftssiegel der Gesellschaft ausgestellten Bescheinigung (Certificate) berechtigt, welche die Aktie oder die Aktien,

deren Inhaber sie ist und den darauf eingezahlten Betrag bezeichnet, jedoch soll hinsichtlich einer Aktie oder von Aktien, welche mehreren Personen gemeinschaftlich gehört oder gehören, die Gesellschaft nicht zur Ausgabe von mehr als einer Bescheinigung für eine Aktie verpflichtet sein und die Aushändigung an einen der verschiedenen Mitberechtigten soll für alle genügen.

5. Wenn ein Zertifikat entstellt, verloren oder zerstört ist, so kann es gegen Zahlung einer einen Schilling nicht überschreitenden Gebühr und unter solchen Bedingungen (Nachweis des Verlustes oder der Beschädigung des Zertifikates und Sicherheitsleistung), wie es die Direktoren für angemessen halten, erneuert werden.

6. Kein Teil des Vermögens der Gesellschaft darf direkt oder indirekt zum Erwerb von Aktien oder zur Hingabe von Darlehen gegen Verpfändung von Aktien der Gesellschaft verwendet werden; doch hindert nichts in diesen „regulations" die in § 45, 1 erwähnten Transaktionen.

Zurückbehaltungsrecht.

7. Die Gesellschaft soll in bezug auf eine jede nicht voll eingezahlte Aktie für alle eingeforderten oder zu einer bestimmten Zeit zahlbaren Beträge (gleichgültig ob sie sofort zahlbar sind oder nicht) ein Zurückbehaltungsrecht haben, und die Gesellschaft soll ebenfalls wegen aller nicht voll eingezahlten und im Namen eines einzelnen eingetragenen Aktien für alle von dieser Person oder ihrem Nachlaß der Gesellschaft geschuldeten und sofort zahlbaren Beträge ein Zurückbehaltungsrecht haben; die Direktoren können jedoch jederzeit in bezug auf eine Aktie erklären, daß sie gänzlich oder teilweise von den Bestimmungen dieses Paragraphen ausgenommen ist. Das etwaige Zurückbehaltungsrecht der Gesellschaft in bezug auf eine Aktie soll sich auch auf alle auf sie entfallenden Dividenden erstrecken.

8. Die Gesellschaft kann die Aktien, an denen sie ein Zurückbehaltungsrecht hat, in der von den Direktoren angeordneten Weise verkaufen; aber kein Verkauf soll stattfinden, sofern nicht der Betrag, für welchen das Zurückbehaltungsrecht besteht, fällig ist und nicht vor Ablauf von 14 Tagen, nachdem eine schriftliche Benachrichtigung an den zur Zeit eingetragenen Inhaber der Aktie oder an die auf Grund seines Todes oder Konkurses berechtigten Personen gegeben worden ist, mit Bekanntgabe des Betrages, für den die Retention besteht, und dessen Zahlung verlangt wird.

9. Um solchen Verkauf durchzuführen, können die Direktoren irgendeine Person ermächtigen, die verkauften Aktien an den Käufer zu übertragen. Der Käufer soll als Inhaber der Aktien, welche in einer solchen Übertragung inbegriffen sind, eingetragen werden, und er hat sich nicht um die Verwendung des Kaufpreises zu kümmern. Auch wird sein Recht an den Aktien in keiner Weise durch Unregelmäßigkeit oder Ungültigkeit bei den Verhandlungen, die zum Verkauf geführt haben, berührt.

10. Der erzielte Kaufpreis soll zur Zahlung des fälligen Betrages, in bezug auf welchen das Zurückbehaltungsrecht besteht, verwendet werden, und der Überschuß soll an die zur Zeit des Verkaufs an der Aktie berechtigte Person bezahlt werden, mit dem Vorbehalt eines gleichen Zurückbehaltungsrechtes für weitere Beträge, die vor dem Verkauf fällig wurden.

Einforderungen auf Aktien.

(Calls on shares),

11. Die Direktoren können jederzeit von den Mitgliedern Zahlung der auf die Aktien uneingezahlten Beträge verlangen, jedoch mit der Maßgabe, daß keine Einforderung den vierten Teil des Nominalbetrages der Aktie überschreiten

soll oder früher als einen Monat nach der letzten Einforderung zahlbar sein darf; und jedes Mitglied muß (vorbehaltlich, daß ihm gleichzeitig mit der Aufforderung vor dem Verfalltag mindestens 14 Tage Frist gewährt wird) an die Gesellschaft zu der angegebenen Zeit den auf seine Aktie eingeforderten Betrag zahlen.

12. Die Mitinhaber einer Aktie sollen solidarisch verpflichtet sein, auf alle Einforderungen zu zahlen.

13. Wenn der auf Grund der Einforderung auf die Aktie zu zahlende Betrag nicht vor oder an dem zur Zahlung bestimmten Tage gezahlt worden ist, so soll die Person, welche den Betrag schuldet, von dem zur Zahlung bestimmten Tage an bis zu dem Zeitpunkt der wirklichen Zahlung zur Entrichtung von 5 % Zinsen per annum verpflichtet sein; die Direktoren sollen jedoch berechtigt sein, auf die Zahlung solcher Zinsen gänzlich oder teilweise zu verzichten.

14. Die Bestimmungen dieser Statuten hinsichtlich der Verpflichtung gemeinsamer Inhaber von Aktien und der Zinszahlung finden auch für den Fall Anwendung, daß irgendein Betrag nicht gezahlt wird, der nach den Ausgabebedingungen der Aktie zu einer bestimmten Zeit, entweder auf den Betrag dieser Aktie oder als Agio zahlbar ist, und zwar in derselben Weise, wie wenn dieser Betrag auf Grund einer gehörig gemachten und mitgeteilten Einforderung fällig geworden wäre.

15. Die Direktoren können bei der Ausgabe von Aktien in bezug auf die auf dieselben einzuzahlenden Beträge und der Zahlungszeiten für die Aktieninhaber verschiedene Bestimmungen treffen.

16. Die Direktoren können, wenn sie es für angemessen halten, von einem Mitglied, das zur gänzlichen oder teilweisen Vorausbezahlung des auf seine Aktie geschuldeten, aber noch nicht eingeforderten Betrages bereit ist, solche Beträge in Empfang nehmen, und für alle oder einige der so vorgeschossenen Beträge können Zinsen in der (ohne Genehmigung der Generalversammlung 6 % nicht übersteigenden) Höhe (bis zu dem Tage der Fälligkeit) gezahlt werden, wie es zwischen dem die Summe vorschießenden Mitglied und den Direktoren vereinbart wird.

Übertragung und Übergang von Aktien.

17. Die Übertragungsurkunde einer Aktie einer Gesellschaft soll sowohl vom Veräußerer oder für ihn, als auch vom Erwerber oder für ihn unterschrieben werden und der Veräußerer soll so lange als Inhaber einer solchen Aktie gelten, bis der Name des Erwerbers einer solchen Aktie in das Mitgliedsregister eingetragen ist.

18. Aktien der Gesellschaft sollen in folgender Weise oder in einer der gewöhnlichen oder allgemein gültigen, von dem Direktor gebilligten Form übertragen werden.

Ich, A. B. aus . . . . für die Summe von £ . . . . die an mich von C. D. aus . . . (welcher hierin später als Erwerber bezeichnet wird) gezahlt sind, übertrage hiermit an den Erwerber die Aktie (oder die Aktien), welche in dem . . . . Company Limited bezeichneten Unternehmen die Nummern . . . . tragen, mit der Befugnis, für den Erwerber dieselbe unter den verschiedenen Bedingungen innezuhalten, unter denen ich dieselbe besitze; und ich, der Erwerber, erkläre mich hiermit damit einverstanden, die Aktie (Aktien) unter denselben Bedingungen zu übernehmen, urkundlich unter unserer Unterschrift, den . . . .; Zeuge zu den Unterschriften . . . .

I, A. B., of . . . ., in consideration of the sum of £ . . . . paid to me by C. D. of (herein-after called "the said transferee") do hereby transfer to the said transferee the share (or shares) numbered . . . . in the undertaking called the . . . . Company, Limited, to hold unto the said transferee, subject to the several conditions on which I hold the same: and I, the said transferee, do hereby agree to take the said share (or shares) subject to the conditions aforesaid. As witness our hands the .... day of .... Wittness to the signatures of, &c.

19. Die Direktoren können die Eintragung nicht voll einbezahlter Aktien an eine Person, welche sie nicht akzeptieren, und ebenso die Eintragung von Aktien, an denen die Gesellschaft ein Zurückbehaltungsrecht besitzt, ablehnen. Die Direktoren können auch die Eintragung einer Übertragung von Aktien während der der jährlichen ordentlichen Generalversammlung unmittelbar vorhergehenden 14 Tage ablehnen. Die Direktoren können einer Übertragungsurkunde die Anerkennung in folgenden Fällen versagen:

a) wenn nicht eine 2 s 6 d nicht überschreitende Gebühr an die Gesellschaft dafür bezahlt ist; und
b) wenn nicht die Übertragungsurkunde von dem Aktienzertifikat, auf welches sie sich bezieht und solchen anderen Nachweisen, welche die Direktoren vernünftigerweise für den Nachweis des Rechts des Veräußerers, die Veräußerung vorzunehmen, fordern, begleitet ist.

Wenn die Direktoren die Eintragung von Aktien verweigern, so müssen sie innerhalb 2 Monaten nach dem Datum, an welchem die Übertragung der Gesellschaft bekanntgegeben wurde, der Person, an welche die Aktien übertragen werden sollen, eine Mitteilung der Weigerung zustellen.

20. Die Testamentsvollstrecker oder Nachlaßverwalter eines verstorbenen alleinigen Aktieninhabers sollen die einzigen Personen sein, deren Berechtigung an den Aktien des Verstorbenen von der Gesellschaft ohne weiteres anerkannt werden darf. In dem Fall, daß eine Aktie auf den Namen zweier oder mehrerer Inhaber eingetragen ist, sollen die überlebenden oder der überlebende Inhaber oder der Testamentsvollstrecker oder Nachlaßverwalter des verstorbenen Mitglieds die einzigen Personen sein, deren Berechtigung an der Aktie von der Gesellschaft anerkannt wird.

21. Eine Person, die infolge des Todes oder Konkurses ein Recht an einer Aktie erworben hat, soll gegen einen solchen Nachweis, wie er jederzeit durch die Direktoren gefordert werden mag, das Recht haben, entweder als Mitglied in bezug auf diese Aktie eingetragen zu werden oder, anstatt selbst eingetragen zu werden, eine solche Übertragung der Aktien vornehmen, wie sie das Mitglied, welches gestorben oder über dessen Vermögen der Konkurs eröffnet worden ist, hätte vornehmen können. Aber die Direktoren sollen dasselbe Recht haben, eine Eintragung abzulehnen oder aufzuschieben, wie sie es im Fall der Übertragung der Aktie durch das Mitglied, welches verstorben oder über dessen Vermögen der Konkurs eröffnet wurde, vor dem Tode oder Konkurs gehabt hätten.

22. Eine Person, die infolge des Todes oder Konkurses des Aktieninhabers ein Recht an einer Aktie erworben hat, soll zu denselben Dividenden und anderen Vorteilen berechtigt sein, zu welchen sie berechtigt sein würde, wenn sie der eingetragene Inhaber der Aktie wäre; jedoch soll sie, bevor sie als Mitglied eingetragen ist, nicht berechtigt sein, an den Generalversammlungen irgendein Mitgliedsrecht auszuüben.

Verfall von Aktien (Forfeiture).

23. Wenn ein Mitglied es unterläßt, auf eine gemachte Einforderung oder auf den fälligen Teil einer Einforderung an dem für die Zahlung festgesetzten Tage Zahlung zu leisten, so können die Direktoren jederzeit nachher und so lange, als irgendein Teil solcher Einforderung unbezahlt bleibt, dem Mitglied eine Mitteilung zustellen, durch welche sie es zur Zahlung des unbezahlten Teiles der Einforderung und der etwa fällig gewordenen Zinsen auffordern.

24. Die Mitteilung soll einen weiteren Tag (frühestens 14 Tage nachher) bezeichnen, an dem oder bis zu dem die durch die Mitteilung geforderte Zahlung gemacht werden muß, und soll ferner angeben, daß im Falle der Nichtzahlung am oder bis zu dem genannten Tage die Aktien, in bezug auf welche eine solche Einforderung ergangen ist, für verfallen erklärt werden können.

25. Wenn einer solchen Aufforderung nicht entsprochen wird, so kann jede Aktie jederzeit nachher und bevor die geforderte Zahlung gemacht wurde, durch einen zu diesem Zweck gefaßten Direktorialbeschluß für verfallen erklärt werden.

26. Eine für verfallen erklärte Aktie kann verkauft werden oder es kann über sie unter solchen Bedingungen und in solcher Weise verfügt werden, wie es die Direktoren für angemessen halten; vor dem Verkauf oder der Verfügung kann die Verfallserklärung jederzeit unter den von den Direktoren für angemessen gehaltenen Bedingungen aufgehoben werden.

27. Eine Person, deren Aktien für verfallen erklärt wurden, soll in bezug auf die verfallen erklärten Aktien aufhören Mitglied zu sein, aber trotzdem verpflichtet sein, der Gesellschaft alle auf solche Aktien zur Zeit der Verfallserklärung zahlbaren Beträge zu zahlen; diese Verpflichtung soll jedoch aufhören, wenn und sobald die Gesellschaft den Nominalbetrag der Aktien voll eingezahlt erhalten hat.

28. Eine schriftliche förmliche Erklärung (a statutory declaration), daß ein Direktor der Gesellschaft diese Erklärung abgibt und die Aktie auf ordnungsmäßigem Wege zu einer in der Erklärung festgestellten Zeit für verfallen erklärt, soll allen zu einer solchen Aktie berechtigten Personen gegenüber für die in der Erklärung enthaltenen Tatsachen schlüssigen Beweis bilden.

Die Gesellschaft kann die Gegenleistung, welche für die verkaufte oder zur Verfügung gestellte Aktie gegeben wird, in Empfang nehmen und eine Übertragung der Aktie zugunsten der Person vornehmen, die eine solche Aktie gekauft hat oder zu deren Gunsten sie veräußert ist, und diese soll als Inhaber der Aktie eingetragen werden und nicht verpflichtet sein, sich um die Verwendung des Kaufgeldes zu kümmern, noch soll ihr Titel zu einer solchen Aktie durch eine Unregelmäßigkeit oder Ungültigkeit beim Verfahren der Verfallserklärung, des Verkaufes oder der Veräußerung der Aktie berührt werden.

29. Die Bestimmungen dieser Statuten über den Verfall von Aktien finden auch für den Fall Anwendung, daß ein Betrag nicht gezahlt wird, der nach den Ausgabebedingungen der Aktie zu einer bestimmten Zeit entweder auf den Betrag der Aktie oder als Agio zahlbar ist, und zwar in gleicher Weise, wie wenn er auf Grund einer gehörig gemachten und zugestellten Einforderung fällig geworden wäre.

Umwandlung von Aktien in Stockvermögen (stock).

30. Die Gesellschaft kann durch einen ordentlichen Beschluß volleingezahlte Aktien in Stockvermögen umwandeln und Stockvermögen in volleingezahlte Aktien jeder Art wieder zurückumwandeln.

31. Die Inhaber von Stockvermögen können es ganz oder zu einem Teil übertragen und zwar in derselben Weise und unter denselben Bedingungen, unter denen die Aktien, aus denen das Stockvermögen gebildet worden ist, vor der Umwandlung übertragen werden konnten, oder so ähnlich wie es die Umstände zulassen; aber die Direktoren können jederzeit den Mindestbetrag des übertragbaren Stockvermögens festsetzen und die Übertragung von Teilen eines solchen Mindestbetrages beschränken oder verbieten; dieser Mindestbetrag soll jedoch nicht den Nominalbetrag der Aktien, aus denen das Stockvermögen gebildet worden ist, übersteigen.

32. Die Inhaber von Stockvermögen sollen, entsprechend dem Betrag des Stockvermögens, das sie haben, dieselben Rechte, Vorrechte und Vorteile haben

in bezug auf Dividenden, das Stimmrecht an Versammlungen der Gesellschaft und andere Dinge, wie wenn sie Aktien besitzen würden, aus welchen das Stockvermögen hervorging, aber keineswegs dürfen solche Vorrechte und Vorteile (ausgenommen die Beteiligung an der Dividende und an den Gewinnen der Gesellschaft) übertragen (conferred) werden by any aliquot part von Stockvermögen, welches nicht solche Vorrechte und Vorteile übertragen würde, wenn es in Aktien bestände.

33. Die Vorschriften (regulations) der Gesellschaft, wie sie auf voll einbezahlte Aktien anwendbar sind, sollen auch für Stockvermögen gelten, und die Worte „share" (Aktie) und „shareholder" (Aktionär), welche darin vorkommen, sollen auch „stock" (Stockvermögen) und „stockholder" (Inhaber von Stockvermögen) in sich begreifen.

Kapitalsveränderung
(Alteration of Capital).

34. Die Gesellschaft kann jederzeit durch ordentlichen Gesellschaftsbeschluß ihr Grundkapital um eine in Aktien von einem solchen Betrage eingeteilte Summe erhöhen, wie es der Beschluß vorschreiben mag.

35. Vorbehaltlich einer anderweitigen Weisung der Generalversammlung, sollen alle neuen Aktien vor ihrer Ausgabe denjenigen Personen angeboten werden, welche zur Zeit des Angebots berechtigt sind, von der Gesellschaft Einladungen zur Generalversammlung zu erhalten, und zwar so genau, wie es die Umstände erlauben im Verhältnis zu dem Betrage der von ihnen besessenen Aktien. Ein solches Angebot soll in einer Mitteilung erfolgen, welche die Anzahl der angebotenen Aktien und eine Zeitgrenze angibt, innerhalb der das Angebot angenommen werden muß, widrigenfalls es als ausgeschlagen gilt; nach dem Ablauf einer solchen Zeit oder nach Abgabe der Erklärung des Mitgliedes, welchem das Angebot gemacht worden ist, daß es die Übernahme der angebotenen Aktien ablehnt, können die Direktoren über sie in der Weise verfügen, wie sie es für die Gesellschaft am günstigsten halten. Die Direktoren können in gleicher Weise über neue Aktien verfügen, welche wegen des Verhältnisses, in welchem die neuen Aktien zu den Aktien von Personen stehen, die auf ein Angebot für neue Aktien nach der Ansicht der Direktoren berechtigt sind, nicht in der dieser Ziffer entsprechenden Weise angeboten werden können.

36. Die neuen Aktien sollen in bezug auf die Zahlung, die Einforderung, das Zurückbehaltungsrecht, die Übertragung, den Übergang, die Verfallserklärung und in allen anderen Beziehungen denselben Bestimmungen wie die Aktien des ursprünglichen Aktienkapitals unterworfen sein.

37. Die Gesellschaft kann durch ordentlichen Beschluß

a) das ganze oder einen Teil ihres Aktienkapitals zusammenlegen und in Aktien auf einen höheren Betrag als die bestehenden teilen;

b) durch Unterteilung ihrer bestehenden Aktien oder einiger derselben in Aktien von geringerem Betrage, als durch die Gründungsurkunde festgesetzt ist, teilen; dies jedoch vorbehaltlich der Bestimmungen von § 50, 1, d;

c) alle Aktien, welche zur Zeit der Annahme des Beschlusses nicht übernommen oder für deren Übernahme keine Verpflichtung vorliegt, löschen.

38. Die Gesellschaft kann durch Sonderbeschluß ihr Aktienkapital reduzieren und ebenso auch eine Kapitalrückkaufsreserve in jeder Weise, aber vorbehältlich der vom Gesetz vorgschriebenen Ermächtigung und Genehmigung.

Generalversammlungen.

39. Eine Generalversammlung soll in jedem Kalenderjahr einmal zu der Zeit (jedoch nicht später als 15 Monate nach der letzten Generalversammlung) und an dem Ort abgehalten werden, die die Gesellschaft in der Generalversammlung vorschreibt. In Ermanglung einer solchen Anordnung soll sie in dem dem Jahrestage der Inkorporation der Gesellschaft folgenden dritten Monat und an dem von den Direktoren festgesetzten Ort abgehalten werden. Wenn keine solche Generalversammlung in dieser Weise abgehalten wird, so soll eine Generalversammlung im nächstfolgenden Monat abgehalten werden und kann von zwei Mitgliedern in möglichst derselben Weise einberufen werden, in welcher Generalversammlung von den Direktoren einberufen werden müssen.

40. Die oben erwähnten Generalversammlungen sollen ordentliche Generalversammlungen genannt werden; alle anderen Versammlungen sind außerordentliche Generalversammlungen.

41. Die Direktoren können, wenn sie es für angemessen halten, eine außerordentliche Generalversammlung einberufen. Eine außerordentliche Generalversammlung soll auch auf einen gemäß § 114 des Gesetzes von 1929 gestellten Antrag oder, wenn dieser unterbleibt, durch die Antragsteller einberufen werden können. Wenn zu irgendeiner Zeit im Inland nicht genug geschäftsfähige Direktoren vorhanden sind, um ein Quorum zu bilden, so kann jeder Direktor oder können je zwei Mitglieder der Gesellschaft eine außerordentliche Generalversammlung einberufen, und zwar möglichst in derselben Weise, in welcher sie von den Direktoren einberufen wird.

Einladung zu Generalversammlungen.

42. Vorbehältlich der Bestimmungen von § 117, 2 des Gesetzes, der sich auf Sonderbeschlüsse bezieht, muß eine Einladung mit einer Frist von wenigstens 7 Tagen (ausschließlich des Tages, an welchem die Einladung zugestellt wird, aber eingeschlossen den Tag, auf welchen die Einladung ergeht) mit Angabe des Ortes, des Tages und der Stunde der Versammlung und, im Falle von besonderen Geschäften, mit Angabe der allgemeinen Natur dieses Geschäfts, in der Weise wie dies später gesagt ist, erfolgen oder in einer solchen anderen Weise, wie sie durch die Gesellschaft an der Generalversammlung bestimmt werden kann, und zwar an solche Personen, die nach den Vorschriften der Gesellschaft berechtigt sind, solche Einladungen von der Gesellschaft in Empfang zu nehmen. Mit der Zustimmung aller Mitglieder, die ein Recht haben, zu einer besonderen Versammlung eingeladen zu werden, kann die Versammlung auch auf kürzere Frist (by such shorter time) einberufen werden, und zwar in solcher Weise, als es jene Mitglieder angezeigt erachten.

43. Die zufällige Unterlassung der Einladung an eine Versammlung oder der Nichteingang einer Einladung zu einer Versammlung an einzelne Mitglieder macht das Verfahren an der Versammlung nicht ungültig.

Die Verhandlungen in der Generalversammlung.

44. Als besonderes Geschäft (a special business) soll jedes in einer außerordentlichen Versammlung behandelte Geschäft gelten, ebenso wie jedes Geschäft, das an einer ordentlichen Generalversammlung behandelt wird, mit Ausnahme der Genehmigung der Dividende, der Prüfung der Abrechnung, der Bilanzen und des ordentlichen Berichts der Direktoren und Revisoren, der Wahl der Direktoren und anderer Beamten an Stelle der ausscheidenden und der Festsetzung der Entschädigung der Revisoren.

45. Kein Geschäft soll in einer Generalversammlung vorgenommen werden, sofern nicht zur Zeit des Beginns der Behandlung dieses Geschäfts ein Quorum von Mitgliedern anwesend ist. Vorbehaltlich anderweitiger Bestimmungen sollen drei persönlich anwesende Mitglieder ein Quorum bilden.

46. Wenn innerhalb einer halben Stunde nach dem für die Versammlung festgesetzten Zeitpunkt kein Quorum anwesend ist, so soll die Versammlung, wenn sie auf Antrag von Mitgliedern einberufen ist, aufgelöst werden; in jedem anderen Falle soll sie auf denselben Tag der nächsten Woche, und zwar auf dieselbe Zeit und denselben Ort vertagt werden, und wenn auf einer solchen vertagten Versammlung innerhalb einer halben Stunde nach dem für die Versammlung festgesetzten Zeitpunkte kein Quorum anwesend ist, sollen die anwesenden Mitglieder ein Quorum bilden.

47. Der etwaige Vorsitzende des Direktorenkollegiums soll bei jeder Generalversammlung der Gesellschaft den Vorsitz führen.

48. Wenn ein solcher Vorsitzender nicht vorhanden ist oder nicht innerhalb einer Viertelstunde nach der für die Abhaltung der Versammlung festgesetzten Zeit, oder es ablehnt, den Vorsitz zu führen, so sollen die anwesenden Mitglieder irgendeinen aus ihrer Mitte zum Vorsitzenden wählen.

49. Der Vorsitzende kann mit Zustimmung einer Versammlung, auf der ein Quorum anwesend ist (und soll, wenn er durch die Versammlung dazu angewiesen wird), die Versammlung auf eine andere Zeit oder einen anderen Ort vertagen; aber auf einer so vertagten Versammlung sollen keine anderen als die in der vertagenden Versammlung unerledigt gebliebenen Geschäfte vorgenommen werden dürfen. Wenn eine Versammlung auf zehn Tage oder länger vertagt ist, so soll zu dieser vertagten Versammlung in derselben Weise wie zu der ersten Versammlung ein geladen werden. Vorbehaltlich der vorstehenden Bestimmungen ist es nicht notwendig, die Vertagung oder die an einer vertagten Versammlung zu erledigenden Geschäfte durch besondere Mitteilung bekanntzugeben.

50. Die Generalversammlung entscheidet über ein ihr vorgelegtes Geschäft durch bloßes Handaufheben, es sei denn ein „poll" verlangt (d. h. eine genaue Abstimmung nach der Zahl der vertretenen Stimmen), und zwar (vor oder gleich nach der Abstimmung durch Handaufheben) von wenigstens drei Mitgliedern, die anwesend oder vertreten und stimmberechtigt sind (vertritt ein Mitglied oder vertreten zwei Mitglieder zusammen wenigstens 15 % des einbezahlten Grundkapitals, so können auch diese den „poll" verlangen). Wenn keine Abstimmung nach der Zahl der vertretenen Stimmen verlangt wurde, so bilden eine Erklärung des Vorsitzenden, daß der Beschluß gefaßt wurde durch bloßes Handaufheben, sei es einstimmig oder mit Mehrheit, oder daß er abgelehnt wurde, sowie ein bezüglicher Eintrag im Protokollbuch der Gesellschaft, schlüssigen Beweis dieser Tatsache, ohne daß es nötig ist, die Zahl der Stimmen oder das Verhältnis der Stimmen bei dieser Beschlußfassung zu erwähnen.

51. Wenn eine genaue Abzählung nach Stimmen in gehöriger Weise verlangt wird, so soll sie in der vom Vorsitzenden angeordneten Weise vorgenommen werden, und das Ergebnis einer solchen Abstimmung soll als der von der Gesellschaft in der Generalversammlung gefaßte Beschluß gelten.

52. Im Falle, daß sich entweder nach Handaufheben oder nach Abstimmung nach Stimmen Stimmengleichheit ergibt, soll der Vorsitzende der Versammlung zu einer zweiten oder ausschlaggebenden Stimme berechtigt sein.

53. Eine zur Wahl des Vorsitzenden oder zur Frage, ob vertagt werden soll, beantragte Abstimmung nach Stimmen soll sofort stattfinden. Eine über eine andere Frage beantragte Abstimmung nach Stimmen soll zu der vom Vorsitzenden der Versammlung festgesetzten Zeit stattfinden.

Stimmen der Mitglieder.

54. Bei der Abstimmung durch Handaufheben hat jedes anwesende Mitglied eine Stimme. Bei einer Abstimmung mit genauer Abzählung der Stimmen hat jedes Mitglied eine Stimme für jede von ihm besessene Aktie.

55. Im Falle von Miteigentümern einer Aktie soll die Stimme des ältesten, welcher entweder in Person oder durch einen Bevollmächtigten das Stimmrecht ausübt, unter Ausschluß der Stimmen der übrigen Miteigentümer gelten, und zu diesem Zweck soll das Alter nach der Reihenfolge bestimmt werden, in der die Namen im Mitgliedsregister angegeben sind.

56. Ein geisteskrankes Mitglied oder ein Mitglied, gegen das eine Verfügung eines Entmündigungsgerichts ergangen ist, kann durch seinen Vertreter, seinen Vermögensverwalter oder eine durch das Gericht ernannte Person stimmen.

57. Kein Mitglied soll berechtigt sein, in einer Generalversammlung zu stimmen, wenn es nicht alle von ihm geschuldeten Einforderungen oder sonstige in bezug auf seine Aktien fälligen Beträge gezahlt hat.

58. Wenn Abstimmung nach Aktienstimmen verlangt wird, können die Stimmen entweder persönlich oder durch einen Vertreter abgegeben werden.

59. Die einen Vertreter ernennende Urkunde soll schriftlich und von dem Bestellenden oder seinem gehörig schriftlich bevollmächtigten Vertreter unterzeichnet sein, oder wenn der Bestellende eine Korporation ist, unter ihrem Geschäftssiegel ausgestellt oder von einem unter dem Geschäftssiegel bevollmächtigten Beamten oder Vertreter unterzeichnet sein. Ein Vertreter braucht nicht Mitglied der Gesellschaft zu sein.

60. Die einen Stellvertreter ernennende Urkunde und die Vollmacht oder sonstige Ermächtigung, auf Grund welcher dieselbe unterschrieben ist oder eine notariell beglaubigte Abschrift einer solchen Vollmacht oder Ermächtigung soll spätestens 48 Stunden vor Abhaltung der Versammlung oder der vertagten Versammlung, in der der Vertreter stimmen will, am eingetragenen Geschäftssitz der Gesellschaft übergeben werden; in Ermangelung soll die Vollmachtsurkunde nicht als gültig behandelt werden.

61. Eine einen Stellvertreter ernennende Urkunde kann in folgender oder in einer anderen von den Direktoren gebilligten Form ausgestellt werden.

. . . . Gesellschaft mit beschränkter Haftung.

„Ich . . . . aus . . . . in der Grafschaft von . . . . Mitglied der . . . . Gesellschaft mit beschränkter Haftung ernenne hierdurch . . . . aus . . . . zu meinem Stellvertreter mit der Vollmacht, für mich und in meinem Namen in der ordentlichen (oder außerordentlichen) Generalversammlung der Gesellschaft, die am . . . . abgehalten werden soll, und bei jeder daraufhin vertagten Versammlung zu stimmen.“

Unterschrieben den . . . .

Auf Englisch:

. . . ., Company Limited.

“I . . . . of . . . . in the county of . . . . being a member of the . . . . Company, Limited, hereby appoint . . . . of . . . . as my proxy to vote for me and on my behalf at the (ordinary or extraordinary as the case may be) general meeting of the company to be held on the . . . . day of . . . . and at any adjournment thereof.”

Signed this . . . . day of

62. Ein Schriftstück, welches einen Vertreter (a proxy) bezeichnet, wird dahin beurteilt, daß es auch die Ermächtigung gibt, eine Abstimmung nach Aktienstimmen zu verlangen oder an einer solchen teilzunehmen.

"Corporations" (d. h. juristische Personen), welche als Vertreter an Versammlungen auftreten.

63. Irgendeine Korporation, welche Mitglied einer Gesellschaft ist, kann durch Beschluß ihrer Direktoren oder eines anderen Leiters eine ihr geeignet erscheinende Person bevollmächtigen, als ihr Vertreter an irgendeiner Versammlung dieser Gesellschaft oder irgendeiner Mitgliederklasse teilzunehmen, und die so ermächtigte Person ist berechtigt, dieselben Rechte für die Korporation auszuüben wie wenn diese eine einzelne Person wäre.

Direktoren.

64. Die Zahl der Direktoren und die Namen der ersten Direktoren müssen schriftlich durch eine Mehrheit der Unterzeichner der Gründungsurkunde bezeichnet werden.

65. Die Vergütung der Direktoren soll von der Generalversammlung bestimmt werden.

66. Ein Direktor muß mindestens eine Aktie besitzen.

Befugnisse und Pflichten der Direktoren.

67. Die Geschäfte der Gesellschaft sollen durch die Direktoren geleitet werden, welche alle für die Inbetriebsetzung und Eintragung der Gesellschaft erforderlichen Auslagen zahlen und alle die Befugnisse der Gesellschaft ausüben können, welche nicht durch das Gesetz oder durch irgendeine Bestimmung dieser Statuten der Generalversammlung vorbehalten sind; bei Ausübung dieser Befugnisse sind jedoch die Direktoren an die Bestimmungen dieser Statuten und des Gesetzes und an die in der Generalversammlung beschlossenen Vorschriften, soweit sie nicht mit den vorgenannten Vorschriften im Widerspruch stehen, gebunden. Aber keine von der Gesellschaft in der Generalversammlung getroffene Vorschrift soll eine von den Direktoren früher vorgenommene Handlung ungültig machen, wenn sie vorher gültig gewesen wäre.

68. Die Direktoren können von Zeit zu Zeit einen oder mehrere aus ihrer Mitte zu geschäftsführenden Direktoren (managing director) oder Geschäftsführer (manager) für eine solche Zeit und gegen eine solche Vergütung (sei es, daß sie als Gehalt oder Provision oder Teilnahme am Gewinn oder teils in dem einen und teils in dem anderen Wege erfolgt), wie sie es für geeignet halten, ernennen, und ein so ernannter Direktor soll, solange er sein Amt bekleidet, nicht den Vorschriften über die Wiederwahl der Direktoren unterliegen; aber sein Amt soll ohne weiteres erlöschen, wenn er aus irgendeinem Grunde aufhört, Direktor zu sein oder wenn die Gesellschaft in der Generalversammlung beschließt, daß sein weiteres Verbleiben im Amte eines geschäftsführenden Direktors oder Geschäftsführers beendigt sein soll.

69. Der Betrag der jeweilig für die Zwecke der Gesellschaft von den Direktoren noch geborgten oder (anders als durch Ausgabe von Aktienkapital) erhobenen Gelder darf niemals ohne die in der Generalversammlung erteilte Genehmigung das ausgegebene Aktienkapital überschreiten.

70. Die Direktoren sollen in besonderen Büchern über folgende Angelegenheiten Protokoll führen:

a) über alle von den Direktoren vorgenommenen Ernennungen von Beamten;
b) über die Namen der in jeder Direktorenversammlung oder jeder Versammlung eines Direktorenausschusses anwesenden Direktoren;
c) über alle Beschlüsse und Verhandlungen in allen Versammlungen der Gesellschaft der Direktoren oder eines Direktorenausschusses,

und jeder in einer Direktorenversammlung oder einer Versammlung eines Direktorenausschusses anwesende Direktor soll seinen Namen in ein zu diesem Zwecke geführtes Buch schreiben.

Das Siegel.

71. Das Gesellschaftssiegel (the seal of the company) darf einer Urkunde nur auf Grund einer Ermächtigung, die sich auf einen Direktorenbeschluß stützt und in Gegenwart eines Direktors und des Sekretärs oder einer solchen anderen Person, wie die Direktoren für diesen Zweck bestimmen mögen, beigefügt werden, und dieser Direktor und der Sekretär oder die andere Person sollen jede Urkunde, welcher das Siegel der Gesellschaft beigefügt ist, in ihrer Gegenwart unterschreiben.

Gründe, aus denen die Direktoren zur Fortführung ihres Amtes unfähig werden.

(Disqualification of Directors.)

72. Das Amt eines Direktors soll als beendet gelten:

a) wenn er auf Grund des § 141 des Gesetzes aufhört Direktor zu sein; oder
b) wenn er ohne Zustimmung der Generalversammlung ein anderes mit Gewinn verbundenes Amt als das eines geschäftsführenden Direktors oder eines Geschäftsführers bei der Gesellschaft einnimmt; oder
c) wenn er in Konkurs gerät; oder
d) wenn ihm verboten wird als Direktor zu handeln gestützt auf eine gerichtliche Verfügung nach §§ 217 oder 275 des Gesetzes; oder
e) wenn er geisteskrank erklärt wird oder geisteskrank wird; oder
f) wenn er schriftlich der Gesellschaft seinen Rücktritt erklärt; oder
g) wenn er direkt oder indirekt bei irgendeinem Vertrag mit der Gesellschaft interessiert ist oder am Gewinn aus einem Vertrag mit der Gesellschaft einen Teil hat.

Kein Direktor soll indessen sein Amt darum verlieren, weil er Mitglied einer Korporation ist, die mit der Gesellschaft, deren Direktor er ist, einen Vertrag abgeschlossen oder für sie irgendeinen Dienst verrichtet hat, wenn er zuvor die Natur seines Interesses in der von § 149 dieses Gesetzes verlangten Weise erklärt hat. Doch soll er in bezug auf einen solchen Vertrag oder eine solche Leistung oder irgend etwas anderes, was darauf Bezug hat, nicht mitstimmen dürfen. Tut er es gleichwohl, so darf seine Stimme nicht gezählt werden.

Erneuerungswahl der Direktoren.

73. In der ersten ordentlichen Generalversammlung sollen alle Direktoren ihr Amt niederlegen und in der ordentlichen Versammlung in einem jeden folgenden Jahr soll ein Drittel der zur Zeit im Amt befindlichen Direktoren oder, wenn ihre Zahl nicht drei oder ein Vielfaches von drei ist, die dem Drittel am nächsten kommende Anzahl das Amt niederlegen.

74. Die Direktoren, die in jedem Jahr zurücktreten müssen, sollen diejenigen sein, die am längsten seit ihrer letzten Wahl im Amt gewesen sind; aber bezüglich der Personen, welche an demselben Tage Direktoren wurden, sollen die ausscheidenden (sofern sie nicht untereinander etwas anderes vereinbaren) durch das Los bestimmt werden.

75. Die ausscheidenden Direktoren sollen wieder wählbar sein.

76. Die Gesellschaft soll in der Generalversammlung, in der ein Direktor in vorerwähnter Weise ausscheidet, die freigewordene Stelle wieder besetzen und wenn dies nicht geschieht, so soll angenommen werden, der „ausscheidende“

Direktor sei wieder gewählt, es sei denn, daß an einer solchen Versammlung beschlossen wird, die Stelle nicht mehr auszufüllen.

77. Die Gesellschaft kann von Zeit zu Zeit in den Generalversammlungen die Zahl ihrer Direktoren vermehren oder reduzieren und auch die Reihenfolge bestimmen, in der die so vermehrte oder reduzierte Zahl aus dem Amt zu scheiden hat.

78. Eine zufällig eintretende Lücke einer Direktorenstelle kann durch die Direktoren ausgefüllt werden, aber eine so erwählte Person soll ihr Amt nur so lange innehalten, wie wenn sie an dem Tage Direktor geworden wäre, an dem der Direktor, an dessen Stelle sie ernannt worden ist, zuletzt zum Direktor gewählt wurde.

79. Die Direktoren sollen jederzeit berechtigt sein, eine Person als weiteren Direktor (an additional director) zu ernennen; dieser hat in der nächstfolgenden ordentlichen Generalversammlung aus dem Amt auszuscheiden, kann aber in dieser Versammlung zum weiteren Direktor erwählt werden.

80. Die Gesellschaft kann durch außerordentlichen Beschluß einen Direktor vor Ablauf seiner Amtszeit absetzen und durch ordentlichen Beschluß einen anderen zu seinem Nachfolger ernennen; eine so ernannte Person soll ihr Amt nur so lange innehalten, wie wenn sie an dem Tage Direktor geworden wäre, an welchem der Direktor, an dessen Stelle sie ernannt wurde, zuletzt als Direktor erwählt wurde.

Verhandlungen der Direktoren.

81. Die Direktoren können zur Erledigung von Geschäften Sitzungen abhalten, diese vertagen oder sonst so regeln, wie sie es für angemessen halten. Sich an einer Sitzung ergebende Fragen sollen durch Stimmenmehrheit entschieden werden. Im Falle einer Stimmengleichheit soll der Vorsitzende eine zweite oder entscheidende Stimme haben. Ein Direktor kann und der Sekretär muß auf Ersuchen eines Direktors jederzeit zu einer Direktorensitzung einladen.

82. Das für die Erledigung von Geschäften notwendige Quorum der Direktion kann von ihnen festgesetzt werden und soll, sofern es nicht so festgesetzt ist, wenn die Zahl der Direktoren drei übersteigt, drei betragen, und wenn die Zahl der Direktoren drei nicht überschreitet, zwei.

83. Die im Amt befindlichen Direktoren können trotz einer eintretenden Lücke die Geschäfte weiterführen; aber wenn und solange ihre Anzahl kleiner ist als das durch die Statuten bestimmte Direktorenquorum, sollen die im Amt befindlichen Direktoren nur solche Handlungen vornehmen, welche die Erhöhung der Direktorenzahl bis zu dieser Zahl oder die Einberufung einer Generalversammlung bezwecken.

84. Die Direktoren können einen Vorsitzenden für ihre Sitzungen ernennen und bestimmen, wie lange er dies Amt behalten soll; aber wenn kein solcher Vorsitzender erwählt ist, oder wenn sich der Vorsitzende nicht innerhalb von fünf Minuten nach der für Abhaltung der Sitzung festgesetzten Zeit einfindet, so können die Direktoren einen aus ihrer Mitte zum Vorsitzenden erwählen.

85. Die Direktoren können alle ihre Befugnisse auf Ausschüsse (committees)[1] übertragen, die aus einem Mitglied oder solchen Mitgliedern des Direktorenkollegiums bestehen, wie sie es für angemessen halten; jeder so gebildete Ausschuß soll in der Ausübung der übertragenen Befugnisse den ihm seitens der Direktoren gegebenen Anordnungen Folge leisten.

86. Ein Ausschuß soll einen Vorsitzenden für seine Sitzungen erwählen; wenn ein solcher Vorsitzender nicht erwählt ist, oder wenn er sich nicht innerhalb von

---

[1] Committee bedeutet einen einzelnen oder mehrere Delegierte, auch Ausschüsse. Committee wird oft auch der Vertreter einer physischen Person genannt.

fünf Minuten nach der für die Abhaltung der Sitzung festgesetzten Zeit einfindet, so können die anwesenden Mitglieder einen aus ihrer Mitte zum Vorsitzenden erwählen.

87. Ein Ausschuß kann nach seinem Belieben Sitzungen abhalten und sie vertagen. Sich an einer Sitzung ergebende Fragen sollen durch Stimmenmehrheit der anwesenden Mitglieder entschieden werden, und im Falle der Stimmengleichheit soll der Vorsitzende eine zweite oder entscheidende Stimme haben.

88. Alle an einer Direktorensitzung oder von einem Direktorenausschuß oder einer als Direktor handelnden Person vorgenommenen Handlungen sollen, selbst wenn sich später herausstellt, daß in der Ernennung eines solchen Direktors oder solcher in der genannten Weise handelnden Person ein Mangel vorhanden war, in gleicher Weise gültig sein, wie wenn eine solche Person gehörig ernannt und als Direktor befähigt gewesen wäre.

Dividenden und Reserven.

89. Die Gesellschaft kann in der Generalversammlung eine Dividende festsetzen, aber keine Dividende soll den durch die Direktoren empfohlenen Betrag überschreiten.

90. Die Direktoren können jederzeit an die Mitglieder eine solche vorläufige Dividende zahlen, wie es den Direktoren durch den Gewinn gerechtfertigt erscheint.

91. Dividende darf nur aus dem Gewinn gezahlt werden.

92. Vorbehaltlich etwaiger Sonderrechte irgendwelcher Personen in bezug auf die Dividende sollen alle Dividenden im Verhältnis der auf die Aktien gezahlten Beträge zuerkannt und bezahlt werden; aber wenn und solange nichts auf irgendeine Aktie der Gesellschaft eingezahlt ist, können die Dividenden im Verhältnis des Nominalbetrags der Aktien zuerkannt und gezahlt werden. Kein auf eine Aktie als Vorschuß für zukünftige Einforderungen gezahlter Betrag soll, wenn er verzinst wird, für die Zwecke dieser Ziffer als auf die Aktien eingezahlt gelten.

93. Die Direktoren können, bevor sie die Auszahlung einer Dividende empfehlen, von dem Gewinn der Gesellschaft die Summe als Reservefonds beiseitestellen, welche sie nach ihrem Ermessen zur Bestreitung unvorhergesehener Ausgaben oder zur Ausgleichung der Dividenden oder für irgendwelche andere Zwecke, für welche der Gewinn der Gesellschaft angemessenerweise verwendet werden kann, für notwendig halten, und bis sie so verwendet wird, kann sie nach freiem Ermessen der Direktoren entweder im Geschäft der Gesellschaft gebraucht oder in der Weise angelegt werden, wie die Direktoren es jederzeit für angemessen halten (jedoch nicht zum Erwerb von Aktien der Gesellschaft).

94. Wenn verschiedene Personen als gemeinschaftliche Inhaber einer Aktie eingetragen sind, so kann jeder von ihnen mit Wirksamkeit über jede auf die Aktie zahlbare Dividende Quittung ausstellen.

95. Jede Dividende darf durch Scheck oder eine Anweisung (warrant) bezahlt werden, welche durch die Post an die eingetragene Adresse des Mitglieds oder der hierzu berechtigten Person oder im Falle eines joint holders (d. i. einer Person, welche gemeinsam mit einer andern berechtigt ist) an irgendeinen der joint holders oder an denjenigen unter ihnen, welcher von den berechtigten Personen hierzu ermächtigt wurde, geschickt werden. Ein jeder derartige Scheck oder Anweisung soll zur Zahlung an die Order derjenigen Person ausgestellt sein, an welche sie gesandt werden oder an die Order einer anderen Person, welche vom Mitglied oder von der berechtigten Person oder dem „joint owner“ (d. h. demjenigen Aktionär, der die Aktie für mehrere Mitbeteiligte in den Händen hat), wie der Fall gerade liegen mag, bezeichnet wird.

96. Keine Dividende ist gegenüber der Gesellschaft zinsberechtigt.

Buchführung.

97. Die Direktoren sollen ordnungsmäßige Bücher führen lassen über die von der Gesellschaft empfangenen und von ihr verauslagten Gelder und über die Geschäfte, hinsichtlich deren ein solcher Empfang oder eine solche Ausgabe stattfindet, über alle Verkäufe und Käufe von Waren, welche die Gesellschaft ausgeführt hat und die Aktiven und Passiven der Gesellschaft.

98. Die Bücher sollen am eingetragenen Geschäftssitz der Gesellschaft oder an dem Orte oder den Orten, welche die Direktoren bestimmen, geführt werden und sollen jederzeit den Direktoren zur Einsicht offen stehen.

99. Die Direktoren sollen von Zeit zu Zeit bestimmen, ob und in welcher Ausdehnung und zu welchen Zeiten und an welchen Orten und unter welchen Bedingungen die Rechnungen und Bücher der Gesellschaft oder einige von ihnen der Einsicht von Mitgliedern, die nicht Direktoren sind, offenstehen sollen, und kein Mitglied (welches nicht Direktor ist) soll ein Recht haben, von irgendeinem Buch oder Schriftstück oder irgendeiner Rechnung der Gesellschaft Einsicht zu nehmen, sofern es nicht gesetzlich dazu berechtigt oder durch die Direktoren oder durch die Gesellschaft in der Generalversammlung dazu ermächtigt ist.

100. Die Direktoren müssen entsprechend § 123 dieses Gesetzes für die Generalversammlung Gewinn- und Verlustrechnungen, Bilanzen und Berichte vorbereiten und vorlegen, wie sie den Vorschriften von § 123 dieses Gesetzes entsprechen.

101. Eine Abschrift jeder Bilanz (eingeschlossen jede Urkunde, welche vom Gesetz verlangt wird), welche der Generalversammlung vorgelegt werden muß, zusammen mit einer Abschrift des Revisorenberichts, muß wenigstens sieben Tage vor dem Tage der Versammlung an alle Personen geschickt werden, welche berechtigt sind, Einladungen zur Generalversammlung zu erhalten.

Revision.

102. Es sollen Revisoren ernannt und ihre Pflichten entsprechend §§ 132, 133 und 134 des Gesetzes bestimmt werden.

Mitteilungen an Mitglieder der Gesellschaft.

103. Die Gesellschaft kann einem Mitglied persönlich oder durch die Post in einem frankierten Brief Mitteilungen zustellen, und zwar an seine eingetragene Adresse, oder wenn es keine eingetragene Adresse im Vereinigten Königreich hat[1], an diejenige inländische Adresse, welche es der Gesellschaft angegeben hat. Wenn eine Mitteilung durch die Post geschickt wurde, so soll die Form als erfüllt gelten, wenn die Mitteilung in einem Briefe geschieht, der gehörig adressiert, frankiert und zur Post gebracht wurde; und im Falle der Einladung zu einer Versammlung soll die Zustellung nach Ablauf von 24 Stunden als ausgeführt gelten, nachdem der Brief mit der Einladung zur Post gebracht wurde; und in jedem andern Fall zur Zeit, in welcher der Brief im ordentlichen Geschäftsbetrieb der Post abgeliefert wird.

104. Wenn ein Mitglied keine eingetragene Adresse im Vereinigten Königreich hat und der Gesellschaft keine Adresse zum Zweck der Zustellung von Mitteilungen innerhalb des Vereinigten Königreichs gegeben hat, so soll eine Bekanntgabe, welche in einer im Gebiete des eingetragenen Geschäftssitzes der Gesellschaft verbreiteten Zeitung veröffentlicht ist, als an dem Tage gehörig gegeben gelten, an dem die Veröffentlichung erschienen ist.

105. Eine Mitteilung kann von der Gesellschaft an die gemeinschaftlichen Inhaber einer Aktie dadurch gegeben werden, daß sie dem zuerst in das Register eingetragenen gemeinschaftlichen Inhaber gegeben wird.

106. Eine Einladung kann von der Gesellschaft an diejenigen Personen erfolgen, welche zufolge des Todes oder des Konkurses eines Mitgliedes einer Aktie be-

[1] Es handelt sich besonders um Einladungen zur Generalversammlung.

rechtigt sind, und zwar in der Weise, daß sie durch die Post in einem frankierten Briefe mit dem Namen oder Titel der Nachlaßverwalter des Verstorbenen oder des Konkursverwalters, oder unter irgendeiner ähnlichen Bezeichnung an die inländische Adresse geschickt wird, die etwa von den sich als berechtigt bezeichnenden Personen angegeben wurde, oder die Einladung (solange keine solche Adresse angegeben wurde) in der Weise erfolgt, wie dies zulässig gewesen wäre, wenn der Tod oder Konkurs nicht eingetreten wäre.

107. Eine Einladung zu einer jeden Generalversammlung soll in der vorherbezeichneten Weise

a) jedem Mitglied der Gesellschaft zugestellt werden. Ausgenommen davon sind jedoch diejenigen Mitglieder, welche der Gesellschaft keine Adresse im Vereinigten Königreich bekanntgegeben haben, an welche die Einladung geschickt werden könnte; und

b) an jede Person, die zu einer Aktie berechtigt ist zufolge des Todes oder des Konkurses eines Mitgliedes, das zum Empfang einer Einladung an die Generalversammlung berechtigt gewesen wäre, wenn der Konkurs oder Todesfall nicht eingetreten wäre. Keine anderen Personen sind berechtigt, eine Einladung zur Generalversammlung zu erhalten.

Tafel B.

Formular eines Memorandum (Gründungsurkunde) einer Company limited by shares

§§ 11 und 379.

(mit Beschränkung der Haftung bis auf die Höhe der Aktien).

1. Der Name der Gesellschaft ist „The Eastern Steam Packet Company Limited".
2. Der eingetragene Geschäftssitz der Gesellschaft wird in England gelegen sein.
3. Der Gegenstand des Unternehmens, für welches die Gesellschaft errichtet wird, ist die Beförderung von Personen und Gütern zu Schiff oder auf Booten zwischen den Plätzen, welche die Gesellschaft jederzeit festsetzen mag, und der Betrieb aller anderen Geschäfte, die mit der Erreichung des obengenannten Zweckes in Zusammenhang stehen oder für diesen förderlich sind.
4. Die Haftung der Mitglieder ist beschränkt.
5. Das Grundkapital der Gesellschaft beträgt £ 200000 und ist eingeteilt in 1000 Aktien von je £ 200.

Wir, die verschiedenen Personen, deren Namen und Adressen unterzeichnet sind, wünschen auf Grund dieser Gründungsurkunde eine Gesellschaft zu bilden und verpflichten uns, jeder die Zahl der Aktien der Gesellschaft, die sich neben unseren entsprechenden Namen befindet, zu übernehmen.

Namen, Adressen und Beruf der Unterzeichner	Zahl der von jedem Unterzeichneten übernommenen Aktien
1. John Jones aus .... in der Grafschaft ...., Kaufmann . .	200
2. John Smith aus .... in der Grafschaft ...., Kaufmann .	25
3. Thomas Green aus ....in der Grafschaft ...., Kaufmann.	30
4. John Thompson aus .... in der Grafschaft ...., Kaufmann .	40
5. Caleb White aus .... in der Grafschaft ...., Kaufmann. .	15
6. Andrew Brown aus .... in der Grafschaft ...., Kaufmann	5
7. Caesar White aus .... in der Grafschaft ...., Kaufmann .	10
Gesamtbetrag der übernommenen Aktien:	325

Datiert den .... 19 . .　　Zeuge für obige Unterschriften ....

A. B., Nr. 13, Hute Street, Clerkenwell, London.

Tafel C.

§§ 11 und 379.

Formular eines Memorandums (Gründungsurkunde) und von Articles (Statuten) einer Company limited by guarantee, die kein in Aktien zerlegtes Grundkapital besitzt.

Gründungsurkunde.

1. Der Name der Gesellschaft ist "The Kent School Association, Limited".
2. Der eingetragene Geschäftssitz der Gesellschaft wird in England gelegen sein.
3. Der Zweck des Unternehmens, für welches die Gesellschaft errichtet wird, ist die Führung einer Schule für Knaben in Kent mit den damit zusammenhängenden Interessen.
4. Die Haftung der Mitglieder ist beschränkt.
5. Jedes Mitglied der Gesellschaft verpflichtet sich, zu dem Vermögen der Gesellschaft, wenn während seiner Mitgliedschaft oder innerhalb eines Jahres nach seinem Austritte die Liquidation eintritt, zum Zweck der Zahlung der vor seinem Austritte eingegangenen Schulden und Verbindlichkeiten der Gesellschaft und der Kosten, Gebühren und Auslagen der Liquidation und zur Ausgleichung der Rechte der Beitragspflichtigen untereinander den Betrag beizusteuern, der eingefordert werden mag, jedoch nicht über £ 10.

Wir, die verschiedenen Personen, deren Namen und Adressen unterzeichnet sind, wünschen auf Grund dieser Gründungsurkunde eine Gesellschaft zu bilden.

Namen, Adressen und Beruf der Unterzeichner:

1. John Jones aus .... in der Grafschaft ...., Kaufmann
2. John Smith aus .... in der Grafschaft ...., Kaufmann
3. Thomas Green aus .... in der Grafschaft ...., Kaufmann
4. John Thompson aus .... in der Grafschaft ...., Kaufmann
5. Caleb White aus .... in der Grafschaft ...., Kaufmann
6. Andrew Brown aus .... in der Grafschaft ...., Kaufmann
7. Caesar White aus .... in der Grafschaft ...., Kaufmann

Datiert den .... 19 ..

Zeuge für Unterschriften: ....
B. A., Nr. 13, Hute Street, Clerkenwell, London.

Statuten (Articles), welche zusammen mit vorstehender Gründungsurkunde (memorandum) einzureichen sind.

Einleitung.

1. In diesen Bestimmungen bedeutet „The Act" (das Gesetz) den Companies Act 1929.

Wenn auf irgendeine Bestimmung des Gesetzes verwiesen wird, so bezieht sich die Verweisung auf eine solche Bestimmung, wie sie für die Zeit gerade mit allfälliger gesetzlich erfolgter Abänderung in Kraft steht.

Wenn nicht der Text anderes verlangt, so sind die einzelnen technischen Ausdrücke so zu verstehen wie sie im Gesetz oder seinen gesetzlichen Abänderungen zur Zeit in Kraft sind, da diese Vorschriften (regulations) für die Gesellschaft rechtswirksam werden.

Mitglieder (Aktionäre).

2. Die Zahl der Mitglieder, mit welcher die Gesellschaft eingetragen werden soll, ist 500; aber die Direktoren können jederzeit eine Erhöhung der Mitgliederzahl eintragen.

3. Die Personen, die das Memorandum der Vereinigung unterschreiben und diejenigen anderen Personen, welche die Direktoren zulassen, sollen Mitglieder der Gesellschaft sein.

Generalversammlungen.

4. Die erste Generalversammlung soll im zweiten oder dritten Monat nach Eintragung der Gesellschaft — nicht früher und nicht später — und an dem Orte abgehalten werden, welchen die Direktoren anordnen mögen.

5. Eine Generalversammlung soll in jedem Kalenderjahr wenigstens einmal, auf keinen Fall aber später als 15 Monate nach der vorausgegangenen Generalversammlung und an dem Orte abgehalten werden, welcher von der Gesellschaft in der Generalversammlung bestimmt wird; und mangels einer Bestimmung in dem dem Jahrestag der Eintragung der Gesellschaft folgenden dritten Monat, im übrigen zu der Zeit und an dem Orte, welche die Direktoren bestimmen mögen. Falls eine Generalversammlung nicht in dieser Weise abgehalten wird, soll eine Generalversammlung in dem folgenden Monat abgehalten werden und kann von zwei Mitgliedern und zwar möglichst in derselben Weise einberufen werden, in welcher Generalversammlungen von den Direktoren einberufen werden.

6. Die obenerwähnten Generalversammlungen sollen ordentliche Versammlungen genannt werden; alle anderen Generalversammlungen sollen außerordentliche Versammlungen sein.

7. Die Direktoren können, wenn sie es für angemessen halten, eine außerordentliche Versammlung einberufen und außerordentliche Generalversammlungen müssen einberufen werden auf das Verlangen, oder wenn dem Verlangen nicht stattgegeben wird, durch solche Gesuchssteller, wie sie in § 114 des Gesetzes bezeichnet sind. Wenn zu irgendeiner Zeit innerhalb des Vereinigten Königreiches nicht genügend Direktoren vorhanden sind, um ein Quorum zu bilden, so können jeder Direktor oder zwei Mitglieder der Gesellschaft eine außerordentliche Generalversammlung auf möglichst dieselbe Weise einberufen, wie dies bei Versammlungen geschieht, die von Direktoren einberufen werden.

Einladungen zu Generalversammlungen.

8. Vorbehältlich der Vorschriften von 117, 2 des Gesetzes, das sich auf Sonderbeschlüsse bezieht, muß eine Einladung (notice) mit einer Frist von wenigstens 7 Tagen (ausgeschlossen den Tag, an welchem die Mitteilung zugestellt wird oder angenommen wird, sie sei zugestellt worden, aber eingeschlossen den Tag, auf welchen die Einladung [notice] erfolgt) und mit Angabe des Ortes, des Tages und der Stunde der Versammlung und, im Falle eines besonderen Geschäftes, der allgemeinen Natur dieses Geschäftes in der nachstehend bezeichneten Art, oder in solch anderer Art erfolgen, wie sie von der Gesellschaft in einer Generalversammlung vorgeschrieben ist, und zwar an solche Personen, die nach den Bestimmungen der Gesellschaft Anspruch auf solche Einladungen seitens der Gesellschaft haben. Jedoch kann die Einladung mit der Zustimmung aller Mitglieder, welche Anspruch haben zu einer besondern Versammlung eingeladen zu werden, mit einer kürzeren Frist ergehen und auf solche Art, wie jene Mitglieder es passend finden.

9. Die zufällige Unterlassung einer Einladung zu einer Versammlung, wie auch der Nichteingang einer solchen Mitteilung an irgendein Mitglied soll die Verhandlungen an einer Versammlung nicht ungültig machen.

Verhandlungen an Generalversammlungen.

10. Als „besondere Geschäfte“ sollen gelten alle Geschäfte, welche in einer außerordentlichen Versammlung verhandelt werden, ebenso alles, was an einer ordentlichen Versammlung verhandelt wird, mit Ausnahme der Prüfung der Bücher, der Bilanzen und des ordentlichen Berichtes der Direktoren und Revisoren, die Wahl der Direktoren und anderer Beamten an Stelle der zufolge Amtswechsels zurücktretenden, und die Festsetzung der Vergütung der Revisoren.

11. Kein Geschäft darf an einer Generalversammlung behandelt werden, wenn nicht ein Quorum von Mitgliedern anwesend ist zur Zeit, da die Versammlung zur Behandlung der Geschäfte übergeht. Vorbehältlich weiter unten angeführter Bestimmungen bilden drei Mitglieder, welche persönlich anwesend sind, ein Quorun.

12. Wenn innerhalb einer halben Stunde nach der für die Versammlung festgesetzten Zeit kein Quorum von Mitgliedern anwesend ist, so soll die Versammlung, wenn sie auf Antrag von Mitgliedern einberufen worden ist, aufgelöst werden; in jedem andern Fall soll sie auf eine zu derselben Zeit und an demselben Ort und demselben Tag der nächsten Woche stattfindende Versammlung vertagt werden; und wenn auf einer solchen vertagten Versammlung innerhalb einer halben Stunde, von der Zeit an, auf welche die Versammlung anberaumt wurde, kein Quorum vorhanden ist, sollen die anwesenden Mitglieder das Quorum sein.

13. Der (etwaige) Vorsitzende der Direktorenversammlung (board of directors) soll bei jeder Generalversammlung der Gesellschaft den Vorsitz führen.

14. Wenn kein Vorsitzender vorhanden ist oder wenn er an einer Versammlung innerhalb 15 Minuten nach der bezeichneten Einberufungszeit für die Versammlung nicht anwesend ist, um die Versammlung zu leiten oder wenn er sich weigert als Vorsitzender zu amten, so sollen die Mitglieder aus ihrer Zahl einen Vorsitzenden wählen.

15. Der Vorsitzende kann mit Zustimmung einer jeden Versammlung, an welcher ein Quorum vorhanden ist (und er muß es tun, wenn die Gesellschaft es so verlangt), die Versammlung von Zeit zu Zeit und von Ort zu Ort verschieben; aber ein Geschäft darf an einer vertagten Versammlung nur behandelt werden, wenn es an der vorausgegangenen Versammlung, welche eine Verschiebung erfuhr, nicht erledigt worden ist. Wenn eine Versammlung auf 10 Tage oder mehr vertagt worden ist, so muß eine Einladung zur vertagten Versammlung in gleicher Weise gegeben werden wie zu einer ursprünglichen Versammlung. Abgesehen von dem soeben Gesagten, ist es nicht nötig, irgendwelche weitere Mitteilung von der Vertagung oder von dem Geschäft zu machen, das an einer vertagten Versammlung behandelt werden soll.

16. Ein an einer Generalversammlung zur Abstimmung kommender Beschluß soll durch Handaufheben gefaßt werden, wenn nicht eine Abstimmung nach Aktienstimmen verlangt wird (sei es vor oder nach der Bekanntgabe des Ergebnisses des Handaufhebens) und zwar von wenigstens zwei Mitgliedern, sei es persönlich oder durch Vertreter, und wenn kein solches Begehren auf Abstimmung nach Aktienstimmen gestellt ist, soll eine Erklärung des Vorsitzenden, daß ein Beschluß durch Handaufheben gefaßt wurde, sei es einstimmig oder durch eine besondere Mehrheit, oder daß er abgelehnt wurde, und eine Eintragung darüber in dem Protokollbuch der Gesellschaft schlüssigen Beweis der Tatsache bilden, ohne Nachweis der Zahl oder des Verhältnisses der Stimmen zugunsten oder gegen den bezüglichen Beschluß.

17. Ist eine Abstimmung nach Aktienstimmen in gehöriger Weise begehrt, so soll sie so vorgenommen werden, wie es der Vorsitzende anordnet, und das Ergebnis einer solchen Abstimmung soll als ein Beschluß der Versammlung gelten, an welcher die Abstimmung nach Aktienstimmen begehrt wurde.

18. Im Falle der Gleichheit der Stimmen, sei es bei der Abstimmung mit der Hand oder bei Abstimmung nach Aktienstimmen, soll der Vorsitzende der Versammlung, an welcher durch Handaufheben abgestimmt wurde oder die Abstimmung nach Aktienstimmen begehrt wurde, eine zweite oder ausschlaggebende Stimme haben.

19. Eine Abstimmung nach Aktienstimmen bei der Wahl eines Vorsitzenden oder bei der Frage einer Vertagung, soll sofort vorgenommen werden. Wird eine solche Abstimmung über eine andere Frage verlangt, so soll sie zu der Zeit vorgenommen werden, wie dies der Vorsitzende anordnet.

Die Stimmen der Mitglieder.

20. Jedes Mitglied soll eine Stimme haben.

21. Ein geisteskrankes Mitglied oder ein solches gegenüber welchem eine Order (eine gerichtliche Verfügung) von seiten eines Gerichts erging, das in Fragen der Bevormundung Geisteskranker zulässig ist, kann, sei es bei der Abstimmung durch Handaufheben oder bei einer Abstimmung mit Zählung aller einzelnen Stimmen, durch einen Vormund (committee), Vermögensverwalter (curator bonis) oder eine andere Person, welche von diesem Gericht bezeichnet wurde, stimmen, und ein solcher Vormund (committee), Vermögensverwalter oder eine andere Person kann bei einer Abstimmung nach abgezählten Stimmen durch einen Vertreter stimmen.

22. Kein Mitglied kann in einer Versammlung stimmberechtigt sein, solange nicht alle von ihm an die Gesellschaft geschuldeten Gelder bezahlt wurden.

23. Bei einer Abstimmung mit Abzählung der einzelnen Stimmen können die Stimmen entweder persönlich oder durch Vertreter abgegeben werden.

24. Die Urkunde, die einen Bevollmächtigten bezeichnet, muß eigenhändig von dem Bestellenden oder von seinem gehörig in schriftlicher Form ermächtigten Vertreter unterzeichnet sein, oder, wenn der Bestellende eine corporation (juristische Person) ist, entweder gesiegelt oder mit der Unterschrift eines Beamten der Korporation oder eines hierzu bevollmächtigten Vertreters versehen sein. Ein Bevollmächtigter braucht nicht Mitglied der Gesellschaft zu sein.

25. Die Urkunde, die einen bevollmächtigten Vertreter ernennt und die Vollmacht oder andere Ermächtigungsurkunde, gestützt auf welche sie unterschrieben wird, oder eine notariell beglaubigte Abschrift dieser Vollmacht oder Ermächtigungsurkunde, muß im Geschäftssitz der Gesellschaft wenigstens 48 Stunden vor der Abhaltung der Versammlung oder der vertagten Versammlung, an welcher die in der Urkunde genannte Person zu stimmen wünscht, aufgelegt sein, da sonst die Vollmachtsurkunde nicht gültig ist.

26. Eine einen Bevollmächtigten ernennende Urkunde kann folgende Form haben:

„Gesellschaft mit beschränkter Haftung .... aus .... in der Grafschaft .... als Mitglied von der .... Gesellschaft mit beschränkter Haftung ernenne ich hierdurch .... aus .... zu meinem Bevollmächtigten mit der Vollmacht, für mich und in meinem Namen in der (ordentlichen oder außerordentlichen) Generalversammlung der Gesellschaft, welche am .... abgehalten werden soll, und auf einer Vertagung derselben, die am .... abgehalten werden soll (oder auf jeder Generalversammlung der Gesellschaft, die in diesem Jahre abgehalten werden mag) zu stimmen.“

Bestätigt durch meine Unterschrift, den ....

Unterzeichnet von dem Genannten in Gegenwart von ....

Auf englisch:

„Company Limited

.... of .... in the county of .... being a member of the ... Company, Limited, hereby appoint .... of .... as my proxy, to vote for me and on my behalf at the (ordinary or extraordinary, as the case may be) general meeting of the company to be held in the .... day of .... and at any adjournment thereof.

Signed this .... day of ....“

27. Die Urkunde, welche einen Vertreter bestellt, gibt diesem auch das Recht, eine Abstimmung mit Abzählung aller einzelnen Stimmen zu verlangen oder an einem solchen Begehren teilzunehmen.

Corporations, welche an Versammlungen durch Vertreter teilnehmen.

28. Eine corporation[1], die Mitglied einer Gesellschaft ist, kann durch Beschluß ihrer Direktoren oder eines anderen leitenden Organes diejenige Person bevollmächtigen, welche sie für geeignet hält, als ihr Vertreter an der Versammlung der Gesellschaft teilzunehmen und die so ermächtigte Person ist berechtigt, die gleichen Rechte für die corporation, die sie vertritt, auszuüben, wie wenn sie ein individuelles Mitglied der Gesellschaft wäre.

Direktoren.

29. Die Zahl der Direktoren und die Namen der ersten Direktoren sollen schriftlich von einer Mehrheit der Unterzeichner der Gründungsurkunde bestimmt werden.

30. Die Vergütung der Direktoren soll von Zeit zu Zeit durch die Generalversammlung bestimmt werden.

Befugnisse und Pflichten der Direktoren.

31. Die Geschäfte der Gesellschaft sollen von den Direktoren geführt werden, welche alle Auslagen bezahlen können, die für die Bildung und Eintragung der Gesellschaft entstanden und sie können alle diejenigen Befugnisse der Gesellschaft ausüben, welche nicht durch das Gesetz oder zufolge dieser Statuten durch die Generalversammlung ausgeübt werden müssen, gleichwohl aber vorbehaltlich der Vorschriften dieser Statuten, der Vorschriften des Gesetzes und solcher Anordnungen, welche nicht unvereinbar sind mit den genannten Vorschriften, wie dies immer die Gesellschaft in Generalversammlungen bestimmen mag. Doch kann keine von der Generalversammlung getroffene Maßnahme irgendwelche frühere Handlungen der Direktoren ungültig machen, die gültig wären, wenn diese Maßnahme nicht getroffen worden wäre.

32. Die Direktoren müssen dafür sorgen, daß in bezug auf folgende Vorfälle Protokolle in Büchern geführt werden:

a) in bezug auf alle Wahlen von Beamten, welche durch die Direktoren vorgenommen werden;

b) in bezug auf die Namen der Direktoren, die an jeder einzelnen Versammlung der Direktoren und irgendeines Ausschusses der Direktoren anwesend waren;

c) in bezug auf alle Beschlüsse und Verhandlungen an allen Versammlungen der Gesellschaft, der Direktoren und der Direktorenausschüsse (committees of directors);

und jeder Direktor, welcher persönlich an einer Versammlung der Direktoren oder des Direktorenausschusses anwesend ist, muß seinen Namen in das zu diesem Zwecke geführte Buch eintragen.

[1] d. h. eine juristische Person.

Das Siegel.

33. Das Gesellschaftssiegel darf an einer Urkunde nur angebracht werden, gestützt auf die durch einen Beschluß des Direktorenkollegiums erteilte Vollmacht und in Gegenwart eines Direktors und des Sekretärs oder einer anderen Person, welche die Direktoren hierzu bezeichnen können, und die Direktoren und der Sekretär oder die erwähnte andere Person müssen jede Urkunde, auf welcher das Siegel in ihrer Gegenwart angebracht wurde, unterzeichnen.

Unfähigkeit einer Person für das Amt des Direktors. (Disqualification of Directors.)

34. Das Amt eines Direktors soll als erledigt gelten

a) wenn der Direktor ohne Bewilligung der Generalversammlung eine andere Stelle übernimmt, welche ihm Gewinn bringt; oder

b) wenn er in Konkurs gerät; oder

c) wenn ihm verboten wird, Direktor zu sein gestützt auf eine gerichtliche Verfügung gemäß § 217 oder § 275 des Gesetzes; oder

d) wenn er als geisteskrank befunden wird oder geisteskrank wird; oder

e) wenn er mit schriftlicher Eingabe an die Gesellschaft den Rücktritt erklärt; oder

f) wenn er direkt oder indirekt an irgendeinem Vertrag mit der Gesellschaft interessiert ist und es unterläßt, die Art seines Interesses in der von § 149 des Gesetzes verlangten Weise bekanntzugeben.

Ein Direktor darf nicht über einen Vertrag und was damit zusammenhängt, an welchem er selbst interessiert ist, abstimmen. Stimmt er gleichwohl, so ist seine Stimme ungültig.

Erneuerungswahl der Direktoren.

35. An der ersten ordentlichen Generalversammlung der Gesellschaft müssen alle Direktoren von ihrem Amt zurücktreten, und an der ordentlichen Generalversammlung in jedem folgenden Jahr muß dies von einem Drittel der Direktoren geschehen, welche gerade im Amte sind, oder, wenn deren Zahl nicht drei oder mehr beträgt, von einer Anzahl, welche dem Drittel am nächsten liegt.

36. Zunächst sollen in jedem Jahr diejenigen Direktoren, die seit der letzten Wahl am längsten in ihrer Stellung sind, und von den Direktoren, die am nämlichen Tage Direktoren wurden, diejenigen zurücktreten, die durch das Los bestimmt werden (es sei denn etwas anderes unter ihnen vereinbart).

37. Ein zurücktretender Direktor ist wieder wählbar.

38. Die Gesellschaft kann an der Generalversammlung, an welcher ein Direktor in der erwähnten Weise zurücktritt, die freigewordene Stelle durch eine Wahl wieder besetzen. Mangels einer solchen soll der zurücktretende Direktor als wiedergewählt gelten, es sei denn, daß an dieser Generalversammlung beschlossen wurde, die freigewordene Stelle nicht wieder zu besetzen.

39. Die Gesellschaft kann von Zeit zu Zeit in einer Generalversammlung die Zahl der Direktoren vergrößern oder verkleinern und ferner bestimmen, bei welchem Direktorenwechsel (rotation) die erweiterte oder verkürzte Zahl gewählt werden soll.

40. Eine zufällig freigewordene Lücke des Direktorenkollegiums kann durch die Direktoren selbst ausgefüllt werden. Die so gewählte Person muß aber so zurücktreten, wie wenn sie Direktor geworden wäre an dem Tage, da ihr Vorgänger, an dessen Stelle sie gewählt ist, zum letzten Male als Direktor gewählt worden ist.

41. Die Direktoren haben das Recht, jederzeit, und von Zeit zu Zeit, eine Person als Ergänzungsdirektor (additional director) zu wählen, welcher von ihrer Stelle an der nächstfolgenden ordentlichen Generalversammlung zurücktreten muß, aber an dieser Generalversammlung als Ergänzungsdirektor wählbar ist.

42. Die Gesellschaft kann durch außerordentlichen Beschluß einen Direktor vor Ablauf seiner Amtszeit entlassen, und durch einen ordentlichen Beschluß eine andere Person an seine Stelle wählen. Die so gewählte Person muß zu derselben Zeit zurücktreten, wie wenn sie Direktor geworden wäre am Tage, an welchem ihr Vorgänger, an dessen Stelle sie tritt, zum letzten Male als Direktor gewählt wurde.

Geschäftsführung der Direktoren.

43. Die Direktoren können für die Erledigung von Geschäften zusammentreten, und ihre Versammlungen (Sitzungen) so anordnen, wie sie es für geeignet halten. Für Fragen, die an einer Sitzung entstehen, soll die Mehrheit der Stimmen entscheidend sein. Bei Gleichheit der Stimmen hat der Vorsitzende eine zweite oder ausschlaggebende Stimme. Ein Direktor kann, und der Sekretär muß auf Verlangen eines Direktors jederzeit die Direktoren zu einer Sitzung einberufen.

44. Das erforderliche Quorum für die Durchführung von Geschäften der Direktoren kann durch die Direktoren selbst bestimmt werden, und wenn sie dies nicht tun, soll es, sofern die Zahl der Direktoren drei übersteigt, drei sein und wenn sie die Zahl drei nicht überschreitet, zwei.

45. Die verbleibenden Direktoren können handeln ungeachtet des Freiseins einer Stelle ihres Kollegiums, aber, wenn und solange ihre Zahl unter die Zahl fällt, die zufolge der Vorschriften der Gesellschaft notwendiges Quorum der Direktoren ist, können die verbleibenden Direktoren die erforderlichen Schritte unternehmen, um die Zahl der Direktoren auf jene Zahl zu erhöhen, oder eine Generalversammlung für diesen Zweck, aber nicht für andere Zwecke, einberufen.

46. Die Direktoren können einen Vorsitzenden für ihre Sitzungen wählen und seine Amtszeit bestimmen; aber, wenn kein solcher Vorsitzender erwählt ist, oder ein Erwählter an einer Sitzung innerhalb 5 Minuten nach der für die Sitzung angezeigten Zeit nicht anwesend ist, so können die Direktoren aus ihrer Zahl einen Vorsitzenden für die Sitzung erwählen.

47. Die Direktoren können ihre Befugnisse an eine Delegation (committee, Ausschuß) aus ihrer Mitte, sei es ein Mitglied oder seien es mehrere Mitglieder ihres Kollegiums, sowie sie es für angezeigt erachten, abtreten. Jeder so gewählte Ausschuß (Delegation) muß bei der ihm übertragenen Befugnis, sich den Weisungen der Direktoren anpassen.

48. Der Ausschuß kann einen Vorsitzenden seiner Sitzung wählen. Mangels einer solchen Wahl, oder wenn an einer Sitzung der Vorsitzende nicht noch 5 Minuten der für die Sitzung angesetzten Zeit anwesend ist, können die Mitglieder einen aus ihrer Zahl als Vorsitzenden für die Sitzung wählen.

49. Ein Ausschuß kann Sitzungen abhalten und sie vertagen, wie es ihm beliebt. Die Fragen, die in einer Sitzung behandelt werden, sind durch Stimmenmehrheit der anwesenden Mitglieder zu entscheiden, und im Falle der Gleichheit der Stimmen entscheidet der Vorsitzende durch eine zweite oder ausschlaggebende Stimme.

50. Alle Beschlüsse, welche an einer Sitzung der Direktoren oder eines Ausschusses der Direktoren, oder durch irgendeine Person, welche als Direktor handelt, gefaßt werden, sind selbst dann rechtsgültig, wenn sich nachträglich herausstellt, daß bei der Wahl irgendeines Direktors oder einer Person, wie sie vorhin erwähnt

wurde, Fehler gemacht wurden, oder daß alle oder einzelne disqualifiziert (d. i. unfähig zur Bekleidung des Amtes) waren, und diese Rechtsgültigkeit ist so, wie wenn die Personen, welche die Beschlüsse gefaßt haben, in gehöriger Weise zu ihrem Amte gewählt und nicht disqualifiziert gewesen wären.

Buchführung.

51. Die Direktoren müssen dafür sorgen, daß ordnungsgemäße Bücher geführt werden und zwar in bezug auf alle Geldbeträge, die von der Gesellschaft eingenommen und ausgegeben werden mit Angabe des Geschäftes, für welches die Einnahme und die Ausgabe erfolgte; ferner in bezug auf alle durch die Gesellschaft getätigten Warenverkäufe und -käufe und über die Aktiven und Passiven der Gesellschaft.

52. Die Bücher müssen am eingetragenen Sitz der Gesellschaft geführt werden, oder an einem anderen Platz oder an anderen Plätzen, wie es die Direktoren für angezeigt erachten, und sie müssen stets den Direktoren zur Einsicht offenstehen.

53. Die Direktoren müssen von Zeit zu Zeit bestimmen, ob und in welchem Umfange und zu welchen Zeiten und an welchen Orten und unter welchen Bedingungen die Rechnungen und Bücher der Gesellschaft der Einsichtnahme der Mitglieder, die nicht Direktoren sind, offenzustehen haben. Aber ein Mitglied (das nicht Direktor ist) hat nur dann ein Recht auf Einsichtnahme irgendeiner Rechnung oder eines Buches oder einer Urkunde der Gesellschaft, wenn dieses Recht gesetzlich, durch die Statuten oder zufolge Ermächtigung der Direktoren oder der Generalversammlung eingeräumt ist.

54. Die Direktoren müssen von Zeit zu Zeit entsprechend § 123 des Gesetzes für die Generalversammlung die Gewinn- und Verlustrechnungen, Bilanzen und Berichte vorbereiten und vorlegen, wie sie in dem angeführten Paragraphen verlangt werden.

55. Eine Abschrift jeder Bilanz (eingeschlossen alle Urkunden, welche gesetzlich beigefügt werden müssen), die der Generalversammlung zusammen mit einer Abschrift des Revisorenberichtes vorgelegt werden muß, ist wenigstens 7 Tage vor dem Versammlungstage an alle Personen zu schicken, die berechtigt sind, Einladungen an die Generalversammlung der Gesellschaft zu erhalten.

Revision.

56. Es müssen Revisoren gewählt werden und ihre Pflichten entsprechend den §§ 132, 133 und 134 des Gesetzes geordnet werden.

Einladungen zu Generalversammlungen.

57. Eine Einladung der Gesellschaft an ein Mitglied muß entweder persönlich abgegeben werden oder aber durch die Post an seine eingetragene Adresse, oder (wenn es innerhalb des Vereinigten Königreiches keine eingetragene Adresse hat), an die etwaige Adresse, die es für Zustellungen im Vereinigten Königreich der Gesellschaft bekanntgegeben hat.

Wenn eine Einladung durch die Post geschickt wird, so soll die Zustellung als richtig erfolgt gelten, wenn ein gehörig adressierter und frankierter Brief zur Post gebracht ist, welcher die betreffende Einladung enthält, und die Zustellung soll als geschehen betrachtet werden nach Ablauf von 24 Stunden, von der Stunde an, da der Brief, welcher die Einladung enthält, zur Post gebracht wurde.

58. Wenn ein Mitglied keine eingetragene Adresse im Vereinigten Königreich hat und auch keine Adresse innerhalb dieses Gebietes angegeben hat, an welche ihm Einladungen zugeschickt werden könnten, so genügt eine an dieses Mitglied

gerichtete, in einer Zeitung der Gegend des eingetragenen Sitzes der Gesellschaft publizierte Einladung und soll als in gehöriger Form an dasselbe erfolgt gelten, und zwar am Tage, da die Anzeige in der Zeitung erscheint.

59. Eine Einladung an eine Generalversammlung muß auf die vorhin erwähnte Weise an jedes Mitglied erfolgen, ausgenommen diejenigen Mitglieder, welche (da sie keine eingetragene Adresse im Vereinigten Königreich haben) keine andere Adresse im Vereinigten Königreich angegeben haben, an welche die Einladungen adressiert werden konnte. Andere Personen sind nicht berechtigt, Einladungen zu Generalversammlungen zu erhalten.

Namen, Adressen und Berufe der Zeichner.

1. John Jones aus .... in der Grafschaft von ...., Lehrer
2. John Smith aus .... in der Grafschaft von ...., Lehrer
3. Thomas Green aus .... in der Grafschaft von ...., Lehrer
4. John Thompson aus .... in der Grafschaft von ...., Lehrer
5. Caleb White aus .... in der Grafschaft von ...., Lehrer
6. Andrew Brown aus .... in der Grafschaft von ...., Lehrer
7. Caesar White aus .... in der Grafschaft von ...., Lehrer

Datiert den .... 19 . .

Zeuge für obige Unterschriften: ......
A. B., No. 20, Bond Street, London.

Tafel D.

§§ 11 und 379. **Gründungsurkunde und Statuten einer Gesellschaft limited by guarantee (mit Beschränkung der Haftung auf eine Garantiesumme), die ein in Aktien zerlegtes Kapital besitzt.**

Gründungsurkunde (Memorandum of Association).

1. Der Name der Gesellschaft ist „The Highland Hotel Company Limited".

2. Der eingetragene Geschäftssitz der Gesellschaft wird in Schottland gelegen sein.

3. Der Gegenstand des Unternehmens, für welches die Gesellschaft errichtet wird, ist die Erleichterung des Reisens im schottischen Hochlande durch die Einrichtung von Hotels und von Fahrgelegenheiten zu Wasser und zu Lande zur Bequemlichkeit der Reisenden und durch den Betrieb aller anderen Geschäfte, die mit der Erreichung des obengenannten Zweckes im Zusammenhang stehen oder für diesen förderlich sind.

4. Die Haftung der Mitglieder ist beschränkt.

5. Jedes Mitglied der Gesellschaft verpflichtet sich, zum Vermögen der Gesellschaft im Falle der während seiner Mitgliedschaft oder innerhalb eines Jahres nach seinem Austritte erfolgenden Liquidation die vor seinem Austritte eingegangenen Schulden und Verbindlichkeiten der Gesellschaft und die Kosten, Gebühren und Auslagen der Liquidation zu zahlen und zur Ausgleichung der Rechte der Beitragspflichtigen untereinander den Betrag beizusteuern, welcher eingefordert werden mag, jedoch ein einzelnes Mitglied nicht über £ 20.

6. Das Aktienkapital der Gesellschaft soll aus £ 500000, eingeteilt in 5000 Aktien zu je £ 100, bestehen.

Wir, die verschiedenen Personen, deren Namen und Adressen unterzeichnet sind, wünschen eine Gesellschaft zu gründen, und zwar gestützt auf diese Gründungsurkunde, und wir verpflichten uns, die Zahl der Aktien zu übernehmen, welche unten neben unsern Namen angeführt ist.

Namen, Adressen und Berufe der Unterzeichner	Zahl der durch jeden Zeichner übernommenen Aktien
1. John Jones aus .... in der Grafschaft ...., Kaufmann . .	200
2. John Smith aus .... in der Grafschaft ...., Kaufmann .	25
3. Thomas Green aus . .... in der Grafschaft ...., Kaufmann	30
4. John Thompson aus .... in der Grafschaft ...., Kaufmann .	40
5. Caleb White aus .... in der Grafschaft ...., Kaufmann . . .	15
6. Andrew Brown aus .... in der Grafschaft ...., Kaufmann .	5
7. Caesar White aus .... in der Grafschaft ...., Kaufmann .	10
Total der übernommenen Aktien:	325

Datiert den .... 19 ...

Zeuge für obige Unterschriften: ....
A. B., Nr. 13 Hute Street, Clerkenwell, London.

Statuten (Articles), welche der vorstehenden Gründungsurkunde beizugeben sind.

§§ 11 und 379.

1. Die Statuten von Tafel A, welche in der ersten Beilage (First Schedule) dieses Gesetzes von 1929 wiedergegeben sind, sollen die Statuten der Gesellschaft sein und auf die Gesellschaft Anwendung finden.

Namen, Adressen und Berufe der Zeichner.

1. John Jones aus .... in der Grafschaft von ...., Kaufmann
2. John Smith aus .... in der Grafschaft von ...., Kaufmann
3. Thomas Green aus .... in der Grafschaft von ...., Kaufmann
4. John Thompson aus .... in der Grafschaft von ...., Kaufmann
5. Caleb White aus .... in der Grafschaft von ...., Kaufmann
6. Andrew Brown aus .... in der Grafschaft von ...., Kaufmann
7. Caesar White aus .... in der Grafschaft von ...., Kaufmann

Datiert, den .... 19 ....

Zeuge für die oben angeführten Unterschriften: ......
A. B., Nr. 13, Hute Street, Clerkenwell, London.

Tafel E.

Gründungsurkunde und Statuten einer Gesellschaft mit unbeschränkter Haftung, die ein in Aktien eingeteiltes Grundkapital besitzt.

§§ 11 und 379.

Gründungsurkunde (Memorandum of Association).

1. Der Name der Gesellschaft ist „Die Patent Stereotyp Compagnie“.
2. Der eingetragene Geschäftssitz der Gesellschaft wird in England gelegen sein.
3. Der Gegenstand des Unternehmens, für welches die Gesellschaft errichtet wird, soll die Ausnutzung einer patentierten Methode, Stereotypplatten zu gießen und zu stanzen, sein, von welcher Methode John Smith aus London der einzige Patentinhaber ist.

Wir, die verschiedenen Personen, deren Namen unterzeichnet sind, wollen auf Grund dieser Gründungsurkunde eine Gesellschaft bilden, und wir verpflichten uns, die Zahl der Aktien zu übernehmen, welche unten neben unseren Namen gesetzt ist.

Namen, Adressen und Berufe der Zeichner.	Zahl der Aktien, die von jedem Unterzeichner übernommen werden.
1. John Jones aus .... in der Grafschaft von ...., Kaufmann . .	3
2. John Smith aus .... in der Grafschaft von ...., Kaufmann .	2
3. Thomas Green aus .... in der Grafschaft von ...., Kaufmann	1
4. John Thompson aus .... in der Grafschaft von ...., Kaufmann	2
5. Caleb White aus .... in der Grafschaft von ...., Kaufmannn .	2
6. Andrew Brown aus .... in der Grafschaft von ...., Kaufmann	1
7. Abel Brown aus .... in der Grafschaft von ...., Kaufmann .	1
Total der Zahl der übernommenen Aktien	12

Datiert, den .... des Jahres 19 ....

Zeuge für die oben angeführten Unterschriften: ....

A. B., Nr. 20, Bond Street, London.

Statuten (Articles), welche der vorausgehenden Gründungsurkunde beizugeben sind.

1. Das Aktienkapital der Gesellschaft beträgt 2000 Pfund, eingeteilt in 20 Aktien zu je 100 Pfund.

2. Die Gesellschaft kann durch Sonderbeschluß

a) das Aktienkapital erhöhen und zwar auf einen solchen Betrag und in Aktien von solcher Höhe eingeteilt, als dies der Beschluß vorschreibt;

b) ihre Aktien in Aktien zusammenlegen, die zu einem höheren Betrag angesetzt werden als die bestehenden Aktien;

c) ihre Aktien auf Aktien von kleinerem Betrage als die bestehenden Aktien verteilen;

d) Aktien annullieren, welche am Tage der Beschlußfassung noch nicht übernommen worden sind oder für welche keine vertragliche Pflicht zur Übernahme besteht;

e) ihr Aktienkapital auf irgendeine Art reduzieren.

3. Die Statuten von Tafel A, welche im ersten Anhang (First Schedule) des Gesetzes von 1929 angeführt sind (ausgenommen die §§ 30, 31, 32, 33, 34, 37 und 38) sollen als diesen Statuten einverleibt gelten und für die Gesellschaft Geltung haben.

Namen, Adressen und Berufe der Zeichner.

1. John Jones aus .... in der Grafschaft von ...., Kaufmann
2. John Smith aus .... in der Grafschaft von ...., Kaufmann
3. Thomas Green aus .... in der Grafschaft von ...., Kaufmann
4. John Thompson aus .... in der Grafschaft von . . .., Kaufmann
5. Caleb White aus .... in der Grafschaft von ...., Kaufmann
6. Andrew Brown aus .... in der Grafschaft von ...., Kaufmann
7. Abel Brown aus .... in der Grafschaft von ...., Kaufmann

Datiert, den .... 19 ....

Zeuge für die oben angeführten Unterschriften: ....

A. B., Nr. 20, Bond Street, London.

Zweiter Anhang (Second Schedule).

Formular für die Bewilligung, Grundeigentümer zu sein. §§ 14 und 379.

Das Handelsamt erteilt hiermit die Bewilligung an .... Land zu Eigentum zu besitzen, für welches folgende Beschreibung gegeben wird (hier folgt eine Beschreibung des Landes) (oder Grundeigentum zu haben, das im ganzen nicht .... acres übersteigt).

Die Bedingungen dieser Bewilligung sind: (hier sind die Bedingungen anzuführen, wenn solche überhaupt bestehen).

Dritter Anhang (Third Schedule).

Formular einer Aufstellung an Stelle eines Prospektes (Statement in lieu of Prospectus) von einer Private Company einzugeben, welche eine Public Company werden will. § 27.

(Companies Act, 1929).

Aufstellung an Stelle eines Prospektes, eingegeben von .... (hier folgt der Name der Gesellschaft).

Gestützt auf § 27 des Gesetzes vom Jahre 1929.

Eingereicht zur Eintragung von ....

Das nominelle Aktienkapital der Gesellschaft.	£
Eingeteilt in	Aktien von je £ .... " " " " .... " " " " .... " " " " ....
Betrag des obigen Kapitals, das aus rückkaufbaren Vorzugsaktien besteht.	
Datum, an welchem oder bevor welchem diese Aktien rückkaufbar sind.	
Name, Beruf und Adresse der Direktoren oder vorgeschlagenen Direktoren.	
Betrag der ausgegebenen Aktien	Aktien
Betrag der Provisionen, welche in Verbindung damit bezahlt wurden.	
Betrag des „discount", der bei Ausgabe irgendwelcher Aktien gewährt wurde, oder so viel davon, als am Tage dieser Aufstellung noch nicht abgeschrieben war.	
Wenn nicht mehr als ein Jahr seit dem Datum verstrichen ist, an welchem die Gesellschaft berechtigt war, das Geschäft zu beginnen:	
Betrag der preliminary expenses .... (Gründungsspesen)	£
Betrag, der an die Gründer bezahlt wurde:	Name des Gründers. Betrag £ ....

Gegenleistung für die Zahlung. Wenn das Aktienkapital eingeteilt ist in verschiedene Klassen von Aktien, das Stimmrecht an den Versammlungen und die Rechte in bezug auf Kapital und Dividenden der verschiedenen Klassen von Aktien.	Gegenleistung . . . .
Zahl und Betrag der Aktien und Schuldverschreibungen, ausgegeben innerhalb der zwei dem Datum dieser Aufstellung vorausgegangenen Jahre, soweit sie voll oder teilweise in anderer Weise als durch Barzahlung bezahlt sind oder deren Ausgabe am Datum dieser Aufstellung vereinbart ist.	1.. . .Aktien von £ . . . voll einbezahlt. 2. . . .Aktien, auf welche £ . . . per Aktie als bezahlt kreditiert sind. 3. . . .Schuldverschreibung £ . . .
Gegenleistung für die Ausgabe dieser Aktien und Schuldverschreibungen.	4. Gegenleistung . . .
Namen und Adressen der Verkäufer von Grundeigentum (1), gekauft oder erworben durch die Gesellschaft in den zwei dieser Aufstellung vorausgegangenen Jahren oder (2), bezüglich welcher ein Kauf oder eine Erwerbung vorgeschlagen ist.	
Betrag (in bar, Aktien oder Schuldverschreibungen) bezahlt oder zahlbar an jeden einzelnen Verkäufer. Betrag bezahlt oder zahlbar in bar, Aktien oder Schuldverschreibungen für ein solches Grundstück, mit genauer Angabe des bezahlten Betrages oder des für die Kundschaft (goodwill) zu leistenden Betrages.	Gesamtkaufpreis £ . . . bar £ . . . Aktien £ . . . Schuldverschreibungen £ . . . Kundschaft £ . . .
Datum und Parteien eines jeden wesentlichen Vertrages (ausgenommen Verträge, die im ordentlichen Geschäftsverlauf innerhalb der zwei Jahre vor der Aufstellung abgeschlossen wurden). Zeit und Ort, wann und wo die Verträge oder Abschriften eingesehen werden können. Name und Adressen der Revisoren der Gesellschaft. Genaue Angaben über die Art und den Umfang des Interesses eines jeden Direktors in bezug auf ein durch die Gesellschaft innerhalb der zwei dieser Aufstellung vorausgegangenen Jahre gekauftes oder zum Verkauf vorgeschlagenes Grundstück, oder wenn das Interesse eines solchen Direktors darin besteht, daß er Teilhaber einer partnership ist, die Natur und den Umfang des Interesses an der partnership, mit einer Aufstellung aller Beträge, die an ihn oder an die partnership in bar oder Aktien oder anderswie bezahlt wurden oder zur Zahlung versprochen wurden, und zwar durch irgendeine Person, sei es um ihn zu veranlassen Direktor zu werden oder ihn hierzu zu qualifizieren oder anderswie für Dienste, die er oder die partnership der Gesellschaft erwiesen oder erweisen sollen.	

Höhe der Dividende (wenn eine solche), bezahlt durch die Gesellschaft in bezug auf jede Aktienklasse in jedem der drei Geschäftsjahre, die dieser Aufstellung vorausgingen oder seit der Inkorporation der Gesellschaft, wobei die kürzere Periode maßgebend ist.

Nähere Angaben, wenn keine Dividenden bezahlt wurden, in bezug auf irgendeine der Aktienklassen dieser Jahre.

Wenn irgendwelche der nicht ausgegebenen Aktien oder Schuldverschreibungen zu verwenden sind für den Ankauf irgendeines Geschäftsunternehmens, den Betrag des Reingewinnes, beglaubigt durch die Personen, welche die Bücher des Geschäfts einer Revision unterzogen haben, in bezug auf jedes der drei dieser Aufstellung unmittelbar vorausgegangenen Jahre, jedoch im Falle eines Geschäftsunternehmens, das seit wenigstens drei Jahren betrieben wurde und dessen Bücher nur in bezug auf zwei Jahre oder ein Jahr abgeschlossen vorliegen, soll die oben erwähnte Vorschrift Geltung haben, wie wenn sie sich auf zwei oder ein Jahr beziehen würde (statt auf die erwähnten drei Jahre) und in jedem solchen Falle soll die Aufstellung sagen, wie lange das Geschäft, das erworben werden soll, betrieben worden ist.

(Unterschriften der oben als Direktoren oder vorgeschlagenen Direktoren erwähnten Personen und deren schriftlich bevollmächtigter Vertreter.) ....

Datum. ....

....

Notiz: In diesem Formular schließt der Ausdruck „vendor“ (Verkäufer) einen Verkäufer in sich, wie er in Teil III des vierten Anhanges dieses Gesetzes definiert ist, und der Ausdruck „financial year“ (Geschäftsjahr) hat die in jenem Teile des genannten Anhanges erwähnte Bedeutung.

Vierter Anhang (Fourth Schedule).

I. Teil.

Tatsachen, welche im Prospekt angeführt werden müssen. §§ 35 und 355.

1. Ausgenommen den Fall der Bekanntgabe des Prospektes durch ein Inserat in einer Zeitung: den Inhalt der Gründungsurkunde (memorandum), Berufe und Adressen der Unterzeichner und die Zahl der von jedem einzelnen von ihnen gezeichneten Aktien.

2. Die Zahl der Gründer- oder Direktorenaktien, wenn solche gegeben werden, und die Natur und den Umfang des Anteils der Inhaber dieser Aktien am Vermögen und Gewinn dieser Gesellschaft.

3. Die Zahl der etwa durch die Statuten bestimmten Aktien, welche ein Direktor besitzen muß, und jede in den Statuten aufgenommene Bestimmung über die Vergütung der Direktoren.

4. Die Namen, Berufe und Adressen der Direktoren oder als Direktoren vorgeschlagenen Personen.

5. Wenn Aktien dem Publikum zur Zeichnung offeriert werden, genaue Angaben über

α) den Minimalbetrag, welcher nach der Ansicht der Direktoren bei Ausgabe dieser Aktien eingehen muß, um die Beträge (oder wenn ein Teil davon in einer anderen Weise zu zahlen ist, die Saldobeträge) zu erhalten, welche in bezug auf folgende Zwecke nötig sind:

a) den Kaufpreis von Vermögensteilen, die gekauft wurden oder gekauft werden sollen, sei es ganz oder zum Teil aus den Eingängen der Emission;

b) irgendwelche vorläufige Ausgaben (Gründungsspesen), welche durch die Gesellschaft bezahlt werden müssen, und Provisionen, welche an Personen bezahlt werden müssen, damit sie Aktien zeichnen, oder um solche Zeichnungen zu veranlassen (Bemerkung des Übersetzers: hierher gehören die Provisionen an Banken, die eine Emission garantieren, die sog. underwriters);

c) die Rückzahlung von Geldern, welche durch die Gesellschaft in bezug auf die soeben erwähnten Zwecke geborgt wurden;

d) das Betriebskapital; und

β) die Beträge, welche in bezug auf die vorhin erwähnten Zwecke in Betracht kommen, soweit sie anders als aus den Eingängen der Aktienemission bezahlt werden, und die Art dieser Bezugsquellen.

6. Der Betrag, welcher zu zahlen ist bei der Zeichnung und bei der Zuteilung jeder Aktie und, im Falle eines zweiten oder späteren Angebots von Aktien, den bei jeder nicht mehr als zwei Jahre zurückliegenden Emission zur Zeichnung angebotenen Betrag sowie den tatsächlich zugeteilten Betrag und die etwa auf solche Aktien geleistete Barzahlung.

7. Die Zahl und den Betrag der in den letzten zwei Jahren erfolgten Ausgaben oder (mit einem underwriter — z. B. einer Bank — vereinbarten) Ausgaben von Aktien und Schuldverschreibungen, bei welchen die Gegenleistung ganz oder teilweise nicht in Barzahlung besteht; im letzteren Falle den Umfang, bis zu welchem sie eingezahlt sind; in beiden Fällen die Gegenleistung, für welche solche Aktien oder Schuldverschreibungen ausgegeben oder zur Ausgabe vorgeschlagen oder beabsichtigt sind.

8. Die Namen und Adressen der Verkäufer eines von der Gesellschaft gekauften oder erworbenen oder zu kaufenden oder zu erwerbenden Vermögensstückes, welches gänzlich oder teilweise aus den Eingängen der durch den Prospekt ausgelegten Emission gezahlt werden soll, oder dessen Kauf und Erwerb am Datum der Veröffentlichung des Prospekts noch nicht vollendet ist, und den an den Verkäufer in bar, Aktien oder Schuldverschreibungen zu zahlenden Betrag, oder für den Fall, daß mehr als ein einzelner Verkäufer vorhanden ist oder die Gesellschaft mittelbarer Käufer (subpurchaser) ist, den in dieser Weise an jeden Verkäufer zu zahlenden Betrag.

9. Den etwa als Kaufpreis in bar, Aktien oder Schuldverschreibungen für solches vorgenannte Vermögensstück gezahlten oder zu zahlenden Betrag, wobei der für den „goodwill" zu zahlende Betrag besonders anzugeben ist.

10. Den etwa in den letzten zwei Jahren als Provision für die Unterzeichnung oder die Verpflichtung zur Unterzeichnung, oder für die Verschaffung oder die Verpflichtung zur Verschaffung von Zeichnungserklärungen von Aktien

der Gesellschaft gezahlten oder zu zahlenden Provisionsbetrag (welcher indessen nicht die dem subunderwriter [also nicht dem dritten (mittelbaren) underwriter] zu zahlende Provision in sich schließt).

11. Den wirklichen oder geschätzten Betrag der vorläufigen Ausgaben (Gründungsspesen).

12. Den in den letzten zwei Jahren an irgendeinen Gründer (promoter) gezahlten oder als Zahlung vorgesehenen Betrag und die für eine solche Zahlung zu leistende Gegenleistung.

13. Die Zeit des Abschlusses und die Parteien eines jeden wesentlichen Vertrages, jedoch nicht eines Vertrages, der im gewöhnlichen Lauf des von der Gesellschaft betriebenen oder zu betreibenden Geschäftes, oder der früher als zwei Jahre vor der Veröffentlichung des Berichtes abgeschlossen wurde; ferner eine angemessene Zeit und Stelle, wann und wo jeder wesentliche Vertrag oder eine Abschrift davon eingesehen werden kann.

14. Die Namen und Adressen der etwaigen Revisoren der Gesellschaft.

15. Die Angabe der Natur und des Umfanges des etwaigen Interesses eines jeden Direktors an der Gründung der Gesellschaft oder an den von der Gesellschaft für die Erwerbung vorgesehenen Vermögensstücken; oder wenn das Interesse eines Direktors darin besteht, daß er Gesellschafter einer partnership ist, die Angabe der Natur und des Umfanges seiner Interessen an der partnership mit Angabe aller an ihn oder an die partnership in bar oder in Aktien oder sonstwie von irgendeiner Person gezahlten oder zur Zahlung versprochenen Beträge, welche ihn entweder dazu veranlassen sollen, Direktor zu werden, oder ihn in den Besitz der für ihn als Direktor erforderlichen Qualifikationsaktien zu setzen, oder ihn für Dienste zu belohnen, die er bei der Gründung der Gesellschaft geleistet hat.

16. Wenn der Prospekt das Publikum einlädt, Aktien zu zeichnen, und das Aktienkapital in verschiedene Aktienklassen zerfällt, das Stimmrecht, welches diesen Klassen an den Versammlungen der Gesellschaft eingeräumt ist, sowie die Rechte an Kapital und Dividenden, die den verschiedenen Klassen zustehen.

17. Bei einer Gesellschaft, welche ein Geschäft weiterführt, oder bei einem Geschäft, welches während wenigstens drei Jahren geführt wurde, die Dauer der Zeit, während welcher das Geschäft der Gesellschaft oder das zu erwerbende Geschäft geführt wurde.

II. Teil.

Berichte, welche im Prospekt wiedergegeben werden müssen.

1. Ein Bericht der Revisoren (auditors) der Gesellschaft in bezug auf die Gewinne der Gesellschaft eines jeden der letzten drei Geschäftsjahre, die unmittelbar der Ausgabe des Prospekts vorausgingen, und die Höhe der Dividenden, welche durch die Gesellschaft in bezug auf jede Aktienklasse während eines jeden dieser drei Jahre bezahlt wurden, zusammen mit genauen Angaben über jede Aktienklasse, an welche solche Dividenden bezahlt wurden, und genaue Angaben über die Fälle, in welchen irgendeiner Aktienklasse in diesen Jahren keine Dividende ausgerichtet wurde, und wenn keine Rechnungsabschlüsse in bezug auf irgendeine Periode während dieser drei Jahre gemacht wurden, abschließend drei Monate vor der Ausgabe des Prospekts, eine Feststellung darüber.

2. Wenn die Einzahlungen, oder irgendein Teil davon, aus der Aktienausgabe oder der Ausgabe von Schuldverschreibungen (Obligationen) entweder direkt oder indirekt zum Kaufe irgendeines Geschäfts verwendet werden sollen, einen Bericht

von Bücherrevisoren, die im Prospekt mit Namen zu bezeichnen sind, über die Gewinne der Gesellschaft während jedem der drei Geschäftsjahre, welche der Ausgabe des Prospektes unmittelbar vorangingen.

III. Teil.

Vorschriften, die sich auf die oben angeführten Teile I und II beziehen.

1. Die Vorschriften dieses Anhanges (Schedule) in bezug auf die Gründungsurkunde und die Qualifikation, die Vergütung und das Interesse (interest of directors) der Direktoren, die Namen, Berufe und Adressen der Direktoren oder der vorgeschlagenen Direktoren und den Betrag oder den geschätzten Betrag der Gründungsauslagen (preliminary expenses) sind nicht erforderlich für einen Prospekt, der mehr als zwei Jahre nach dem Zeitpunkt ausgegeben wurde, da die Gesellschaft das Recht erlangte, mit den Geschäften zu beginnen.

2. Jede Person soll für die Zwecke dieses Anhanges als ein Verkäufer beurteilt werden, der in irgendeinen bedingten oder unbedingten Vertrag eingetreten ist zum Zwecke des Verkaufes oder Kaufes, oder einer Kaufoption, oder zum Erwerb von irgendwelchem Vermögen, das von der Gesellschaft erworben werden soll, in jedem Fall, wenn

a) der Kaupfreis nicht voll einbezahlt ist am Tage der Ausgabe des Prospektes;

b) der Kaufpreis ganz oder teilweise aus den Eingängen der zur Zeichnung angebotenen Aktien bezahlt werden soll;

c) der Vertrag in bezug auf seine Gültigkeit und Erfüllung vom Ausgang jener Emission abhängt.

3. Wenn irgendein Grundstück, das von der Gesellschaft erworben werden soll, in „lease“ (Pacht, Miete) übernommen werden soll, so soll dieser Anhang in solcher Weise wirksam sein, wie wenn der Ausdruck „vendor“ (Verkäufer) den „lessor“ (Verpächter, Vermieter) in sich schließen würde, und der Ausdruck „Kaufpreis“ (purchase money) die Gegenleistung für die „lease“ und der Ausdruck „sub-purchaser“ einen „sub-lessee“ (Unterpächter, Untermieter).

4. Für die Zwecke des § 8 von Teil I dieses Anhanges, wenn die Verkäufer oder einige derselben eine partnership sind, so sollen die Gesellschafter der partnership nicht als separate Verkäufer beurteilt werden.

5. Wenn bei einer Gesellschaft, welche Geschäfte fortbetreibt, oder bei einem Geschäft, das seit weniger als drei Jahren betrieben wurde, die Bücher der Gesellschaft oder des Geschäftes erst in bezug auf zwei Jahre oder ein Jahr abgeschlossen werden, so soll Teil II dieses Anhanges so gelten, wie wenn eine Verweisung auf zwei Jahre oder ein Jahr (wie der Fall gerade liegen mag) an die Stelle der Verweisung auf drei Jahre gesetzt wäre.

6. Der Ausdruck „financial year“ (Geschäftsjahr) in Teil II dieses Anhanges bedeutet das Jahr, in bezug auf welches die Bücher der Gesellschaft oder des Geschäftes (wie immer der Fall liegen mag) abgeschlossen wurden, und wenn die Bücher der Gesellschaft oder des Geschäftes aus irgendeinem Grunde für einen Zeitraum abgeschlossen werden, der größer oder kleiner als ein Jahr ist, soll die größere oder kleinere Periode für die Zwecke des erwähnten Teiles dieses Anhanges als Geschäftsjahr gelten.

Fünfter Anhang (Fifth Schedule).

Formular einer Aufstellung an Stelle eines Prospektes (Statement in lieu of Prospectus) einer Gesellschaft, die keinen Prospekt ausgibt, oder welche die Zuteilung nicht auf Grund eines Prospektes vornimmt.

Companies Act, 1929.

Aufstellung an Stelle eines Prospektes

eingereicht zur Eintragung der Gesellschaft . . . . (hier ist der Name der Gesellschaft zu schreiben).

Gestützt auf § 40 des Companies Act, 1929.

Eingereicht zur Eintragung der Gesellschaft . . .	
Das nominelle Aktienkapital der Gesellschaft.	£
Eingeteilt in	Aktien von je £ „ „ „ £ „ „ „ £
Betrag desjenigen Teiles des Grundkapitals, das in rückkaufbaren Aktien besteht.	£
Datum, an oder vor welchem diese Aktien zurückgekauft werden oder zurückgekauft werden können.	
Namen, Berufe und Adressen der Direktoren oder vorgeschlagenen Direktoren.	
Wenn das Aktienkapital der Gesellschaft in verschiedene Aktienklassen eingeteilt ist, das bezügliche Stimmrecht an den Versammlungen und die bezüglichen Rechte in bezug auf Kapital und Dividenden, wie sie jeder Aktienklasse zukommen.	
Zahl und Betrag der Aktien und Schuldverschreibungen, bzw. welcher vereinbart ist, daß sie ganz oder teilweise anders als bar bezahlt werden.	1. Voll einbezahlte Aktien zu je £ . . . . 2. Aktien, auf welche je £. . . . als bezahlt gutgeschrieben wurden.
Die Gegenleistung für die beabsichtigte Ausgabe dieser Aktien und Schuldverschreibungen.	3. Schuldverschreibungen £ . . . . 4. Gegenleistung.
Namen und Adressen der Verkäufer der von der Gesellschaft gekauften oder erworbenen Vermögensstücke oder die zum Kaufe oder Erwerbe vorgeschlagen werden.	
Betrag (in bar, Aktien oder Schuldverschreibungen), wie er an jeden einzelnen Verkäufer bezahlt werden muß.	
Der bezahlte oder zu bezahlende Betrag (in bar oder Aktien oder Schuldverschreibungen) für irgendein solches Vermögensstück, mit genauer Angabe des für den goodwill (die Kundschaft) bezahlten oder zu zahlenden Betrages.	Gesamtkaufpreis £ . . . . bar . . . . . £ . . . . Aktien . . . . £ . . . . Schuldverschreibungen . £ . . . . Kundschaft (goodwill) . . £ . . . .
Bezahlter oder zu bezahlender Betrag an Provisionen, der für Zeichnung oder für eine Verpflichtung zur Zeichnung oder zur Beschaffung von Zeichnungen von Aktien oder Schuldverschreibungen bezahlt wurde oder zu bezahlen ist.	Bezahlter Betrag Noch zu zahlender Betrag

Höhe der Provision.	Betrag in Prozenten.
Zahl der Aktien, welche einzelne Personen sich verpflichtet haben, unbedingt für die Gesellschaft zu zeichnen.	
Geschätzter Betrag der preliminary expenses (Gründungskosten).	£ . . . .
Bezahlter oder zur Zahlung an die einzelnen Gründer vorgesehener Betrag.	Name des Gründers.
Gegenleistung für die Zahlung.	Betrag £ . . . . Gegenleistung.
Datum und Parteien eines jeden wesentlichen Vertrages (mit Ausschluß der Verträge der Gesellschaft, welche im ordentlichen Geschäftsverlauf eingegangen wurden oder eingegangen werden sollen oder mehr als zwei Jahre vor einer Aufstellung abgeschlossen wurden)	
Zeit und Ort, an welchen solche Verträge oder Abschriften eingesehen werden können.	
Namen und Adressen der Revisoren der Gesellschaft.	
Genaue Angaben über den Umfang und die Natur des Interesses jedes Direktors an der Gründung oder an dem Vermögensstück, das die Gesellschaft erwerben soll oder wenn das Interesse eines solchen Direktors darin besteht, daß er Teilhaber einer partnership ist, deren Natur und das Interesse an der partnership, mit einer Aufstellung aller Beträge, welche bezahlt wurden oder zu zahlen versprochen wurden, sei es ihm oder der partnership in bar oder in Aktien oder anderswie, durch irgendeine Person, sei es um ihn zu veranlassen, Direktor zu werden, oder ihn als solchen zu qualifizieren, oder anderswie für Dienste, welche er oder die partnership in bezug auf die Gründung oder Bildung der Gesellschaft leisteten.	
Wenn vorgeschlagen ist, irgendein Geschäft zu kaufen, den Betrag, beglaubigt von Personen, welche die Bücher des Geschäftes einer Revision unterzogen haben, des Reingewinnes des Geschäftes von jedem einzelnen der drei dem Datum dieser Aufstellung unmittelbar vorausgegangenen Jahre, wobei im Falle eines Geschäftes, das seit wenigstens drei Jahren betrieben wurde und dessen Bücher für nur zwei oder ein Jahre abgeschlossen vorliegen, die obengenannte Vorschrift Geltung haben soll für zwei oder ein Jahre anstatt für drei Jahre. In einem solchen Falle soll die Aufstellung sagen, wie lange das Geschäft, das erworben werden soll, betrieben wurde.	

(Unterschriften der oben als Direktoren genannten oder als solche vorgeschlagenen Personen oder deren schriftlich bevollmächtigter Vertreter.) ....

....

Datum. ....

Notiz. In diesem Anhang schließt der Ausdruck „vendor“ (Verkäufer) einen Verkäufer ein, wie er in Teil III des vierten Anhanges dieses Gesetzes definiert ist, und der Ausdruck „financial year“ hat die Bedeutung, welche ihm in jenem Teil des erwähnten Anhanges zugewiesen wird.

Sechster Anhang (Sixth Schedule).

Formular eines Jahresberichtes (annual return) einer Gesellschaft, welche ein in Aktien zerlegtes Kapital hat.

§§ 108 und 379

Jahresbericht der .... Company Limited, erstellt auf den .... Tag des Jahres .... (d. h. den vierzehnten Tag nach der ersten oder einzigen ordentlichen Generalversammlung des Jahres 19..).

Die Adresse des eingetragenen Geschäftssitzes der Company ist:

....

....

Übersicht über das Aktienkapital und die Aktien.

Nominelles Aktienkapital £.... eingeteilt in[1]	Aktien zu je £ " " " "
Gesamtzahl der Aktien übernommen am ...... 19.. (welches das Datum des Berichtes ist und welche Zahl übereinstimmen muß mit der Liste der gegenwärtigen Mitglieder).	
Zahl der Aktien, ausgegeben und vollständig in bar zahlbar.	
Zahl der Aktien, welche in anderer Weise als gegen Barzahlung ausgegeben wurden.	
Zahl der Aktien, welche teilweise bis auf den Betrag von .... per Aktie auf andere Weise als bar bezahlt wurden.	
Zahl[2] der .... Aktien, welche zu einem „discount" ausgegeben wurden.	
Gesamthöhe des „discount" bei Ausgabe von Aktien, welche bis zum Tage des Berichtes nicht abgeschrieben sind.	£
Auf jede einzelne Aktie wurde eingefordert[3]	£
" " " " " "[3]	£
" " " " " "[3]	£
Gesamtbetrag der erhaltenen Einforderungen[4] (d. h. der auf spätere „Einberufung" bezahlten Beträge), einschließlich der Zahlungen bei „application" (Zeichnung) und Zuteilung.	£

[1] Bei der Ausgabe von Aktien verschiedener Art oder verschiedener Höhe (z. B. Vorzugsaktien und gewöhnlichen Aktien oder £ 1 und 1 s) ist die Zahl und der Nominalwert getrennt anzugeben.

[2] Wenn die Aktien verschiedener Art sind, so sind sie getrennt anzugeben.

[3] Bei verschieden hohen Beträgen, welche eingefordert wurden, oder bei Aktien verschiedener Art, muß eine getrennte Aufstellung erfolgen.

[4] Einzuschließen ist, was sowohl auf verwirkte Aktien als auch auf bestehende Aktien erhalten wurde.

Gesamtbetrag, welcher nach Vereinbarung als bezahlt betrachtet wird in bezug auf .... Aktien, welche als nicht bar aber sonstwie voll einbezahlt ausgegeben wurden.	£
Gesamtbetrag, welcher als bezahlt betrachtet werden soll auf .... Aktien, welche als teilweise nicht in bar bezahlt bis auf den Betrag von .... per Aktie ausgegeben wurden.	£
Gesamtbetrag der auf Einforderungen nicht bezahlten Beträge.	£
Gesamtbeträge, welche als Provision bezahlt wurden in bezug auf einzelne Aktien und Schuldverschreibungen oder für welche ein „discount" bewilligt wurde seit dem Datum des letzten Berichtes.	£
Gesamtzahl der verfallenen (verwirkten) Aktien ...	
Gesamtbetrag, der auf verfallene (verwirkte) Aktien bezahlt wurde.	£
Gesamtzahl der Aktien, für welche Aktienscheine (share-warrants) auf den Inhaber ausgegeben werden.	
Gesamtzahl der Aktienscheine auf den Inhaber, welche seit dem Datum des letzten Berichtes ausgegeben und zurückgegeben wurden.	Ausgegeben £ Zurückgegeben £
Zahl der Aktien, welche in jedem Aktienschein einbegriffen sind.	
Gesamtbetrag der Schulden der Gesellschaft in bezug auf alle Verpfändungen und Belastungen, welche von solcher Beschaffenheit sind, daß sie dem Registerführer für die Gesellschaften zur Eintragung angemeldet werden müssen (oder bei Gesellschaften in Schottland, wie dies verlangt würde, wenn die Gesellschaft in England eingetragen wäre).	£

Abschrift der zuletzt vom Revisor geprüften Bilanz der Gesellschaft.

Notiz. Ausgenommen den Fall, daß die Gesellschaft 1. eine „Private Company" im Sinne von § 26 des Gesetzes ist, oder 2. eine Versicherungsgesellschaft, welche die Vorschriften von § 7, 4 des Assurance Companies Act, 1909, eingehalten hat, muß dieser Bericht (Return) einschließen eine Abschrift, beglaubigt durch einen Direktor oder den Geschäftsführer oder Sekretär der Gesellschaft, als eine getreue Abschrift der letzten Bilanz, die von den Revisoren der Gesellschaft geprüft wurde (mit jeder Urkunde, welche nach Gesetz beigefügt werden muß), zusammen mit einer Abschrift des Berichtes der Revisoren (wie oben beglaubigt); und wenn eine solche Bilanz in fremder Sprache abgefaßt ist, muß eine Übersetzung ins Englische beigefügt werden mit der vorgeschriebenen Beglaubigung, daß es sich um eine getreue Übersetzung handelt. Wenn diese letzte Bilanz den gesetzlichen Erfordernissen in bezug auf die Form, wie sie zur Zeit der Revision in Kraft sind, nicht entspricht, so müssen solche Ergänzungen und Verbesserungen in der erwähnten Abschrift angebracht werden, wie sie den erwähnten Erfordernissen entsprechen, und die Tatsache, daß die Abschrift so abgeändert und ergänzt worden ist, muß darin bemerkt sein.

Private Company.

A. „Ich bezeuge, daß die Gesellschaft seit dem letzten[1] ausgegebenen Jahresbericht keine Einladung zur Zeichnung irgendwelcher Aktien oder Schuldverschreibungen der Gesellschaft ausgegeben hat.“

(Unterschrift.)

(Bei der Unterschrift ist zu bemerken, ob es diejenige des Direktors oder Sekretärs ist.)

B. Wenn die Zahl der Mitglieder der Gesellschaft 50 übersteigt, ist das folgende Zeugnis nötig:

„Ich bezeuge, daß die Zahl der Mitglieder der Gesellschaft, soweit sie 50 Personen übersteigt, nur aus Personen besteht, die im Dienste der Gesellschaft stehen und (oder) aus Personen, welche, da sie früher als sie im Dienste der Gesellschaft waren, solche Aktien besaßen und nach Beendigung ihrer Dienstzeit Mitglieder der Gesellschaft blieben.

(Unterschrift, bemerken, ob Direktor oder Sekretär.)

Notiz. Bankgesellschaften müssen eine Liste aller ihrer Geschäftsplätze beifügen.

Der Bericht muß am Fuße von einem Direktor oder vom Geschäftsführer oder Sekretär der Gesellschaft unterschrieben werden.

Zur Eintragung eingeschickt von..................

Angaben über die Direktoren[2] der .... Company Limited zur Zeit der Abfassung des Jahresberichtes.

Die gegenwärtigen Vornamen und Familiennamen[3]	Etwaige frühere Vornamen und Familiennamen	Staatsangehörigkeit	Ursprüngliche Staatsangehörigkeit (wenn sie anders ist als die gegenwärtige)	Ordentliche Wohnortsadresse	Etwaige andere geschäftliche Betätigung. Wenn dies nicht der Fall, ist dies ebenfalls anzugeben[4].

[1] Im Falle des ersten Jahresberichtes sind die Worte „last Annual Return“ (seit dem letzten Jahresbericht) zu streichen und an deren Stelle die Worte zu setzen „seit der Inkorporation der Gesellschaft“.

[2] „Director“ schließt jede Person in sich, welche die Stellung eines Direktors bekleidet, unter welchem Namen dies auch geschehen mag, und jede Person, nach deren Anweisungen oder Instruktionen die Direktoren der Gesellschaft zu handeln gewohnt sind.

[3] Im Falle einer corporation müssen ihr Corporationsname und der eingetragene oder Hauptgeschäftssitz genannt werden.

[4] Im Falle einer Person, die keine eigene geschäftliche Betätigung hat, wohl aber Direktor bei einer oder mehreren anderen Gesellschaften ist, müssen Angaben über dieses Amt (oder bei mehreren über die mehreren Ämter) eingetragen werden.

Liste der Aktionäre. **Aufstellung der Aktien.**

Liste der Personen, welche Aktien der ....Company Limited, am (Datum) .... 19..... haben und der Personen, welche Aktien zu irgendeiner Zeit seit dem letzten Jahresbericht oder (im Falle des ersten Berichtes) seit der Inkorporation der Gesellschaft hatten, mit Bekanntgabe ihrer Namen und Adressen und einer Aufstellung dieser Aktien.

N. B. Wenn die Namen in dieser Liste nicht alphabetisch geordnet sind, so muß ein Index dieser Liste beigefügt werden, der die rasche Auffindung jeder Person in der Liste ermöglicht.

<table>
<tr><th rowspan="3">Seite im Register-Hauptbuch, welches nähere Angaben enthält</th><th colspan="4">Namen, Adressen und Beschäftigung</th><th colspan="5">Aufstellung der Aktien</th><th rowspan="3">Bemerkungen</th></tr>
<tr><th rowspan="2">Familienname</th><th rowspan="2">Vorname</th><th rowspan="2">Adresse</th><th rowspan="2">Beschäftigung</th><th rowspan="2">[1]Zahl der Aktien, welche am Tage des Berichtes Mitgliedern zustehen[2]</th><th colspan="2">[3]Angaben über die Aktien, die von Personen, die heute noch Mitglieder sind, seit dem Tage des letzten Berichtes oder (im Falle des ersten Berichtes) seit der Inkorporation der Gesellschaft übertragen wurden</th><th colspan="2">[3]Angaben über Aktien, übertragen seit dem letzten Bericht oder (im Falle des ersten Berichtes) seit der Inkorporation der Gesellschaft von Personen, welche aufgehört haben Mitglieder zu sein</th></tr>
<tr><th>Zahl[2]</th><th>Datum der Eintragung der Übertragung</th><th>Zahl[2]</th><th>Datum der Eintragung der Übertragung</th></tr>
<tr><td></td><td></td><td></td><td></td><td></td><td></td><td></td><td></td><td></td><td></td><td></td></tr>
</table>

(Unterschrift, bemerken, ob Direktor oder Geschäftsführer oder Sekretär.)

[1] Die Gesamtzahl (the aggregate number) der Aktien, und nicht die einzelnen Aktiennummern, muß angegeben werden (not the distinctive numbers).

[2] Wenn die Aktien auf verschiedene Klassen verteilt sind, so müssen diese Kolonnen noch weiter eingeteilt werden, so daß die Zahl der von den Mitgliedern der einzelnen Gruppen besessenen oder übertragenen Aktien getrennt angegeben sind. Wenn Aktien in stock umgewandelt sind, muß der Betrag des stock, welcher von jedem Mitglied besessen wird, angegeben werden.

[3] Das Datum der Eintragung jeder Übertragung muß angegeben werden, ebenso wie die Zahl der an dem bestimmten Tage übertragenen Aktien. Die Angaben müssen neben den Namen des Übertragenden gesetzt werden und nicht neben den Namen der Person, an welche übertragen wurde, aber die Namen der letzteren Personen sind in die Kolonne der Bemerkungen unmittelbar neben die Angabe einer jeden Übertragung zu setzen.

Siebenter Anhang (Seventh Schedule). § 131.

Formular einer Aufstellung, veröffentlicht durch Bank- und Versicherungsgesellschaften und Deposit, Provident, or Benefit Societies.

[1] Das Grundkapital der Gesellschaft beträgt ...., eingeteilt in .... Aktien von je ....

Die Anzahl der ausgegebenen Aktien beträgt ....

Auf jede Aktie sind Einforderungen bis zum Betrage von .... gemacht worden, auf welche die Summe von .... eingezahlt wurde.

Die Verbindlichkeiten der Gesellschaft am 1. Januar (oder 1. Juli) waren Schulden an verschiedene Personen, nämlich:

auf Grund eines Urteils £
gewöhnliche laufende Schulden £
auf Grund von Verpflichtungsscheinen oder Wechseln £
auf Grund einfacher Verträge £
auf Grund abgeschätzter Verbindlichkeiten £

Die Aktiven der Gesellschaft an diesem Tage betrugen:

Staatspapiere (Angabe derselben).
Wechsel und Eigenwechsel £
Barbestand bei Bankiers £
Andere Werttitel £

Achter Anhang (Eighth Schedule). § 224.

I. Teil.

Verfügungen, die während der Gerichtsferien in Schottland ergehen und die nicht der Berufung unterliegen.

Verfügungen:

Hinsichtlich der Zeit für Anmeldungen von Forderungen. § 210.

Hinsichtlich des Erscheinens von Personen, welche einer Gesellschaft verschuldet sind oder Eigentum derselben im Besitz haben oder imstande sind, über die Angelegenheiten und das Eigentum der Gesellschaft Auskunft zu erteilen oder hinsichtlich der Vorlegung von Urkunden solcher Personen. § 214.

Hinsichtlich von Versammlungen zwecks Feststellung der Wünsche der Gläubiger oder Beitragspflichtigen. § 288.

Hinsichtlich der Einberufung von Versammlungen von Gläubigern oder Beitragspflichtigen, wenn ein Vergleich vorgeschlagen wird. § 153.

Hinsichtlich des Verhörs von Zeugen in bezug auf das Vermögen oder die Geschäfte einer Gesellschaft. § 291.

[1] Wenn die Gesellschaft kein in Aktien zerlegtes Kapital hat, sind die bezüglichen Stellen bezüglich Kapital und Aktien nicht auszufüllen.

II. Teil.

Verfügungen, welche in Schottland während der Gerichtsferien erlassen werden und nur bis zur Erledigung der Berufung Gültigkeit haben.

Verfügungen:

Welche verbieten oder erlauben, ein Gerichtsverfahren zu beginnen oder
§§ 172, 177, 202, 336, 340, 341. fortzusetzen.

Welche einen amtlichen Sachwalter zwecks Ausfüllung einer erledigten Stelle, oder welche einen Liquidator für eine freiwillige Liquidation oder eine Liquidation unter Aufsicht des Gerichts (sofern es sich nicht um Ausfüllung einer durch Ab-
§§ 188, 249, 259. setzung eines Liquidators durch das Gericht erledigten Stelle handelt) bezeichnen.

Welche die Ausübung einer Befugnis durch den amtlichen Verwalter, sofern es sich nicht um die Befugnis zur Ernennung eines Rechtsbeistandes oder zum
§ 191. Verkauf von Eigentum handelt, genehmigen.

Welche über die Lieferung von Eigentum oder Urkunden an den amtlichen
§ 204. Verwalter bestimmen.

Hinsichtlich der Verfügung eines flüchtigen Beitragspflichtigen und der Be-
§ 218. schlagnahme seines Eigentums.

Welche die Befugnis von provisorischen amtlichen Liquidatoren bestimmen.
§ 184 (4).

§ 184 (4). Welche die Fortsetzung einer Liquidation unter Aufsicht des Gerichts an-
§ 256. ordnen.

---

§ 260. Neunter Anhang (Ninth Schedule).

Vorschriften, welche im Falle von Liquidationen unter Aufsicht des Gerichts keine Geltung haben.

Bericht über die Gesellschaftsgeschäfte, der dem amtlichen Sachwalter (Official
§ 181. receiver) einzureichen ist.

§ 182. Bericht des Official Receiver.

§ 183. Befugnis des Gerichts, einen Liquidator zu ernennen.

§ 184. Wahl und Befugnisse des provisorischen Liquidators.

§ 185. Wahl, Titel usw. der Liquidatoren bei englischen Liquidationen.

Vorschriften, wenn eine andere Person als der Official Receiver zum Liquidator
§ 186. gewählt wird.

§ 187. Bestimmungen in bezug auf die Liquidatoren bei Liquidationen in Schottland.

§ 188 ausgenommen Ziffer (5). Allgemeine Vorschriften in bezug auf die Liquidatoren.

Die Ausübung der Befugnisse des Liquidators in England und die Aufsicht
§ 192. darüber.

§ 193. Die Buchführung des Liquidators in englischen Liquidationen.

§ 194. Zahlungen des Liquidators bei englischen Liquidationen an die Bank.

§ 195. Revision der Bücher des Liquidators bei Liquidation in England.

§ 196. Aufsicht des Handelsamtes über Liquidatoren in England.

§ 197. Decharge-Erteilung (release) an die Liquidatoren in England.

Versammlungen von Gläubigern und Beitragspflichtigen zur Wahl eines Auf-
§ 198. sichtsausschusses.

§ 199. Einsetzung und Verfahren des Aufsichtsausschusses.

Befugnisse des Handelsamtes in England, wenn kein Aufsichtsausschuß besteht, § 200.
Ergänzende Befugnisse des Aufsichtsausschusses in Schottland. § 201.
Wahl in England von besonderen Geschäftsführern. § 209.
Befugnis in England, öffentliche Einvernahme (examination) von Gründern, Direktoren usw. vorzunehmen. § 116.
Befugnis in England, betrügerische Personen von der Leitung von Geschäften abzusetzen. § 217.
Übertragung gewisser Befugnisse des Gerichts in England auf den Liquidator. § 220.
Befugnis in England, den Official Receiver als receiver (Sachwalter) für Inhaber von Schuldverschreibungen oder für Gläubiger zu wählen. § 307.

Zehnter Anhang (Tenth Schedule). §§ 313, 329, 379.

Liste der Gebühren, die an den Registerführer für Gesellschaften bezahlt werden müssen.

I. Bei einer Gesellschaft, welche ein in Aktien zerlegtes Kapital hat.

	£	s.	d.
Für Eintragung einer Gesellschaft, deren Nominalkapital 2000 £ nicht übersteigt, eine Gebühr von	2	0	0
Für Eintragung einer Gesellschaft, deren Nominalkapital 2000 £ übersteigt, die folgenden, sich nach dem Betrage des Nominalkapitals bestimmenden Gebühren; nämlich	£	s.	d.
für jede 1000 £ Nominalkapital oder einen Teil von 1000 £ bis zu 5000 £	1	0	0
für jede 1000 £ Nominalkapital oder einen Teil von 1000 £ nach den ersten 5000 £ bis zu 100000 £	0	5	0
für jede 1000 £ Nominalkapital oder einen Teil von 1000 £ nach den ersten 100000 £	0	1	0

Für die Eintragung einer nach der ersten Eintragung der Gesellschaft gemachten Kapitalserhöhung sollen dieselben Gebühren für je 1000 £ oder einen Teil von 1000 £ zahlbar sein, welche zahlbar gewesen wären, wenn ein solches erhöhtes Kapital zur Zeit der Eintragung einen Teil des ursprünglichen Kapitals gebildet hätte.

Vorausgesetzt jedoch, daß keine Gesellschaft verpflichtet sein soll, hinsichtlich ihres Nominalkapitals bei Eintragung oder später einen größeren Betrag von Gebühren als 50 £ zu bezahlen, wobei den gelegentlich der Erhöhung des Kapitals nach der Eintragung zahlbaren Gebühren die bei Eintragung bezahlten Gebühren zuzuzählen sind.

Für die Eintragung einer bestehenden Gesellschaft, ausgenommen solcher Gesellschaften, bei denen nach diesem Gesetz die erfolgte Eintragung gebührenfrei ist, dieselben Gebühren, welche für die Eintragung einer neuen Gesellschaft in Ansatz gebracht sind.

Für die Eintragung einer Urkunde, die nach diesem Gesetz erforderlich oder zulässig ist, sofern es sich nicht um die Gründungsurkunde oder den seitens des Verwalters oder Geschäftsführers beim Register-

	£	s.	d.
führer einzureichenden Bericht oder die seitens des Liquidators in einer Liquidation in England an den Registerführer zu übersendende Aufstellung handelt	0	5	0
Für die Eintragung irgendeiner Tatsache, deren Eintragung beim Registerführer nach diesem Gesetz erforderlich oder zulässig ist	0	5	0

II. Bei einer Gesellschaft, welche kein in Aktien zerlegtes Grundkapital hat.

Für die Eintragung einer Gesellschaft, deren Mitgliederzahl nach den Statuten die Zahl 25 nicht übersteigt	2	0	0
Für die Eintragung einer Gesellschaft, deren Mitgliederzahl nach den Statuten die Zahl 25, aber nicht die Zahl 100 überschreitet, die oben genannte Gebühr von £ 2 mit einer Zusatzgebühr von £ 1 für je weitere 25 Mitglieder oder weniger nach den ersten 25 Mitgliedern			
Für die Eintragung einer Gesellschaft, deren Zahl nach den Statuten 100 überschreitet, aber nicht unbegrenzt ist, eine Gebühr von £ 5 mit einer Zusatzgebühr von s. 5 für je 50 weitere Mitglieder nach den ersten 100.			
Für die Eintragung einer Gesellschaft, in der die Mitgliederzahl nach den Statuten unbegrenzt ist, eine Gebühr von	20	0	0
Für die Eintragung einer Erhöhung der Mitgliederzahl nach Eintragung der Gesellschaft bei jeden 50 oder weniger als 50 hinzukommenden Mitgliedern	0	5	0
Es wird jedoch bestimmt, daß keine Gesellschaft verpflichtet sein soll, hinsichtlich der Anzahl ihrer Mitglieder im ganzen eine größere Gebühr als 20 £ zu bezahlen, einschließlich der bei der ersten Eintragung der Gesellschaft gezahlten Gebühr.			
Für die Eintragung einer bestehenden Gesellschaft, mit Ausnahme der Gesellschaften, welche durch dieses Gesetz von der Zahlung von Gebühren für eine nach diesem Gesetz erfolgte Eintragung befreit sind, dieselben Gebühren, welche für die Eintragung einer neuen Gesellschaft in Ansatz gebracht sind.			
Für die Eintragung einer Urkunde, die nach diesem Gesetz erforderlich oder zulässig ist, sofern es sich nicht um die Gründungsurkunde oder den vom Sachwalter oder Geschäftsführer beim Registerführer einzureichenden Bericht oder die vom Liquidator in einer Liquidation in England an den Registerführer zu übersendende Aufstellung handelt	0	5	0
Für den Vermerk einer Tatsache, die nach diesem Gesetz durch den Registerführer vermerkt werden kann oder muß, eine Gebühr von	0	5	0

III. Bei einer Gesellschaft, auf welche Teil XI dieses Gesetzes Anwendung findet.

Für die Eintragung von irgendeiner Urkunde, die dem Registerführer eingeschickt werden muß gemäß Teil XI dieses Gesetzes, ausgenommen Urkunden, die einzugeben sind nach § 353 dieses Gesetzes	0	5	0

Elfter Anhang (Eleventh Schedule). § 362.

Bestimmungen, auf welche in § 362 des Gesetzes verwiesen wird.

Vorschriften, die sich beziehen auf die:

Beweiskraft des Zeugnisses der Inkorporation.

Besondere Erfordernisse in bezug auf Angaben in Prospekten.

Verbot der Zuteilung in bestimmten Fällen, wenn nicht ein Bericht an Stelle des Prospektes dem Registerführer eingegeben ist. § 15. § 35.

Bericht in Bezug auf die Zuteilungen.

Eintragung von Pfändern (Belastungen, charges). § 40.

Pflicht der Gesellschaft, Pfänder, welche sie errichtet hat, einzutragen. § 42.

Pflicht der Gesellschaft, Pfänder, die auf einem erworbenen Grundstück liegen einzutragen. § 79. § 80 (1).

Anwendung von Teil III auf Gesellschaften, die außerhalb Englands inkorporiert sind. § 81.

Beschränkungen in Bezug auf den Geschäftsbeginn.

Angaben in bezug auf die Direktoren und die Verschuldung der Gesellschaft. § 90.

Erste Generalversammlung und erster Bericht (statutory meeting and statutory report). § 94. § 108 (3) (n) (o).

Bericht des Revisors und Recht auf Auskunft und Erklärungen.

Beschränkungen in bezug auf die Wahl von Direktoren und deren Bekanntgabe. § 113.

Mitteilung des Liquidators von seiner Wahl. § 134 (1) (2).

Einreichung von Rechnungen der receivers (Sachwalter) und Geschäftsführer an den Registerführer. § 140. § 250.

Urkunden usw., die an den Registerführer der Gesellschaft durch Gesellschaften einzureichen sind, die in Großbritannien Geschäfte betreiben. § 310.

Bericht an den Registerführer, wenn Urkunden usw. geändert wurden.

Bilanz der Gesellschaft, welche Geschäfte in Großbritannien betreibt. § 344.

Verpflichtung, den Namen der Gesellschaft usw. bekanntzugeben. § 346.

Jahresbericht des Handelsamtes. § 347.

§ 348.

§ 376.

Zwölfter Anhang (Twelth Schedule). § 381.

I. Teil.

Gesetze, welche aufgehoben wurden.

45 & 46 Vict. c. 72.	The Revenue, Friendly Societies and National Debt Act, 1882.	§ 11 und im ersten Anhang (Schedule) die Worte: "7 Geo. IV. c. 46, 7 Geo. IV. c. 67, 7 & 8 Vict. c. 32, s. 21, 8 & 9 Vict. c. 38, s. 13."
8 Edw. 7. c. 69.	The Companies (Consolidation) Act, 1908.	Das ganze Gesetz.
3 & 4 Geo. 5 c. 16.	The Foreign Jurisdiction Act, 1913.	Im Anhang die Worte von "8 Edw. 7" bis an den Schluß.
3 & 4 Geo. 5. c. 25.	The Companies Act, 1913.	Das ganze Gesetz.
7 & 8 Geo. 5. c. 28.	The Companies (Particulars as to Directors) Act, 1917.	Das ganze Gesetz.

10 & 11 Geo. 5. c. 30.	The Unemployment Insurance Act, 1920.	Ziffer 1, 2 und 3 von § 26.
14 & 15 Geo. 5. c. 38.	The National Health Insurance Act, 1924.	§ 106.
15 & 16 Geo. 5. c. 84.	The Workmen's Compensation Act, 1925.	In Ziffer 3 des § 7 die Ziffern II und III, die Worte "the following date, that is to say: a) in the first case" und litt. b) und c); Ziffer 4; in Ziffer 5 die Worte "or company"; Ziffer 6.
17 & 18 Geo. 5. c. 30.	The Unemployment Insurance Act, 1927.	Der vierte Anhang (Schedule) soweit als er Ziffer 1 von § 26 des Unemployment Insurance Act, 1920, abändert.
18 & 19 Geo. 5. c. 14.	The National Health Insurance Act, 1928.	§ a von § 19.
18 & 19. Geo. 5. c. 45.	The Companies Act, 1928.	Das ganze Gesetz.

II. Teil.

Gesetze, welche noch Gültigkeit haben.

An Act to Regulate Joint Stock Banks in England.

(7 & 8 Vict. c. 113, s. 47.)

(Ein Gesetz in bezug auf die Organisation von Bank-Aktiengesellschaften in England.)

Existing companies sollen die Befugnisse haben, zu klagen und verklagt zu werden.

Jede Gesellschaft von mehr als 6 Personen, die am 6. Mai 1844 für den Zweck des Betriebes eines Bankgeschäftes innerhalb 65 Meilen von London errichtet ist und nicht unter die Bestimmungen des Gesetzes 7 & 8 Vict. c. 113 fällt, soll dieselben Befugnisse und Vorrechte haben, unter dem Namen eines der öffentlichen Beamten einer solchen Co-Partnership zu klagen oder verklagt zu werden, wie sie der nominelle Kläger, Antragsteller oder Beklagte im Namen einer solchen Co-Partnership hat; und alle Urteile, Beschlüsse und Verfügungen, die in einem solchen Rechtsstreite erlassen oder erlangt sind, können in derselben Weise vollstreckt werden, wie es nach den Vorschriften des Country Bankers Act, 1826, für Gesellschaften, die genannten Handel oder ein solches Geschäft entfernter als 65 Meilen von London betreiben, vorgesehen ist.

Vorausgesetzt wird, daß solche ersterwähnte Gesellschaft von Zeit zu Zeit die verschiedenen Abrechnungen oder Berichte, die durch das letzterwähnte Gesetz gefordert werden, aufstellt und an das Stempel- und Steuerdepartement schickt. Alle Bestimmungen des letzterwähnten Gesetzes, die sich auf solche Abrechnungen und Berichte beziehen, sollen für die von einer solchen ersterwähnten Gesellschaft aufgestellten und überlieferten Abrechnungen und Berichte in derselben Weise gelten, wie wenn sie von Anfang an in den Bestimmungen des letzterwähnten Gesetzes enthalten gewesen wären.

The Joint Stock Banking Companies Act, 1857, Teil von § 12.

Befugnis, eine ein Bankgeschäft betreibende partnership von 10 Personen bilden zu dürfen.

Trotz der Bestimmungen des Gesetzes 7 & 8 Vic. c. 113 betitelt „Ein Gesetz zur Regelung der Verfassung von Joint Stock Banken in England“ oder irgendeines anderen Gesetzes, soll jede die Zahl zehn nicht überschreitende Anzahl von Personen berechtigt sein, in partnership ein Bankgeschäft zu betreiben und zwar in allen Beziehungen in derselben Weise wie vor Inkrafttreten des Gesetzes „The Joint Stock Banking Companies Act, 1857“ eine Vereinigung von nicht mehr als sechs Personen ein solches Geschäft betreiben konnte.

Sachverzeichnis.

Die Ziffern verweisen auf die Seitenzahlen, sofern nicht ausdrücklich Paragraphen (§§) genannt sind.

Berichtigung.

Zeile 18 und 19 auf Seite 42 haben zu lauten:

a) Gewöhnliche Debentures, d. h. Obligationen, für welche **keine** (statt eine) Sicherheit gegeben ist.

GPSR Compliance

The European Union's (EU) General Product Safety Regulation (GPSR) is a set of rules that requires consumer products to be safe and our obligations to ensure this.

If you have any concerns about our products, you can contact us on ProductSafety@springernature.com

In case Publisher is established outside the EU, the EU authorized representative is:

Springer Nature Customer Service Center GmbH
Europaplatz 3
69115 Heidelberg, Germany

Batch number: 10844669

Printed by Printforce, the Netherlands